Hope Edelman

荷波・艾德蔓——著

賴許刈——譯

沒有媽媽的女兒

不曾消失的母愛

MOTHERLESS DAUGHTERS

The Legacy of Loss

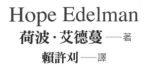

獻給我的雙親

腦海裡的影像將我們和失去的珍寶串連起來，
但塑造這些影像、採集花朵串成花圈的卻是那份失去。

——柯蕾特（Colette）
《家母之屋》（*My Mother's House*）

目錄

第3部 成長 303

讀者來信

親愛的荷波：

今天是母親節，我一個人坐在這裡。我今年二十三歲。我的母親過世將近十年了。她過世那年，我十三歲。

我心裡破了一個大洞，一個永遠無法填補的大洞。人之一生再不會有人比媽媽更愛你。這世間沒有像母愛那樣純粹、強大、無條件的愛。我再也不會那樣被愛了。

身爲一個女人，我覺得再也回不去了，彷彿我的人格發展就此毀損／改變了。從那之後，我總是結交男性朋友。我覺得自己只跟男人有共鳴。我覺得自己是個非常男性化的女人——倒不是說我的外在像個男人，而是我從來學不會結交姊妹淘、學不會參與無意義的閒聊、學不會抱著電話聊上好幾小時。現在，我就像男人一樣「瞧不起」那種行爲。

我還有一堆思念我母親的自私理由：不會有人協助我策劃我的婚禮（我甚至不知道該從何著手；我得找婚禮策劃的書來看），生下第一胎之後也不會有人陪在我身邊。諸如此類的理由，族繁不及備載。

我最大的心願就是生小孩。但我不知道如果生了女兒，對她來講公不公平，因爲有好多關於爲人母親、爲人女兒的事情我不明白。關於怎麼當一個女人，好多事情我都不懂，也不知從何學起。再者，我覺得自己搞不好三十九歲也會死，到時我的孩子就要承受和我一樣的傷痛與迷惘了。

來自明尼蘇達州聖保羅市的讀者

親愛的艾德蔓女士：

妳會有克服的一天嗎？妳的人生還能繼續下去嗎？是的，妳繼續去過妳的人生，但這件事永遠都是妳人生的一部分，而且影響著妳所做的一切。是否終有一天，妳能比較輕鬆地談起她？不，沒有這一天。但現在更令我驚異的，是別人從不對我提起我母親。他們是覺得我們忘掉她了嗎？在她過世幾年後，也有其他我在乎的人離開人世，我可以跟人談起他們，但我下意識地壓抑自己有關喪母的思緒，極力埋葬那份傷痛。當妳越來越接近妳母親過世時的年紀，妳強烈意識到自己的死期。人生中的喜怒哀樂，我總痛苦地意識到沒有她與我共度。我只在幼年時認識她，不曾以成年人的眼光認識她。我們母女之間，永遠沒有機會以同等的心智成熟度交心。

我哥哥去年夏天結婚了。人生中第一次，我覺得自己好像重新找到一個家。我的辦公桌上有一張我們四個人的照片。我知道自己能擁有他們是多麼幸運，儘管這種心情有點苦樂參半。

紐約市伍德賽德區的讀者敬上

親愛的荷波：

二十年前，我母親在我十四歲時死了。即使到了現在，過了那麼那麼久以後，每當想起她，每當想起失去她，我的眼淚還是會一湧而上。很高興能讀到妳的書，妳的文字有好多都寫進我的心坎裡。身上一直帶著那道沒能癒合的傷口，我總覺得自己很不應該，但那份空虛的感受千眞萬確。我覺得孤單無依。我覺得死神躲都躲不掉。我覺得沒自信養兒育女。我依然透過許多方式在找她。我依然在好多的面孔上找尋她的影子。這一切都告訴我喪母是多麼眞實。

我試過拉開自己和那份悲痛的距離，盡可能以客觀的眼光衡量喪母對我人生的影響，好好反思這整件事。在有意識的層面上，這種作法是有效的。但就像多數人一樣，很多時候我們的思緒和選擇是無意識的。而在無意識的疆界，十四歲時那個悲痛萬分的我主宰一切。

我自己也當了媽媽。在喪母這件事影響所及的範圍，爲人母親是最困難的一塊領域了。在人際關係中，甚至是在親子關係中，我都還想當一個小孩，這種渴望需要很努力才能克服。說到底，媽媽究竟要怎麼當？我內心那塊母愛滋長的地方是空的，我自己又要怎麼付出豐沛的母愛？我要怎麼協助我女兒肯定她們的女性特質和性向，以及身爲女人的自我認同？畢竟我的母親在我可以向她學到這一切之前就死了啊。我要怎麼讓三個女兒相信我永遠都會在她們身邊、我不會在她們準備好之前就死掉，或只要她們希望我在，我就一直都會在？我自己的經驗可不是如此……

來自俄亥俄州萊克伍德市的讀者

親愛的艾德蔓女士：

在我二十五歲時，癌症奪走了我的母親。她在四月確診、七月過世，我對那份深切的痛苦和失去毫無準備。確實就像妳說的，我們要花一生去哀悼。也確實就像妳說的，因爲沒有媽媽幫妳，所以自己的心智要堅強。

我今年三十八歲了，儘管不再是每一天的每分每秒都很悲痛，但在我內心深處的某個地方，總有一份對她的思念與需要。有時候，那份喪母的感受還是會以強烈的痛楚冒出頭來，不會乖乖藏在內心深處，而我不知道自己受不受得了。

我眞心相信喪母造就了今天的我。我是一個倖存者，堅強、剛毅、意志強大、依靠自己、個性獨立。我藏起內心的痛苦、憤怒和種種情緒。我拒絕在任何人面前展現脆弱的一面，尤其是對我老公。唯有我的孩子能看到我較爲感性或柔軟的一面，而這也是因爲我的母親。

德克薩斯州布爾弗德市的讀者敬上

親愛的艾德蔓女士：

我母親在四十九歲時與世長辭，那年我十五歲，從此那種無以名狀、難以捉摸、純粹就是很可怕的無望感就一直跟著我。即使在「與喪母之痛共生」二十五年之後，我內心還是長時間被無所不在、莫名所以的憂鬱盤據。這種心情我自己都說不清，更何況是別人。

妳清楚道出了我母親過世時我所面臨的狀況。緊接在我母親過世之後，我父親就精神崩潰了。

他在療養院住了一年，始終沒有康復得很好。我哥哥難過了一段時間，後來似乎就繼續去過他的人生了。只要想到我沒辦法克服喪母之痛，只要想到我好像就是走不出來，我就覺得備受煎熬。以前我會想：我一定是有什麼地方出了嚴重的差錯，喪母的命運之所以陰錯陽差降臨在我身上，就是為了要來折磨我的。在喪母之後拍攝的照片中，呈現出來的是一個沒有笑容的十六歲、十七歲、十八歲少女。

喪母徹底影響了我的一生。是的，這件事把我打造成一個「強硬」的女人，表面上碰到什麼事都應付得過來。這件事也幾乎完全摧毀了我的信任能力。後來再經由死亡、離婚、背棄等不同形式失去我所愛的人時，喪母的陰影都一再回來糾纏我。

十分感謝妳寫了有關喪母的課題。

德克薩斯聖安東尼奧市的讀者敬上

謝詞

過去這二十年來，對於把這本書送進世人手裡，並讓這本書受到世人的珍藏，有許多人都起了重要的作用：我的經紀人 Elizabeth Kaplan，早年我在愛荷華大學（University of Iowa）的恩師 Carl Klaus 和 Mary Swander，以前的編輯 Elizabeth Perle、Jackie Cantor 和 Marnie Cochran，目前的編輯 Renee Sedliar，以及 Addison-Wesley、Dell 和 Da Capo 這三間公司的業務、行銷、公關部門全體同仁。你們幫助了成千上萬需要爲自己的經驗找到脈絡的女性。

世界各地目前和過去的無母之女互助團體，也都在朝這個目標努力。特別值得注意的是美國的 Cami Black、Casey Enda、Laurie Lucas、MaryAnn McCourt、Vicki Waldron、Day Cummings、Ruta Grigola、Dawn Klancic 和 Colleen Russell，以及在倫敦爲無母之母經營蝴蝶社團（Butterflies）的 Marilyn Paul，還有第一個在杜拜組織無母之女社團的 Joanna Askew，乃至於加拿大的 Erica Keyes，她以位於亞伯達省的家爲基地，負責管理無母之女臉書粉絲專頁。

特別感謝洛杉磯無母之女協會（Motherless Daughters of Los Angeles）的創辦人 Irene Rubaum-Keller，她也是在二〇一四年和我一起規劃無母之女研討會的夥伴。一樣特別感謝 Allison Gilbert，她是《無父無母的父母》（*Parentless Parents*）這本書的作者，也是一位與我一起長征的勇敢旅伴。並感謝《黑鳥》（*Blackbird*）的作者Jennifer Lauck，她是我在這段旅程中的姊妹。一年又一年過去，妳們三位始終予我啓發、令我驚訝。

五年前，電影《喪母俱樂部》（*The Dead Moms Club*）開拍時，Smoke and Apple Films電影公司的Carlye Rubin和Katie Green曾與我接洽。那是一部關於早年喪母的紀錄片，完成後在HBO首播。能夠認識她們並看著她們的電影漸漸成形，實在是我的榮幸。

長久以來，我由衷感謝九十九位自願付出時間、爲這本書獻上個人故事的女性。她們的誠實和勇氣觸動了這二十年來的讀者，以後也還會繼續觸動更多人。我也要大聲感謝本書的研究助理Wendy Hudson，她把所有素材的裡裡外外都摸了個透。

永續家庭基金會（Family Lives On Foundation）的Phyllis Silverman、J. William Worden、Maxine Harris和Laura Munts，奧勒岡州波特蘭市道奇中心（Dougy Center）的每個人，以及洛杉磯非營利組織我們的家（Our House）全體人員，你們所做的工作持續指引著我。非常感謝你們所有人的慷慨與研究。

二十年前，有一位女性站在洛克菲勒中心《今日秀》的攝影棚外，拿著一塊手寫的牌子，上面寫著「謝謝妳，荷波」。我遞給她一份紐約市互助團體的介紹手冊。結果她成爲喪親兒童界有史以來最有貢獻的志工之一，現在她不只是志工，也是一名心理師、一個可貴的資源，以及一位可靠的朋友。Michele Cofield，請站起來跟大家鞠個躬吧！

三十年前，《阿奇》（*Archie*）漫畫中的筆友媒合服務爲我和明尼蘇達州的一個同齡女孩牽上線。我們當了八年的筆友，幾乎每星期寫信給彼此，一起度過我母親癌逝和她母親兩年後同樣死於癌症的時光。有很多年，她都是唯一一個和我一樣失去媽媽、可以和我聊喪母之痛的女孩。Sylvia，無論妳現在人在何方，我都要讓妳知道，在我最需要的時候，妳的友誼對我來講有多重要。

我的弟弟妹妹一直都很支持這本書，即使我對往事的記憶和他們有不同的版本。我父親於二〇〇五年辭世，如果知道這本書禁得起這麼久的時間考驗，他一定會覺得與有榮焉。而我的母親——她的生與死給了我寫作的理由，也給了我第一個可以訴說的故事——她才是本書眞正的女主角。

最後，若不是因爲一九九四年在紐約市有一小群熱心奉獻的女性，那就不會有無母之女協會的存在；若不是因爲無母之女協會，我就不會認識我先生Uzi；若不是因爲Uzi，那就不會有Maya或Eden，這兩個孩子分別冠上了我母親的部分名字。因爲她們，我終能相信生命的不朽。我母親的生命透過她們延續下去。

前言

二十年前，《沒有媽媽的女兒》第一版問世

對我而言，那是艱辛且漫長之旅的最後一步。我費時多年尋覓這樣一本書，結果最後自己出了一本。我的母親死於乳癌那年，十七歲的我不再是個孩子，卻也還不是一個女人。不過，我已達開車的合法年齡，在前來致哀的人潮散去之後，我首先開車前往的地方，就是地方上的一間圖書館。我愛看書。一九八一年，在我所生長的紐約市郊既沒有互助團體，也沒有青少年喪親心理諮商這回事，爲了找尋這兩者的替代品，我的最佳選項就是以書本爲精神支柱。我需要相關資訊。我想知道當妳在十七歲喪母之後應該會有何感受。我想找到怎麼想、怎麼談、談些什麼的線索。我想知道什麼東西能讓我重新快樂起來，如果眞有這種東西存在的話。

我沒找到這樣一本書。那一年沒找到，第二年也沒找到。後來我陸續以四個州爲家，在這些地方的書店、大學圖書館或電腦資料庫裡，我也不曾找到過。每一本我讀到的母女關係書籍，無不假設喪母這件事發生在女兒年屆中年以後。我從十七歲長到十八歲，接著長到二十歲。這些書都沒說到我的心坎裡。我所找到的學術文獻亦然，有些文獻探討了早年喪親對兒童的短期影響，但都沒專門針對失去媽媽的女兒，也沒談到喪母這件事隨著年深日久對她們的影響。我知道自己有特定的情

緒難題，我的角度與觀點也和我絕大多數的朋友截然不同，但我找不到任何談我這種情況的文字作品。家母死後，我的家人對這件事三緘其口，一樣的沉默迴盪在書店裡的陳列架上。我不知道世間還有成千上萬像我和舍妹一樣的女孩。在我心裡，我們的經歷太奇怪、太罕見、太反常，甚至不值得被人拿來大書特書。

接著，到了大四的時候，我男友從《芝加哥論壇報》剪了一篇安娜．昆德蘭（Anna Quindlen）的專欄給我。昆德蘭寫道：「我母親在我十九歲時過世——有很長一段時間，這就是我的簡介，這句話言簡意賅地總結了我的情緒狀態。『十分鐘後大廳見囉，我有一頭棕色長髮、不高、穿一件紅色大衣，喔還有，我媽在我十九歲時死了。』」[1]那天下午，在搭電車去打工的路上，我把這篇文章讀了四遍。後來好多年，我都把它收在我的皮夾裡。要到之後，過了很久很久以後，我才知道全國各地有多少喪母的女性都收藏了同一篇報紙專欄，有多少女性就像我一樣，覺得好像有人發現了通往她們內心深處的密道。

喪母不止是發生在我身上的一個事實，也是我身分認同的核心、我這個人的存在狀態。寫下本書的第一版之前，我不知道有多少女性跟我有一樣的感覺。書出之後，我很快就知道答案是「很多」。初版發行不到兩個月，《沒有媽媽的女兒》就登上《紐約時報》暢銷榜。當時黃頁電話簿上還查得到我的電話號碼，每天忙完回到家之後，我就會從電話答錄機上聽到長長又誠摯的喪母故事。當時我住在紐約市，大約一星期一次，我那區的郵局行員就會交給我好多包的灰色郵袋，裡面裝滿出版社轉寄給我的讀者來信。有一次，郵局行員問我：「小姐，妳是做什麼生意的？我也想參一腳。」

信中寫滿女性讀者喪親與離棄的故事，並描述了她們爲能熬過情緒風暴所採取的因應策略。讀者們往往也會寫下感激的字句，很感謝有人肯定了她們深沉的悲痛。終於有人賦予她們的經驗一個脈絡，有系統地加以探討，也讓她們覺得寬慰。許許多多喪母的女性都出現在我的朗讀會和座談會上，迫不及待要坐在一個能夠得到他人理解的房間裡。其中一位女性讀者說：「就好像我們之間有一個共同的暗號。」另一位說得甚至更一針見血，她告訴大家：「我覺得自己像是一個剛找到母艦的外星人。」

媽媽過世之後，女兒的悲痛永遠沒有徹底結束的一天

喪母的女性直覺上始終知道這一點，儘管這在一九九四年還不是一個普遍被接受的觀念。二十年前，大眾普遍抱持的論點是療傷有一定的進程，悲痛的情緒必然會按照幾個階段循序漸進，否則這個過程的進展就是不正確的。在過去（現在有時也是如此），傷痛被視爲一種必須克服的東西，而非一個延續一生的和解與接納過程。傷痛有可能是循環不已、綿延不盡、反覆不定的——在不是喪親一族的人眼裡，這依然是一個新奇的觀點。

編按：○為原註；●為譯註。

①參見 Anna Quindlen 所著 *Living Out Loud*（New York: Ivy, 1988）一書第210頁，篇名“Mothers”。

我的母親過世時，鎮上對於喪親的家庭並無提供支援服務。當地沒有一個安寧照顧機構，只有一位好意的醫院社工，但她那副過分殷勤的態度卻惹我反感。每次看到她從走道那頭走來，我就趕緊躲進護理站。辦完家母的後事之後，我父親參加了一場單親父母見面會——這是我們所在的紐約郊區對單親父母唯一的一點心意。結果他發現滿屋子都是離婚後沒了伴的女性，他不但是唯一一個鰥夫，也是唯一一個男人。他沒再去過第二次。至於針對兒童的喪親療程，要到好多年以後才來到我們縣境之內。美國兒童喪親諮商服務的始祖「道奇喪親兒童諮詢中心」（Dougy Center for Grieving Children）[2]，則要再過一年才會在奧勒岡州波特蘭市敞開它的大門，而它的影響力要再花個六、七年才會擴及美國東岸。在那之前，喪親的家庭基本上只能自己摸索。

一九九四年《沒有媽媽的女兒》問世

此時，情況已經改善很多。那時，道奇中心已在其他各州培訓師資七年了。有幾個專屬喪親兒童的週末營隊活動，設立安寧照顧機構更成爲國際行動。我們的文化對於喪親兒童的需求有了更深的認識，並發展出較爲完善的辦法解決這些需求。

對於適逢喪母打擊的家庭來講，不可否認這一切很有幫助。但對《沒有媽媽的女兒》讀者群來講，卻有點幫不上忙，因爲她們早在十年、二十年、甚至是四十年前就已喪母。這些女性成長過程充斥著關於喪親的刻板觀念，多數人不被鼓勵談論這件事。多年以後，她們心裡仍籠罩在喪親的陰影下。這些陰影不止來自於死亡本身，也來自於家人和社會期望她們所做的反應（或沒有反應）。

身爲幼時喪親的成年人，她們在支援喪親心理的機構裡找不到一個立足點。她們打去地方上的安寧照顧機構找互助團體，卻只得知自己資格不符，因爲發生在她們身上的事情已經過去太久了。或者，她們加入了喪親互助團體，結果發現其他成員都處於剛喪親的劇痛階段。喪母的女兒過了十年以上還在爲這件事難過，其他成員對這種處境沒有共鳴（甚至還會覺得很困擾）。

幸好，自從《沒有媽媽的女兒》上市以來，情況也改變了很多。

現在，包括洛杉磯、紐約、芝加哥、底特律、舊金山、倫敦和杜拜，在全世界二十多個地方都有無母之女和無母之母的團體，全都由志工經營管理，致力於爲喪母的女孩和女人提供支持、組成社群。現在，透過線上論壇和群組頁面，網路也將全球無數失去媽媽的女性串連在一起。紀念亡母的網站遍地開花，甚至有一群心理學家研究起這個現象來了。過去十二年間，喪親兒童的社群成倍擴張。道奇中心的網站現在列有全美及海外五百多家的兒童喪親諮詢中心。喪親兒童國家聯盟（The National Alliance for Grieving Children）爲全美各地悲痛的兒童、家庭和心理治療專業人員提供教育培訓與各種資源。此外，一九九七年組成的永續家庭基金會幫助了一千多個家庭，延續孩子曾和亡母或亡父共享的可貴傳統。在十三歲失去雙親的琳恩・休斯（Lynne Hughes）創辦了舒適地帶療癒營（Comfort Zone Camp），每年在五個州爲兩千五百多名兒童舉辦週末營隊活動，並爲喪親的青少年及其親友經營一個綜合性的網站，網址爲 www.hellogrief.org。

②道奇中心官網：https://www.dougy.org

九一一事件喚醒國人意識

喪親輔導專家及《面對死亡不嫌早》（*Never Too Young to Know*）③作者菲莉絲．希爾維曼（Phyllis Silverman）博士寫過，美國的「死亡系統」在變，我們的文化漸漸準備好要去聆聽死亡與哀悼的話題了。這有很大一部分是拜電視和平面媒體對喪親事件的報導之賜，最明顯的一個例子是九一一事件——二○○一年九一一恐怖攻擊事件過後，全國上下的悲痛情緒躍上電視螢幕，報紙也紛紛爲每一位罹難者刊登了紀念文。

比起過去三十年來發生的任何一起事件，九一一恐怖攻擊或許更讓喪親之痛浮上檯面，喚醒國人的意識。那天，在紐約市和華盛頓特區，至少有兩千九百九十名兒童和青少年失去了爸爸或媽媽，並有三百四十人失去了媽媽。六年前，在奧克拉荷馬市的艾爾弗雷德．P．默拉聯邦大樓（Alfred P. Murrah Federal Building）爆炸案中，超過兩百名兒童失去了爸爸或媽媽，並有三十名兒童失去了雙親④。基於這兩起攻擊事件，父母突然死於重大暴力事件的兒童和青少年有其特殊的需求。隨著孩子們的需求廣爲人知，「重大事故喪親創傷」也成爲兒童喪親心理諮商中的專門領域。

過去這十年來，孩子們喪母的方式也有所改變，預想得到的和出乎意料的方式皆有。意外和癌症仍是十八歲至四十五歲女性死亡的主因，但在美國，女性罹患癌症的比率在過去二十年間穩定地緩步下降⑤。一九九一年，愛滋病在美國造成一萬八千五百名兒童喪母，但到了二○○○年始終不曾達到八萬名的預估值。然而，在非洲和亞洲卻有數百萬名的愛滋孤兒，造成規模難以想像的社會危機。如今，美國有史以來第一次，爲人母者命喪戰場。截至二〇一三年四月爲止，逾二十五名有小孩的美國女兵在阿富汗和伊拉克爲國捐軀，身後留下三十多名兒童，其中一名兒童在母親出征前還跟她打勾勾，要她保證不會死。

比起二十年前，我們對這些喪母的兒童已有更多的了解，也更清楚他們在成長過程中可能要面對的課題。一九九六年的哈佛兒童喪親研究（**Harvard Child Bereavement Study**）奠定了一座里程碑，菲莉絲．希爾維曼博士和J．威廉．瓦登（**J. William Worden**）博士針對波士頓地區的喪親兒童進行爲期兩年的研究，結果發現：

一、一般而言，喪母對兒童來講比喪父更難受，主要是因爲喪母爲孩子的日常生活帶來更多改變。在多數家庭裡，母親過世也意味著失去了情緒上的照顧者，孩子必須適應失去這位照顧者所代表和隱含的一切。

二、失去父親或母親兩年後，喪母的孩子比喪父的孩子更可能有情緒及行爲問題，例如焦慮、暴怒抓狂、自尊低落，以及覺得自己沒用的無能感。

---

③Phyllis Rolfe Silverman, Never Too Young to Know (New York: Oxford University Press, 2000), 15–16.

④在那天喪命的一百六十八人中，有八十七人為成年女性，儘管沒有現存的資料顯示她們有多少人已為人母。

⑤這是因特定癌症的死亡率急遽下降所致。美籍非裔女性的癌症死亡率則提高了。

三、孩子在情感上對亡母保有比亡父更強的依戀。

四、僅存的那位父母適應得如何，對孩子長期的適應狀況來講是最重要的指標。相較於擁有強大的支持系統和充實的內在資源的父母，僅存的那位父母若是沒能有效扮演養兒育女的角色，孩子就會表現出更多的焦慮與憂鬱，乃至於出現睡眠和健康的問題。

五、事隔兩年之後，比起消極逃避的家庭，適應得最好的孩子來自於積極面對喪親之痛、即使置身困境也能找到正能量的家庭。

沒有媽媽是什麼意思？

然而，我們對喪親的兒童了解越多，孩子在喪母後實際的遭遇卻似乎還是保持不變。不久之前，我收到來自一位大學新鮮人的電郵。她的母親五年前過世了，整個中學時期，她在他們的小鎮上都被稱爲「那個媽媽死了的女生」。現在，她到別州去上大學，離所有認識她的人遠遠的，她覺得孤單無依、寂寞極了。在那裡，沒有一個人認識她的母親，而她的新朋友都不明白她的喪母之痛有多深。每當有人問起她的父母，她在回答時總設法避開「母親」和「過世」這兩個字眼。她發現，一旦把這兩個詞彙擺在一起，對話就瞬間凍結。沒人想聊媽媽過世這件事。這件事不但沒人想聽，有些人甚至表現得一副聽不懂的模樣。有一次，她囁囁嚅嚅地對一位同學說：「我媽媽已經不在了。」那位同學難以置信地反問道：「妳沒有媽媽嗎？什麼意思？妳是說妳爸媽離婚了嗎？」

誰又能責怪一個裝作若無其事的同學呢？畢竟我們也都希望眞的沒事啊。媽媽永存不朽。媽媽不會年紀輕輕就死掉。媽媽絕不會丟下她的心肝寶貝撒手人寰。三十四歲的萊雅在三歲時喪母，她說：「我爸甚至不曾爲我媽的死哀悼。他完全無法招架，這件事不符合他的人生藍圖。當媽的不應該拋下五個孩子死掉。他告訴自己，不該發生的事情就不會發生，結果眞的發生了。」同樣一種虛假的安全感保護著克莉絲丁，直到她十六歲時媽媽被診斷出卵巢癌爲止。次年，她媽媽就死了。克莉絲丁現年二十二歲，談到喪母這件事，她的語氣還是很震驚：「如果十年前有人問我對於我媽可能會死作何感想，我會告訴對方：『我？才不會呢。我媽？別鬧了。』我想都沒想過有這種可能。從沒想過。在我們那座與世隔絕的小鎮上，沒有一個人是沒有媽媽的。我們家那麼幸福美滿，我覺得這種事不可能發生在我身上。但我母親的死徹底顛覆了我的世界。」

儘管父親的死一樣令人悲痛，但通常不會引發這麼憤怒或震驚的情緒。關於我們對這個世界的假設，父親過世造成的打擊稍稍輕微一點。我們或多或少都預期父親會比母親早逝。在刻板印象中，女人或許是弱者，但就生理年齡而言，女性其實較爲長壽。在美國過去幾百年來的每一個種族當中，男性的平均壽命都比女性來得短。如今，二十歲的美國男性平均預期壽命爲七十七歲，二十歲的美國女性則大有機會活到八十二歲。美國男性在十五歲至五十五歲之間死亡的機率也比女性高出五十%。

然而，這卻不代表媽媽就不會早逝。恰恰相反的是，光是在二〇一一年，就有十一萬一千名介於二十五歲至五十四歲的美國女性身故。二〇〇六年，有六十七萬六千多名不滿十八歲的美國孩童喪母，其中約有三十三萬人是女孩子；將近兩萬五千名女孩失去雙親。據我估計，不管哪一年，美國都有超過一百一十萬名女孩和六十歲以下的婦女在童年及青春期喪母——這是一個極為保守的數據，因為其中還不包括在十八歲至二十五歲之間喪母的女兒，或因為遺棄、離婚、酒癮、坐牢或長期的身心疾病而失去媽媽的女兒⑥。

沒有媽媽的孩子是真實存在的

然而，在內心深處，沒人願意相信沒媽的孩子真的存在。不分年齡，「母親」在我們心裡都代表著一份慰藉與安全感，母親與孩子之間的牽絆又是這麼原始的本能，以至於我們將切斷這種牽絆和幼小心靈的毀滅畫上等號；不願相信的否認心態就源自於此。因為每一個人都懷著兒時對失去與孤單的恐懼長大，所以沒媽的孩子就象徵會擁有更加黑暗、較為不幸的自我。這孩子的慘況是每個人的噩夢，既無法想像又無法忽視。然而，接受她的巨大之損失，或接受她的長久之悲痛，就代表承認你自己也有一樣的可能性。還記得在高中時，我母親過世幾個月後，我和最好的朋友通電話。電話中，我訴說著自己當前面臨的種種困境，並將問題的癥結直接指向我母親剛過世這件事。我的朋友溫和但堅定地說：「荷波，妳不能再這樣想了。妳不能老是把發生在妳身上的一切歸咎於妳母親的死。說到底，這件事對妳的人生眞正能有多少影響？」

我知道她說的不無道理。我在尋求不一定存在的關係，我在把不見得相關的點連成一條線，我費了勁想替不當的行為找理由和藉口。有時候，就連在當下，我都覺得自己的言行舉止並非發自內心。但在同時，我也非常確定媽媽的死永遠改變了我，並改變了我未來會成為什麼樣的人。麥可欣・哈里斯（Maxine Harris）博士在《永遠的失去》（*The Loss That Is Forever*）一書中闡釋過：當父母其中一方早逝，孩子有了切身的死亡遭遇，終其一生，這段經歷都影響著他們看待世界的眼光。她寫道：「有些事件非同小可，這些事件力道之強，勢必改變一切。」我的一切想法和感受又怎能不追溯到喪母一事呢？這件事在我的生命史上劃下一條崎嶇的斷層線，永遠將我的人生劃分成「喪母前」與「喪母後」了呀。

被迫早熟的喪母之女

我母親癌症確診時，我十五歲。她去世時，我才剛過十七歲。不像成年人能以相對健全的人格經歷喪親之痛，童年或青春期喪母的女孩將這件事融入她的人格養成之中，這件事成為主宰和界定個人身分認同的一大特徵。年紀還小就學到親子關係可能只是暫時的、安全感稍縱即逝、「家庭」可以重新定義，喪母的女兒還是個孩子就養成大人的眼光，僅憑稚嫩的心智幫助她應付一切。

⑥約有十一萬四千名不滿十八歲的女孩目前生活在寄養家庭，並有超過一百萬名失去雙親的女孩和祖父母或其他親戚生活在一起。以二〇〇七年來說，有十四萬七千多名孩子的母親關在監獄裡，此一數據自一九九一年以來成長了超過兩倍。這些孩子多數都由祖父母或外祖父母撫養。

⑦這個二〇〇九年的市調是在全國市調公司馬修・格林瓦德協會（Matthew Greenwald and Associates）的協助下進行，並由紐約人壽基金會（New York Life Foundation）贊助。市調結果亦發現九名成年美國人中就有一人在二十歲前失去一位雙親。

早年喪親是一個逼人早熟的經驗，孩子被迫在認知上和行爲上都要比同輩更快長大。一如麥可欣．哈里斯所指出的：比起其他任何事件，喪父或喪母都更加標誌著童年的結束。無怪乎當舒適地帶療癒營舉行全國性的市調時⑦，在四〇八位二十歲前喪父或喪母的成年人中，有七十二％都相信如果父母不是那麼早逝，他們的人生會「好很多」。

喪母的少女可能要負責籌備後事、照顧弟弟妹妹或打點家事，乃至於照顧心碎的祖父母或外祖父母——這一切都在她中學畢業前就要做到。喪母也意味著失去一直以來給她支持的家庭系統，曾經是這個支持系統爲她奠定一個安全的家。接下來，她必須透過其他替代方式建立自信和自尊。沒有了媽媽或一個母職人物的指引，喪母的女兒也必須靠自己拼湊出一個女性自我形象。多數女孩子在十幾歲時脫離母親去建立個人的身分認同，之後再以獨立自主的成年人之姿回到媽媽身邊，喪母的女兒則是一個人向前走。對於媽媽缺席、心理背負著喪親記憶的女性來講，長大成人、結婚成家、擔任母職是截然不同的經驗。二十九歲的凱倫九年前喪母，她說：「妳必須自己學會怎麼當媽。妳必須自己對自己說『別擔心，妳做得很好，妳盡力了』。當然，妳可以打電話給朋友，聽朋友對妳說這些話。或許妳還可以打電話給其他和妳很親的親戚，而他們也會跟妳說一樣的話。但妳就是想聽小時候幫妳破皮的膝蓋貼上OK繃的人說這句話——當妳從學校帶回不及格的成績單，是她安慰妳；是她幫妳設置了人生第一個檸檬水攤❶；是她看著妳學會走每一步路；眞正了解妳的人是她，或至少在妳心目中眞正了解妳的人是她。妳想要依靠的人是她，妳不斷尋尋覓覓的人是她。」

我們多常有機會重訪和重新檢視過去？為人母親給了我這樣的機會，養育兩個女兒的瑣碎日常再再讓我陷入回憶，讓我回到自己還是個孩子的時光。我母親那時就扮演著我今日的角色。現在我看待她的眼光是那麼不同，我體認到那時的她是多麼能幹、多麼有耐心、多麼盡心盡力。然而，我也體認到她是多麼生澀和受挫，還有她是多麼、多麼年輕。

這也是許多來自各種背景的喪母女性共同的經驗。無論這本書在架上多少年，無論我在旅途中碰過多少沒了媽媽的女性，我總是很訝異我們有那麼多的共同點——無論我們是幾歲時喪母、媽媽確切的死因是什麼、家庭的族群背景或社經地位如何、我們現在又是什麼年紀。喪母大大拉近了我們的差距。喪母帶來的身分認同核心課題突破了其他定義我們的表面因素。同為喪母的女兒，我們擁有和其他女性朋友之間通常沒有的共同點——我們有一種強烈的孤立感；我們尖銳地意識到自身生命之有限；我們覺得自己整體的情緒發展都「卡住」了，就彷彿我們的成長停在媽媽過世時的年紀；我們老想從伴侶關係中尋求呵護與關愛，而這些伴侶關係不可能滿足我們的需求；我們強烈渴望給予子女自己失去或不曾有過的母愛；我們深怕再失去其他心愛的人；我們對每一天的「小確幸」都感激不已；我們知道早年喪親的遭遇塑造了我們的人格、讓我們變得堅強，甚至解放了我們，讓我們能夠做出雙親健在或許就不會做的改變與決定。

❶擺攤賣檸檬氣泡水或別種冷飲是美國兒童夏天流行的活動。

橫跨三十年的喪母經驗

原先來自本書第一版的訪談，絕大部分仍收錄在這個紀念版當中，儘管我也新增了一些訪談內容，外加一九九四年時尚未發表的研究結果和專家的話。這個版本收錄了九十九位喪母女性的面訪和筆訪，乃至於一九九四年原版的無母之女問卷調查（參見附錄一），以及二〇〇二年十月至二〇〇五年六月間針對一千三百二十二名喪母女性所做的網路調查。雖然她們都是自願受訪，所以並不具有隨機採樣的代表性，但她們來自各式各樣的人種、族群和社經背景。母親離世或離家時，她們的年齡範圍涵蓋嬰兒期到三十歲出頭。最年輕的受訪者十七歲，最年長的受訪者則爲八十二歲。姓名和居住地皆做了更動，只有在極少數確實獲得允許的情況下，我才會把當事人的職業寫出來。

本書第一版於一九九四年發行之後，我的人生有了很多變化。如果妳能找到一本初版書，妳會讀到一名單身年輕女子的文字，當時的她住在紐約一間小小的公寓裡，剛展開她的職業生涯，不知道自己有沒有結婚和生兒育女的一天。她的聲音是探究之聲與叩問之聲，還不是有了歷練與洞見的聲音。如今，我以一名中年母親和妻子的眼光寫作，我和外子及兩個女兒一起住在洛杉磯外圍聖莫尼卡山（**Santa Monica Mountains**）的一棟房子裡。我幫孩子做帶去上學的午餐便當，我開車送孩子去上鋼琴課和練足球，我爲英文報紙做校對工作。在許多方面，我都成爲了自己從前失去的那個人。

然而，也有很多事情絲毫沒有改變。我的生命中還是有一個媽媽不在了的大洞——現在，對我的孩子來講，那也是一個外婆不在了的大洞。每當有好事發生，有壞事發生，或沒什麼事發生、只是想聊聊這一天時，我還是但願有個媽媽能讓我打電話過去。我還是很固執地凡事靠自己。我最大的安慰還是來自於事情按部就班地發展、一切都在意料之中。雖然我不再那麼害怕自己會英年早逝，但我還是活在深怕失去親人的恐懼中。現在甚至更甚以往，因爲隨著年齡漸長，我的風險又更高。每一天，我看著兩個女兒，暗自祈禱我能看她們念完高中，及至看到她們以後的人生。

我有時會想打電話給高中時的那位朋友，就是問我喪母對我的人生會有多少影響的那位朋友。喪母三十三年後，我可以很肯定地告訴她：答案是「一切」，這件事影響了一切。當媽媽死去，女兒哀痛逾恆，然後她的人生繼續下去。感謝老天，女兒確實有快樂起來的一天。但那份對母親的思念，那份對母親的渴望，那份但願媽媽還在的心情——我不騙妳，儘管妳可能已經知道了：這個部分從來沒有終點。

【第一部】

失　去

媽媽失去女兒，女兒失去媽媽，
是女性根本的悲劇。

——亞卓安．芮曲（Adrienne Rich）
《女人所生》（*Of Woman Born*）

1 悲傷的季節：哀悼有時

我的母親過世時正值萬物盛放的仲夏。一天下午，她從醫院帶回胸部長了惡性腫瘤的消息。從那之後，歷經了十六個月的化療和電腦斷層掃描。十六個月間，我們孤注一擲地努力維持正常生活，保有種種日常的小儀式。每天早上，我們還是一起喝柳橙汁、吃維他命，只不過她接下來要吞橢圓形的白色藥丸。照理說，這些藥丸應該要阻止癌細胞擴散才對。放學之後，我開車載她穿過大街小巷，去赴腫瘤科的約。而在回程的車子上，她向我保證她會活下去。由於我是那麼想要相信她，以至於我就算看著她沒了頭髮，接著沒了尊嚴，最後沒了希望，我都還是相信她會好。結局來得很快，我們全都沒有心理準備。七月一日，她還在後院曬太陽。十二日天亮之前，她已經不在了。

我的母親過世時四十二歲，剛過人生的一半——本來應該是一半。我則剛過十七歲。我妹妹十四歲，我弟弟九歲。對於要怎麼照顧三個孩子，又要怎麼消化自己的悲傷，我們的父親茫茫然沒有頭緒。在癌症將我們一家減為四口之前，我們家在我心目中就是最典型的紐約郊區家庭：父親通勤到曼哈頓去上班，母親在家帶孩子，擁有一棟位在住宅區的房子，屋前有精心修剪的草坪，家中有一條狗、一隻貓、兩輛車、三台電視機。悲劇應該要略過我們家，悲劇不應該破門而入。

就像多數失去母親的家庭，我們家也竭盡所能應付這件事。意思基本上就是我們迴避關於喪母的所有話題，假裝把日子照常過下去。我們本來就不是一個善於表達的家庭，也不清楚要如何哀悼一個人。我們的親朋好友都沒有類似的經驗。對於該怎麼做，我們沒有範本或藍圖，沒有內建的支持系統。喪母第一年，我們繼續上學、度假、兩個月剪一次頭髮等例行公事，就彷彿這個舉足輕重的家庭成員可有可無。她不在了，我們也只需要稍微把家事重新安排一下。憤怒、內疚、難過、哀傷——我們壓下所有情緒，忍到再也忍不住的時候才爆發出來，說一些情緒失控的話。

一九八二年離家上大學時，我懷著成爲記者的志向前往美國中西部，決心以我母親不曾有過的方式體驗人生。她在一九六〇年大學畢業，拿到了音樂學士的學位，也套上了一只鑽石戒指，她的舞台很快就侷限在郊區一棟錯層式農場風格的房子裡。我決定我的舞台是要全世界。她過世後的幾年內，我開車行遍全國，研讀卡夫卡和西蒙波娃，交各種不同種族背景的男朋友，隻身跑到歐洲當背包客。但無論我去到哪裡，無論我多麼故作堅強，我內心總懷著一股無法擺脫的憂傷。有人死了，妳大哭一場，哭完了日子還是要過，而清楚的是，原來失去這個人的哀痛日後還會反覆浮現，終其一生揮之不去。

我花了七年，才漸漸明白關於喪親之痛的一個眞理：妳越是逃避它，它就黏妳黏得越緊。爲自己鬆綁的不二法門，就是咬緊牙關感受那份痛楚。

等我領悟到這一點，我已經大學畢業幾年了。當時我在田納西州諾克斯維爾市的一家雜誌社工作。公司的辦公室位在一棟十二層樓的紅磚建築裡，這棟建築的前身是一間飯店，謠傳鄉村歌手漢克・威廉斯（Hank Williams）和搖滾歌手艾利斯・古柏（Alice Cooper）的蟒蛇都在這裡度過死前最後幾夜。我們公司位在市中心一條主要幹道上，旁邊是惡名昭彰的銀行家傑克・布徹（Jake Butcher）蓋的高科技玻璃摩天大樓，那棟樓絕大部分都空著，傑克・布徹當時人在坐牢。我跟妳說這些是因爲地點很重要。在布徹大樓前方有紅綠燈和斑馬線，每天我都從那裡穿越蓋伊街。

這一帶的街廓有著乖舛的歷史。滿二十四歲之後的秋天，我歷經種種乖舛的遭遇。或許和這個地方有關，也或許無關，總之那一年很不好過。本來我和深愛的男人訂婚了，五月時卻突然婚事告吹，我的世界天翻地覆，內心痛苦不堪。我藉由和另一個男人上床來解決，到了夏天結束，那個男人也很明智地離我而去。兩星期後，我捲進酒吧裡的鬥毆事件，結果進了急診室，嘴唇裂開，頭頂腫了高爾夫球那麼大的一個包。妳可以說一切都失控了。我一個人住在兩英畝地上的一棟白色小房子裡，憑我的財力很難負擔得起。那年秋天，我滿腦子想逃離。我考慮要去愛荷華州念研究所、加入和平工作團（Peace Corps），還是去奧勒岡州中部的一個素食者共同生活社區，幾個選項沒有一定的優先次序。我擔心自己沒完沒了的麻煩事會把朋友嚇跑。多數時間我都一個人宅在家裡，向一隻不置可否的小貓咪徵詢意見。傍晚，我覺得很孤單，就走到馬路對面去摘野花，找鄰居家的山羊和綿羊玩。我相信這個部分聽起來充滿鄉村風情，但坦白說我很害怕。除了我之外就沒有人照顧我了，而我完全無心照顧自己。

到了十月中，我老是睡過頭，每天上班都遲到，中午花兩小時吃午餐，一天穿越蓋伊街數次。某個下午，我從郵局回來，走到斑馬線中間時，我抬起頭來，看到一朵白雲飄了過去，午後驕陽照在布徹大樓上，其中一塊玻璃反射出刺眼的光芒。該說我感受到了嗎？像一隻尺寸十二號的工作靴踹上我的肚子，我痛得按住下腹無法呼吸。紅綠燈轉綠，兩旁的車輛開始狂按喇叭，有幾輛車繞過我開過去，有個人從一輛卡車車窗探出頭來，喊道：「喂！小姐，妳還好嗎？」

我不好，我糟透了。我抱著自己站在那裡，滿腦子想著：「我要我媽。我要我媽。我要我媽。現在就要。」

這份渴望是從哪裡冒出來的呢？她過世七年以來，我不曾允許自己思念她。相反的，我再再告訴自己這樣正好，我失去了我不需要的東西。我的自由和獨立很珍貴，雖然那是早年喪母的不幸結果。當我母親躺在走道盡頭的房間裡彌留之際，醫院社工塞了一份宣導手冊到我手裡，宣導手冊上列出簡單俐落的哀傷五階段。我懷著年輕氣盛或天真無邪的人才有的狂妄自大，滿心以為自己早就走完那五個階段了。

否認、憤怒、討價還價、混亂失序、接受。在當時的我聽來，這五個階段再簡單不過。直截了當的五個階段，走完了就回歸正常生活。我的母親過世前一晚，我情緒崩潰地向上帝禱告，祈求上帝接受我的交換條件。儘管在此之前我都不曾認眞想過死亡這件事，但那天夜裡，我請求上帝在睡夢中取走我的性命，以此交換我母親的性命。我知道我們家更需要她。我跳過了中間所有的階段，每回我之所以禱告說「主啊，請讓我母親好起來，我發誓再也不和她頂嘴」，都是因爲我不知道她快死了。現在，在最後倒數的幾小時裡，我相信唯有偉大的無私精神才能拯救她。日出提醒我這種奇蹟難得一見，但後來我從這當中找到一點小小的安慰——企圖跟上帝談條件的舉動，明確顯示我處於「討價還價」的階段中，以哀悼過程的情緒量尺來看，我已經走到中間點了。

七年後，我已不再是一談起我母親就哭。每當有人得知她不在人世之後對我說「我很遺憾」，我終於能夠回以一個禮貌的微笑，心平氣和地點點頭。就跟每個人所保證的一樣，時間發揮了神奇的療效。而我證明了我不需要媽媽也能活得很好。所以，我覺得自己做對了，我覺得自己莫名贏了這一仗。直到站在斑馬線中間的那一刻爲止，從那之後，我不禁疑惑到底是出了什麼離譜的差錯。

從那之後，我對悲傷有了這一層體認：它不是線性的，它不是可以預料的。它絕不平順，也絕非界限分明。說來很不公平，有人胡亂暗示我們：悲傷有明確的起承轉合。它是短篇小說的題材，不是眞實的人生。

悲傷反覆循環，就像一年的四季，就像月亮的陰晴圓缺。女人最清楚這一點了，超過大半生的時間，女人的身體都按照每個月的節奏循環下去。數世紀以來的作家們意識到悲傷的高低起伏，便以季節性的比喻描寫這個從低潮到高潮、再從高潮又回到低潮的過程。

悲傷就像任何一種循環般反反覆覆。一波未平一波又起，這一波跟上一波略有不同，但循著一樣的基本路線。喪母的女兒確實會歷經否認、憤怒、迷惘和重新定位的階段，但在成長過程中，每當面臨新的課題，她對母親的需要就又會被喚醒，這些情緒反應就又再重複一次。假設一個十三歲女孩被心臟病奪走了母親。在一開始的震驚和麻木中，她盡她當時所能去哀悼。但過了五年之後，在她的高中畢業典禮上，她可能痛苦地思念起她的母親，整個哀悼的過程又重來一遍。在這個小插曲過後幾年，她可能再次回到哀悼者的角色上，當她要規劃自己的婚禮時、當她生下第一個孩子時、當她被診斷出重症時，或當她來到她母親過世的年紀時。每一個人生的里程碑，喪母的女兒都要面臨新的挑戰，使得她一再渴望得到母親的支持。但當她向母親求助，母親卻已不在，失去和離棄的感受再次湧上心頭，同樣的循環重新開始。

事後證明，遲來七年的反應倒也不算拖得太久。我後來收到的讀者來信中，把悲痛的心情擱置了二十年、三十年或更久的大有人在。著有《你不在身邊》（*Without You*）一書的以色列心理學家泰瑪爾．葛諾特（Tamar Granot）表示：「有些人要到成年以後才意識到喪親的後座力。有時候，這種遲來的領悟是被生活中的變化所激起的，尤其是在成年期遭逢危機之後。」葛諾特說，對於職涯選擇的不確定、維持感情的困難，或是和自己的子女之間的問題，都可能讓一個女人突然意識到她今日的行爲和童年創傷之間的關係。

我們的文化是一個沒耐性的文化，大部分的需求都很習慣立刻獲得滿足。但哀悼需要時間，你必須甘願臣服於時間的力量。伊莉莎白．庫伯勒．羅斯（Elisabeth Kubler-Ross）的哀傷五階段被當成喪親輔導的論述典範，在一九八〇年代和一九九〇年代盛極一時。但這套理論本來是針對不治之症的患者，談的是病人如何接受絕症確診的可怕消息，而不是針對他們身後留下的家人。（現在有一個悲傷輔導網站建議將它改稱爲「接收噩耗的五個階段」①，而且不再把它當成喪親輔導的典範，因爲它對哀悼者的壞處多過好處。）我個人比較喜歡J．威廉．瓦登的四個哀悼功課：接受失

①請見 Beware the Five Stages of Grief 網站 www. counselingforloss.com/article8.htm.

去（功課一）、處理喪親的現實面（功課二）、適應新環境（功課三）、重新安置你對已逝至親的情感（功課四）②。但說眞的，我發現對多數哀悼者而言，眞正重要的只有兩個階段：你覺得痛徹心扉的階段，以及你覺得不那麼痛了的階段。從前者到後者的轉換過程勢必很慢，進度拖拖拉拉，情緒起伏很大，而且這兩個階段都沒有一定的規則可循。

期待悲傷很快按照預期進度跑完流程的心態，導致我們將這個過程過度病理化，彷彿悲傷是一種經由恰當治療就可以「治好」、應該「治好」的東西。結果，我們開始把正常的反應當成重度情緒障礙的指標。每年聖誕節想到媽媽就哭的女子——她究竟是放不下過去，還是純粹每逢佳節倍思親？又有誰能數得出來，有多少朋友和同事認爲我們的哀悼期應該侷限在六個月或一年內，時間過了就該神奇地痊癒？而我們又有多少人也對自己有一樣的期待？別人嘴裡老是透露出哀悼有時的訊息。隨著夏去秋來、冬雪降下，諸如此類的訊息儼然成爲我用來自責的台詞：已經六個月了，繼續妳的人生，這件事該過去了！

我試過了，我眞的努力過了。但短短的幾個月，豈能抹除過去十五、二十年來有她在時習得的行爲？如果一份新生命要花九個月來到這世上，那我們憑什麼認爲不到九個月就能放下一個人？

管你準備好沒有，災難就是降臨了

數十年來，對於兒童和青少年爲至親之死哀悼的能力，心理學界多所爭辯。成年人的感情分散在他們所能依靠的不同人身上，像是配偶、情人、子女、知心好友，乃至於他們自己。孩子們則往往將全部的情感傾注在父親、母親或雙親身上。當一個喪母的女兒說：「十二歲時，在喪母的打擊之下，我的世界天翻地覆。」她可不是在用誇飾法。

現在，喪親輔導專家大多認同，絕大部分的孩子還不具備充分適應喪親一事所需的要素：對死亡的成熟認知、表達內心感受所需的詞彙和鼓勵、知道劇烈的痛楚不會持續到永遠，以及將情感依賴從逝去的父母身上拉回自己身上、之後再去依附別人的能力。這些能力隨著孩子的成長日漸發展、累積，像是一列火車，每到一站就有一位新的乘客上車，而在孩子喪親之時，她的車上可能還沒什麼乘客。

這不代表孩子們完全不會哀悼，只是他們哀悼的方式和大人不同罷了。他們的過程拖得比較久，延續了整個認知能力與情緒能力發育成熟的時期。一個五歲的小女孩可能以爲死亡只是睡得比較久，直到十一歲時，她才終於明白死亡意味著媽媽永遠不會回來了。這時，她就必須消化隨著這層新的認知而來的傷心與憤怒，即使事情已經過去六年了。

像這樣的過程，我所聽過最具代表性的例子，是二十歲的珍妮佛告訴我的。珍妮佛的母親在她四歲時自殺身亡，年幼的她只知道一些最基本的事實。儘管如此，在她有充分的認知能力、情感上也準備好要消化眞相之前，她還無法完全了解這件事情的含義。

「我母親死在車庫裡，死因是一氧化碳中毒。」她解釋道：「有很長一段時間，我都以爲是油

② 參見 J. William Worden 著 *Children and Grief* 第12頁。

箱蓋從汽車上掉下來，把她給砸死了。非常無稽的想法，但在我的理解中，事情就是這麼回事。要到多年以後，國中時期的我才明白她是故意把自己弄死的。當時，我正在跟人說這件往事，說著說著，我才意識到：『太扯了吧，油箱蓋哪會那樣掉下來把人砸死？』」媽媽過世將近十年之後，珍妮佛開始了新的一輪哀悼過程，重新消化這個噩耗。據她說，直到現在她還在努力接受。

成年人通常在喪親之後立刻開始哀悼的工作，但孩子的哀悼往往東一點、西一點，七拼八湊殘破不全。他們要用餘生來哀悼，他們要在悲傷之海載浮載沉，他們要在長期的忽視之後爆發強烈的憤怒與哀痛。「他們知道自己在特定的時間只能承受那麼多的痛苦，一旦到達極限，他們就會置之不理，去做別的事情。」《帶領孩子走過悲傷》（*Guiding Your Child rough Grief*）的作者瑪莉．安．埃姆斯魏勒（Mary Ann Emswiler）和詹姆斯．埃姆斯魏勒（James Emswiler）闡釋道。

大人往往將此視爲封閉自我之舉，認爲孩子要嘛不懂發生了什麼事，要嘛就是在否認喪親的事實，但孩子其實很清楚她的媽媽走了。孩子往往不會開誠布公地哀悼，而是在遊戲中表現出來。舉例而言，二〇〇一年九月十一日在世貿中心失去媽媽的女孩，從葬禮回來之後可能就直接去開她的玩具櫃，像是對那天的一切渾然不覺，但她玩的遊戲可能透露了端倪。如果她把積木堆高再推倒，一遍又一遍，那她可能就是在發洩喪母的情緒。

長久以來，芝加哥巴爾——哈里斯兒童悲傷輔導中心（Barr-Harris Children’s Grief Center）的治療師觀察到，孩子的哀悼反應，直接受到雙親中倖存者的行爲表現影響。「僅存的父親或母親若是特別憂鬱、復原得比較慢、若無其事度日如常，或心力交瘁到無暇他顧，導致生活一團亂，喪親這件事對孩子來講就會比較艱難。」擁有社會工作社會科學碩士學位、於一九九〇年代任職於巴爾——哈里斯的南．柏恩邦（Nan Birnbaum）表示：「就我們觀察，孩子往往在喪親過後六到九個月開始面對這件事，亦即在僅存的父親或母親開始適應過來之時。孩子需要身心雙方面的安全感，才能去感受那份劇烈的痛楚。雙親當中僅存的一人必須把自己的生活拼湊起來，相對得心應手地處理日常事務，孩子才能卸下心防，懷著充足的安全感允許自己去悲傷。有時候，僅存的父母花了一年才比較好過，孩子便要到喪親一年半之後，才會開始哀悼，才會開始有劇烈的反應。」在哀悼的過程中，孩子很難超越倖存父母的進度。如果父母卡在某一個階段，孩子可能就也動彈不得。

研究人員發現，喪父或喪母的孩子需要兩個條件成長茁壯：要有一個穩定的照顧者滿足他們身心雙方面的需求，要能坦然、誠實地去談死亡及其對這個家的影響。光是物質上的照顧是不夠的。在成長環境中，能夠感到安全、能夠表達哀痛情緒的孩子，最有可能化解喪親之痛，並避免日後持續的憂鬱。但孩子若是一再遭遇難題——爸爸止不住的哀傷、繼母不接納她、家庭生活不穩定，則可能使得孩子功虧一簣，又被打回原形。

青少年依附於同儕團體，並具備抽象思考的能力，使得他們的思維從「我媽不在了」跳到「我的人生再也不一樣了」——這種情況較類似於成年人的哀悼過程，但仍舊受到青少年心智發展的侷限。有些治療師將青春期本身視爲一種哀悼的形式，在這個階段，我們爲逝去的童年哀悼，在我們心目中，父母身爲保護者無所不能的形象破滅了，我們也爲這種幻滅哀悼。有些治療師認爲，除非我們在青春期後期或二十幾歲初期完成這個哀悼的過程，否則日後我們無法妥善地爲喪失所愛哀悼。青春期本身就反覆無常、躁動不安，這個階段或許是我們內建的放手準備機制。

青春期喪母的女性常表示她們在當下哭不出來，甚至過了幾個月或幾年也哭不出來。「哭不出來」常被她們當成過去的一個污點，成年之後回首過去，和人談起母親的死時，「哭不出來」變成令她們自責的一點。她們不禁納悶：我怎麼了？爲什麼哭不出來？我是有什麼問題？

三十四歲的珊蒂在二十年前母親癌逝，她還記得自己在當時的混亂感受。她說：「我在喪禮上沒掉一滴眼淚，十四歲的我不想讓任何人知道我有感覺。我是說，我記得自己坐在殯儀館後面，坐得遠遠的，和我的朋友們混在一起，因爲我不知道該怎麼辦。妳知道，我不想站起來，我不想表現得好像很在乎的樣子。我不知道到底該怎麼表現。我們家有很多木材，後來我就到放木材那裡，一個人坐在一塊木頭上大哭，但在喪禮上我沒哭。」

受到喪親的重擊，相對於成年人，青少年和家中較年長的孩子都比較沒辦法盡情哭出來。尤其是青少年，潛藏內心的情感之深往往令他們心生畏懼。童稚的孩子可能衝動大哭，想都不去想爆發的情緒是否收得住。怕自己在別人面前「一發不可收拾」的青少年，則將哀悼視爲一種威脅。

如果是在脫離家庭走向獨立的蛻變期喪親，孩子可能會將哭泣和其他情緒爆發的表現視爲一種退步，彷彿這樣就重新回到依賴家庭的幼稚狀態了。青春期的少女把「哭」和「三歲小孩」畫上等號，所以她極力避免公然表露情緒。母親過世後的離棄感受，再加上青少年本來就會與家人疏遠，少女於是加倍感到孤立，內心充滿她不敢表達出來的悲痛。

我很想說我的家庭是一個能讓人放心表達的地方，我們可以暢談我母親的生與死，三個孩子迫切需要的情感支持都有人提供，但事實是以上皆非。我父親自己就悲不可抑，還要負責三個他不知怎麼照顧的孩子，突然的巨變令他手忙腳亂應付不來。而且，他不是一個擅長開口求助的男人。在當時，他大概沒和任何人聊過我母親的死，至少跟我們就肯定沒聊過。只要稍微提起我母親的名字，他就會悲從中來，噙著淚水躲回他的房間裡，丟下我們三姊弟面面相覷，無言地望著盛滿食物的餐盤。看到我們唯一的依靠瀕臨崩潰是一件很嚇人的事，我們下定決心要防止父親眞的垮掉。我們只剩下他了，我們擔不起一點失去他的風險。我們學會避開可能刺激到他的字眼，漸漸的，沉默像濃霧般籠罩我們。我母親過世後兩個月，我們就再也不提起她了。

沉默和壓抑把我變成情緒上的假人模特兒，冰冷而虛假，比例完美到超乎理想的地步。我母親過世當晚，我打開了僞裝情緒的生存模式：沒有眼淚，沒有哀傷，除了謹愼、收斂的微笑以外，對一切都沒有太大的反應，並且亟欲維持現狀。如果我不能控制外在的混亂，至少我可以用內在的力量求取平衡。何況我怎能屈服在暗潮洶湧的情緒之下？在葬禮上，還有後來回到家以後，我父親都告訴親戚說我是這個家的「磐石」。他說：「要不是有荷波，我們就全垮了。」親戚聽了也紛紛點頭表示贊同。

當然，他們的贊同只讓我更想保持自己精心打造的完美假面。剛喪母那幾年，我從來不曾眞的崩潰過。我母親始終扮演著孩子們的避風港，想哭就到她懷裡哭。在情感表達上，我父親則比較擁護能忍則忍那一派。我需要有人告訴我：感到憤怒是OK的、感到絕望是OK的，但我卻只因裝出來的成熟與負責的行爲受到褒獎。一個十七歲的少女渴望得到旁人的允許，讓她可以表露自己的情緒——你或許覺得這聽起來很不成熟。如果我不是當事人，我搞不好也會跟你有一樣的想法。

像我們家這樣的家庭並不少見。在許多家庭裡，就連最無害的情緒表達都會勾起喪親的記憶，家人於是極力閃躲，不願承認這個家的傷痛。在一個仍舊鼓勵女人表露情緒、鼓勵男人壓抑情緒的文化裡，只剩爸爸在身邊的女兒處境尤其不利。父親可能就跟其他家庭成員一樣痛徹心扉，但在社會化的過程中，被訓練要忍住情緒、控制場面、解決問題的人往往沒有表達情緒的出口，或不具備對情緒表達的包容力。二十八歲的萊思莉於十七歲喪母，她回憶道：「我父親所透露的訊息是：『妳不准哭，否則我們全家都會垮掉。』而且他對我說得清清楚楚。他是眞的相信一哭就完蛋了。在我們家，悲傷、哀悼、哭泣是很可怕的威脅。我們純粹就是不准哭。但願在當時我能對我父親說：『爸，不是這樣的。』並且放聲大哭，哭個痛快，然後抬起頭來跟他說：『看到了嗎？什麼事也沒有，天沒有塌下來。』他也會哭，那又怎樣？哭有什麼可怕的？在做心理諮商時，我哭了又哭，還對我的心理師發脾氣。結果天也沒有塌下來。我覺得我們家一直存在一個訊息，那就是情緒具有強大的摧毀力。於是我就相信自己眞的有本事毀掉一切，但事實當然不是如此。」

悲傷不會因爲我們把它鎖在緊閉的抽屜裡就變不見，但這卻是許多人被鼓勵出來的因應方式：不要談它，傷痛會過去。但凡試過的人都知道這種做法有多虛假。二十九歲的芮秋在十四歲時喪母，她說：「到頭來，把妳搞瘋的不是妳媽死了這件事，而是妳不能去談她、不能允許自己去想她。」沉默的聲響反覆迴盪，發出空洞的回音。沉默變得比話語更陰魂不散。把我們的嘴巴焊起來閉得死緊，只會讓悲傷從別的地方滲出去，從眼睛、從耳朵、從我們的每一個毛細孔。

去感受或不去感受

悼念一個人是會痛的——只要可以，我們也想逃避這個事實，但不幸的是，我們逃也逃不開、避也避不掉。唐娜現年二十五歲，她的母親在三年前自殺身亡。唐娜說：「像是看著妳的手、想到她的手這種小事，就痛到讓妳想逃。但妳不知道能逃去哪裡，因為沒有任何地方可去。妳打電話給妳父親，跟他傾訴妳的心情，他說：『我們幫妳買張機票，妳可以過來這裡。』但去他那裡又有什麼用？那份痛楚還在妳心裡。」

《痛了，才知道愛原來一直都在》（*The Rules of Inheritance*）是一本關於處理喪母之痛的回憶錄，作者克萊兒．畢德威爾．史密斯（Claire Bidwell Smith）剛上大學不久即喪母，接著又在十年後喪父。她還記得在母親死後，有長達三年的時間，她都活在一種麻木不仁的狀態中。二十歲時，她已從學校退學，並在紐約市的餐廳當服務生，喪母之痛以超乎她想像的力道淹沒她。她在書中寫道：

> 整個房間滿是我的哀傷。它占據所有的空間、抽光全部的空氣。它不留任何餘地給別人。
>
> 哀傷和我有很多獨處的時間。我們一起抽菸、一起哭、一起望著遠處的克萊斯勒大樓在窗外閃閃發亮。我們拖著腳步，一起走過公寓裡一個個洞窟般的房間，像漫無目的找尋出口的礦工……

哀傷的占有慾很強，它不准我拋下它去任何地方。

我拖著我的哀傷進出餐廳和酒吧。我們一起悶悶不樂地坐在角落裡，看著周圍的每個人度日如常。我帶著哀傷去採買，一起在超市的貨架間尋尋覓覓，它和我都覺得內心空虛得不想買什麼東西。哀傷跟我一起淋浴，我們的淚水和肥皀水融合在一起。哀傷與我同床共枕，它溫暖的懷抱就像安眠藥，讓我昏睡不醒。

哀傷威力強大，將我席捲而去。

積極主動的哀悼是要冒險的。我們必須放棄自我控制，放任情緒自然發展。保持控制給我們一種一切如常的錯覺，但代價是什麼呢？而且要這樣控制多久呢？瑞塔現年四十三歲，她母親在她十五歲時癌逝，她說刻意避免陷入哀傷給了她有力量的假象，但卻並未摧毀情緒的核心。

> 我知道那份痛苦的存在，我怕的是如果我讓自己去感受那份莫大的痛苦，我就會崩潰瓦解，我就會沒辦法過日子。理智上，我知道不至於如此，但我不想冒險。我做了一堆心理諮商，各式各樣的諮商都試過，我總懷著好好爲媽媽的死哀悼的意圖去接受諮商。我知道自己必須直搗痛苦的核心、完成哀悼的過程，但我始終就是做不到。我永遠沒辦法在陌生人面前暴露脆弱的一面。
>
> 我很不願這麼說，但不去忠於自己的感受、不去感受深沉強烈的情緒，正是我的力量之

所在。我是說，雖然聽起來好像怪怪的，但就某種程度而言，這麼做讓我活了下來。我做得很好。我跟我媽一樣當了祕書，後來更拿了個碩士學位。我是一個很好的工作者，工作上要跟千百種不同的人應對進退。我覺得自己之所以做得到，都是因爲我必須非常堅強。我必須撐住，因爲我的另一面是一個失去媽媽、痛到潰不成軍的小女孩。

瑞塔說她想面對自己的哀傷，但那只是哀悼之旅的一半。另一半是覺得自己準備好，可以去擁抱那份痛楚了。在田納西州的那個七年分水嶺之前，我準備好要承認喪母對我的深刻影響了嗎？我能承認自己需要回首過去、重新審視往事造成的衝擊了嗎？門都沒有。我沒有要跳進那片深海裡，即使是用防鯊籠裝我下去都不要。我必須等到一個負能量爆炸的時刻，等到「不去悼念我母親」的痛苦變得比喪母的劇痛還更痛。

專業的臨床社工艾芙琳．威廉斯（Evelyn Williams）在杜克大學擔任心輔師，爲大學生帶領喪親輔導團體諮商已經十三年了。她相信當哀悼的時機來臨，我們心裡自然會知道。她看到童年或青春期失去父母的學生在大學階段找到門路，加入她的團體諮商，人生中第一次準備敞開心扉談他們的傷痛。上大學後，一旦和家人分隔兩地，心理上和情緒上也達到哀悼所需的穩定度，不再對離棄或崩潰充滿畏懼，他們就可以和內心的傷痛來個正面對決。我們的心理機制似乎會保護我們，直到我們能夠面對那份痛苦爲止，然後內在的警鈴就會響起，告訴我們是時候起床去工作了。

到頭來，體會那份強烈的情緒是幫助我們接受喪母事實的不二法門。就短期而言，把自己隔絕起來可能比較好受，但長期來講，這卻不是一個成功的因應之道。羅德島州沃威克市的喪親輔導專家泰瑞絲‧蘭道（Therese Rando）博士在十七歲喪父、十八歲喪母，她闡釋道：「唯有透過無數次與現實的衝撞，你才能練就理解、認清喪母這件事的能力。我們在人生中一次又一次體認到：她不在這裡、她不在這裡、她不在這裡。我們很想她。我們想要看到她、抱抱她，但她不在我們身邊。這些就是讓妳感受到痛苦的時刻，迴避那份傷痛的人永遠領悟不過來。本質上，那份痛苦是在教導你。」

有些女兒像瑞塔一樣，有意識地選擇迴避那份痛苦。有些女兒則緊抓那份痛苦不放，藉此讓喪母這件事（以及她們的母親）繼續活在她們心中。蘭道博士說：「有很長一段時間，那份痛苦可能是你和逝者之間的牽繫，你和逝去的愛可能只剩這點關聯。有時候，把痛苦推開是撐下去的辦法，也有時候，把痛苦抱緊才是撐下去的辦法。我透過沉浸在哀痛之中保持我和父母的關聯。那份痛苦是全世界我最難放棄的東西，但我必須放下它，找到別的辦法保持與父母的關聯。」

一旦允許自己去哀悼，我們就是在爲排山倒海而來的猛烈情緒開路：恐懼、怨恨、離棄、內疚，還有憤怒。以童年或青春期喪父或喪母的人來講，憤怒是比悲傷更常見的反應。這使得喪母的女兒陷入兩難，因爲她們從小就被教育「乖女孩」不會流露強烈的負面情緒，至少不會讓大家看到。流行文化花了數十年將生氣的女人刻畫成母老虎和瘋婆娘，不像震怒的男人被刻畫成悲劇英雄。藍波在叢林裡一路拿槍射來射去，換來的是如雷的掌聲。希爾瑪和路易絲❶帶槍踏上公路之旅，全國上下卻爲之震驚。女人欠缺恰當的發怒榜樣，我們往往也就屈服於那股裝沒事的衝動，假裝自己不生氣。

這眞的是一個很不幸的結果，因爲憤怒可以是我們的盟友，至少可以當一陣子的盟友。作爲第一個情緒反應，憤怒可以保護我們，讓我們一時不至於陷入濃烈的哀傷之中，直到一開始的調適階段完成爲止。但抱著憤怒太久，也會妨礙我們處理藏在底下的情緒，而眞正的哀悼要靠的是那些情緒，像是怨悔、困惑、內疚、被棄的心酸和愛的感受。

媽媽過世後，整整七年的時間，我走到哪裡都懷著憤怒，像揹著一個既神聖又沉重的十字架，心甘情願讓它把我定義成一個高尚的受難者，但卻又暗自納悶要怎麼消除它的重量。我沒辦法在心理學概論的課堂上把憤怒丟掉，再不在乎地回宿舍，假裝我的心情變得輕鬆又自在。我敢說我大學的室友到現在還記得我週期性的鬧脾氣。和室友同住的那幾年，我讓自己忙得不可開交。我把課排得滿滿、參加校刊社和姊妹會、做義工，還去打了一份工。只要能讓我不必獨處就好。但在從這個活動到下個活動之間的短暫空檔，我三不五時會跑回宿舍甩上臥室房門，在房間裡亂丟東西，胡言亂語放聲大叫，叫到喉嚨痛爲止。從衣架上扯下衣物，摔書，往牆上丟布偶。肢體上的發洩很過癮，但這種瘋狂的表現不止嚇到室友，也嚇到我自己。然而，我只能想到用這種辦法來宣洩內心漲滿的憤怒。

---

❶ Thelma 和 Louise，電影《末路狂花》的兩位女主角。

這是一股隱隱約約的憤怒，一種我不明白的憤怒，一把沒來由的無名火。以前我總以爲憤怒必須有個對象，儘管我把我某部分的憤怒算在我父親頭上，但我不知道剩下的部分要針對誰才好。沒有一個明確的目標，我的憤怒突如其來就會爆發：在和電力公司講電話的時候、在和男朋友吃晚餐的時候、在我無法長時間集中注意力寫歷史報告的時候。我怒瞪百貨公司試衣間裡一起試衣服的母女。我想摧毀架上陳列的每一張母親節賀卡。不管合理不合理，有很長一段時間，我痛恨十月，因爲樹葉總在這個時節變色飄落，即使我那深愛秋季的母親已經再也看不到了。

「妳知道那種感覺。」三十一歲的黛比八年前母親癌逝，她說：「妳在開車，妳覺得妳的世界天崩地裂。車上的人卻在妳身邊笑，繼續他們的人生。他們照常過日子，妳心想：『媽的。你們憑什麼笑？』因爲悲劇沒有發生在他們身上。當妳的人生再也不會恢復正常，再、也、不、會，妳不明白其他的一切怎麼還能照常繼續下去。」

這股憤怒是一種反作用力。年紀太小就喪母的女兒會有受到剝奪的感覺，認爲這世界虧欠她，憤怒的情緒往往就是被這種心態激發的。但在這背後，通常藏著一股針對媽媽本人深深的憤怒。即使她愛我們，即使我們不應該對死掉的人生氣，我們還是很氣她把我們丟下。拋棄子女或自殺的媽媽給了女兒一條直接通往憤怒的途徑，因爲「是她遺棄了我」。但就連不得已病死的媽媽，也可能成爲怪罪的對象。

「六〇年代初期，我的朋友們紛紛結婚生子，我卻守在病床邊清便盆。」五十二歲的羅雪兒在二十四歲時母親癌逝，她回憶道：「我很氣我媽，因爲她不能好好過生活，也因爲她害我不能好好過生活。」五十二歲的辛西雅在九歲時喪母，她說：「從我二十幾歲、三十幾歲到四十幾歲，回想起我母親是怎麼離開我們的，我都會很生氣。這種反應完全是非理性的。她不是自願得到肺炎，也不是自己選擇要死。儘管如此，我的思緒就像蒙上一層烏雲，心裡冷冰冰地氣她對我做的事，彷彿她是故意針對我似的，我氣她毀了我的人生。」

就跟辛西雅一樣，我知道我母親不想離開我。我知道她是多麼渴望看著孩子們長大，那份渴望像熊熊烈火般，足以把她燒成灰。但事實就是她走了，留下一片狼藉給我們自己想辦法。甚至到了現在，她的缺席依舊是一個可怕的大洞：節慶時無家可歸，沒人跟我說我小時候是什麼樣子，沒人扮演媽媽的角色安慰我、鼓勵我，我的孩子沒有外婆。以前，我看到母女一起逛街或吃飯的畫面就怒火中燒、悲從中來。現在，在路上經過一起走在街上的三代女性，我就滿腹的怨尤——外婆和母親有說有笑地推著女兒的娃娃車，對她們來講，這只是三人共享的生活中稀鬆平常的一個外出日……

我還是會因此生氣，有時氣到跺腳尖叫的地步。我用瑜伽取代了破碎的家庭生活。我克服了看到母女一起試衣服就發作的脾氣。我在完形療法的療程中，數度攻擊代表我母親的空椅子❷。但殘留的憤怒還是餘波蕩漾。我還在試圖抓住我母親不放嗎？又或者，這種憤怒的感覺已經和我合為一體，永遠都是我的一部分？

❷完形療法（Gestalt Therapy）為源自德國的心理治療技法，過程中接受治療者面對一張空椅子，把空椅當成和你有衝突的對象，對著空椅訴說自己的心情和想法。

如同其他多數的情緒，憤怒也帶有額外的包袱，而我的憤怒往往附帶沉重的罪惡感。從很小的年紀，我就隱約學到絕對不能對死者語出不敬。孩子在母親去世後將她神格化的過程，把亡母變得比任何宗教人物更神聖。子女在心裡將亡母提升到最理想化的高度，提起她來更是百般的歌功頌德。如同十三歲喪母的英國作家維吉尼亞・吳爾芙（Virginia Woolf）所言：「青春與死亡撒下一圈光環，透過這個光環很難看到眞面目。」③

因爲我們愛她們，因爲我們想要她們活得沒有瑕疵，所以我們就在媽媽死後賦予她們完美的形象，透過這個形象我們安慰自己。二十九歲的凱倫九年前喪母，她的母親有酒癮，所以她有一個破碎的童年，並在十四歲時逃家了。儘管如此，她還是將自己心目中的媽媽美化到像仙女一樣。「就算我也知道她有酒癮，現在她在我心目中還是比她在世時更聰明、更完美。」凱倫坦承道：「我覺得從我出生到離家，穿在我身上的每件衣物都沒有一絲皺摺。我知道這是一種懷念她的方式，我按照她想留給子女的印象去記憶她。她生前很想當個完美的人，給她一個完美的形象，等於給她一直想要得到的尊重。」

如同憤怒，對於喪親初期來講，理想化也是一個正常而有用的反應。專注在媽媽的優點上，幫我們重新確認了她的重要性。回味這段關係幸福快樂的一面，則讓我們可以和緩地啓動哀悼模式。但人與人之間的每一種關係都受到矛盾心理的影響，每一位母親都是好與壞的綜合體。要能充分地哀悼一位母親，我們必須回首過去，承認愛與完美的反面。否則我們就只記得媽媽一半的樣子，實際上這個完美的人是不存在的，結果我們就變成是在爲一個不存在的人哀悼。

「媽咪是個聖人。」我妹妹有一次這麼說，大家聽了無不默默點頭，但我心想：「聖人？」她是很有同情心、也很樂善好施，而且一向優先照顧別人——直到現在，我都覺得她確實就是這樣的人。但她常常很緊張、很不快樂，也做過一些對我不好的決定。有些事即使到了今天，以成年人的眼光去看，也一樣顯得不合理或不公平，我不見得愛去回想那些部分。當我回首過去，我只想看到媽媽在我們家餐桌前，和她鄰里間的朋友抽菸閒聊，交換親師會的八卦；我只想看到六歲時，在我上學前，她小心翼翼、有條不紊地幫我把打結的長髮梳開；我只想看到她窩在我的床上，耐心聽我五音不全地唱著十三歲成年禮上要唱的聖歌；我只想看到九年級❸時，她抓著一盒衛生棉條，隔著關起的浴室門大喊，指導我怎麼對付大姨媽。

但這不是她全部的樣貌。她也是那個慫恿小孩瞞住爸爸的媽媽，她教我們有些事不要讓爸爸知道，免得他不高興。一天夜裡，當爸爸甩上車庫門，開著車子揚長而去，她坐在廚房裡哭喊：「我要怎麼辦？沒有他，我什麼也不是。」她因爲自己老是減肥失敗很沮喪，所以當身高一七〇的我在一九七八年刻意減重，體重迅速下降到四十六公斤，她對這件事什麼也沒說。我第二次駕照路考沒過，她載我回家的一路上都在對我吼：「如果妳以爲我還會浪費自己的時間，當司機把妳載來載去，那妳就錯了。」她把十六歲的我當成閨中密友，對著我細數所有她應該離開我父親的原因，以

③ Virginia Woolf, "A Sketch of the Past," in *Moments of Being* (New York: Harvest/Harcourt Brace Jovanovich, 1985), 89.

❸ 美國學制九年級相當於台灣的國三。

及她不能離開他的原因，最後把我也拉到她的陣營與他爲敵。

我聽說每一種情緒本身都帶有相反的情緒，但這兩者的界線在哪裡？一旦我想媽媽想得太久，愛、憤怒和罪惡感就全部混在一起，難分難解。我必須努力把它們分開，分清楚好的跟壞的，藉此讓我母親成爲一個優缺點並存的綜合體。必須要到我準備好，願意讓死後的她符合她生前的樣子，不多也不少，我才能好好哀悼她。如果我不能以她的全貌悼念她，一部分的我就永遠和我拒絕去看的部分綁在一起。

悼念施虐的母親

說來令人費解，愛和恨是兩種相反的極端，我們怎麼能對自己所愛的人懷有種種負面的感受呢？但負面感受確實就像正面感受一樣，可以把兩個人緊緊綁在一起，這正是爲什麼就連受到媽媽虐待的女兒也需要爲喪母哀悼④。乍聽之下，這可能像是一件荒唐的事情兼不可能的任務。爲什麼要悼念一個實際上只留下傷痛給妳的媽媽？如果妳根本就希望她滾蛋，或如果她離開妳就解脫了，妳得到的比失去的還更多，那又何必費事去哀悼？

因爲無論正面或負面，母女之間所有的牽繫皆需加以審視，女兒才能充分地與媽媽的死和解，並繼續自己的人生。當媽媽是個施虐者，對她身後留下的女兒來說，和解的過程就是一段更困難、更痛苦、更混亂的旅途。女兒可能將她失去的母親理想化，淡化受虐的記憶。又或者，女兒可能只去想負面的部分，不願承認深深傷害她的母親也可能很愛她。二十二歲的蘿拉回顧她和母親的關係時，很顯然就陷入了這種混亂。她的母親在兩年前遭人殺害：

人生最初的年歲裡，在我才幾歲大的那些年，我媽媽很疼我，對我慈愛得不得了，因爲我不會回嘴。那麼小的小孩還沒有自己眞正的個性嘛，而她要的就是一個沒個性的小孩。我是她的命，她會跟我說：「妳是我活著的原因。」「我愛妳們姊妹倆勝過愛妳們的父親。」事實上，我比我妹更常聽她說這種話，因爲我長得像她。隨著年紀漸長，我開始有自己的意見，但她還是把我當成小小孩：「妳好可愛唷！」「妳這個小丫頭。」

我父母在我九歲時離婚，我變成了她的閨中密友。她什麼都跟我說。但在這同時，如果我的反應不是她要的，她就對我發脾氣，說我找她麻煩，提醒我小時候我是什麼樣子，一件一件數，說我四歲時多乖多乖。我陷入深深的憂鬱。在他們離婚之後，我也飽受忽視。她就是不在我身邊……

我知道她心裡是愛我的，但她整個人一團亂，亂到無以復加，而我在自己身上也看到了一些她的影子。有時候我會覺得：天啊！我怎麼會這樣？而且，我就是擺脫不掉她的影子。我必須很用力改變我自己。

我還是很氣她。我想克服這種情緒。我想要有恰如其分的憤怒、恰如其分的哀傷，但這

---

④ Therese Rando, *Treatment of Complicated Mourning* (Champaign, IL: Research Press, 1993), 476.

一切還是會扭曲變形。就好像我一下想著：不，我應該要眞心恨她；一下又想著：不，我應該要眞心愛她。

如同蘿拉，二十五歲的茱麗葉在接受喪母這件事之前，也必須先處理她對家庭的矛盾心情。她母親在她十七歲時過世。身爲八個小孩中的老么，茱麗葉在一個父母都酗酒的家庭長大。她是她母親的保護者。葬禮過後，有將近七年的時間，茱麗葉都靠酒精麻痺她的感受。二十三歲時，她覺得自己「困住了」，她說：「我讓自己陷入泥淖。」她的姊姊加入匿名戒酒會，茱麗葉決定她也要加入。隨著她把酒癮戒掉，懸置七年的感受慢慢回來了，她開始悼念她母親對這個家有貢獻（和沒有貢獻）的地方。但家庭環境年復一年教她抗拒或忽視內心的感受，她首先必須破除這種「家教」，並將她失去的母親神聖化。

現在，我覺得很氣我媽媽，這種感覺很奇怪。當我接受心理諮商、第一次開口談她時，我說得很小聲。我的心理師說：「妳爲什麼要講這麼小聲？」我說：「因爲我不應該提起這個話題。」我懷著那麼多的祕密長大，總是必須做好表面功夫、扮演好我的角色。現在，我明白到我的母親是家族疾病的一部分。我們全家都患了酒癮。明白到這一點，我就變得很氣她。去妳的，我有我的需要。我需要一個媽媽、我需要有人陪我長大。但每當我一生氣，我又會想要維護她。我總是不禁矛盾起來：喔，她是那麼的好，她眞的盡力了。「矛盾」就是我現在對她的感受，而我不喜歡這樣。

母親對女兒的肢體暴力、性虐待或精神虐待會破壞孩子健全的自我、信任的能力、安全感，以及孩子對這世界的觀感。⑤悼念施虐的母親，不是在否認受虐的事實，也不代表女兒希望媽媽能回來，而是為了讓妳盡可能拿回自己被剝奪的東西⑥。妳不一定要覺得很難過，重點在於放下過去、放自己自由。

「我的感覺一半一半，有一半並不難過我母親死了，因為我知道她現在解脫了。」母親在三年前自殺的唐娜說：「她的一生承受了好多痛苦——背痛、胃痛，然後還有酒癮。表面上她總是很快樂的樣子，但在她內心深處有一個哭倒在地的小女孩，渴望有人照顧她。她一直很需要被愛的感覺，我想這也是為什麼我們母女的關係這麼緊密。我會抱著她、告訴她我愛她、煮飯給她吃、拖她起床、帶她去廁所吐。

「我必須要說，在她過世後，有幾個月的時間，我完全想不出她的半點優點。」唐娜繼續說：「我想不出她做過什麼好事，我從她全身上下找不到一個優點，但我知道我母親有很多地方做得很好。一旦迷霧散去，我就能抓住掠過我眼前的事物，仔細看看這些東西是什麼，想清楚它們為什麼

⑤出處同前，473－474頁。
⑥出處同前，476頁。

會給我某一種感受。基本上，我母親的死釋放了我，讓我可以自由地去做一直以來都不能去做的事。」

當一個施虐的母親死亡或離開，女兒跟母親和解的機會也隨之消失。只要媽媽還活著，儘管機會渺茫，但總有破鏡重圓的可能。不管是希望聽到一聲抱歉、希望扭轉局面，或希望已逝的歲月能獲得補償，對於緊緊抱著希望的女兒來講，這種希望的破滅是另一個她需要承認、需要哀悼的損失。她永遠不會從媽媽口中聽到一句「對不起」了、媽媽永遠不會戒酒了、媽媽永遠不會找到一個能幫助她改變的心理師了。事實上，媽媽從來就不是妳想要的樣子，以後也永遠不會成為妳想要的樣子。但話說回來，她也不能再對女兒施加有形的虐待了。

又、來、了

一年當中有幾個早晨，我必須抗拒爬回被子底下躲起來的衝動。在這些日子裡，日曆不是我的好朋友。首先是七月十日，我父母的結婚週年紀念。緊接著是七月十二日，我母親的忌日。再來是她九月十九日的冥誕，在這之後到聖誕季開始前，我有一段短暫的喘息時間。一個月後，我絞盡腦汁想要修改羅馬曆，恨不能直接從十月跳到一月。此時賀卡專賣店和超市紛紛呼應節日布置起來，提醒我今年我們還是沒有要飛去哪裡吃團圓飯，無論我們要怎麼度過感恩節，反正都是在加州和朋友們隨意度過，離我依舊會夢見的那個「家」兩千六百英里遠。

以前我會假裝自己不在乎，一開始甚至試圖忽視這些日子，但紀念日這種東西的陰險之處，就在於我們的內在日曆無法忽視它的存在。三十二歲的伊蓮在三歲時喪母，她寫信告訴我，每當看到日落，她的內心總是湧現強烈的憂傷。大半輩子，她都對日落的畫面避之唯恐不及。有一天開車回家的路上，她終於決定看一看日落，感受一下伴隨而來的情緒。看著日落，她回憶起在她媽媽死後，她常在晚餐時跑出父親的家，坐在路邊看著夕陽西沉，等媽媽出現帶她回家。把這兩件事串在一起之後，她在日曆上標出決定看日落的那一天，發現那一天就是她母親的冥誕。

某些日子、某個星期、某個年份或一天當中的某些時刻，都可能是週而復始的導火線，一再引發哀悼反應⑦。節日、人生中面臨的危機，抑或是觸景傷情，也會激起舊有的感受⑧。泰瑞絲・蘭道稱之爲「STUG 效應」⑨，STUG 是 subsequent temporary upsurges of grief 的簡稱，意思是「後續短暫湧現的悲傷」。她指出，對於已逝親人斷斷續續的劇烈渴望是正常哀悼過程的一部分。如果是在我們的預料之中，例如日曆上某些特定的日期，我們就可以採取一些準備行動。在一個集體儀式讓位給個人計畫的時代，我們大可創造屬於自己的傳統。三十一歲的艾蒂十九歲時，她的母親死於心臟衰竭，以往她都很怕一個人過母親節。「我在禮品店工作的時候，有一次同事拜託我母親節幫她代班，因爲她想陪她媽媽過節。」艾蒂回憶道：「一整天都有母女檔一起來我們店裡，看了

⑦出處同前，64–77頁：Rando, *How to Go on Living*, 77.

⑧出處同前。

⑨Rando, *Treatment of Complicated Mourning*, 64.

就討厭，我覺得很生氣又很難過。我覺得自己被整了似的。那天晚上下班回家，我哭了至少有一小時。但就在去年，心理師讓我看見自己依舊需要一個能向媽媽致敬的方式，於是我就決定在母親節種花。我把種花當成一個儀式，我爲自己種下的花兒祈求力量、生命與陽光。這種做法很適合我，因爲我一方面在向我的母親和大自然致敬，一方面也在擁抱自己孕育新生命的能力，而這種能力正是我母親給我的天賦。」

生日也會引發悲傷反應，不止因爲生日讓我們想起自己不會接到的電話或卡片，也因爲每過一次生日，我們就更接近發出警示的數字，亦即母親過世時的年紀。因爲我們對生母的身體有強烈的認同感，因爲我們和她的命運曾經交織在一起，很多人就害怕她的死期也會是我們的死期。活到那個年紀就是立下一座里程碑，活過那個年紀就成了輝煌的成就。加州大學柏克萊分校的榮格心理分析師娜歐密·茹思·羅文斯基（Naomi Ruth Lowinsky）博士經常輔導失去媽媽的女性，她說：「我一再看到這種現象。隨著自己接近母親過世時的年紀，有些女性就開始冒出各種毛病，她們有很奇怪的症狀，情緒低落、突然有心悸的問題，或其他醫學無法解釋的狀況。這正是母女之間很強、很強的一種連結。」

紐約州立大學紐柏茲分校社會學榮譽教授凡德林·潘恩（Vanderlyn Pine）是全美死亡與美國社會研究的頂尖專家，他發現這種悲傷反應相當普遍，普遍到他爲此取了一個專有名詞：「同性父母導火線」。潘恩博士的父親在他十九歲時過世，他說子女一旦活到和自己同性的父母過世時的年紀，就會突然意識到自己的死期，並哀悼起亡父或亡母過了那個年紀就無法經歷的一切。「當我接近家父過世的年紀時，我發覺自己的思緒都繞著那個日期打轉。」潘恩博士自剖道：「他的死引發我對那個日期的反應，但並未導致我回到十九歲時的自己。相反的，我準備要透過一個四十八歲男人的眼光，重新看待一個四十八歲男人的死亡。就彷彿砰一聲，我父親點燃我心中的導火線。那天早上醒來時，我看著鏡中的自己想道：『我現在四十八歲了。但以四十八歲來講，我的狀態好得很。』我從頭到腳把自己打量一遍，心想：『你怎麼會這麼年輕就死了呢？』就這樣，四十八歲的我以十九歲所沒有的眼光，衡量著我父親的死。身爲一個四十八歲還活著的人，我看著一個四十八歲就死掉的人心想：『怎麼會這樣?!』」

然後還有一些很細微的導火線，趁妳沒有防備悄悄靠過來，猝不及防拍拍妳的肩膀。諸如此類的悲傷反應往往和一個女人人生中的蛻變期有關——畢業、結婚、生子、換新工作。在各個成熟的階段中，這些轉變牽涉到更多的責任，使得我們心生恐懼和猶豫，渴望得到保護，想找一個避風港。「一般而言，這些反應和長大的危險有關。」醫學博士及巴爾——哈里斯兒童悲傷輔導中心榮譽董事班傑明．加爾帛（Benjamin Garber）說：「你長大了，不好的事情發生在你身上，你被打趴在地。」就比較個人的層面而言，他指出：「隨著一次次轉變而來的是越來越高的期望。旁人加諸在你身上的期望會更多。每一次往前走，你都想要退回去。退回去的時候，你不禁搜尋起父母的身影。如果你回頭一看，發現沒人在那裡，那眞的很可怕。」科羅拉多州圓石市的心理治療師及《當自己的媽媽》（*Mothering Ourselves*）作者艾芙琳．巴索（Evelyn Basso）博士補充道：「在這些蛻變的時期，我們的身心靈並不和諧，內在衝突不斷。我們緊挨著我們的靠山，或緊抓著關於他們的回憶，因爲我們渴望安全。」

每當來到這些里程碑，媽媽的缺席就格外明顯。或許有意識、或許無意識，我們多少想像過這些人生大事，並期待她的參與。一旦她不在場，我們的期待就和現實發生最不和諧的衝撞。女兒不止悼念起她所失去的一切，也悼念起她永遠得不到的一切。而如果她的母親不曾給她支持與保護，女兒也會爲自己曾經需要但從未得到的東西傷懷。

大學畢業時，家裡沒人來跟我一起慶祝，我想我媽想得厲害；第一次獲得升遷，想跟某個會以我爲榮的人分享時，我好想我媽；兩個女兒出生時，我好想我媽；記不起來被蟲咬擦什麼藥最有效時，我好想我媽；沒人在乎診所櫃檯的掛號人員對我多無禮時，我好想我媽。如果她還活著，她會不會飛來當我的小護士？或寄棉花球和克癢寧洗劑給我？但這些都不是重點。重點在於我不能向她求救，這又讓我從頭到尾把她想了一遍。

克服的幌子

但願我能相信悲傷有終點，或悲傷最後總會消失不見。「克服」一詞像裝滿了承諾的皮納塔❹，掛在我們面前晃蕩，彷彿在說只要瞄準角度接近它，就能獲得裡面的禮物。但如果悲傷眞有一個可以抵達的終點，應該有更多人會覺得自己越來越接近了才對。然而，在本書調查的一百五十四位喪母女性中，超過八成都說她們還在悼念亡母，即使大家平均是在二十四年前喪母。

即使有可能，完全克服悲傷也是極難企及的一種心理狀態，我們的諸多嘗試都註定要失敗，使得我們覺得自己好像很沒用⑩。說眞的，有些傷痛就是無法克服。相反的，你只能繞開它走過去。

「克服？我超討厭這個字眼的。」泰瑞絲．蘭道說：「我都用『適應』一詞，因爲在某些不同的時間點，你或許能適應那份傷痛，在你的人生中清出一塊空間容納它，和它相對和平地共處。但接下來，別的事情又可能再度勾起傷痛，哀悼是一件必須不斷重做的功課。即使是在童年喪父或喪母以後，到了青春期或往後的人生階段，你還是要一而再、再而三重做這件功課。我才不吃『一勞永逸徹底解決，再也不會有一樣的問題了』那一套。」

五十三歲的卡洛琳在十一歲時母親心肌梗塞身亡，她說：「我還是很想我母親。如果我是一個聽我訴說的旁人，那我聽了也會很訝異，竟然有人可以想念一個人長達四十二年之久。旁人大概會說：妳爲什麼不去克服喪母之痛呢？從前我以爲哀悼就像通過隧道，一旦從隧道另一頭走出來了，那份失去的痛苦和難過的感受就會消失不見。當我領悟到自己不必克服那份悲傷，就算不克服也沒關係，壓在我心頭的重擔就卸下了。我大可欣然接受那份悲傷說：『嗯，發生了這件事，然後是那件事，一件接一件，人生還是繼續下去。』」

---

❹ piñata，墨西哥節慶時掛的中空紙偶，裡面裝滿小禮物，需矇眼持棍棒打破紙偶，以取得裡面的小禮物。

⑩ Camille B. Wortman and Roxane Cohen Silver, "The Myths of Coping with Loss," *Journal of Consulting and Clinical Psychology* 57 (1989): 353.

佛洛伊德相信，眞正的哀悼是懷著日後和別人建立依附關係的終極目標，逐漸在心理上徹底脫離心愛的對象⑪。他的理論是數十年來哀悼研究的基礎，但近來投入喪親研究的學者已經嚴重懷疑，徹底的脫離有沒有可能做到，更別提這麼做有沒有助益⑫。麻州綜合醫院健康專業學院榮譽教授及《面對死亡不嫌早》的作者菲莉絲．希爾維曼博士，研究了十八位幼年喪父或喪母的女大生，發現她們非但沒有徹底脫離父母，反而還設法保持親子間的關聯，試圖在目前的人生中爲亡父亡母找到一席之地。自古以來，女性在社會化之下學到的都是維持人際關係，而不是切斷關係、追求獨立自主。所以，尤其是對女性來說，與亡父亡母保有持續的關聯或許是更自然的反應。希爾維曼說，要求她們切斷與過去的關聯，可能只會讓她們的喪親情結更加複雜難解。

哈佛兒童喪親研究訪談了一百二十五位喪母或喪父的兒童，他們當中有許多人也是想方設法要保持和已故父母的關聯。事實上，無法在內心建構已故父母的形象者，或無法和已故父母保持關聯感的孩子，久而久之似乎有最大的困難⑬。孩子對已故父母的記憶，以及在精神上與已故父母保持長久關係的能力，對孩子的健全發展而言似乎是不可或缺的要素⑭。如今，我們終於來到希爾維曼稱之爲「從關係的角度看待悲傷」⑮的階段，比起透過劃清界線或切斷關係來減輕痛苦和煎熬，如今我們更重視和逝者保持關聯的價值。

在女兒失去母親之後，產生悲傷反應的間隔會隨著時間過去而拉長，但她對母親的渴望永遠不會消失。這份渴望恆常在意識的邊緣徘徊，隨時隨地準備以最出其不意的方式偷襲妳。這不是一種病態，這是正常的。這就是妳之所以會在二十四歲、三十五歲、四十三歲、拆禮物時、步入禮堂或越過繁忙的馬路時，突然整個人縮成一團，思念起妳的母親，因爲她在妳十七歲時溘然長逝。

---

⑪ Sigmund Freud, "Mourning and Melancholia," in *Sigmund Freud: Collected Papers*, vol. 4, ed. Ernest Jones (New York: Basic, 1959), 152–170.

⑫ Phyllis Silverman, "The Impact of Parental Death on College-Age Women," *Psychiatric Clinics of North America* 10 (1987): 387–403; Furman, A Child' s Parent Dies, 52.

⑬ "Phyllis R. Silverman: An Omega Interview," 259; Worden, *Children and Grief*, 5.

⑭ Granot, *Without You*, 46–47.

⑮ Silverman, *Never Too Young to Know*, 21.

2 改變之時：女兒一生的發展階段

我父親在一九七三年買了那件浣熊皮草大衣給我母親。大衣的長度到大腿中間，有一條堅固耐用的咖啡色拉鍊。整個童年時期，我都看她穿那件大衣度過紐約郊區的冬天。當然，她也不是眞的需要一件浣熊皮草大衣，羊毛料就夠保暖的了。但在一九七〇年代中期的紐約州湧泉谷，浣熊皮草大衣就像是介於美膳雅（Cuisinart）和凱迪拉克（Cadillac）之間的一種象徵。我母親開始穿浣熊皮草大衣幾年後，我們家後院添了一座游泳池。一切按部就班。

浣熊皮草大衣的地位不能和貂皮長大衣相提並論，但它總是一件皮草大衣，我母親白天穿它，晚上去非正式的社交場合也穿它。她的身材高䠷，肩膀又方又寬，完全撐得起那件大衣。大衣的顏色是灰褐色，色調幾乎就跟她那染上幾縷灰白的短髮一樣。襯著這片單一的色調，她的紅色唇膏看起來總像一個驚喜。她開車時，我喜歡坐在副駕駛座，一手靠在她軟呼呼的大衣毛料上。深夜時分，我父母從外面看電影、打保齡球或和鄰居吃完晚餐回來，父親接著開車送保母回家，母親則來臥房跟我道晚安。我站在床鋪上，把臉埋進她的頸窩。她的大衣上仍帶有外頭的涼氣，我聞得到她皮膚上最後一縷香奈兒五號的味道。她晚上擦香奈兒，白天擦露華濃查理。

我有幾位同學穿兔毛大衣上學，但除了兔毛以外，其他皮草都是成人限定。在我們社區，有些阿姨會穿長及腳踝的狐毛大衣和貂皮大衣，那是她們老公送的週年紀念禮，而這些阿姨通常開四門賓士轎車。我母親開的是奧斯摩比休旅車，車子夠大，一口氣可以載我六個朋友。這一切我都不覺得有什麼問題，直到上了九年級，人人都開始穿起設計師品牌服飾。我一件也沒有，這種事開始變得很重要。一天下午，我母親帶我去逛街，買了兩條 Gloria Vanderbilt 燈芯絨長褲和一條 Jordache 牛仔褲給我。她說她知道我有多想跟同儕打成一片。

那時我十四歲，還不覺得被大家看到我和媽媽在一起很丟臉。但到了那年年底，我就幾乎完全告別她的陪伴，只跟朋友混在一起了。我成天待在停車場和別人家的娛樂室，只在需要父母載我回家時才願意承認他們的存在。然而，我還是很放心，我有十足的安全感，我知道儘管我把媽媽拒於千里之外，她並不會以牙還牙棄我於不顧。十年級的某個冬日裡，我上西語課時身體不舒服，難受到必須打電話請她來學校接我回家。我躺在保健室的沙發上，只見她穿著那件浣熊皮草大衣趕到學校。外頭很冷，她的臉頰凍得紅通通，手肘上掛著一個設計師品牌手提包。她衝過來把手按在我的額頭上，很快簽好請假單帶我回家，我心想她看起來一副亮麗又能幹的模樣。我們雙雙穿過寬敞的走道朝停車場走去，我很想把所有的教室門打開大喊：大家看啊！看我那年輕漂亮的媽媽，她來解救我了！

那是在她生病之前的事了。那年後來，她動了手術、掉了頭髮，每天早上吞白色藥丸，吃藥吃得胖了十八公斤，每次照鏡子都會掉眼淚。漸漸的，她一個人關在家的時間越來越多。傍晚做完化療，在我載她回家的路上，她會緊緊抓住我的手臂，克制想吐的衝動。在那之後，她又活過一個冬季，而我不記得她穿過那件浣熊皮草大衣。事實上，在那十六個月當中，除了睡衣和浴袍，我不記得她穿過別的東西，儘管我知道她的衣櫃裡有滿滿的衣服。就如同幫紙娃娃穿上紙板洋裝一般，我讓她在我的想像中穿上一身時髦的裝束。當記憶變得越來越模糊，幻想往往就應運而生。現在都事隔二十多年了，每一年我記得的又更少一點。

然而，也有一些事情我還寧可忘記。我猜我大概不是一個特別好養的青少女吧。滿十五歲時，我滿腦子只想宣告獨立，對家裡的事沒什麼興趣。還有其他事情占據我的心思——當我媽在和她的朋友吃午餐、做指甲時，我和我的朋友學抽大麻。當她的麻將團在樓下的牌桌上交換八卦和象牙麻將牌時，我和男友在隔壁房間的地板上，他的手摸進我的上衣裡。或許是一九八〇年代典型的青少年會做的事。但有一天，一切都停了。

在我滿十六歲前，三月中旬的一天下午，我媽說：「我的腫瘤是惡性腫瘤。」她剛從診所回來，我衝到樓梯頂端去找她。

「什麼意思？」我說著不禁後退一步。

「喔，天啊。」她扶著樓梯的柱子說：「意思就是醫生要切除我的乳房。」

我想她還說了些別的，但我只聽到這些。「不！」我大喊著推開她，衝進我的房間。她跟在我身後，敲著緊閉的房門，我吼道：「走開！不要管我！」即使在當下，躺在房間地板上，我都知道這件事代表我的童年結束了，比起初經，比起初吻，這件事絕對更具代表性。我用我房間的電話打給一個朋友。「我媽得了癌症，我可以去找妳媽嗎？」說完我就跑了一英里，在我們兩家的中間點跟她碰頭，她和另外兩個朋友已經等在那裡了。途中要穿過一塊墓地，我卯足全力朝她們跑去，跳過墓地上兩座低矮的墓碑，像是要把自己發射到另一個時空般衝過去。

切除乳房之後，醫生給了我媽兩顆橡膠球，讓她做捏球運動鍛鍊胸部肌肉。當她坐在廚房裡捏橡膠球時，我學會以沉默取代憤怒。「不要惹妳媽不高興」是一句不成文的規定，沒人說出口，但我聽得清清楚楚。於是，我把音樂開得很小聲。在餐桌上，除非有人跟我講話，否則我不開口。天黑之後，男友從我位在地下二樓的臥房窗戶溜進來又溜出去。我在怨恨和恐懼之間擺盪，成長的腳步躊躇不前。我既怕和我媽分開（因為我如果不在她身邊，誰曉得她會出什麼事？），又很氣她的癌細胞拖住我的腳步（因為我如果不邁開腳步，誰曉得我會怎麼樣？）。每一次，我覺得有充分的自信可以朝獨立再邁進一步時，家裡的情景就會用力把我拽回去。喔，天啊，這一切眞是亂七八糟。

七月四日，我十七歲生日過後兩週，我聽完一場演奏會回家，把頭探進我父母的臥房，跟他們報告說我回來了。

「我到家了。」

我母親癱在一張沙發椅上，無所事事地轉著電視頻道，但當她看到我時，她一骨碌坐起來，笑著問道：「演奏會怎麼樣？」

「很好啊。」

「是誰的演奏會？」

「詹姆士・泰勒（James Taylor）和另一個人。」

「眞好。彈了多久？」

「兩小時。」

「兩小時？好久喔。沒有中場休息嗎？」

「沒。」

「跟我說說看，觀眾的反應怎麼樣？」

「很熱烈。」

她繼續問個沒完，我越來越煩躁。又被問了五、六個問題過後，我爆發了：「現在是怎樣？審犯人嗎？」說完我就氣呼呼地下樓回房間。我母親是彈古典鋼琴的，她對民謠壓根不感興趣，幹嘛突然對這場演奏會那麼關心？幾分鐘過後，我父親沒敲門就走進我房間，說：「妳有必要這樣嗎？妳媽被妳弄哭了。她自己沒辦法出門，她要的只是聽妳說說今天過得怎麼樣，妳連這點事都做不到嗎？」

我逼自己看著他。我的臉頰羞得發燙，我爸氣到發抖，但他沒對我大吼。這是我第一次懷疑我媽可能快死了。

辦完喪事後，我把她的衣物裝箱，準備送去公益組織。七月下旬的一個上午，我父親從辦公室打電話來說：「我做不到，能請妳幫忙嗎？」那天下午，我就著手整理起來，我最好的朋友坐在主臥室的床上，默默給我精神支持。我很仔細也很機械化，小心翼翼地把每一件毛衣打開再折好，盼著我母親不曾寫過的遺書掉出衣服。折衣服時，我盡量不去想這當中的每一件衣服。我怎麼能去想呢？每一件都有它自己的故事——綠白相間的那件居家連身裙，是她用慢燉鍋煮東西時穿的；動過乳房切除手術後穿的那件紅色浴袍，是我們一起去挑的；我十年級時在學校拍的半身照，身上穿的是她的紫色絲絨毛衣。我一格一格整理她的抽屜，有條不紊地從左邊整理到右邊，把占據整間主臥地板的大紙箱一一裝滿。

忙完之後，我拖著箱子穿過走道，來到掛大衣的衣櫃。這時我被打斷了，電話響了還是我跑去喝杯水之類的，總之我再也沒回去清那最後一個衣櫃。於是，那件浣熊皮草大衣就一直留在衣櫃深處，藏在我父親的舊羊皮大衣和我妹妹的滑雪裝後面，直到翌年我離家上大學爲止。

我爲什麼帶它一起走？當然不是因爲我覺得沒人會發現，但我確實不打算告訴任何人。我暗自把它裝上運到芝加哥的大皮箱裡，家中不曾有人提到那件大衣不見了，或許眞的沒人發現，也或許他們沒放在心上，我不得而知。到了中西部，我把它掛在我自己的衣櫥深處，先是學校宿舍的衣櫥，接著是我住了三年的校外公寓的衣櫥。我沒有明確的計畫要穿它，但我猜自己總有一天會把它穿上身吧。

看到我有我媽的皮草大衣，室友們的反應很微妙。她過世那天一早，我在天亮前去她的珠寶盒，拿了她的結婚戒指。後來好多年，我的右手都戴著那枚戒指。每當我告訴旁人那枚戒指的來歷，大家都會讚歎說：「好美喔！」那件浣熊皮草大衣得到的反應就不同了，旁人通常覺得很訝異或不舒服。一回，有個朋友設法跟我解釋她的感受：「結婚戒指代表妳的未來，但死掉的浣熊？就好像妳用過去把自己裹住似的。」

我從沒試著解釋，那件蒙塵的舊大衣總是對我散發著一股永恆的溫暖，而又有誰會懂得呢？我也不曾告訴任何人，我母親過世後的前幾年，我有時會湊進衣櫃裡，把臉埋進皮草中嗅來嗅去，想找到留有淡淡的露華濃查理香水味的地方。

在校四年留著那件浣熊大衣的期間，我總共只穿過它一次。我在大學有一群朋友是校園自由派中堅份子，不久我就加入他們吃素、簽署請願書、捍衛動物權的行列。我對憤慨和反抗的情緒再熟悉不過。這些情緒讓我覺得離母親很近，或至少讓我靠近我們共度的最後一段日子。而我的叛逆期拖得很長，遠遠超過必要的時間，一直延續到她過世以後。整個大學期間，姊妹會裡的姊妹一顆顆算著項鍊上的串珠❶，我則一件件數著自己的委屈和不平。我以非黑即白的極端對比建構我的世界，事實眞相如何不重要，只要每次都有一個明顯的受害者讓我支持認同就好——這個受害者最好還是我自己。

大三的時候，我聽說芝加哥市中心有像我這樣的人在對皮草大衣潑紅漆，或許那只是個謠傳。無論如何，到了這時，我對皮草曾有的物質迷戀早就退燒了。一天，我在整理衣櫥裡的冬季衣物時，看到衣櫥深處的一坨皮草不禁嚇得倒彈，過了兩秒才想起那是什麼。

說來慚愧，我必須承認自己當下沒有處理掉那件大衣。我又保存了一年。接著，有一天，我在上課前沒來由地把它從衣櫥裡拖出來穿上身。那是密西根湖畔一個嚴寒的冬日早晨，這麼冷的天似乎是穿皮草的好理由。但出門朝校園走了兩條街之後，我就覺得自己蠢斃了。站在街角，周遭路人穿的盡是 **L. L. Bean** 休閒外套和長及腳踝的長大衣，我明白到自己再也不可能穿上那件浣熊皮草了。跟毛皮養殖業或怕被潑紅漆無關，穿上這樣一件皮草是正經事，是太太、媽媽、婆婆們的正經事，是在紐約參加二月晚宴和聽歌劇的正經事。我發覺，這種正經事每一分每一毫都和我媽有關，和我扯不上什麼關係。趁著還有充裕的時間趕去上課，我衝回我的公寓，把大衣掛回衣櫥裡。兩星期後，我低調地把它塞進一袋準備送給公益組織的衣物裡，就這樣把它送走了。

有時我納悶，如果我和我媽多相處幾年，或如果我和她少相處幾年，情況會怎樣？我們會不會省掉幾年的嫌隙和爭吵？我們會不會變成朋友？幼年喪母的女性往往羨慕地看著我比她們多出的歲月，二十幾歲喪母的女性則告訴我，她們若是在十七歲喪母肯定熬不過來。有過媽媽然後失去她比較好，還是從來沒有媽媽比較好？我沒辦法回答這個問題。我只知道無論在任何年紀，喪母都是一件令人心碎的事情。無論我們活到多老，我們終其一生都渴望母愛。在生病時、壓力大時、人生面臨轉變時，我們總是渴望得到她的安慰，我們相信那份安全與慰藉唯有她能給。

有許多文字作品都以母女關係爲題，相形之下，探討喪母課題的文章少之又少，以至於我們自然會去看媽媽在世時存在的東西，並預期一旦她不在了，這些東西也會隨之消失。但事情不是那麼

❶作者此處說的串珠項鍊（add-a-beads）流行於美國八〇年代，每逢特別的日子就在項鍊上加一顆串珠，例如生日、週年紀念日、第一份工作紀念日，乃至於戒酒紀念日等等。

簡單。說媽媽幫孩子建立自尊，並不是在說沒有媽媽的孩子就沒有自尊，而是在說她要透過其他辦法建立自尊。這就是爲什麼喪母的年紀很重要。喪母的年紀顯示出她可能需要解決的成長課題，以及有什麼情緒資源和認知工具能幫助她因應眼前的危機，並指引她進入人生的下一階段。

童年早期（六歲以下）

翠西雅三歲時，母親在抗癌兩年之後病逝。現年二十五歲的她記憶最鮮明的部分，是當時那種對各方面都很懵懂困惑和遭到離棄的感受。

我記得我母親過世前一個月的事。那天是聖誕節，她有體力到客廳來，坐在我爸的椅子上看我們拆禮物。我記得那種我們必須保持安靜的感覺。就是一種……雖然聖誕節很歡樂，但我們家很冷清的氣氛。還有，她能過來看我們是很稀奇、很特別的情況。我記得她戴著假髮，而我不太懂爲什麼。戴假髮很好笑啊，因爲我會拿她的假髮戴著玩，還拍了照片。我記得自己當下心想：「她戴假髮欸，不會很滑稽嗎？爲什麼沒人笑？」

再來，我記得我爸進房來告訴我們她死了的那一刻。五歲的姊姊和我在床上，我記得自己甚至聽不懂那是什麼意思，但我看到我爸在哭。我姊姊立刻就哭出來了，可是我懵懵懂懂的。從那之後，我對很多事情的感覺都是困惑不解，而且印象眞的很模糊。我也記得一個月後的喪禮，姊姊和我穿著紅色天鵝絨小洋裝。我記得天鵝絨貼在皮膚上的觸感。我記得自己

> 覺得很茫然。有一次，我父親告訴我，媽媽剛過世後的幾個月，對他來講最困難的部分，就是我會在半夜醒來喊著要媽媽，喊了又喊，喊個不停。但這部分我不記得了。

翠西雅和她母親共度的時間只有三年，但就足以讓她感覺到兩人之間深刻的牽繫，並明白到她人生中很重要的一部分被奪走了。從那之後，她一直試圖要填補那份缺憾。時至今日，她還是會去找出以前的故事、照片和物件，從中多了解一點她母親的人生，以及她倆共度的短暫時光。

要對喪母這件事有所體認，孩子首先必須發展出想念一個人的能力。這種能力通常是在六個月到一歲之間成形①，在這之前失去媽媽的女孩，成長過程中不會覺得和媽媽有什麼連結。早在學會說話前依稀感覺受到照顧的記憶，或許深埋在女孩的潛意識之中，但在有意識的層面，無論是哪一位照顧者，女孩對於有人抱她、跟她說話或餵她是沒有記憶的。二十七歲的麗莎在她母親過世時才四個月大，她對這件事就有很明顯的怨悔：「我沒感受到任何的母女之情。我有她和我父親剛結婚時的照片，也有她一個人的獨照，我看著這些照片，心想：她是什麼樣的人呢？感覺就像我看著一個不是陌生人的陌生人。我相信光是在她的子宮中，我就和我母親有某種潛意識的連結，所以我們之間一定有什麼東西存在。但我沒辦法明確地指出來說：『這就是我媽，這就是我認識的她。』」

---

① Furman, *A Child's Parent Dies*, 41–42; John Bowlby, *Attachment and Loss*, vol. 3, *Loss: Sadness and Depression* (New York: Basic, 1980), 429.

嬰幼兒或學步期喪母的女兒，成長過程中感受到的比較是「缺席」，而不是「失去」。麥可欣・哈里斯解釋道：「因爲被遺留下來的孩子從不認識那位父母，也就沒有和一個愛他、珍惜他的父母拆散開來的經驗。」這些孩子必須面對所謂「缺席的記憶」，孩子不記得母親的面容，家庭相簿裡也沒有她的身影，在孩子的人生中不存在這個母親的故事。哈里斯在《永遠的失去》一書中寫道：「要有先前的關係存在，才有所謂的失去可言。然而，當你只知對方的缺席，便只會有一種空蕩蕩的感覺。對於在相當年幼時喪父或喪母的子女來講，他們從不認識這位父母，空白和空缺難分難解地與父母的謎樣形象綁在一起。」②

一如英國精神科醫生約翰・鮑比（John Bowlby）所強調的，幼童的記憶力和理解力雖然很有限，但並非完全沒有③。據他觀察，年紀小到只有一歲的兒童會去媽媽上次出現的地方找她④，而這種聯想有可能一直延續到成年。舉例而言，母親若是偏好特定的某一張椅子，女兒在成長過程中可能會繼續渴望地望著那張椅子，並在長大成人之後將這種椅子和渴望或感傷聯想在一起。

在學步期失去母親的女性，則可能對某些與母親有關的觸覺或視覺影像特別有印象，例如媽媽的頭髮、手或皮膚。三十三歲的亞曼達三歲時父母離異，從此與母親分開。她說自己還是不確定早年某些與母親有關的回憶是眞實的，還是她想像出來的。「二十幾歲的時候，我開始拿一些我記得的地方和人物問我父親，他會說：『喔，聽起來滿準確的。』或：『沒這回事吧。』」她回憶道：「有一次，我想起她抓自己的頭髮在臉上磨蹭的畫面，我爸也記得她會這樣做。我好訝異，因爲我自己私底下也會有這種奇怪的小動作。只要覺得壓力大，我就會扯自己的頭髮玩。」亞曼達說，或許只是一個很小的地方，但發現母女之間有這個共同點，讓她覺得跟這輩子大概不會再見到的母親靠近了一點。

生離死別的創傷往往會特別凸顯出某一個場景或事件，並銘刻在幼童的記憶裡。在三、四歲左右喪母的女性表示，她們對特定的細節有著相當清楚的記憶。儘管幼童還不完全理解死亡這件事，而且通常至少要再過五、六年才會明白，但透過解讀周遭旁人的反應，孩子也能感覺到出了很嚴重的大事⑤。這個年紀的孩子如果必須獨自面對她的困惑，某些回憶可能在事發過後年復一年持續糾纏著她。

四十一歲的克勞蒂雅在四歲時喪母，她記得母親過世那晚，也記得停放在家裡的棺柩，乃至於喪禮和下葬的那一刻。「我記得自己站在墳墓旁觀禮。」她說：「棺柩很慢很慢地放下去，像是沒有盡頭似的。我納悶他們要把她放到多深的地方。他們給我花，讓我丟進墓穴裡。我走到墓穴前，

---

② Harris, *The Loss That Is Forever*, 17–19.

③ Bowlby, Attachment and Loss, 424.

④ 出處同前，435頁。

⑤ Sandra E. Candy-Gibbs, Kay Colby Sharp, and Craig J. Petrun, "The Effects of Age, Object, and Cultural /Religious Background on Children's Concepts of Death," Omega 15 (1984– 1985): 329–345; Richard A. Jenkins and John C. Cavanaugh, "Examining the Relationship between the Development of the Concept of Death and Overall Cognitive Development," *Omega* 16 (1985–1986): 193–194.

把我的花丟進去，那個洞好深好深，我有一股想要跳下去的衝動。我沒跳，但我眞的很想跟她一起跳下去。那就是我當下的感覺。」那一刻在克勞蒂雅心裡留下情緒激動的印記，後來長達二十多年，她都不願再回到那片墓地，直到她父親過世爲止。當她再次踏上那塊家族墓地，四歲時感受到的哀傷與恐懼又湧上心頭。「我姑姑拍拍我的背說：『去吧，寶貝，去吧，把花放到他的棺木上。』」克勞蒂雅回憶道：「我不想過去，因爲我還記得小時候望進那個洞的感覺。我不想靠近那個洞。所以我快步走過去，匆匆把花放下，放完就趕緊走回來。」

幼童有賴旁人助他們穿過早期技能發展錯綜複雜的迷宮，並從旁給予支持與鼓勵。這個人通常是母親。母子關係是孩子最早也最深刻的社會經驗⑥，這份關係影響著孩子身心雙方面的發展。如同約翰・鮑比和其他依戀理論學家的觀察⑦，比起心不在焉或迴避型的母親，媽媽在孩子一歲時若能回應他們發出的訊號、與他們往來互動，則孩子較能發展出更進階的社交技能，也更能與他人建立有安全感的依戀關係。

作爲孩子人生第一段持續不變的關係，這份關係一旦中斷或斷絕，任何溫暖、穩定、投入感情、願意爲孩子的成長付出時間與耐心的照顧者，都可以塡補這個角色，包括父親、祖母、姊姊、保母等人在內。在各種年齡層的孩子當中，未來的心理陰影並非取決於喪母本身，而是取決於事後能不能得到持續不變的關愛、支持與照顧。喪母之後能去依賴另一個成年人的孩子最有機會好好長大，成長過程不至於持續面臨嚴重的障礙。即使本人往往表明替代者不如她所失去的母親，但藉由和新的母職人物另創替代版的母女關係，女兒仍可從中找到安慰。

亞曼達相信，儘管早年面臨離棄，後來和疏離的父親及繼母也有相處的困難，但她仍能擁有穩定的婚姻、建立自己的家庭並找到幸福，原因就在於她有四年是在祖母的照顧下度過。父母在她三歲時離異之後，亞曼達跟祖父母及叔叔同住，直到她父親再婚爲止。「在那個家我備受呵護。」她解釋道：「我不知道爺爺奶奶爲什麼讓我去跟他們住，但我總希望他們能對我父親說：『你去過你的新生活，亞曼達就留給我們吧。』我還是和爺爺奶奶很親，比起我和父親及繼母之間，我跟爺爺奶奶處得更好。」從童年一路到青春期，亞曼達都依賴祖母給她在家裡找不到的愛與關懷。初經是祖母幫著她處理，後來也是祖母給她經濟上的援助，讓她回去上學。

亞曼達在童年早期能和一個成年人建立穩定的羈絆，並將這份羈絆一直延續至今，這給了她穩固的基礎，讓她能在十八歲時離開父親的家，並有自信開創屬於自己的人生。在和媽媽分開之

---

⑥ Nancy Chodorow, *The Reproduction of Mothering* (Berkeley: University of California Press, 1978), 86.

⑦ Bowlby, *Loss*, 428, as well as the comprehensive research and writings of Mary Salter Ainsworth and Mary Main, especially Russel L. Tracy and Mary D. Salter Ainsworth, "Maternal Affectionate Behavior and Infant-Mother Attachment Patterns," *Child Development* 52 (1981): 1341–1343; Mary Main and Donna Weston, "The Quality of the Toddler's Relationship to Mother and to Father: Related to Conflict Behavior and the Readiness to Establish New Relationships," *Child Development* 52 (1981): 932–940; Mary Main and Jude Cassidy, "Categories of Response to Reunion with the Parent at Age 6: Predictable from Infant Attachment Classifications and Stable over a 1-Month Period," *Developmental Psychology* 24 (1988): 415–416; and Robert Karen, *Becoming Attached: Unfolding the Mystery of the Infant-Mother Bond and Its Impact on Later Life* (New York: Warner Books, 1994), 131–226.

後，亞曼達如果沒有找到一個替代者，她早年的發展就有可能朝幾個不同的方向走偏。厄娜・伏爾曼（Erna Furman）在《兒童喪親研究》（*A Child's Parent Dies*）一書中收錄了伊莉莎白・弗萊明（Elizabeth Fleming）針對露西的個案研究⑧，顯示出在早年喪母之後，後續照顧者反覆無常或冷漠疏離產生的相對影響。

露西的母親在她十週大時猝死。媽媽那邊的親戚短暫照顧過露西一陣子，直到一名遠房親戚在她父親出差時接手照顧她爲止。露西六歲時，她父親和一名有三個孩子的女性再婚，把露西接去他們的新家住。在這段時日當中，她父親從頭到尾都拒絕回答她關於生母的問題；她對生母實際上一無所知。開始去見伊莉莎白・弗萊明時，露西十一歲，體重過重，而且仍會尿床。這位心理治療師相信，早年缺乏母職人物的持續照顧，再加上動盪不安的童年歲月，以及圍繞著生母的禁忌，導致露西飲食過量、自我孤立、封閉內心的感受、染上周遭旁人的習氣，並在展開每一段新的關係時，始終希望能從中尋回她曾經失去的關係。

> 她從未參與自己人生中的改變。她不會主動結束人際關係，而是放任她和旁人的關係漸行漸遠。露西必須抵抗她想見我的渴望，因爲這份渴望當中包含著過多的期待，她期待得到我身爲心理師所不能給的東西。她有一搭沒一搭的出席率也將離別控制在她手中。我是那個從不知道她何時會出現的等待者，就如同從前她無從得知父親何時會離開，或何時會出差回來。無能控制生死，身邊的人來來去去，再加上她自己的身體機能，使得她成爲一個對人際

關係的控制欲很強的女孩……她和我保持安全距離，像是害怕投入感情之後又要面臨痛苦的失望。她告訴我，她不會和工作人員走得太近，因為他們太常離去。⑨

露西後來對依戀的抗拒，是一種基於預期心理的自我防衛，她預期自己會遭到離棄。幼年喪母或和母親分開的無母之女，有許多人的說法都和露西的經驗兩相呼應。她們說，愛一個人就要冒失去的風險。信任和安全感一度遭到摧毀，她們為什麼還要冒這種險？

「父親或母親離開之後，孩子若是沒能擁有一段安全穩定的關係，她就會藏起自己的感受，因為表露心跡並不安全。」泰瑞絲．蘭道剖析道：「這孩子日後會想：『我才不要信任別人，那不安全，我已經嚐過教訓了。你或許人很好，但我沒有要信任你。』她未來的依戀關係有了缺損，因為她曾有的依戀關係沒有好下場。她要做的就是保護自己，別去依戀任何人就是一種保護自己的舉措。」

三十九歲的詹妮說，她把自己包在這種保護殼裡將近三十七年之久。母親過世時，她二十一個月大，後來外婆替代了母親的角色，但她又在十二歲時失去外婆。在雙重的失去之後，緊接著是和父親及繼母情感疏離的青春期，迫使她縮進保護殼裡，到了今天才剛開始學著破殼而出：

⑧ Furman, *A Child's Parent Dies*, 219–232.
⑨ 出處同前，223頁。

我養了一隻狗。我很愛我的狗。最近有人來我家過夜，那是我養狗之後第一次有別人睡在我床上。我的狗超氣的，牠把我的眼鏡給咬爛了。這是牠第一次有這種破壞行爲。我怒不可遏。從一隻狗身上學到這些功課好像很愚蠢，但突然間我明白到：「我可以很氣我的狗，同時又依然很愛牠。」我心想：「有一個媽媽在身邊陪妳長大就是這樣的吧。」妳知道自己可以搞破壞，妳可以做惹人生氣的事情，而她還是很愛妳，她不會把妳送回收容所去。以前我從來沒有這種感覺。我想，體會到這種感覺，讓自己冒險去愛也冒險被愛，是我餘生最大的一個挑戰。

童年後期（六歲至十二歲）

有些心理治療師相信，在這個成長階段喪親的孩子最難調適。他們在認知上和情感上成熟到足以感覺深沉的傷痛，但他們處理情緒的技能卻又未臻成熟。卡在改變與適應中間，學齡童往往試圖強迫自己抵擋難過的感受。如同心理學家朱笛絲・米希尼（Judith Mishne）所言：

> 他們會對失去的父親或母親避而不談，讓自己專注在玩遊戲上並提議「換個話題吧」。失去已成定局，對父母歸來的幻想支撐著他們對這個定局的迴避。在期待父母歸來的同時，他們卻也承認父母已死的事實。承認與否認並存，兩者之間互不衝突。⑩

佛洛伊德稱這種事實與幻想、接受與否認並存的現象爲「自我的分裂機制」⑪，就某種程度而言，當父親或母親死亡，我們都會這麼做。然而，若女孩對於很嚴重的事件只接收到微乎其微的資訊，甚或是錯誤的資訊，那麼到了童年晚期，這種內在衝突就會越演越烈。大人通常告訴年幼的女兒說她母親「走了」或「去睡一個長長的覺」，稚齡女童往往就按照字面理解這些委婉的說法。孩子一般在七、八歲左右能夠聽懂絕大部分關於疾病與死亡的暗示，並能分辨委婉的說詞。相對於稚齡女童，較爲年長的孩子就會覺得自己被排除在外，彷彿自己在這齣家庭劇裡是個跑龍套的角色。

瑪麗瓊在八歲時喪母。她知道媽媽生了重病，但沒人跟她確認這則訊息。她聽見她母親痛得大叫——瑪麗瓊說自己將這一幕壓抑在心，即使她很清楚這件事就是在她眼前發生的。但家人的沉默讓她困惑不已，以至於將近三十年的歲月，她都將恐懼和傷痛埋藏在心。

> 家母過世時，沒人跟我談這件事，而我自己也弄不懂出了什麼事，以及這件事代表什麼意義。當我試圖提起，得到的就是「妳以爲妳是誰」或「我們不談這種事」之類的反應。在我們家人之間，一方面存在一種因爲太痛所以不談的情結，另方面我們對於處理任何感受都

---

⑩ Mishne, "Parental Abandonment," 17.

⑪ "Splitting of the Ego in the Defensive Process," in *Sigmund Freud: Collected Papers*, vol. 5, ed. Ernest Jones (New York: Basic, 1959), 372–375.

缺乏能力和經驗。年復一年，我就像其他每個家庭成員一樣，叫自己不要去想，認為我反正就是必須接受事實，我這輩子就是必須與這個事實共存。我父親之所以不談，純粹是因為太痛了，但八歲的我理解不到這一層，只以為這是一個不當的話題。所以，長久以來，我大概就是一直抱著這種認知。

多年來我都以為自己已經接受了，直到三十五歲左右，我第一次去做心理諮商。剛開始的幾次晤談中，有一次我們談到我母親。心理師引導我做情境想像練習，她說：「想像妳母親現在坐在妳旁邊對妳說：『我在這裡，我想重新回來參與妳的人生。』」當下我是真的抱住自己說：「不不不，太痛了，我受不了。」對我來講那是頓悟的一刻，因為我一直以為自己已經學會和喪母之痛共處了。

母親過世後的第二年，瑪麗瓊的弟弟意外身亡，她父親喪妻又喪子，再加上前一年也喪父，便用拒談這些事來保護自己、隔絕傷痛。「我很難理解家父的態度，因為年紀還小，我有點覺得那一切都是我的錯。」瑪麗瓊解釋道：「我以為如果我做得對，結果就不會是這樣。」

孩子不乖，媽媽才會離開；孩子要爸媽走開，結果爸媽就死了——諸如此類的例子，都是源自孩童的自我中心及因果信念體系的「奇思異想」。從年齡小至三歲的幼童身上即可觀察到這些奇思異想。喪母的女性也表示，她們自童年以來就有這種想法的跡象。這些女兒將媽媽的死或缺席視為自己做了什麼（或少做什麼）的結果。對於自己竟有此等致人於死的力量，女兒在震驚、畏懼之餘也覺得內疚和懊悔，以至於她後來的言行舉止要嘛就很不乖，這樣媽媽就會回來解救她，要嘛就超級乖，這樣就再也不會有人想要離開她。

童年晚期喪母的女兒，對母女共度的時間可能有清楚詳細的記憶，日後她就憑藉這些記憶，掌握關於女性特質的線索。母親是女兒第一個女性行爲的榜樣，而且是最具影響力的榜樣。母親爲她上了兩性相處、持家、兼顧家庭與事業、爲人母親的第一課。女兒早期身分認同的形成，有很大一部分來自於母女相處的經驗、她從母親身上觀察到的行爲，以及母女關係的品質。

「五歲孩童能透過與媽媽相處，認識自己身爲一個小女生的角色，再來是七歲時與媽媽相處的經驗，而後又是九歲的經驗。」南．柏恩邦解釋道：「並不是說原來的身分認同就消失了，而是一層一層累加上去。接下來發生的情況是，女孩對媽媽的看法漸漸成熟，她看媽媽的眼光更貼近現實。換言之，她看到了媽媽的不完美。她開始發現有些事情媽媽做得不是那麼好。她還是很看重媽媽，但不再把媽媽看得那麼崇高。與此同時，女孩對自身能力的認知也在成長。她開始體認到『這方面我比媽媽強』，或『這件事我得找爸爸或別人才行』。她的眼光越來越切合實際。」

失去媽媽可能導致這個過程緊急煞車，女兒的身分認同就凍結在某個特定的時間點。南．柏恩邦說：「沒有活生生的經驗，沒有新一層的身分認同累加上去，在八、九歲失去媽媽的孩子有時是根據先前的經驗，建立一套自己處理事物的觀點。他們以沒有彈性的嚴格眼光看待自己，覺得自己一定要做到像媽媽那樣。他們可能對自己很苛求、很挑惕，或是過度理想化地看待亡母的表現，以及自己必須要有的表現。這就是喪親的孩子要面臨的一大課題——他們的身分認同沒有成熟的機會。」

五十三歲的卡洛琳說，她還是每天想起在她十一歲時過世的母親。但她所想的是童年時她心目中的母親，那個會煮豐盛的早餐，還會唱歌給女兒聽的母親。即使卡洛琳如今也已爲人母，她說每當碰到一個很會照顧人的女性，她還是很高興得到諸如此類的照顧。我們見面做訪談時，她才剛拜訪完她父親和他的第三任太太。這位繼母對待卡洛琳的方式，恰恰就是她事隔四十二年依舊渴望得到的照顧。

今天搭渡輪回家的路上，我想著自己有多愛這個新媽媽。她打包了午餐給我帶在回家路上吃，因爲我得及時趕回家。我從袋子裡拿出她裝的東西，裡面有乳酪西芹棒和一個很棒的三明治。三明治抹了一堆美乃滋，我最愛美乃滋了，而且裡面夾的是菠菜，而不是美生菜，菠菜也是我的愛。她注意到我的喜好了。袋子裡還裝了兩張四四方方、品質很好的餐巾紙，以及一條包在塑膠袋裡的濕紙巾，這樣我在車上就可以擦手和擦臉，要不然我要去哪裡找水呢？她也給了我足足八片的糖霜餅乾，可不是只有兩、三片而已。眞的太棒了。我會爲別人做這些事，但沒人爲我做這些。這下子我有了一個會這麼做的新媽媽。失去生母不代表妳就不再有被媽媽照顧的需要。瞧瞧現在的我，都五十三歲了，有個我只認識兩年的七十五歲女性，把我照顧得服服貼貼，而我也樂得讓她照顧。正合我意。

孩童與喪親：努力應付，掙扎長大

一旦母親過世，女兒無論幾歲都要面臨改變與打擊。然而，比起成年人，孩子因應困境的心理防衛機制較爲粗糙而薄弱。成年人以成熟的心智面對喪親的處境，孩子則通常有更劇烈的退化作用（regress）、投射作用（project）、認同作用（identify），或產生跟自己過不去的情形。

置換作用（**Displacement**）。失去母親的劇痛非一個孩子所能獨力承受，而喪親的孩子可能藏起內心的感受。他們可能拒談這件事，假裝不曾發生，或是只允許自己透過隱晦或替代的方式感受那份痛苦。安娜．佛洛伊德（Anna Freud）觀察二戰期間的棄兒，她注意到這些孩子經常將自身痛苦、孤單的感受轉移到他們失去的母親身上⑫。「我要打電話給媽咪，她一定覺得很孤單」是渴望母親歸來的孩子常見的願望⑬。

也有些女兒只允許自己隔著一段距離去哀悼。三十二歲的希拉蕊說，媽媽去世當時，六歲的她沒哭，但五個月後她的寵物倉鼠死了，她卻幾近全面崩潰。她一直都把喪母的核心感受深埋在保護層底下，直到幾個月後的外在事件勾出了這些感受。對某些女兒來說，有可能過好幾年都沒把這些感受釋放出來。

---

⑫ Mishne, "Parental Abandonment," 22.
⑬ 出處同前。

移情作用（Transference）。喪偶的成年人一段時間沒有親密伴侶也沒關係，但喪父或喪母的兒童情感上若是無依無靠，就要付出重大的代價。這孩子會落入安娜・佛洛伊德所謂的「情感荒原」（no-man's-land of affection）⑭，孤立、退縮，自外於人，未來依附別人的能力也有了缺損。所以，女兒與其脫離失去的母親，不如立刻直接將她的需求、期望和依賴轉移到最唾手可得的成年人身上，這個人可能是她的父親、家中較年長的手足、其他近親、某位老師、鄰居或心理治療師。若是正值青春期，男友或較爲年長的女性友人往往也能發揮一樣的作用。當孩子太年幼，情感上無法完全脫離照顧者時，移情作用可能有幫助。但日後她若是不能回過頭來，拉開她和母親的距離，好好哀悼喪母之痛，那她就會持續在被她選爲替代者的人身上找尋母親的影子。

發展受阻（Arrested development）。對孩子的心智發展來講，喪母構成了重大的挑戰⑮。她可能被迫要立刻爲自己負起責任，使得她在某些方面必須早熟。與此同時，她又可能繼續認同先前的成熟階段，藉此保持她和母親的關係，否認死亡一事已成定局。結果就是造就出一個半熟不熟的成年人，在她身上仍留有先前發展階段的某些特徵，她覺得某部分的她卡在童年或青春期長不大。「長大」這件事不只像個謎，而且實際上是不可能的任務——童年的她和現在的她一體共存。「喪親本身不會導致發展受阻，但各方面的條件若不支持過渡期間的哀悼，就可能有發展受阻的情形。」南・柏恩邦說明道：「女孩其他方面的技能和興趣都繼續發展，但某些不成熟的面向仍是她的一部分，就像十歲女孩和二十歲女人共存在一副軀殼裡。只要她的哀悼沒有完成，她就會覺得好像有什麼東西沒能失而復得，使得她持續處於渴望的狀態。」

在某些領域發展受阻的女兒，日後在情感上可能會有依年齡按部就班完成任務和負起責任的困難。在人際往來上，少了來自母親的影響，她很難完全達到心智或情感的成熟。二十五歲的翠西雅在三歲時喪母，她說在成年之後的每段戀情，都是懷著想找一個人照顧她的希望展開。她希望對方像抱小孩一樣抱她，像照顧小孩一樣照顧她。她坦承道，當她的朋友們紛紛結婚、開始建立自己的家庭時，「我只想找個會哄我睡覺的人，彷彿我跟大家脫節似的。」

遲發反應（Delayed reactions）。哈佛兒童喪親研究的研究人員觀察學齡童喪父或喪母一年後的表現，他們發現這些孩子的行爲或心理和父母健在的孩子並無不同。然而，到了兩年的時間點，較之父母健在的同儕，喪父或喪母的孩子表現出更具侵略性和破壞性的行爲。此外，他們在社交上較爲退縮，並有自尊低落的問題。另有其他研究發現，喪親的孩子直到事發長達三年之後才顯現出混亂失序的症狀——遠在醫療體系或其他家庭援助方案（這些方案通常爲期一年）退場之後。

---

⑭ 摘自 Christina Sekaer, "Toward a De nition of Childhood Mourning," *American Journal of Psychotherapy*, April 1987, 209，原始出處為 Anna Freud, *Infants Without Families* (Madison, CT: International Universities Press, 1973)。

⑮ Mishne, "Parental Abandonment," 77. 另參見 Joan Fleming 等人合撰之 "The Influence of Parent Loss in Childhood on Personality Development and Ego Structure" (paper presented at the annual meeting of the American Psychoanalytic Association, San Francisco, May 1958)；以及 George Krupp 的 "Maladaptive Reactions to the Death of a Family Member," *Social Casework*, July 1972, 430.

青春期（叛逆期）

這段時期就算沒有喪母，內心也是兵荒馬亂。在人類發展歷程中，大概只有在青春期，痴迷、恐懼和偏執的行爲都被認爲是正常的。在瘋狂的蛻變階段，所有規則似乎都變了。父母變得令人覺得窒息和丟臉。朋友變得捉摸不定，姊妹淘之間互相較勁。男同學變得既神祕又突然很値得注意。當然，眞正的改變發生在內心世界。陰晴不定的心情、剛萌芽的少女情懷、新發展的認知技能，綜合起來造成前所未有的違和感。我們的父母說：「這只是一個過渡期。」就某種程度而言，他們說得沒錯。青春期很大一部分的重點在於失衡和重新取得平衡，以及讓一個新的、更成熟的身分認同從家庭裡破繭而出。

至少照A計畫走是這樣。然而，在這些年間，若是發生創傷事件，整個計畫可能就偏離軌道了。從養成獨立自主的人格、面對威權人物、學習和矛盾及分歧共處、發展親密的能力、確認自己的性別認同、學習管理情緒、建立個人的價値體系，到維持一種如魚得水、游刃有餘的感覺，青春期的任何一個成長課題，都可能由於此時喪母而橫遭打斷或擾亂。除此之外，睡眠障礙、學業困難、注意力不集中、行爲退縮、食慾不振、憂鬱、酒精濫用和偏差行爲，都是青少年喪親後第一年常見的表現。喪親兩年之後，這些青少年的焦慮、憂鬱、社交退縮加劇。相較於並未喪親的同儕，他們更容易覺得自己格格不入，而且無法掌握自己的命運。

母親與女兒：當風箏斷了線

生而爲人，我們是社會性生物，依賴彼此滿足所需。當我們脫離某個人或某個團體，自然就會想要依附另一個人或團體。以正常的青春期而言，少女鬆開她對母親的依戀，轉而投入更多心力到她的同儕或戀愛對象身上。這種轉變很劇烈，但並不完整，女兒面臨壓力時還是會一而再、再而三回到母親身邊。循著這條前進兩步、後退一步的軌跡，少女漸漸蛻變，越來越獨立自主，終至能夠脫離原生家庭，建立她自己的家庭。

在這個時期，女孩對她的母親同時懷有正反兩面的情緒是很正常的，而且常常是在瞬息之間就有兩種相反的感受。愛與安全的感受使得女孩把媽媽當成呵護與支持的重要來源，憤怒與不滿則又幫助女孩建立和保持離家獨立所需的距離。是在這些年裡，女兒徹底認清她的母親並不完美。在拿自己的母親和別的女性相比時，女兒甚至可能覺得很丟臉或沒面子。在發覺自己不想複製她的母親時，少女邁出了發展獨立的身分認同很重要的一步。她體認到自己可以和媽媽不一樣，並且開始和媽媽分道揚鑣。

這種脫離母親獨立的過程，很少是平平順順或輕鬆容易的，事情往往還因爲母親的行爲更加複雜化。因爲當媽媽的很常將女兒視爲自己的翻版，所以她對女兒投射的認同比對兒子來得強。當女兒掙脫她的掌握，她可能試圖緊握不放。但在同時，因爲她自己也經歷過青春期，明白女兒必須達到獨立自主，所以她又鞭策女兒長大和獨立[16]。這可不是一段母女之間能夠相互了解的時期，而這

⑯對於本身從未與母親分開或完全分開的女性來講，這就不一定了，像這樣的女性期待自己和女兒也能維持類似的緊密關係。

種掙扎一般會持續到女兒的青春期晚期或二十幾歲初期。一九八〇年代初，一份針對一百名衛斯理學院女學生所做的自敘研究顯示，在這個年齡層的女兒，有超過七十五％還是對她們的母親抱持不認同或不欣賞的眼光⑰。

當母親在女兒青春期時過世，希望在日後取得和解的暫時分開變成無法回頭的生離死別。「等一下！」女兒想要大喊：「我不是認眞的，回來啊！」

正處於叛逆巓峰的女兒，如果在此時和母親天人永隔，心裡就可能留下深深的內疚和後悔。在她的記憶中，十五年的母女關係可能只剩最後一年的六次爭吵。當我想起自己對媽媽丟出傷人話語的那些時刻，尤其是把「愛」這個字當成利刃說：「妳不愛我！」、「我不愛妳，我恨妳！」，以及最可怕也最烏鴉嘴的：「我要妳消失，不要管我！」我好氣少女時期曾經的那個我。我從不認爲媽媽是被我咒死的，但對許多女孩來講，即使過了童年也仍留有奇思異想的殘跡。

「在人際關係當中，每當和我們有矛盾的人死了，尤其如果我們才剛跟對方吵過架，我們往往會爲自己對他們的怒意痛苦萬分、後悔不已。」領有臨床社工師執照、擁有工商管理碩士學位的阿琳・恩格蘭德（Arlene Englander）是佛羅里達州北棕櫚灘的一位心理治療師，專精喪親與複雜性悲傷，她解釋道：「人面臨壓力時有退化的傾向。這時，不止青少年，就連成年人的思維也可能退化到童年，產生奇思異想，而認爲自己對逝者的死要負起某種責任。」

現年三十四歲的麗雅還記得十三歲時和她閨密的談話：「我們在聊一些十三歲女孩認爲很重要的事情。我問她：『如果必須失去父母其中一人，妳要失去哪一個？』我自己的答案是媽媽，因爲我和我爸比較親，失去媽媽對我的人生影響比較小。結果兩個月後，我母親就中風死了。以一個十三歲女孩的心智，再加上天主教學校教給我的罪惡感，我花了好久才克服『上帝聽到我的話了』的想法。」

青春期的女兒也會怪自己「不孝」、「不乖」，並深深遺憾自己失去日後補償的機會了。二十七歲的寶拉在十五歲時喪母，她將喪母之後的罪惡感歸因於自己，但願自己少跟媽媽起衝突、多給媽媽一點安慰。「我就是覺得……如果我知道她病得那麼重，我就不會對她說那些可怕的話了。」寶拉說：「事到如今，有時我還是會突然想起來，然後就怪自己在過去的某一天怎麼對她那麼壞。但現在我也會告訴自己：『哎呀，妳當時正值青春期嘛，那個年紀的一切本來就已讓妳應接不暇。』或：『或許妳剛好大姨媽來了。』總之就是設法勸解自己，因爲現在二十七歲的我沒機會和五十歲的媽媽坐下來笑著說：『喔，還記得那個時候嗎？』」

寶拉繼續說：「妳希望妳的媽媽能看見那只是一段特殊時期，妳不會永遠都是那個樣子。妳希望她走時不是帶著妳不愛她的惡劣感受。這就是我一直以來的恐懼。每當又有這種想法冒出來，我就設法阻止自己說：『好了，那些事情妳做了就做了。就這樣。她明白的。妳們沒辦法有更多相處的時間，但如果有更多時間，所有心結都會解開的。』」

---

⑰ Sumru Ekrut, "Daughters Talking About eir Mothers: A View from the Campus," working paper 127, Wellesley College Center for Research on Women, 1984, 1.

跟寶拉一樣，我也設法勸自己不要自責，哄自己相信我的母親也曾對她的母親說過一樣的話，靠著這樣想來寬慰自己的心情。儘管寶拉和她母親的關係自有其複雜之處，我還是可以約略參照她的例子，假想媽媽還在世的話會怎麼樣。

「女兒務必明白媽媽知道這種對抗是很正常的。」艾芙琳．巴索說：「妳記得電影《親密關係》（*Terms of Endearment*）裡母親臨死的那一幕嗎？年紀較大的兒子憤怒又叛逆，在臨死的那一幕當中，這位母親還是堅持對他說：『我知道你愛我。』這個片段眞的很棒。我認爲它刻畫出一位無私的母親、一位慷慨付出的母親。不管兒子對她的態度有多惡劣，她還是對他說了那句話，我認爲她留給他一份不可思議的禮物。但我想，即使沒有留下這份和解的禮物，即使眞實人生不像電影演的那樣，有朝一日妳也可以明白過來：對，媽媽過世當時，我不懂事，我們的關係很不好，但媽媽的心智夠成熟，她知道如果來得及，妳就會修復妳跟她的關係。這麼想的寬慰之處在於：『因爲我的母親比我年長、比我有智慧，她明白我只是正好處於一個過渡期。』」

由於成熟是一個很個人的過程，不同的青少年會在不同的年紀脫離他們的母親，也有些人從沒脫離過。在母女關係很親密的狀況下，母親如果離世或離開，女兒可能不太有罪惡感，但有很大的痛苦。她對喪母的反應，可能近似於一個依賴父母的孩子突然離岸漂流，和岸上沒有一條堅固的繩子相連。瑪麗安娜是兩姊妹中的姊姊，母親在她十六歲時腎臟衰竭病逝。她告訴我失去媽媽讓她多麼驚恐，因爲少女時期的她是那麼害羞膽怯。聽到這裡，我一定是對她投以懷疑的眼神了，因爲她猛點頭強調自己說的是眞的。一開始我還眞的很難相信，因爲在整個星期我所訪談的人當中，瑪麗安娜可能是最熱情奔放的一位了。

我母親過世那時，我是一個極度害羞的人，大門不出二門不邁。以前我的家人都叫我「隱士」，因爲你偶爾會看到我走出自己的房間，但一般我只會開個門縫偷看外面。我母親和我的關係非常緊密，她不止是我的媽媽，也是我最好的朋友。所以我不止失去了媽媽，也失去了一個閨密。我的一切都有她打點，所以我完全沒有心理準備，渾然不知沒有她在身邊保護我意味著什麼。

高中畢業之後，我就直接就業了。如果媽咪還活著，我可能會去離家不遠的地方上大學。但我不敢離開爹地，他因爲糖尿病和憂鬱症頻繁進出醫院。結果我工作了一年，決定在工作之餘也要去當國會議員的志工。志工的工作占據了我和妹妹相處及待在家裡的時間，但我覺得如果再不走出這個家，我就要瘋掉了。替喬伊工作爲我帶來很大的改變，他很年輕，只比我大十歲，和我共事的是一群時髦的年輕人。爲了在政治圈走跳，我必須變得外向一點才行。這份工作改變了我的個性，我不再成天把自己封閉起來。

若非喪母，瑪麗安娜即使有獨立的一天，大概也不會來得那麼快。但對其他一些女孩來說，尤其是在最動盪不安的時期喪母的女孩，某些方面的人格發展就可能戛然而止。發展受阻不是童年專屬的現象，也可能發生在青春期。喪母時若是正值青少年對母親的感受很矛盾之時，孩子不管是基於何種原因無法好好哀悼並和母親分開，便也可能有發展受阻的情形。三十二歲的蓋兒喪母時十八歲，身爲八個孩子當中的老么，蓋兒在母親生前和她的關係很緊密（而且很不愉快），要到母親過世後將近十二年，蓋兒才眞的和她分開。

我和我母親的關係扯也扯不清。早在我出生之前，她在身心雙方面都已病得很重。我是她在四十歲時生下來的，她算是很晚才生我。有時她是我的朋友，有時她又非常專制。她對我的人生要怎麼過有很明確的想法，也很直接地把她的想法告訴我。我是她最後一個孩子，她緊抓著我不放。當哥哥姊姊準備離家時，她經過一番掙扎也就放手了，但我整個青春期都沒掙脫過她的掌握。我會嘗試要掙脫，但我實在是跟她綁在一起，簡直像不曾切斷臍帶似的。如今回想起來，感覺就彷彿她泥中有我、我泥中有她。我屬於她，我爲她而活，我跟她寸步不離。我很想大叫。青春期時，我也眞的大叫過，想用這種方式對抗她。但在不得已之下，我總是選擇讓步，因爲我就是爭不過她。

過去這幾年是我重新定義人生的時期。我必須審視自己和母親的關係。我發覺自己從未眞正爲她的死哀悼過。成年以後的人生，我大半就是把喪母之痛拒於門外，心想：「好，我們要做的就是向前走，不要去想這件事。」現在，我終於開始哀悼她了。我覺得自己好像到了今天才開始過青春期。

因爲哀悼往往會勾起喪母當下存在的情緒，所以在成年後回到過去那個生死關頭的女兒，也可能發現自己要重新面對青春期時未能完成的成長功課。像蓋兒這樣覺得自己卡關的女兒，終於可以完成先前的階段長大成人了。同理，被迫過早負起成年人的責任、覺得自己錯過青春年華的女兒，也向我表示她們在過了青春期十或十五年之後，終於允許自己不負責任或無憂無慮一下。

既然喪母會加重青春期典型的緊張與壓力，若是在這段波濤洶湧的歲月之前喪母，對孩子來講是否就比較好過？恐怕不見得。一九五〇年代，英格蘭的漢普斯特德兒童心理治療診所進行了一項孤兒研究。研究結果顯示，比起母親在青春期過世或離開的孩子，在人生最初的五年內被剝奪了母職人物的孩子，青春期更不好過。許多在五歲前失去母親的孩子會歷經一個前青春期的階段，這個階段的特徵是他們往往會瘋狂尋找一個母職人物，可能是為了形成一種找到之後就可以放下的依戀關係。

在本章前述伊莉莎白．弗萊明的個案研究中，於嬰兒期喪母的露西一到青春期，就落入一種沒有母女關係存在的空白狀態。她從未把繼母當成適當的替代人選，對自己的生母又所知不多。根據伊莉莎白．弗萊明，露西在十五歲時歷經一段低潮：

> 徵狀是消沉、絕望、早上起不來、對社交活動失去興趣，以及不去上學，也不來做心理分析療程，似乎身心雙方面都陷入癱瘓——這是她之前從未顯現過的徵狀。除此之外，老問題也更嚴重。她的體重增加，生理上的症狀加劇。有一次的晤談過程中，她狂抓她的手腕。在有意識的層面上，露西認為她的困難與挫折和初戀男友的離開有關……她最深的絕望源自

於對逝去的母親毫無印象，沒有一個來自小時候的印象可供她告別，或讓成年後的她選擇要認同或不要認同。接下來兩年，露西獨力尋找關於她母親的種種細節，拼湊出一副連貫的樣貌，組成她一直以來都缺乏的印象。接下來，人生中第一次，她一個人跑去她母親墳前。靠自己的力量成功做到這些事情，她的憂鬱症狀隨之痊癒。

在青春期和母親或母職人物分開，看來是一個女孩長成自信又自立的女人不可或缺的過程。

少女與喪母：表面事物

在大學，我加入了姊妹會。如同校園裡多數的姊妹之家，我們的也有年度傳統活動。入會地獄週❷的一天晚上，全體六十四個姊妹聚集起來，坐在客廳地板的粉藍色地毯上，隨意圍成一圈，聽入會訓練員說明遊戲規則。每個人都必須以「我媽媽不知道我……」開頭，說一件屬於自己的祕密。一位姊妹說她有一次酒駕夜衝密爾瓦基（Milwaukee），另一位姊妹說了她在鄰居家的戶外浴池跟人親熱的插曲。大家輪流說著故事，不時穿插哄堂大笑和偶爾的一句「少來！」「妳才沒有！」。然後，六十三張充滿期待的面孔轉向我。

我一直靜靜地坐在那裡，看著自己的指甲、考慮自己的選項——我應該配合一下嗎？還是要說實話？或者暫時告辭離開客廳？坐我左邊的姊妹用手肘頂了頂我說：「輪到妳了。」

我抬起頭說：「跳過我吧。」

「妳休想！」「說嘛！」「說、說、說！」

「不，我是認真的，請跳過我吧。」

周圍冒出更多笑聲。「說啦！」「幹嘛？妳想偷藏什麼好東西？」「不行，每個人都要說。」

我驚慌失措、張口結舌，直到最後在情急之下脫口而出說：「我沒有媽媽，但我有爸爸，所以我可以告訴妳們他不知道的一件事。」屋裡頓時鴉雀無聲，全場陷入一片令人渾身不自在的沉默。我說了一段曲折離奇的遭遇，是關於某年冬天在紐奧良遇到的一個男人。細節我現在不記得了，當時我可能也沒注意自己具體說了什麼。我一心只想快快說完，從萬眾的矚目之下脫身。一年到頭，我都很努力避開大家的注意。

我又忍著聽了幾個故事，直到入會訓練員注意到我下巴在抖。她從人群中帶我離開，去到她的臥房。「對不起。」我們坐在她的床上，她一邊遞面紙給我擦眼淚，一邊說：「真的很對不起，我不知道這件事。」

沒人知道這件事。怎麼會有人知道呢？我誰都沒說。這些朋友是讓我把悲劇拋諸腦後的避難所，姊妹之家是我可以掙脫過去的包袱、重新當一個無憂無慮的派對女孩的地方。在那間布置得很有品味的客廳，我可以裝成和別人沒有兩樣的女大生。在離我念的高中八百英里遠的地方，我不再

---

❷姊妹之家（sorority house）為專供姊妹會女學生同住和舉辦社交聚會的房屋；地獄週（Hell Week）為美國校園姊妹會或兄弟會的入會儀式，學長姊惡整、折磨新加入的學弟妹一週。

是街坊口中那個死了媽媽的女孩。

在少女的世界裡，同儕團體握有至高無上的權力。在母親過世之後，同儕團體也扮演了舉足輕重的角色。在這個節骨眼上，多數青少年都會將曾經放在父母身上的精力轉移到同儕或「最好的朋友」身上。事實上，朋友是面臨喪親之痛的少女最有可能求助的對象。但因爲多數青少年對生死大事都不太有經驗，少女的同儕往往沒辦法對她的感覺有所共鳴，或對喪親的嚴重性有切身的體會。

二十七歲的蘿蘋在十六歲喪母，她還記得當時和同儕間的相處有多困難。她也還記得第二年幫助她度過難關的同學，至今她依舊對那位同學心懷感激：

> 那時大部分的朋友我都受不了。她們會抱怨功課很多，而我心裡會想：「功課多了不起喔？我媽死了欸，妳難過的竟然是那種事？」我也感覺到朋友們對於我最依賴誰有一種較勁的心理。這件事差點沒把我逼瘋。我覺得自己如果跟其中一個人講心事，其他人就會不高興，她們會覺得不受我的重視。有個朋友老是用一副好像我很可憐的眼神看著我，沒完沒了地對我說著：「喔，我眞的好爲妳難過。」我覺得好像我得反過來安慰她似的；我得讓她覺得我沒事，這樣她就不必難過了。簡直令我無法忍受。我怎麼有辦法讓別人好過一點呢？
>
> 但我媽生病那時，我在越南難民收容中心做了志願工作。有另一個朋友和我一起在那裡當志工，之前我和她不算很要好。她是一個很理性的人，具有保持客觀、不受情緒影響的能力。她才眞的有辦法跟我談我媽生病、過世的事情。她從來不曾對我說：「妳這可憐的小東

西，我好爲妳難過喔。」相反的，她會問我：「這件事給妳什麼感覺呢？」她讓我覺得可以去談內心的感受，不用擔心別人同情的眼光。我認爲我有很多朋友都不知如何是好，她們很怕這種事也會發生在自己或自己的媽媽身上，所以沒辦法眞的跟我敞開來聊。這位朋友不認識我母親，也因爲這點讓她和別人不一樣。我其他朋友都認識我媽，所以這件事對她們來講又更眞實一點。結果我變成很多時間都跟這位朋友在一起，跟她聊對我幫助很大。

一個少女最大的焦慮，莫過於怕被她的小團體排擠，或有哪裡惹她的小團體不高興，尤其當她的家人也在消化喪親之痛，只能分配較少的時間給她時。青少年正歷經與家人象徵性分開的過程，他們其實和孤兒有很多的共同點：疏離感、孤立感、自尊低落、家庭狀況動盪不安，以及害怕被冷落。在其他女孩眼裡，母親這個角色攸關她們的健康快樂。沒有母親的少女往往就會對失去母親這件事羞於啓齒。少女如果覺得母親的缺席會讓她顯得不一樣或不正常（因而受到同儕排擠），就可能避談喪親之痛，或不向她的朋友吐露一絲絲的憤怒、憂鬱、內疚、焦慮和困惑，反而採取克制情感、無動於衷的應對方式。這麼做有部分是爲了迎合「可接受的」團體行爲，但也可能是一種自我保護的舉動，爲的是隔絕難以承受的焦慮和悲痛。然而，表面上總是很平靜的少女，卻可能有長期悲痛難解的風險。研究人員現在知道，懸而未解的悲痛進而又會置人於憂鬱症、身體疾病、毒品和酒精濫用的風險之中。

在少女收起悲痛情緒的同時，她也可能花很大的力氣對外呈現正常的一面，就彷彿她在說：

「瞧，我是足球隊長、總務股長、模範生、學校話劇的主角，我好得很！」她對自己的定義是從一個有母親的家庭開始成形，結果一次出乎意料且無法逆轉的事件硬生生改變了一切。若是沿著這條新的路線建立自我認同，那就表示她必須將自己定義成「一個沒有母親的少女」——如果有得選，這才不是她想用來介紹自己和昭告天下的台詞。於是，她設法爲自己打造一個脫離過去獨立存在的新身分。在這個脫胎換骨的過程中，她追求的往往是把自己塑造成一個強者和控制者。無怪乎有飲食障礙、毒癮或酒癮的無母之女會說諸如此類的強迫行爲是從青春期開始的。無論如何，青春期總是一段焦慮和摸索的時期，但覺得自己的身體或環境不受控制的無母之女，可能就會有成癮或自毀的行爲。二十五歲的茱麗葉在她母親診斷出癌症那年開始抽菸喝酒，每當母親病情惡化，她就會有脫序的行爲。「她開始化療前一天，我順手牽羊被抓到，即使我的口袋裡就有三十美元。」茱麗葉回憶道：「我跑去偷了一瓶一．六九美元的指甲油，當場被抓去警察局。接下來，她的病情暫緩，但在她因爲有癌變風險預先切除甲狀腺那天，我在一場舞會上喝得爛醉，吐在每個人身上，差點跟人打了起來。她過世時，我靠哈草和喝酒發洩，而且就這樣持續到二十三歲，我才終於戒掉。」當周遭和內在發生變化，沒了媽媽的青春期女兒就從她能（或她以爲能）控制的地方尋求慰藉。

家裡新的女主人

我們家一完成猶太律法制定的八天喪期，我就開始負責開車送我弟去剪頭髮，送我妹去看牙醫。家庭急用金也放在我的皮夾裡，由我負責保管。我甚至繼承了我媽的車。我莫名按到了快轉鍵，瞬間從十七歲變成四十二歲。儘管我沒質疑過這個姊代母職的角色，但我在心裡默默倒數計時，算著我能逃離的那一天。第二年秋天開始上大學時，我樂得飛奔到外地，速度之快甚至在地上留下打滑痕跡。接下來，我十五歲的妹妹得接替我的角色。

當生母生病、離開或過世，青春期的女兒常不由自主變成父親和家中手足的小媽媽。即使是在一個試圖將照顧子女和打理家務視爲兩性共同責任的文化裡，長女或二女兒（即使有個哥哥還住在家裡）通常被期待要擔起母親的職責。當這個女兒正值青春期，這種處境使她陷於身分認同的風險之中。在十六歲喪母之後，瑪麗安娜必須接手料理家務，包括負責照顧她的妹妹。「向來都是妳的媽媽在做這些事情，一下子落到十六歲的妳頭上，妳心裡的反應是：『我要負責洗衣服是什麼意思？我要負責洗這些鍋碗瓢盆是什麼意思？』」她說：「剛開始幾個月很難過，我姑姑會來我們家檢查——我都叫她『衛生股長』。她差點沒把我搞瘋。直到今天，我還是很討厭洗碗。每天晚上負責煮晚餐的也是我。我妹妹向來是個野丫頭，我也要設法照顧她。換言之，白天在學校，我做一個正常青少年應該要做的一切；晚上回到家，我就要像個媽媽或太太那樣煮飯、打掃。」

面對這種責任，少女有三個選擇。她可以試著全部、部分或完全不去做到這些要求。有時候，如果少女年紀夠大或生活夠自立，懂得主動反抗，那她可能會拒絕接替母親的角色——但之後又爲棄家人於不顧而覺得內疚。有時候，她在屢試屢敗幾年之後，體認到光靠她無法滿足全家人的需求。領有臨床社工師執照並任教於加州聖塔羅莎市艾瑞克森基金會的婚姻與家族治療師菲莉絲・克勞斯（Phyllis Klaus）說：「必須接替母職的女孩可能碰到各式各樣的問題。她們要嘛自我要求過高，為了達到自己的期望筋疲力竭，要嘛以不健康的方式擺脫責任，例如逃家或交一個爛男友。」必須當小護士照顧生病的母親、必須為弟弟妹妹扮演家長的角色，或必須照顧哀慟逾恆的父親，少女可能從中培養出未來對她有好處的特質，像是同理心和善解人意的個性。有許多受到社會讚賞的照顧者特質（尤其是女性照顧者），都出現在必須照顧別人的青春期女孩身上。而且，有些研究顯示，在親人逝去之後為別人負起責任的孩子，可以從中獲得一種自己有能力的感覺，因而更能成功調適喪親之痛。但在西方文化中，對青春期的女孩來講，照顧者是一個過於早熟的角色，她在完成眼前的成長階段之前，就猛然肩負起之後的成長階段才要面臨的責任。這也迫使她在正需要幼稚一下和受人照顧之時，必須瞬間成熟起來。

沒有什麼比喪親更能讓一個少女快速長大的了。她的思想和責任一夜之間成熟了十倍、懂事了十倍。但她的身體和環境卻再再提醒她：她還沒有完全長大。當妳每天還要搭校車去上學，妳就很難有一個成年人的感覺。現年三十二歲的法蘭辛十三歲時，母親因為重度心肌梗塞陷入永久植物人的狀態。法蘭辛在十七歲時獨自離家。她說：「我覺得自己比同年齡的人老了好多。到現在我還是專交一些大我十歲的朋友。我向來都喜歡跟像我一樣獨立靠自己的人往來。然而，有時候我又覺得自己像個小孩。我先生說有時我很成熟、很能幹，有時卻又沒個大人的樣子。十幾歲時，我必須快快長大，不能像個小孩一樣。我最近決定用加班的方式讓自己一星期只工作三天，其中一個原因就在於我想要有時間重新當個小孩。我很高興現在終於有充分的安全感可以這麼做了。」

過去二十四年的人生中，我花了好多時間在想什麼樣的感覺才符合我的實際年齡。我常覺得自己在母親過世時分裂成三份——三分之一的我立刻變成四十二歲，擔憂她要擔憂的事情；三分之一的我卡在十七歲，緊抓著我母親留給我的印象和我們當時的關係不放；剩下三分之一是我常常覺得很陌生的部分，亦即沿著正常軌道發展的部分。許多年來，我最希望能做到的莫過於張開雙臂，一手抓住四十二歲的我，一手抓住十七歲的我，牢牢地把她們從兩端拉過來，直到在兩者間的某處相遇爲止。

青年期（二十幾歲）

如果青春期的重點在於形成一個身分認同，那麼二十幾歲就是以這個身分認同到外面世界實現自我的階段。這就是爲什麼在此時喪母的女性可能是最受忽視和誤解的一群，因爲她們很有可能不住在家裡，已經是自己照顧自己，甚至已有自己的家庭要照顧——這也使得她們在喪母之時最有可能深受打擊而無所適從，整個人陷入情緒的泥淖。她們也是最常聽到「在妳二十三歲的時候？呃，這年紀也不需要媽媽照顧了吧」這種話的一群人，彷彿一旦女兒脫離青春期，媽媽的重要性就莫名歸零了似的。

離家上大學、結婚或自己搬出去住，全都是成長過程中的里程碑。但建立一個新的生活基地，不代表必須切斷我們和老家之間的情感牽繫。說來矛盾，年輕人成功的起飛有賴於持續擁有一個安全牢靠的基地（通常是核心家庭），每逢面臨壓力，她們就可以回到這個基地的懷抱。她們正處於人生中的一個旋轉門時期，一方面在嘗試新事物，一方面又要回到家裡尋求鼓勵或喘息。

「一個女人喪母的時間如果是在青年期早期，亦即從十九歲到約二十三歲之間，這件事就會造成觸及每個基礎層面的衝擊。」菲莉絲・克勞斯說：「她正處於眞正開始搬出去住並發展個人生涯之際，這時的她需要鼓勵，但她反而可能要回去幫忙家裡。此外，由於在心智層次上，她已懂得許多，所有關於『沒有媽媽，我要怎麼應付人生大小事』的思緒紛紛湧現。她不止失去母親，也失去了她所需要的鼓勵和肯定，乃至於她在此時想和母親分享的一切。」

情況就類似於學步兒大膽前進又反覆回到母親身邊，邊探索邊向媽媽尋求安全和肯定。只不過學步兒現在是個女人了，她的探索之旅可能長達數週或數月，而她可能是透過電話或電子郵件和媽媽聯繫。

「在二十幾歲到三十幾歲的階段，妳極其渴望有一個基準作爲參照。」娜歐密・茹思・羅文斯基說：「母親就是一個參考基準。妳可能很氣她，妳可能不想跟她一樣，但妳的母親是一個根據、一個來源。妳多少總會回頭看看她，確認一下自己的定位。如果妳現在二十五歲，妳覺得妳媽滿嘴屁話，那妳就知道自己的定位了。跟媽媽對照一下，妳對自己的定位就很清楚了。但如果妳二十五歲，已經失去媽媽，妳要怎麼知道自己的定位呢？在那個年齡，不知道自己的定位眞的是一個很棘手的問題。妳需要有個相對的參照。爸爸或許很重要也很有幫助，但他不是女人。他給妳的是別種幫助，一種屬於異性的關照。」

典型來講，隨著女兒日漸成熟，尤其當她自己也當了媽媽，她看待母親的眼光就會有所演變。就像第一次體認到媽媽不能幫她解決所有問題的孩子一樣，年輕的成人開始以更清楚、更多元的眼光看待媽媽，媽媽也是人，會有缺點、有優點，有種種身而為人的限制。儘管女兒還是會保留一些之前對一個完美媽媽的渴望，但她也變得比較願意放寬標準。相對的，母親也開始接受女兒是個自主的個體了，女兒有能力為自己做決定並加以實現。理想上，兩邊一來一往、互相折衝，達到思想觀念上的妥協。這種妥協即使不是以了解為基礎，至少也是以互相尊重為基礎。

從女孩初次離開母親身邊的那一刻起，她就一直試圖回到早年記憶中的母親身邊。母親曾經給她的關注和關愛成為女兒不斷追尋的理想；離開是必經的過程，但重聚是永久的目標。儘管對成年的女兒來說，母親在她人生中的地位已不像二十年前所占據的分量，但成年之後的和解可以讓母女再次變得更緊密。青春期女孩完成脫離家庭獨立的過程後，她往往又兜一大圈回來，試探性地以同伴的身分，與母親建立一種盟友般的同性情誼。

多數女性都指出，二十幾歲是她們第一次明白到可以跟媽媽做朋友的年紀，此時她們發現自己的媽媽具備當一個好朋友的特質，像是同理心、智慧和經驗。正好在這個重新發現媽媽的時間點失去她，感覺就像一個殘酷的整人遊戲。三十五歲的克莉絲汀有一段特別不穩定的青春期，當死亡切斷母女間的牽繫時，她才剛開始和她母親變得比較親近。

我母親在我十八歲時診斷出乳癌，並在我二十三歲時過世。當時我住在別州。我們的關係挺好的，因為我不是時時都在她身邊。她想我，我想她，我們常常通信。她來看過我一次，我們玩得很開心。我想，在她過世時，我比我的妹妹們更難過，因為我一直都離她那麼遠，這一點讓我覺得很內疚。而我的妹妹們也對我造成一些內疚，這是另一個讓我難過的部分。我媽確實對我說過：「去吧，好好過日子，想做什麼儘管去做。」我的妹妹們不明白。她們始終不太高興我一搬走就是八年沒回家。我想我媽也很訝異，但我覺得她其實很高興我在外遊歷、做一些有的沒有的嘗試。

我很慶幸在她過世前跟她建立了不錯的關係。但我心想：「天啊，眞的假的，我們才剛變成朋友欸，不公平！」小時候，我父親是服務生，我們會去他的酒吧喝無酒精雞尾酒。年紀大一點之後，我變成可以進酒吧和我爸喝眞正的酒。我和我媽之間也一樣，我變成能夠以成年人的方式與她相處、跟她聊大人的話題。到了那時，我們已經不再背負著過去的包袱。我有我的生活，她有她的生活，我們一起度過了一些愉快的時光。

無論母親還在不在世，和母親重聚的渴望是一種成長衝動。童年或青春期喪母的女兒長到二十幾歲，覺得準備好要重建關係了——但是跟誰呢？和什麼呢？在我二十幾歲初期和中期，我第一次覺得人生中需要一個強大的女性人物。那些年裡，我迫切想要找到一個指引我的人，但我最想建立連結的人不見了，而我再怎麼努力找人替代她，似乎總是達不到目標。二十九歲的凱倫在九年前喪母，她一針見血地說出了我的心聲：「在一個女人的人生中，回到母親身邊和她做朋友、以平起平坐的姿態面對她，幾乎就像一種成長儀式。但如果她不在了，妳就沒辦法這麼做。我覺得自己好像處於一種懸置的狀態，等著有什麼東西來填補那片空白，等著有什麼方式讓我重拾母女關係，而我等不到。但這種渴求揮之不去，一直縈繞在心。」當母親年輕早逝，女兒的內心便總有一種不完整的感覺。她不斷尋找弄丟的那塊拼圖，不斷嘗試填補那塊空白。

失去成年後可以當朋友的母親，是諮商界所謂的「後續損失」。在分開當下，後續損失的痛苦可能不是很明顯，但隨著時間過去便會漸漸浮現。二十幾歲的女兒往往超前想像起後續損失的情況——沒人幫忙規劃婚禮，沒人教我帶孩子，我的孩子沒有外婆。她們會去想像喪母的長遠後果。這是一種將母親理想化的現象。幫八歲女兒包紮膝蓋的母親如果還活著，或許就能修復十八歲女兒的心碎，或者幫二十六歲的女兒止住分娩的疼痛。儘管不切實際，但在這樣的時刻，那就是我們所渴望的母親、我們唯一記得的母親、我們迫切想要的母親。

爲了養育我在二十五歲辭去工作的我母親，能在我二十幾歲試圖解決企業層級的問題時給我建議嗎？結婚時還是個處女的她，能在我十八歲擔心自己懷孕時當一個稱職的傾聽者嗎？還是她會被我跟她南轅北轍的性行爲道德標準嚇壞？我所認識的母親，是教我用衛生棉條和大談她自己的節育方式的母親。當我試圖拼湊出一個比我所知更成熟的母親時，每次我都會在腦海打上一個問號。六十幾歲的母親，對我來講就是一團謎。在我心目中，她是永遠的四十二歲，而身爲她的女兒，我不曾越過十七歲。

這件事有一種悲劇美。我母親永遠都會是那麼年輕。我永遠不必看到她變老，也永遠不必擔心她老了要怎麼照顧她。但這也意味著我會超越我母親，而且很快就要變得比她老了。早在二十幾歲時，我就已經感覺到自己開始超越她了。儘管我們生在不同的時代，但我和她的青春期基本上相去無幾——我們都愛我們的父母，但也都與父母意見相左；我們都念公立高中、都去上了大學、都在大學時期談戀愛。但她二十一歲就結婚了，而我在二十一歲時選擇的是自力更生、繼續念研究所、把結婚成家和生兒育女延後到三十幾歲——我成年之後的經驗和她截然不同。

是啦，這沒什麼稀奇的。我身邊絕大多數母親還健在的朋友都會說她們也是這樣。女兒經常超越自己的母親。事實就是如此。但對我來講，我的許多成就都有點苦樂參半，因爲那些都是我母親希望達成但從來沒有時間去做的事。我造訪過十多個國家，我參加了我弟弟的婚禮，我看到新世紀的第一天。再過兩年，我就四十三歲了。

青年期之後

這些年來，跟我聯絡要做喪母訪談的成年女性人數之多，一再令我跌破眼鏡。即使在母親過世時，她們已經三十好幾、四十好幾或更年長，但她們至今還是懷著喪母的傷痛。因爲我自己是在年輕許多的年紀喪母，所以我天眞地假設一個女人過了二十五歲或三十歲，就會接受母親在六十幾歲或七十幾歲仙逝的事實。因爲那是自然而然的結果，她不會覺得好像有什麼很重要的東西過早遭到剝奪。

我眞是大錯特錯。還記得在搬到紐約開始寫這本書的第一版不久後，一天下午，我在百老匯大道的一間家具行選購沙發。最後結帳時，銷售員索妮雅和我聊了起來。聊著聊著，我就跟她說起我的這本書來了。我解釋說我在寫關於年輕女性喪母的課題，她聽了就把手邊的文件推開，抓住我的上手臂，眨著眼睛含淚問道：「妳想不想訪問我？就在幾年前，我母親過世了，我已經不是小孩——我今年都四十二歲了。但我告訴妳，不管在任何年齡，失去媽媽都不是一件易事。」此外，我有一個年屆四十五歲的朋友，現在隔週就往返洛杉磯和鳳凰城一次，幫忙她正在接受化療的母親處理臨終事宜。她就跟我見過的任何一位年輕女性一樣害怕、一樣揪心。就某些方面而言，她甚至更難過——身爲獨生女，我這位朋友不只要透徹了解母親的病情並接受致命的結果，而且要負起沉重的照顧責任。身爲悲傷的女兒，又身兼母親和妻子的角色，她在洛杉磯本來就已忙得焦頭爛額，這種處境只讓她在情感面和現實面受到的考驗更加複雜。

舊金山州立大學的研究人員伊莉莎白・納格爾（Elizabeth Nager）和布萊恩・德・弗瑞斯（Brian De Vries）專研成年女兒在網路上爲亡母撰寫悼念文的現象。他們指出在中年人口中，喪父或喪母確實是一件很普遍且在意料之中的事件⑱。以四十歲至六十歲的年齡層來講，超過半數的美國女性都會面臨喪父、喪母或父母雙亡⑲。儘管如此，納格爾和弗瑞斯表示，成年期喪母「代表著無數的情緒問題和龐雜的心理歷程。喪父或喪母代表失去了那段關係的歷史和回憶，這些歷史和回憶不止形塑了那段關係，而且依舊是那段關係的一部分。父親或母親的死亡暗示著不同的時間感和

---

⑱ Elizabeth Nager and Brian De Vries, "Memorializing on the World Wide Web: Patterns of Grief and Attachment in Adult Daughters of Deceased Mothers," *Omega* 49 (2004): 45.

⑲ Andrew Scharlach and Karen Fredriksen, "Reactions to the Death of a Parent During Midlife," *Omega* 27 (1993): 307.

自我感，因爲生和死之間的緩衝不復存在。死亡切斷或永遠改變了童年時建立起來的依戀紐帶。」[20]

即使母親的死是在意料之中，女兒也接受了現實，但在喪母很久以後，中年期的女兒還是會對母親抱有渴望。幾項針對新近喪母的成年人所做的研究顯示：

- 喪母三個月過後，有八十%的女兒表示她們還是非常想念母親。七十四%的女兒說喪母是她們這輩子碰過最困難的一件事。
- 六十七%的女兒喪母後續情緒反應長達一年至五年，包括悲傷和哭泣。
- 八十六%的女兒表示，喪母之後她們人生中的優先事項有變。六十六%的女兒表示，她們的職業生涯在喪母之後一至五年做出改變。
- 四十%的女兒表示和兄弟姊妹變得較爲親近。二十五%的女兒表示和兄弟姊妹間的衝突更甚以往，這通常是發生在父母臨終時兄弟姊妹認爲彼此沒有幫忙的家庭，或兄弟姊妹之間的關係打從一開始就很緊張的家庭。
- 三十六%的女兒在喪母後與父親的關係更緊密，但有十八%的人說父女關係變得更火爆或疏遠。
- 七十五%的女兒認爲到了母親死時，死亡對她們的母親來講是一種解脫。
- 七十二%的女兒在喪母時並不覺得這件事不公平。
- 八十%的女兒相信她們有一天還會和媽媽重聚。

年齡層較輕的女性（相對於六十歲，較接近四十歲這一端者），以及母女關係較爲良好的女性，都比較難接受喪母的事實。情感上依舊依賴母親的女兒也較難適應。在演講和座談會的場合上，我見過許多在病榻前付出多年歲月照顧母親的女性，她們有時也因此沒有結婚或生小孩。對這些女兒來講，母親最終的死亡不止導致她們要重新調整日常生活習慣和責任，也抹煞了她們作爲照顧者的身分認同。

較年長的成年女兒喪母後面臨的壓力，和較爲年輕者面臨的壓力具有一樣的重要性，只不過兩者有所不同。由於成年的女兒很可能身兼更多角色，像是情人、妻子、媽媽、外婆、同事等等，對於她的身分認同和心理健康來講，她和母親的關係通常不是那麼舉足輕重的要素。然而，她母親也可能在她人生中占據更多角色，像是她小孩的外婆、她先生的岳母，以及她的成年閨密。對女兒的人生來講，這些都是重大的損失和必須哀悼的傷痛。

衛斯理學院針對女性所做的研究提醒我們，由於男性的平均壽命較短，女兒和母親的關係有可能是她人生中最長久的一段人際關係㉑。當這段關係被攔腰折斷，無論女兒幾歲，母親的死都會令人感受很深，都會令人迷惘惶惑。年紀再大，她依舊是她母親的小孩，喪母讓她覺得被遺棄，傷

⑳ Nager and De Vries, "Memorializing on the World Wide Web," 45.
㉑ Barnett, "Adult Daughters and their Mothers," 10.

心、憤怒都是常有的情緒。身兼記者和作家雙重身分的梅根．歐羅克（Meghan O'Rourke）三十二歲時，母親因大腸癌過世，她心酸地吐露道：「妳的整個人生都有這個人的存在，接著有一天，她不見了，再也不會回來了。妳實在沒辦法相信。」㉒

然而，成年女兒是以相對健全的人格和更為成熟的應對技能面對喪母。她的人格已經成形，哀悼期不是她的人格養成期。儘管在一開始的哀悼階段，她可能哭得很厲害，也可能嚴重否認或退縮，但她多少知道面對父母不在的事實是中年人的成長課題。在此時喪親，她對未來的想像不至於有那麼多的幻滅。在最健康的情況下，她將母親的正面特質內化，在自己身上將這些特質發揚光大，並將那些令她困擾的負面特質引為借鏡，以健全的人格繼續沒有母親的人生㉓。

瑪莎．A．羅賓斯（Martha A. Robbins）在《中年婦女與喪母》（*Midlife Women and Death of Mother*）一書中寫道：「母女之間最根本的紐帶可能變形、扭曲或有缺損，但永遠切不斷。」㉔終其一生，無母之女不斷協調她和母親之間的關係，並隨著眼光與看法的改變，試圖為每個重新建構起來的母親形象找到一席之地。

在童年、青春期或青年期喪母的女性，往往在到達中年以後的各個成熟階段時，又會因後續損失而哀悼起來，並渴望得到一位更成熟、更有經驗的女性的指引。五十三歲的卡洛琳在十一歲時喪母，她說：「成年以後，我一次又一次哀悼起喪母的損失。如果她還在，我就可以運用她傳授給我的女性知識，知道身為成年女性是怎麼一回事，知道更年期是怎麼一回事，而來到回顧人生、思考死亡的階段又是怎麼一回事。當然，我老媽不曾經歷這一切。她四十七歲過世，搞不好都還沒到更年期呢。我無從得知。但想想所有她『或許能夠』給我的女性智慧——我哀悼的是這些損失。」即使卡洛琳有過兩位慈愛的繼母和許多姊妹淘，這麼多年來，她所渴望的還是來自媽媽的經驗與知識。

母親和女兒的由來及性別有著直接的關連。無論我們覺得她們把爲人母親的工作做得多好，她們的離去都會在我們的生命中留下再也無法填滿的空缺。三十三歲的蘇珊三年前喪母，她說：「我母親過世時，好多人試圖安慰我說：『喔，妳還有爸爸。妳還有弟弟妹妹。妳有很棒的老公和小孩。』妳知道嗎？他們說的沒錯。他們說的完全正確。但我還是沒有媽媽。」

㉒ Meghan O'Rourke, "Story's End," *New Yorker*, March 7, 2011.
㉓ Evelyn Basso , *Mothers and Daughters: Loving and Letting Go* (New York: Plume-NAL, 1988), 224.
㉔ Martha A. Robbins, *Midlife Women and Death of Mother* (New York: Lang, 1990), 246.

3 因果關係：沒有哪條路是最好的路

我母親的死法是沒人想談的那種死法。她死得突然，死得戲劇化。她的死是突兀的走音，是驚心的一幕。擴散到全身的癌細胞讓她虛弱不堪，錯誤的希望令她備受打擊。她爬上救護車的擔架，躺在醫院急診室拉起來的布簾間啜泣，再也沒有坐起來的力氣。我抓著她的手，直到醫生趕來，我父親叫我去走道等。我靠著一排銀色的投幣式電話機，不可置信地盯著磁磚地板。我從沒看我媽那麼無助過，也從沒看過一個人的身體衰竭到這種地步。我對這樣的挫敗感到非常陌生。

然而，我所回溯的這一切盡是情緒，因爲首先湧上我心頭的總是情緒。具體的畫面比較難拿出來分享。癌症末期的景象令人揪心，身體已經完全不聽使喚，病人卻還在苟延殘喘。每一次看著躺在病床上的那個人，我都必須一再提醒自己：「那是妳媽。那是妳媽。那是妳媽。」十六個月的化療把她變成一個年齡不詳的女人，全身腫得像吹氣球，黑色鬈髮也幾乎掉光。當癌細胞擴散到肝臟，她的腹部腫得像身懷六甲。說來有種病態的諷刺，她斷氣時活像準備臨盆的孕婦。在她失去意識前幾小時，她失去了說話的能力。儘管我們試圖解讀她迫切發出的粗嘎噪音，卻始終聽不出來她想表達什麼。

我父親後來告訴我，她最後說的是「照顧好我的小孩」。就在陷入昏迷之際，她悄聲對我父親說了這句話。我很樂意相信她不知怎麼擠出了這句遺言。你一定聽說過，有人昏迷了幾星期，突然間睜開眼睛或伸手畫了個十字，甚至一骨碌坐起來，在瀕死瞬間吐出一個連貫的句子。所以，我假設任何情況都有可能。在最後的一刻，只要妳夠想要，什麼都能成眞。

但這句遺言是我父親的說法。事到如今，我們每個人都有自己的版本、自己的神話、自己對眞相的薄弱認識。我妹妹對某一刻的記憶是一回事，我記得的是另一回事。而我在高中時期的一位朋友，則提醒我一些我發誓不曾發生過的片段。究竟是事實或虛構，我永遠也不會知道。我唯一能相信的是我自己的版本，而在我的版本中，我母親沒有留下任何遺願，因爲她根本不知道自己快死了。

她告訴我的、我聽到的、我創造出來塡補空白的，七拼八湊組成一幅不協調的馬賽克，形成一條顚簸的路徑，這條路徑莫名其妙就通往一間半私密的病房。我知道一開始是一九七九年，一位過敏專科醫生在她左邊腋下發現一個腫塊。她去婦科做了檢查，醫生說：「沒什麼，何況妳才四十歲。六個月後再回來找我複檢吧。」六個月後，婦科醫生說腫塊的大小一模一樣，他告訴她：「如果沒有變大，那就不可能是癌症。只是囊腫而已，妳沒事。」兩個月後的一天下午，我們一起坐在廚房餐桌前，邊吃花生邊把殼丟到一個綠色的塑膠碗裡。她說爲了保險起見，或許還是該把那顆囊腫切除。但動手術很貴，那年我們家又有點拮据。再過了六個月或更久以後，她終於去找了一位不同的婦科醫生，這位醫生立刻送她去放射科做乳房攝影。放射科又送她去外科做活組織切片檢查。

結果外科醫生搖著頭，建議她換家醫院再檢查一次，只是確認一下。

她動完乳房切除術後，我坐在病床旁，她告訴我癌細胞已經擴散到一些淋巴結，但其餘部分都沒事，意思就是醫生已經把癌細胞清乾淨了。預防性的化療從接下來那星期開始。第一輪六個月的治療，她的反應很好，十一月的電腦斷層掃描結果呈現陰性。次年四月，她做完下一次的掃描，滿臉笑容地回到家說：「好消息。清潔溜溜。」五月，腫瘤科醫生爲她展開新的藥物治療，她告訴我那只是預防措施，因爲她的白血球數量有點低。

在我這個版本的故事中，我們都認爲癌症和化療只是暫時的不便，彷彿我媽的病是隨便一個訓練有素的水電工都能修好的小故障。當我發現她手裡握著第一把掉落的頭髮在浴室哭，我提醒她這些頭髮一年內就會長回來了。幫她買第一頂假髮的任務變成我們的一件趣事，我在店裡頂著一頭大波浪金色鬈髮走台步，我們一致同意我天生不是當金髮尤物的料。五月，她開始爲我織一件滑雪毛衣，預計在秋天她的治療結束時織好。要到她明顯變得很虛弱、肚子開始腫起來時，我才意識到情況可能很不妙。

我心裡納悶：確切是病到什麼程度，身體才跨越了還能運作和衰竭瀕死之間的界線？有沒有一個界線分明的時刻，或許就在那千分之一秒或十億分之一秒，健康細胞的數量驟然降到容許生命延續的標準之下？又或者，在正常與異常的分野間，有沒有某一個細胞是跨過界線的關鍵？之前沒有這顆細胞，要怪就怪這一個罪魁禍首？我母親彷彿是以風馳電掣的速度跨過了那條線。就我記憶所及，一天晚上，她還坐在單人沙發躺椅上看電視，不耐煩地晃著腳等她的肚子消下去。第二天早上，她就沒辦法下床了。

身爲猶太教徒，我父親以往每年都會開一張支票供教堂花費之用。一天下午，他抽出一小時去找拉比談話，留我一個人在家陪我母親。到了那時，她的臥房已挪到樓下，因爲地下二樓的空氣對她燥熱的皮膚來講比較涼爽。我扶她去上廁所時，她坐在馬桶上，遞給我一疊衛生紙，羞慚得不敢看我的眼睛，無法開口承認她連擦屁股的力氣都沒有。她一遍又一遍地說著：「很抱歉要妳做這種事。」我扶她回到床邊時，她一個踉蹌側身跌到床上，哭喊道：「現在就讓我死吧。如果必須這樣活，我寧可死掉。」

「不要說這種話。」我一邊把枕頭塞到她的頭底下，一邊命令她道：「妳不是認眞的，再也不准這麼說。」

我很確定自己當時不這麼覺得，但現在我知道那一個小時是我離地獄最近的時候——在一間黯淡無光的地下室，和臨終的母親坐在一起，冷氣在七月的熱浪下開到最大。周遭的一切都化爲兩種極端：生與死、冷與熱、瘋狂的希望和徹底的絕望。在那一個小時中的某一刻，我失去了兩種極端之間的平衡，而我要到很久很久以後才重新找回來。

早上，我母親一起床就吐黑色膽汁，我父親叫來救護車。我們已爲她做盡在家能做的一切。她在樓下翻來覆去睡不安枕時，我父親把我叫到客廳，坐下來告訴我說她快死了。「妳媽得去醫院，我想她不會回來了。」這就是我父親對我說的話。

我死命盯著他那張椅子的襯墊——藍色和綠色的變形蟲花紋漂在米色的大海上。當我頸部的肌肉收縮時，我簡直能感覺到纖毛的擺動。「怎麼會變這麼嚴重？」我依舊盯著那張椅子問道。

「我早就知道了。」他說：「打從去年春天的手術過後。」

「什麼?!」

「醫生從手術室出來，告訴我說他沒辦法清除所有的癌細胞。」我父親的嗓音有一種我不曾聽過的凝重。他接著說：「醫生只能重新把她縫起來，他說：『依我看，她頂多再活一年。』但我要怎麼告訴她或你們三個孩子？」

什麼?!我心裡暗自想著，但他從我眼裡看出指責的意味了。

救護人員的聲音從前門外頭的走道傳來。我父親一手按著額頭，一邊從椅子上起身一邊說：「我們很幸運。她比醫生預計的多活了四個月。」

幸運？一小時後，我站在急診室的布簾後，握著我母親的手，試圖把碎冰塞進她乾裂染血的雙唇間，心想：放眼望去，誰能指出這裡的幸運兒嗎？

我父親離開急診室去處理保險單時，再次留我一個人和我母親獨處。她躺在擔架上閉著眼睛哭，淚水從眼角滲出來。「我好害怕。」她低聲說道：「我好怕自己快死了。」她拽了拽我的手臂哀求道：「拜託，荷波，拜託妳跟我說我不會死。」

在兩人共處的最後時刻，女兒欠媽媽什麼呢？照她要求的做就等於要向她說謊，告訴她實話又意味著無視她的要求。我很難給出一個答案，也很難選擇要對哪一邊效忠。在雙親之間，我要站在我比較信任的人這邊，還是要站在之後會留在我身邊的人那邊？我的指甲在我的手掌上掐出半月形的印子。我一邊掐得自己很痛，一邊對媽媽耳語道：「我會在這裡陪妳。我不會丟下妳一個人。」就連在說這句話的當下，我都知道自己在迴避重點。在最關鍵的一刻，我讓她失望了——直到現在，我也無法完全克服這種感覺。

那天下午，親戚一個接一個來探病。我阿姨和我坐在醫院候診室的黑色塑膠皮椅上。我說：「眞是一場噩夢，一場醒不過來的噩夢，而且我周遭都是小丑。」我們說著各種亂七八糟的比喻，不管自己是不是顯得語無倫次。有太多東西來得太快。我母親才剛從病床上打電話給她的腫瘤科醫生。我幫她扶著話筒，她問他：「我這是怎麼了？」我看得出來，不管他對她說了什麼，反正都不是實話。就在那時，我明白到整件事是多大的謊言，從頭到尾有多少人都瞞著她。

第二天傍晚，她陷入昏迷。主治醫生把我們一家人聚集到走廊上，警告我們說她有可能昏迷個幾天或幾星期，甚至昏迷長達一個月。他說我們該試著準備了。一個月？我摀住嘴，把心裡的質疑吞回去，暗自想著：我們怎麼能這樣過一個月？或許我媽也有一樣的感覺。第二天凌晨兩點四十三分，她就斷氣了。我父親握著她的手，我和我妹睡在走廊盡頭的候診室長椅上。

我母親過世前一晚，我鑽到隔開病床的布簾另一邊，給隔壁病床的女病患看我們前一年春天拍的全家福。我說：「我想給妳看看她眞正的樣子。妳不要只記得她現在的樣子。」但就連在說這句話的當下，我都知道我是說給自己聽的。後來花了好幾年，我才能記起我母親病倒前的樣子。花了好幾年，我才能略過她面色發黃、昏迷不醒地躺在病床上的畫面，即使在此之前的印象延續了將近二十年，而最後的印象只延續了兩天。

每當有人問起我母親是怎麼死的，我都會說：「她得了乳癌。」這句話告訴旁人的是她的死因，告訴我的則是我還能看到我們在店裡買第一頂假髮的場景，我還能聽見她喜滋滋地說掃描結果一切正常的假消息，我還能感覺到她的手從病床上緊抓著我的手。我或許可以用短短五個字告訴你我母親是怎麼死的，但在這句話背後，千言萬語無以言喻。

我母親得癌症死的。我母親自殺死的。有一天，我母親就消失不見了。就文法而言，這些或許都是很簡單的句子，但這些句子訴說的故事一點兒也不簡單。徹夜未眠伴著疼痛不堪的母親、在廚房流理台上發現她的遺書，或聽到她意外身亡的具體細節，這些全都是我們永難忘懷的情景，除非我們完全不要去想。心理學家們同意，對孩子長期的適應狀況來講，父母的死因（連同孩子的發育階段，以及僅存的那位照顧者的適應能力）是一個決定性的要素。一如南・柏恩邦所言，家人的反應、外界提供的支持系統，以及孩子在實際喪親前面臨哪些壓力，這些都受到父母死因的影響。她說：「假設一名八歲女童的媽媽罹癌三年，病情反反覆覆。這意味著從她五歲起，她母親就接受過各種治療、生活在各種焦慮之下，並且必須設法維持親子之間的關係。在母親過世之前，這一切就已經對孩子造成一些衝擊了。所以，這和八歲女童的媽媽車禍身亡是不同的兩回事。不見得哪一種死因造成的心理創傷較重，但孩子的成長受到不同的影響。」

在一百四十九名知道母親死因的女性中，四十四%表示她們的母親死於癌症，十%死於心臟衰竭，十%死於意外事故，七%死於自殺。以下幾類死因則各占三%：肺炎、傳染病、分娩、墮胎或流產併發症，腎臟衰竭，以及腦出血。其餘死因則包括酒精中毒、服藥過量、動脈瘤、中風及手術併發症。五名女性表示她們不知道死因。①

在我帶領過的無母之女團體治療中，第一次療程總有一部分是用來談媽媽的死因。因慢性病喪母的女性總認爲與其目睹她長期受折磨，還不如快一點失去她。母親意外身故或猝死的女性則往往持不同意見，她們說只要能換來說再見的時間，要她們做什麼都願意。唯有互相傾聽彼此的故事之後，她們才會讓步說喪母沒有比較好的方式，正如一名二十六歲女性的說法：「只是掉進不同的地獄罷了。」每一種死因都令人心痛。每一種喪母的方式都讓我們納悶：是不是做了什麼就能防範這種事情發生？但由於不同的死因會激起我們不同的反應——自殺者遺族覺得憤怒，謀殺、恐怖攻擊和戰爭令人產生責怪的情緒，天災令人感到無助和恐懼，病重不治則令人絕望——母親喪命或離開的特定方式，影響著女兒後續的反應。

長年久病

幾年前，凱莉感染尿道發炎時，她很直率地告訴幫她診斷的婦科醫生說：「我不喜歡醫生。我不信任現代醫學。我不會配合吃藥。」但她沒有告訴醫生背後的原因。自從她母親十五年前因轉移性乳癌過世，現年三十歲的凱莉就把醫學專業和「化療」及「失敗」畫上等號。

① 無母之女問卷調查第五題（參見附錄一）。

我母親病了三年。在她過世前的夏天，她接受了巨量的放射藥劑，而我是唯一一個還住在家裡的小孩。我記得我陪她去醫院，一邊看著他們幫她準備做放射治療，一邊心想：「也太誇張了吧。」無庸置疑，我對醫生和醫療的觀感就是來自於那幾年，親眼目睹她全身插滿點滴管，基本上被當成一個插針包來用。她看起來活像個毒蟲，手臂布滿瘀青，到最後已經沒地方讓他們抽血了。我心想：「我才不要這樣。」

她過世前幾天，我在醫院聽到我父親和醫生的談話。他說：「免談。我們絕對不能讓她再動一次手術。」那天夜裡，我的情緒終於崩潰了。因爲我明白事情到了這個地步，能做的都做了，我們已經無法可想，剩下的就看她的身體還能撐多久。那次經驗讓我相信安樂死是人道的作法，也讓我很抗拒慘烈的最後急救措施，無論是用藥物或高科技設備。我牢記凱沃基安醫生[1]的名字，心想萬一我出了什麼事，第一個就要打電話給他。

除非病得很重，否則我看都不看醫生，而且我不愛吃任何一種藥物。在我染上尿道發炎時，醫生很能理解。她解釋說因爲病菌的關係，她沒辦法推薦任何有效的自然療法或順勢療法。我必須服用抗生素，而且劑量要吃足。我服用了兩天的量，然後就停藥了。我就是對任何扯上醫療的東西反感到極點。

如同凱莉，母親生重病的女兒通常一次面臨數種衝突：看著她們的親人身體惡化，感覺無助和憤怒，盡可能維持正常生活，每當有新的危機發生就要再重新適應。一口氣要應付這麼多難題，實在是令人應接不暇。十五年過後，凱莉已經克服了把青春期的掙扎歸咎於母親生病的罪惡感，但她還是不信任醫生，而且深怕自己也會罹患癌症。

雖然死亡本身才是最重的損失，但母親死於慢性病的孩子在整個漫長的過程中，通常也經歷了其他各種損失。隨著家人爲了生病的成員重整步調，之前的生活方式可能回不去了；來自父母一方或雙方的關注可能減少，使得孩子的某些需求無法獲得滿足；財務資源可能日漸耗損；女兒對母親的印象可能歷經數次改變。較爲年幼的女兒長大成人之後，可能只記得母親身爲病人的樣子，不記得有過和一個健康母親的親子關係。較年長的女兒可能心生怨尤，因爲她必須放棄同儕團體感興趣和關注的事情，多付出一點時間在家裡。隨著病情惡化，女兒可能要變成她母親的照顧者——被迫早熟、角色顚倒可能讓母女雙方都覺得氣憤和哀怨。

女兒也會對父母的力量感到幻滅。她的母親不再是家中的萬能偶像，不再具有爲孩子抵禦危險或傷害的神力。麥可欣・哈里斯解釋道：「當孩子目睹父母慢慢惡化，孩子看到的不只有日漸逼近的死亡，還有一個強大保護者的崩壞和毀滅。」

不管任何年齡的女兒，在家裡可能都沒有一個對象可以談她們的恐懼，因爲她們的父母和手足都被一樣的憂慮盤據。在女兒遭逢不順時，母親是她自然會去尋求的避風港。但如果媽媽自己的問

❶此指提倡安樂死的美國知名病理學家傑克・凱沃基安（Jack Kevorkian）。

題就煩不完了，她往往就無法爲女兒提供庇護。

對史黛西來講，身爲單親家庭的獨生女，她的處境格外煎熬。史黛西的父親在她九歲時過世，母親則在她十五歲時驗出有愛滋病毒。接下來四年，史黛西要照顧她母親，要上學，還要應付圍繞著愛滋病的污名和恥辱。以往母親是她最親密的戰友，這下子她沒了母親給她的情感依靠。「她還在世時，我就已經失去她了。」史黛西回憶道：「還記得有幾次，我生病了，我想到她的身邊去，只要躺在她身旁感受那份安慰就好。但我不能去找她，因爲我身上的病菌對她來講很危險。我不能去她身邊受她照顧，這一點讓我很傷心。我父親死得很突然，還記得我當時心想：『要是早知道就好了。早知道我就可以陪在他身邊。』輪到我媽的時候，整個過程很慢，我又想：這樣甚至更難受。」

多數心理治療師都同意，就短期而言，突然死亡較難適應，因爲家裡還瀰漫著震驚和難以置信的情緒，家人就必須做出重大的調整。預料之中的死亡則給家人慢慢準備的機會——前提是這件事能開誠佈公拿出來討論，而實際情況往往不然。三十二歲的莎曼珊十四歲時，母親在病了兩年後過世。她還記得她母親是如何幫五個孩子準備過沒有她的生活。「她知道自己快死了，所以她在她想得到的範圍內，爲我們做了一些她認爲很重要的準備。例如：『萬一我不在，這個家要怎麼運作？誰要打掃屋子？誰要煮飯？』」莎曼珊回憶道：「她用那段剩餘的時間，把我們聚在一起，教我們怎麼做這些事。她從沒說過『我現在要教你們煮飯』之類的，但她就從病床上指導我們怎麼做。我們每個人輪流做晚餐，每天她都會說明要怎麼煮當天的菜色。我們會在廚房和她的臥房之間跑來跑去，寫下食譜並跟她確認。所以，我們甚至是在不知情的情況下學會這一切。」母親過世之後，莎曼珊和她的四個兄弟姊妹照常打點家裡，不至於搞得天翻地覆。她說不管是小時候，還是後來長大成人，他們都因此建立起自信，覺得自己有應變的能力。

慢性病也讓家人有預先哀悼的時間。在母親過世之前，哀悼就已經開始了。當女兒得知媽媽的病會有什麼結果，她就有時間一點一點接受現實，一次打消一個希望和期待。

二十八歲的貝絲發現，在事前或許可以預先哀悼到某種程度，但很少人能事先就做完哀悼的功課。在她母親診斷出癌症時，貝絲二十四歲，有將近兩年的時間去適應她母親會死的事實。「我父親說，他在她生病時就爲她哀悼過了。」貝絲說：「但我不一樣。是啦，我母親快死的時候，我們都難過得哭了，但等到整件事塵埃落定，她再也不會回來了，我眞的整個人都崩潰了。」班傑明·加爾帛說這種反應很正常，他認爲即使有時間預作準備，除非眞的到了那一刻，否則你對死亡這件事不會有實感。「你可以對死亡有所預期，而且，比起非自然死亡帶來的即刻衝擊，面對預料中的死亡確實比較容易。」他解釋道：「但說到底，爲喪親做準備並不如實際喪親一般沉重。只要這個人還在你面前說說笑笑、哭哭鬧鬧，那他就還活著。就這麼簡單。」

如果妳的母親還能活蹦亂跳做事情，那麼確實就像加爾帛所言，妳不會有實感。但在許多疾病的末期，就算還有意識，病患也是痛苦不堪。在這樣的情況下，長時間的預先哀悼往往又摻雜著女兒的怨氣，因爲她的人生就這樣懸在那裡。對她來講甚至更困擾的是：她希望媽媽儘早解脫，但她不能把這種願望說出口。

「尤其是當病患已經病入膏肓之時，對想要出去追求個體的獨立、想和朋友們共度社交時光的青少年來說，就某種程度而言，病人的女兒只希望整件事可以結束。」阿琳・恩格蘭德說：「也就是說，她們希望媽媽死掉，因為她們想要回歸正常的生活。但接下來，她們又對自己竟有這種想法產生莫大的罪惡感。」

「身為女人，我們必須承認，在壓力大的時候，產生這種極端的想法是很正常的。」她說：「想要擁有健康、快樂、豐富的人生是非常人性化的原始渴望，看著妳愛的人活在痛苦之中、知道她自己也不享受這份生活，則是一種壓力大到無以復加的經驗。不止為了能讓她從痛苦中解脫，也為了讓我們盡可能繼續度日如常，我們不禁希望自己愛的人死了也罷。這純粹是人性，無關是非善惡。」

貝絲和她的妹妹賽西爾還記得，在母親生病的二十一個月期間，從頭到尾她們都很悲痛。至少是悲痛在心。在她們家，「癌症」被視為「死亡」的同義詞。確診之後，沒人提起這個字眼，也沒人討論過不良的預後狀況。即使這對姊妹看到母親健康惡化、知道註定會有什麼結果，在堅持表現出樂觀與希望的父母面前，她們還是設法藏起自己的恐懼。所以，這對姊妹會在前往父母家的車上哭，探病時強顏歡笑，接著又在回自己家的車上哭。她們認為，流露出悲痛的情緒只會為家人帶來更多困擾。

如今，賽西爾體認到那二十一個月對她造成的傷害。她的身體前傾，長及下巴的頭髮掃過她的臉頰。「我花了好久才學會再也不要那樣過日子。」她柔聲說道：「我很習慣表面上裝沒事、活在緊迫的高壓狀態之下、每當電話響起就一陣恐慌。家母過世早就超過一年了，但一直要到六個月前，一切感覺有點回到常軌了，我才有辦法開始哀悼。就在這時，我發覺自己真的很氣我媽，氣她從來不曾攤開來談，氣她逼我不得不演這場戲。對我來講，有了這層體認，一切都不一樣了。」她彈了一下手指，又說：「就像這樣，瞬間開竅了似的。但我花了超過一年，才迎來那一個瞬間。」目睹母親越來越衰弱的過程，可能就像經歷一場恆久的創傷。女兒持續處於無助、憤怒和恐懼之中。無休無止，沒完沒了。她可能在想要保護母親和怨恨母親的心情之間擺盪。在認同和排斥之間，一來一往的拉扯可能橫跨多年。

二十六歲的荷莉是三個孩子當中的老么，母親在她十二歲時診斷出卵巢癌，並在她十五歲時過世。在我們兩個半小時的訪談過程中，她只有一次差點哭了出來。當時她談到一件她說堪稱具有代表性的小插曲，那件事凸顯出她母親和不願鬆開魔爪的病魔之間的苦鬥，也凸顯出荷莉身為青少年什麼也不能做的無力。

我記得有一次，我媽做完化療回來。她是一個很堅強、很堅強的女人，看診完自己開車回家。我大概十四、十五歲吧，還沒有汽車駕照，所以她都自己開車往返。做完化療，她一直忍著身體的不適，直到順利回到家爲止。但她一進家門，外套都還沒脫，就一屁股坐到餐桌前，吐得自己全身都是。我就坐在那裡，那一刻眞的很嚇人。可怕極了。看得我心好痛。她的厚外套上都是嘔吐物，那一幕象徵著她的疾病，象徵著失控的一切。我覺得很受創、很無助。我替她覺得很害怕。在那一刻，我心裡湧起對她的愛，這份強烈的愛卻又混合著恐懼與無助。我想照顧她，就像在我生病時她照顧我一樣，但我做不到。

我曾在日記中寫道，如果我母親好起來了，我們之間可能會有一道裂痕，因爲她病了那麼久，對我來講是很大的創傷。我怎麼能原諒她害我們活在這樣的恐懼和痛苦底下？我怎麼能原諒她的退出和離去？現在我明白，如果她康復了，我們終究還是會感到莫大的慶幸與欣慰。但有好長一段時間，她的病對我造成很重的創傷，使得我認爲不可能再和她一起回到正常的生活。

化療回家的母親不是荷莉學習模仿了十二年的那個母親。在青少年眼中，這個新的母親顯得無助又軟弱。化療的副作用（噁心、嘔吐、掉髮、變瘦或發胖），乃至於愛滋病和其他退化性疾病的末期症狀，都能把曾經神采奕奕的母親變成讓女兒害怕或反感的人物。在一個女性外貌至上的文化中，生病的母親成了邊緣人，女兒連帶覺得自己格格不入和抬不起頭。

母親面對適應身體變化的能力，清楚傳達了有關疾病、壓力、女性特質和外在形象的訊息給女兒。舉例而言，對於掉髮適應良好的母親，便傳達了女人不由外貌來定義的訊息。但因此而鬱鬱寡歡、拒絕出門的母親，就傳達了以外貌爲恥的訊息。二十五歲的蓉妮十六歲時，母親在歷經四年的化療後不治。她說：「我總是向我母親的虛榮心看齊。小時候我就會玩她的化妝品，我很想看起來跟她一樣美。但當她的療程進行到一個她覺得自己很醜陋的地步，她就會看著鏡子說：『太可怕了，我簡直慘不忍睹。妳不討厭我嗎？』她不讓她的朋友來探病，因爲她不想讓人看到她不完美的樣子。」蓉妮形容自己是「去荒郊野外露營也要帶化妝品的那種女人」，她坦承說當她覺得自己心情不好、氣色不佳的時候，她也會把自己關在家裡。

耳濡目染之下，女兒如果吸收了母親對外貌變化的焦慮，在喪母之後，她就可能決心要打贏母親打輸的外在形象之戰。爲了控制她母親控制不了的身體，她就爲自己外在的完美設下嚴格的標準。每一根頭髮都要梳得一絲不苟，每一大卡的熱量都要計算清楚。只要稍有閃失，她就覺得自己離死亡近了一步。厭食症和暴食症之類的飲食失調症，都是出於這種控制需求的極端例子。但也有許多女性表示，她們對身體有其他偏執的地方，這些地方是她們評估自身健康的粗略標準。比方我一直以來都留長髮，我知道那是因爲我記得浴室裡的那一幕。在我母親開始大把大把掉頭髮的那天，我看到她在浴室裡哭，那驚恐的一幕銘刻在我的記憶裡。我知道這很不理性——讓她掉頭髮的是藥物，而不是癌症。但我就是莫名覺得：只要我的頭髮越豐厚，死亡離我就越遙遠。

擁有博士學位、於新墨西哥州聖塔菲執業的心理治療師安卓莉雅．坎貝爾（Andrea Campbell）經常爲喪母的女兒做諮商，她自己的母親則是在她十歲時乳癌過世。她說對她來講，體重變成安全感的來源。「我母親本來很胖，她總是很擔心自己的體重。但在她臨死前，她的體重只剩四十公斤左右。所以，每當我體重減輕，我就很怕自己快死了。有八年的時間，我的體重都至少過重四、五公斤。只要體重掉下來，我就會再把自己吃胖。我知道我是想讓自己有安全感。」

女兒的個人認同有賴於她承襲及拒絕母親某些特質的能力。如果她對母親最近、最強烈的記憶是一個病重的女人，這個建立個人認同的過程就會因此複雜化。「女兒不想跟母親一樣，因爲那代表壞事會發生在她身上。」娜歐密．茹思．羅文斯基說明道：「她會落入很悲慘的處境。她的頭髮會掉光。在她記憶中的母親不是她想成爲的女人。」

爲了將自己和母親的身體分開，從而確保她自身的存續，女兒便會有一股想和母親劃清界線的衝動。然而，完全將母親拒於門外的企圖，也一併排除了母親在過去的正面形象——那個曾經年輕、健康的母親，那個無憂無慮、不受制於醫院和藥物的母親，那個女兒可能想要成爲的女人。「無論她們的母親在世與否，我所見過的多數女性都在致力於她們和母親之間的內在關係，以及她們像母親般疼愛自己、照顧自己的能力。」羅文斯基博士說：「早年喪母的女性可能沒有這種管道，因爲她只見過生病的母親。她要做的一部分功課，就在於喚醒對健康母親的印象。如此一來，她才能將活生生的母女關係，應用在她疼愛自己、照顧自己的能力上。」爲此，女兒必須把焦點放在母親生病之前的歲月。看看母親在健康時拍的照片、聆聽母親的人生故事，都有助於我們認識她在我們出生之前的樣子，以及在我們最早的年歲裡與她共度的情景。

慢性病和喪母的模糊地帶

有一群人數雖少但值得注意的喪母女兒，是在母親罹患慢性退化疾病的家庭長大。她們的母親或者罹患了多發性硬化症、早發性失智症之類的疾病，或者長年在醫院或療養院裡靠維生系統存活。在這樣的情況下，母親無法落實爲人母親的職責，女兒則在喪母的模糊地帶掙扎。母親還活著，但卻沒有生活能力。她被視爲家中的成員，但卻無法以有意義的方式參與家庭事務。一旦母親是因生產而病倒或病情加劇，女兒往往會覺得自己害了母親，而對母親懷著歉疚。

在母親罹患多發性硬化症、身體狀況糟得無法照顧孩子之後，五十一歲的約瑟芬就由她的祖母和父親帶大。母親過世時，約瑟芬二十歲，但她自認從更早的年歲就沒有媽媽了。

我實際上不曾有過一個媽媽。她在懷我時罹患多發性硬化症。我是獨生女。她懷孕時動了腦部手術。他們沒查出病因。本來他們以爲是水腦症，但最後終於釐清是多發性硬化症。我出生時，她就癱瘓了，於是我父親請我奶奶住過來照顧我。我母親不斷進出醫院，直到我九歲爲止，接下來她就被送去長照機構了。她在那裡住到過世，也就是我二十歲的時候。我們以前每週末都去看她，但我所認識的她就是一個住院的女人。因爲我年紀太小了，我沒有任何她當母親照顧我的記憶。她可以說話，但總是臥病在床。我沒有什麼她扮演了母親角色的印象。

對女兒來講，長期住在療養機構或永久處於植物人狀態的母親，存在於生與死之間的荒原，既非一個有作用的母親，亦非一個已經不在了的母親。一旦死神眞的降臨，病危的過程和時間點通常不可預測②。套一位無母之女的話說：「即使我們都知道她終究會死，但當她眞的死了，我們還是

② Therese A. Rando, Clinical Dimensions of Anticipatory Mourning (Champaign, IL: Research Press, 2000), 481.

很震驚、很衝擊。我以爲自己有心理準備，但事發時我還是崩潰了。那時我才明白，不管希望有多渺茫，我還是抱著一線希望，覺得只要她還活著，就有可能神奇地好起來。」這位無母之女的青春期大半都是在母親昏迷的狀態下度過，她的母親因中風導致長期昏迷。

突然死亡

菲莉絲・希爾維曼說：「即使是在意料之中，死亡總讓人感覺來得很突然。」她強調道：「但當父親或母親無預警突然死了，一個家庭受到的衝擊再怎麼高估也不爲過。」③心肌梗塞、腦出血、意外事故、自殺、他殺、妊娠及分娩併發症、恐怖攻擊、天災、戰爭和其他形式的猝死④，都會置一個家庭於立即的危機當中。熬過這樣的喪親之痛眞是對人類意志的一大考驗。馬克・吐溫在一八九六年失去他的寶貝女兒蘇西，他寫道：「一個人在全無準備的狀況下，竟能接受這樣一個晴天霹靂的消息，而且還活得下去，這實在是令人費解的自然之謎。」⑤在得知消息的當下，人生瞬間風雲變色，快得任何人都無法優雅面對或應付自如。

緊接在親人死亡之後而來的震驚、混亂和難以置信，使得哀悼暫時停擺，直到家庭成員消化完現實狀況爲止。女兒本來以爲自己生活在一個安全的環境裡，備受父母呵護，一旦她的世界瞬間瓦解，在能夠拿出心力去接受母親的缺席之前，她必須先恢復信任感，重新建立起自己的信念⑥。唯有在充分的安全感和穩定感之下，我們覺得可以放鬆一些控制了，才有辦法開始哀悼。如果我們擔心後頭還有別的打擊，那就很難卸下心防好好哀悼。

二十六歲的唐娜還記得，在接到她母親自殺的消息後，她以時速七十英里駛過舊金山的街道，一路飆到醫院。「我在腎上腺素的刺激下直奔急診室。」她回憶道：「我哭不出來。除了『我是唐娜‧拜瑞，我爸在哪？』，我就說不出話來了。護士帶我進去，我看到我媽躺在那裡，嘴裡插著管子，臉上貼著膠布。我爸坐在她旁邊，抓著她的手哭。我轉身去捶護士。我急壞了。我還沒認清事實。要到幾個月後，我才認清她不會回來了。我知道我媽走了，但還是想著或許她會活過來。我一直夢到自己又跟她見面了。她過世後總有人問我：『妳還好嗎？』我會說：『我不想談。』他們就會說：『唐娜，妳必須面對事實。』」

在外人眼裡，唐娜一開始的表現可能很像在逃避，但正如泰瑞絲‧蘭道所言，這種對於突然死亡的立即反應，比較是出於難以置信的心情。「當某個人突然死了，妳來不及循序漸進打消妳的期待，妳來不及告訴自己：『嗯，明年聖誕節她不會在這裡。』或：『我走上紅毯的那一天，她不會在我身邊。』相反的，一下子什麼都沒了，妳的腦筋沒辦法轉得那麼快。妳對這世界的認知天翻地覆——在妳的認知裡，妳的世界也包括那個人的存在。尤其如果那個人是妳母親。她是我媽欸，她

---

③ Silverman, *Never Too Young to Know*, 84.

④ 當女兒不知道母親罹患慢性病，或當母親死得出乎意料（例如癌症緩和了，卻因心臟衰竭猝死），女兒的反應往往跟面臨母親猝死一樣。

⑤ 摘自 Moffat 所著 *In the Midst of Winter* 第六頁，原始出處為 *Autobiography of Mark Twain*。

⑥ Rando, *Treatment of Complicated Mourning*, 542.

怎麼可以不在？」

較之任何一種失去的形式，突然死亡更爲深刻地教導孩子人際關係是變動不定的，而且隨時都有可能結束。這層體認可能大大影響孩子剛萌芽的人格。四十四歲的卡菈說她到四十幾歲才結婚生子，因爲她從二十幾歲到三十幾歲都很怕跟人建立持久的依戀關係。她母親在她十二歲時自殺，三年後她父親也跟著自殺，她深深覺得自己遭到否定與遺棄，也因此很怕再次無預警失去心愛的人。她解釋道：「打從我父母過世之後，我始終活在每個轉角都有災難等著我的陰影底下，總覺得隨時會有可怕的事情在毫無準備與防範之下發生。」如今，卡菈不止事業有成，也已嫁做人婦，更是兩個孩子的母親。但礙於小時候的經驗，長大成人之後的她很難體會旁人想要留在她身邊的心意。

父母自殺身亡是孩子最難面對的一種死亡類型[7]。自殺者通常死得很突然、很意外，手段又往往很兇殘，就連明白罪魁禍首是精神疾病或憂鬱症的女兒，難免還是會把自殺視爲對她的一種厭棄。「父母自殺的行爲等於是在對孩子說『去你的』。」安卓莉雅．坎貝爾說明道：「其中隱含的訊息是『我沒辦法爲了你活下去。你不足以讓我活下去。你可能很痛苦，但我更痛苦。』」

母親自殺置女兒於複雜的情緒掙扎之中[8]。這些情緒可能包括強烈的憤怒、內疚和羞愧，自尊受到打擊，覺得自己沒用、失敗、做得不夠好，對緊密的人際關係產生恐懼，以及失去信任他人的能力，沒辦法相信這種事不會再次發生。研究發現，在喪親第二年，比起因意外事故或自然猝死而失去父母者，父母自殺身亡的青少年酒精和藥物濫用的比率較高[9]。心理治療師在年幼的孩子身上觀察到，課業表現不佳、飲食失調和睡眠障礙是典型的症狀；相形之下，年紀較大的孩子則較可能有藥物和酒精濫用、逃學、社交退縮或暴力行為等表現⑩。自殺遺族兒童也可能表現出其他的創傷後行為，像是在被問及父母死亡之事時有記憶扭曲的現象，認為自己會早逝，早期發展技能受阻，以及透過夢境、噩夢和遊戲重現自己所受的創傷⑪。由於自殺和父母既有的精神疾病之間的關聯，這些孩子在父母身亡之前，可能就已經暴露在高度混亂失序的家庭環境中⑫。而這一切都發生在一個無論遺族有多年幼，慣常將羞愧和罪惡感投射在遺族身上的文化背景中。

「等我搞懂我媽是自己弄死自己之後，每當聽到『自殺』兩個字，我就覺得很難堪。」二十一歲的珍妮佛在四歲時喪母，她回憶道：「我覺得小時候的我甚至不太清楚『自殺』是什麼意思，但每當有人提起這兩個字，我就感覺自己從脖子紅到臉頰。我總是很怕有人會轉過頭來對我說：『妳！媽媽自殺的人就是妳！』」

---

⑦出處同前，第523頁。

⑧出處同前，第524頁。

⑨David Brent 等人合撰之 "The Incidence and Course of Depression in Bereaved Youth 21 Months After the Loss of a Parent to Suicide, Accident, or Sudden Natural Death," *American Journal of Psychiatry* 166 (2009): 786–794.

⑩Karen Dunne-Maxim, Edward J. Dunne, and Marilyn J. Hauser, "When Children Are Suicide Survivors," in *Suicide and Its Aftermath*, ed. Edward J. Dunne, John L. McIntosh, and Karen Dunne-Maxim (New York: Norton, 1987), 243.

⑪出處同前，第234至240頁。

⑫Nadine M. Melhem 等人合撰之 "Antecedents and Sequelae of Sudden Parental Death in Offspring and Surviving Caregivers," *Archives of Pediatric Adolescent Medicine*, May 2008, 403–410.

心理學家艾伯特・凱恩（Albert Cain）和艾琳・菲斯特（Irene Fast）是最早研究父母自殺現象的兩位先驅。他們調查了四十五名介於四歲至十四歲在父母自殺後接受心理治療的兒童，發現罪惡感是普遍存在的反應，「我為什麼救不了她？」、「是我害她那麼絕望的嗎？」是孩子常有的問題。他們也發現，僅存的那位父母很少會和孩子談論自殺，有些父母更是絕口不提。在凱恩和菲斯特研究的個案中，有四分之一的孩童親眼目睹了自殺過程的某些片段，但大人告訴他們的卻是另一回事——父母自殺之所以會摧毀孩子基本的信任感，這又是另一個原因所在⑬。

凱恩和菲斯特也發現，遺族兒童到了青春期或成年期，偶爾會有對亡父或亡母認同到模仿自殺行為的地步。在某些案例中，兩者間有著驚人的相似。例如十八歲少女仿效她母親多年前的做法，夜裡獨自到同一片海灘跳海自盡。位於巴爾的摩的瓊斯・霍普金斯兒童醫療中心分析了橫跨三十五年、超過五十萬筆兒童的資料，研究人員發現，比起因其他死亡形式喪父或喪母的孩子，自殺遺族兒童和青少年本身更有可能企圖自殺⑭。然而，遺族青年則未顯示出相同的傾向。各項研究結果一貫顯示，自殺行為似乎會集中在同一個家庭之中⑮。珍妮佛就凝重地表示，在一個不曾公開談論母親之死的家庭裡，她和她的一個姊姊都曾在青春期自殺未遂。珍妮佛解釋道，在成為大學新鮮人之後，當她覺得孤單、憂鬱，自殺似乎是個一了百了的辦法。

女兒也可能有別種與母親自殺有關的個別症狀⑯。二十五歲的瑪姬描述了在她七歲時發生的混亂景象。一天半夜，她被外婆的尖叫聲驚醒，並得知外婆剛在車庫發現她母親的屍體。「剩下的童年時光，我印象最深刻的就是那份在夜裡襲來的恐懼。我會全身僵硬地躺在床上，怕得不得了。」

她回憶道：「我想，那份恐懼之所以在夜裡湧現，一方面因爲這時我顯然是孤單一人，另方面也因爲我母親在夜裡自殺身亡。我大半輩子都有失眠的問題，近來我才把這兩件事串在一起。」

自殺、他殺和意外事故的殘暴與血腥很可能盤據女兒的腦海，甚至侵入她的夢境，而且在想像中常會冒出一些比眞實情況更恐怖的成分⑰。

親眼目睹母親喪命或人在死亡現場的孩子，除了喪母之痛以外又有另一層痛苦。在有意識的層面上，三十九歲的詹妮對於奪去母親性命的車禍沒有記憶，即使二十一個月大的她就坐在後座。「但到我離家上大學之後，我開始夢見那場車禍。」她說：「我還是不知道那些畫面是眞實的或只是我的想像。我知道其中有某些虛構的成分，但我想我之所以會做那些夢，是因爲我設法要重新經歷這件事、重新想起這件事，然後爲這件事畫下休止符。我會夢見自己坐在前座，有喘不過氣的感覺，眼前會看到紅色的斑點。我會想像我母親用她的身體保護我，這就是我覺得喘不過氣的原因。

---

⑬ Albert C. Cain and Irene Fast, "Children's Disturbed Reactions to Parent Suicide: Distortions of Guilt, Communication, and Identification," in *Survivors of Suicide*, ed. Albert C. Cain (Springfield, IL: Thomas, 1972), 93–111.

⑭ Holly Wilcox等人合撰之"Psychiatric Morbidity, Violent Crime, and Suicide Among Children and Adolescents Exposed to Parental Death," *Journal of the American Academy*, May 2010.

⑮ David A. Brent and Nadine Melhem, "Familial Transmission of Suicidal Behavior," *Psychiatric Clinics of North America*, June 2008, 158.

⑯ 出處同前，第106至107頁。

⑰ Rando, Treatment of Complicated Mourning, 512.

當然，實際情況並非如此，但我想要得到她的保護。接著，在清醒的時刻裡，每當聽到警報器或看到警示燈，我就會怕得發抖。我想那是我的潛意識在說：『這件事值得妳的關注。』」

詹妮的反應有可能是延遲性創傷後壓力症候群，意外事故的倖存者常受到此種症候群的困擾。醫學博士蓮諾．泰爾（Lenore Terr）是一位童年創傷專家，她調查了一九七六年加州喬奇拉市校車綁架案的二十六名學童，並從他們身上辨認出下列心靈受創的痕跡：恐懼、憤怒、否認、羞愧、內疚、對事發時和記憶中的事件有錯誤的解讀、感覺看不到未來，以及反覆出現的夢境。她發現在這些學童當中，許多人的創傷後恐懼都和該起綁架案的特定細節有關，例如害怕廂型車（如同歹徒所駕駛的車款）和校車（如同被劫持的那輛校車），也害怕一些讓他們聯想到創傷當下的動作，例如路上車速慢了下來。她發現這些恐懼有某部分直到孩子長大成人都揮之不去[18]。心理學家露拉．瑞德蒙德（Lula Redmond）在數百名因凶殺案喪親的家庭成員身上，也觀察到類似的特徵。即使並未目睹凶殺過程，在案發過後，孩童和成年人還是會有做噩夢、腦海中突然閃過驚悚畫面、飲食和睡眠障礙、害怕陌生人、焦躁易怒和突然抓狂的現象，有些症狀持續長達五年之久[19]。

在凶殺案件過後，倖存者的心裡往往會浮現責怪、憤怒、恐懼的情緒，以及對復仇的幻想。身爲一個孩子，她的情緒反應之強烈可能嚇到自己，使得她懷疑起自己情緒的穩定和神智的正常。孩子若是目睹凶案過程或知道凶手是誰，後續的情緒反應就又更複雜了。在二〇〇七年的女性凶殺案件中，有六十四%的受害者是被家人或親密伴侶殺害，四十五%的受害者是被丈夫、前夫、男友或女友殺害。這些女性受害者的孩子往往同時失去雙親：一個死了，另一個被逮捕或坐牢去了。由於殺人有時是臨時起意，而且總是非常暴力，遺留下來的孩子就會格外覺得脆弱與無助。父母因此種方式喪命的孩子，後續可能需要盡量爲自己搜集該起凶殺案件的資訊，即使具體細節可能很可怕。爲了讓自己的世界恢復秩序、受到控制和找回正義，孩子需要設法找出這件事的意義所在和責任歸屬。

二十二歲的蘿拉十九歲時，母親遭到前男友的跟蹤和射殺。第二年開庭審理時，蘿拉決定要出席。

> 我很努力要待完整個審判程序，但我只撐了三天。律師表示我可以在他們呈上照片和物證時離席，但我說：「不，我想看一看。」我不相信她死了。我要眼見爲憑……
>
> 殺了她的傢伙叫馬克，他獲判最長的刑期，要吃二十五年的牢飯。我坐在那裡，心想：「王八蛋，我就在這裡看著你。」當我這麼想的時候，看著他的不只是我，而是我和我媽。感覺就像我媽附身到我身上，跟我一起坐在那裡。又或者我假裝自己是她，她的能量傳遞到我身上。那時我還沒有自己的憤怒，但我有她的憤怒，所以我假裝自己是她。我坐在法庭後

---

⑱ Lenore Terr, *Too Scared to Cry* (New York: Basic, 1990), 44–45.

⑲ 摘自 Rando, *Treatment of Complicated Mourning*, 536–537，原始出處為 Lula Redmond, *Surviving: When Someone You Love Was Murdered* (Clearwater, FL: Psychological Consultation and Education Services, 1989)。

面，像我媽生氣時那樣絞著雙手。

透過這種認同母親的方式，蘿拉感受到一些強烈的情緒。如今她剛開始藉由心理諮商處理這些情緒。這種延遲或拖了很久的悲傷反應，常出現在因凶案喪母的孩子身上。奧勒岡州波特蘭市道奇喪親兒童諮詢中心的心理師發現，親人遭到殺害的孩子常說他們的感覺因為案情不明而「懸置」，直到調查或審判結束，或直到震撼力開始減弱為止⑳。凶案過後一般都會有警察、記者、律師和法官參與其中，基於偵查不公開，與案情有關的資訊在審理前可能必須保密。許多時候，即使細節公開了，大人也不會告訴孩子發生了什麼事，孩子只能自己拼湊來龍去脈。

更有甚者，凶殺案、恐怖攻擊和自然災害都會將一家人私底下的悲傷暴露在公眾面前。對孩子的復原來講，大眾的關注可能既是助力也是阻力。最顯著的例子或許是二〇〇一年九一一事件中三千名十八歲以下的喪親兒童（其中有三百四十人失去母親），以及在一九九五年奧克拉荷馬市聯邦大樓爆炸案中喪親的兩百多名兒童㉑。一開始鋪天蓋地的新聞報導和舉國哀悼，或許能為孩子帶來一種萬眾一心和備受認同的感覺，但當鏡頭不再對準他們，全國上下都繼續去過自己的日子，獨自承受悲痛的感覺可能加倍強烈。

旨在追悼死者的週年紀念活動，往往重新勾起遺族的悲痛情緒。對所謂的「九一一孤兒」而言，每年的九月十一日就又要掀起一波漣漪——電視特別節目、課堂上的專題討論、報章雜誌的照片，再再提醒著他們的父母死得多慘烈。哀悼的一個重要目標，就在於讓孩子能將有關父母的美好回憶和死亡的悲劇分開，一年一度的媒體熱潮卻可能對此造成妨礙。

因自殺、他殺、恐怖攻擊和自然災害失去父母的孩子，面臨了走出「重大事故喪親創傷」的艱鉅任務，受到「創傷」和「喪親」破壞力強大的雙重考驗。當死亡來得很突然、很意外，當死亡涉及暴力、傷殘或毀滅，當死亡具有可以預測和/或隨機的性質，當死亡涉及集體或數量驚人的死者，這些狀況都可能導致所謂的重大事故喪親創傷。泰瑞絲．蘭道解釋道，遺族必須同時處理「創傷後壓力」和「喪親」的雙重難題，這是一種一加一遠大於二的經驗㉒。

另方面，九一一攻擊之後，全國對於重大事故喪親創傷的關注，也開啓了社會上的相關對話，從而讓某些喪母的女兒第一次有了公開談論內心傷痛的管道。三十七歲的碧兒翠絲十一歲時，母親在一場民航機空難中喪命。身爲一名哀悼者，她總覺得自己很邊緣，因爲她母親的死法是很戲劇化的罕見案例。九一一事件後不久，她在火車站和一群通勤族站在一起，談論這起攻擊有多恐怖。「我對某個人說：『有個陌生人把我媽的車從機場開回家，我還記得自己看到那一幕的感覺。就是在那個當下，我意識到她再也不會回來了。』」她回憶道：「以前我一直都沒辦法跟人提起這件事，九一一事件讓我的經驗變得稍微正常一點，我母親的死不再是那麼稀奇古怪的一件事。」

---

⑳ *After a Murder* (Portland, OR: Dougy Center for Grieving Children, 2002), 17.
㉑ Elliot, "Growing Up Grieving, with Constant Reminders of 9/11," B6.
㉒ Rando, Clinical Dimensions of Anticipatory Mourning, 171–173.

因各種事出突然的死法而喪母的女兒，常認爲只要她在媽媽身邊、只要她拖延媽媽一下、只要她及時向媽媽道歉，就可以預防悲劇的發生。在這些前因後果捉摸不定的偶發事件中，女兒可能會把自己想像成因果關係中的關鍵人物。在萊絲莉・皮特茲克（Leslie Pietrzyk）的小說《一年零一天》（*A Year and a Day*）中，母親自殺身亡的十五歲主述者愛麗絲納悶道：「我爲什麼沒聽到她走下樓梯呢？上床睡覺前我爲什麼沒親親她呢？那天夜裡我甚至沒做噩夢，也沒起床喝水。我爬上床倒頭就睡，一覺到天亮，像是第二天早晨一切都還會一模一樣。媽媽爲什麼沒來我房間叫醒我呢？我可以跟她說說話。或許只要一個字就足以挽回她。」㉓

這種現象普遍到被稱之爲「要是」症候群。「在我媽走出家門前，要是我多問她一個問題，她就不會在那一秒穿越十字路口了」之類的想法，讓女兒可以怪罪到自己身上，並將秩序感和控制感加諸在這個無法預測的世界上。

十四歲的一天早上，席拉發現她母親心肌梗塞死在床上。她說她花了十多年，歷經好幾個長大成熟的階段，才終於不再爲媽媽的死自責。

長久以來一直糾纏著我的一個想法，就是我到得太晚了。「我本來救得了她」的感覺，主要來自於我發現她躺在床上的那一刻。我總覺得要是我早一點到，她就還會活在這世上。

高中時，一口氣連著幾個月，我都不准自己去想這件事。後來上了大學，在變態心理學的教科書上，我讀到一份可能導致心臟問題的壓力相關症狀列表，發現我媽就有其中的許多症狀。於是我又覺得，十四歲時的我應該要看得到這些警訊並救她一命。接著我開始執著於她生前的最後時刻。我弟弟是最後一個看到她活著的人，我心想如果換成是我，我會察覺到她不對勁，我們就可以及時送她去看醫生。

現在，我還是有很多的憤怒，也還是有媽媽丟下我走了的遺棄感和失落感，但我沒有那麼多的自責了。我接受事情就是這個樣子，我們已經盡了人事，即使人力不足以回天。我是在開始了解我的父親和繼母時有了這層領悟的。即使他們對我來講不是最好的父母，但他們盡力了。我現在眞的比以前更相信他們盡力了，這麼想爲我帶來很大的不同。伴隨而來的領悟就是：身爲一個孩子，我盡力了。一旦接受了自己的無能爲力，我就能更進一步對自己說：我沒辦法阻止我母親的死。她的死不是我造成的，我也沒辦法讓她不要死。我向來都很清楚不是我殺了她，但我總認爲自己應該阻止這件事發生。到了二十五歲左右，我終於明白這件事不在我的力量所能掌控的範圍內。

有許多母親突然死亡的女兒都說，在這個經驗的帶領下，她們有了一層新的領悟。她們學到生命隨時可能結束，於是下定決心要懷著感恩的心情，珍惜每一個當下的美好。在和先生、小孩分開之前，她們提醒自己一定要說「我愛你」，以防他們再也見不到面。至於如何賦予喪母這件事一個

㉓ Leslie Pietrzyk, *A Year and a Day* (New York: William Morrow, 2004), 166.

意義，有些女性選擇把它視爲人生旅途中必經的步驟。二十五歲的海瑟十四歲時，母親遭到殺害，她解釋道：

我不知道自己在十四歲時怎麼會有那種智慧，但我記得自己對一些朋友說：「我不想變成一個悲慘、憤怒的人。經過這件事，我想變成一個更強大的人。」我就抱著這個希望度過高中和大學，努力要從悲劇中浴火重生。而且，到頭來，我覺得那是一件好事。近年來我發現，因爲我努力要當一個堅強的人，所以我跳過了很多的憤怒與自責。有一些我漏掉的哀悼階段必須之後再來補足。但我很自豪自己挺過來了，而且我認爲是那一切讓我能夠成爲一個更好的人。

像海瑟這樣的女兒，有可能經歷到心理學家所謂的「創傷後成長」。在心理創傷研究界，這是一個相對較新的領域，它的定義是「與極具挑戰性的人生危機掙扎搏鬥下產生正面改變的經驗」，這些挑戰包括喪親、生病、暴力事件或肢體障礙等等㉔。關鍵在於「掙扎搏鬥」四個字——成長不是創傷的直接結果，人要成長也不一定要經過創傷，但個體在危機過後，歷經個人世界觀改變的掙扎搏鬥，成功度過難關，便可能讓她產生新的自我認識與人生目標，從而獲得成長。神經學家及精神病學家維克多．弗蘭克（Viktor E. Frankl）寫有《活出意義來》（*Man's Search for Meaning*）這本探究人類超越痛苦之能力的劃時代著作，誠如他在書中提醒我們的，當我們發現自己的處境無法改變，我們就面臨了反過來改變自己的挑戰㉕。然而，來自創傷的成長，在青少年和年輕成人身上可能比在兒童身上普遍，因爲在改變世界觀之前，必須先有已經建立起來的核心觀念存在㉖。

遺棄

遺棄女兒的母親丟下一連串的問題給女兒：她是誰？她是一個什麼樣的人？她人在哪裡？爲什麼離開？如同母親過世的女兒，被遺棄的女兒懷著一股失落感而活，但她還有另一層掙扎，因爲她知道她母親還活著，但卻不能接近她或聯絡她。死亡是一個了結，遺棄則沒有一個了結㉗。

母親選擇離開或無能負起母親的職責，女兒可能會覺得自己像是情感上的次等公民，隸屬於遭到政府忽略的社會階層，需求得不到照顧。結果往往導致她比喪母的女兒產生更深的自我貶低和無價值感。

「不管再怎麼辛苦，因死亡而失去父母並不代表孩子遭到厭棄。」吉娜．蜜拉特（Gina Mireault）博士是佛蒙特州強森鎭上強森州立大學的心理學副教授，她本身在三歲時喪母。她說：

㉔ Richard G. Tedeschi and Lawrence G. Calhoun, "Posttraumatic Growth: Conceptual Foundation and Empirical Evidence," *Psychological Inquiry* 15 (2004): 1.

㉕ Viktor Frankl, *Man's Search for Meaning* (Boston: Beacon, 2006), 112.

㉖ 出處同前，第4頁。

㉗ Mishne, "Parental Abandonment," 15.

「比起母親過世了的女兒，母親棄她而去的女兒有更大的心理風險。因爲如果妳母親死了，妳總還能對自己說：『她也不想離開，不是她選擇要死的，那是她無法控制的疾病或事故。』但父母自主選擇離開的孩子，則背負著『我究竟做錯什麼？一定是我不夠乖，我不得人疼，我一定讓她很痛苦，她才會受不了離開我』的心理包袱，而這是一顆更難吞下的苦果。」

無論母親是在實際上或精神上離開，結果都勢必對女兒的自尊造成打擊。在〈棄養：喪親與自尊受損的一種獨特形式〉（Parental Abandonment: A Unique Form of Loss and Narcissistic Injury）一文中，朱笛絲・米希尼說明道，遭到遺棄的孩子可能會有缺乏同理心、憂鬱症、空虛感、行爲偏差、成癮症、失控暴怒、說謊成性、慮病妄想症和自我膨脹等問題。她說，這些孩子往往有哀悼的困難，因爲他們難以捨棄心目中那個理想化的母親形象，他們希望那個母親有朝一日會回來，無論是在實際上或在精神上㉘。

母親的離棄留給女兒憤怒、怨恨和傷心的感受。在情感上，她也受到被人放棄、被人拋開、被人丟下或被人遺漏的創傷。「她爲什麼離開？」的大哉問，總包含著「我」這個原因。

分隔兩地

三十三歲的亞曼達還記得她以前是怎麼坐在路邊，扯著自己的頭髮，想著她母親人在哪裡，還有她會不會回來。亞曼達三歲時，母親失去她的監護權，接著就人間蒸發了。在亞曼達的記憶裡，她整個童年都充滿對母親的渴望。「我眞的好想要有一個媽咪。」她說：「我最愛的一本書是

P．D．伊士曼（P. D. Eastman）的《妳是我媽嗎？》（*Are You My Mother?*），鳥寶寶跟鳥媽媽分開了，牠去問各式各樣的動物和物品說：『妳是我媽嗎？』我讀這本書讀得很入迷。結局是鳥寶寶找到鳥媽媽了，但我對尋親的過程更感興趣，甚至不關心結局怎麼樣。失去媽媽的感覺對我來講是那麼眞實。」

被遺棄的女兒可能一方面幻想著母女重聚，滿心渴望彌補失去的時光，一方面又害怕二度遭拒。到了青春期或成年以後，母親沒消沒息也可能使她無法採取尋親的行動。「她現在會想要我的吧」摻雜著「可是她那時候不要我啊」的念頭。而且，女兒在沒有媽媽的窘境中長大，僅能憑破碎的記憶、理想化的形象，以及從親友口中得來的寶貴資訊，拼湊自己身爲女性的身分認同。

當母親拋棄了孩子，或坐牢，女兒可能因爲家人羞於啓齒，或這是家人的一個痛處，而無法問出過去的一些細節。艾芙琳．巴索指出，如果雙親婚姻不睦，比起父親失去太太，女兒失去媽媽所受的打擊會更嚴重。太太離開了，父親可能不是很在乎；想找他幫忙妳多認識媽媽，也可能得不到答案。亞曼達的父親偶爾會證實她幼年的記憶，但他不願告訴她更多事情。「每當我鼓起勇氣去問他，他就會跟我鬼扯，像是：『這個嘛……亞曼達，妳媽是地獄天使幫❷的成員，我之所以知道這件事，是因爲她有一件地獄天使幫的皮夾克。妳知道要怎麼得到這種夾克嗎？』我說：『爸，我不

㉘出處同前，第15至32頁。

❷Hell's Angels，美國違法幫派組織。

知道。』他就告訴我說，妳要在撞球台上和十三個幫派成員做愛，才能得到這件夾克。這在我心裡留下久久不散的噁心印象。我爸那時可能被我問煩了吧。他只想深深埋葬跟我媽有關的回憶。但一直以來，我還是會在腦海裡和我媽有一些對話。有時候，聽到某一首歌，我的直覺就會告訴我：媽媽喜歡這首歌。妳懂嗎？我不知道怎麼形容，但我知道我們之間的連結不曾完全切斷過。」

生母若是自己選擇離開孩子的，或她是明知故犯，破壞了自己留在女兒身邊的機會，那麼在被拋棄的女兒幻想中的母親，恐怕並不符合她眞實的樣貌。沒有一個眞實的母親持續留在身邊，女兒無從據以檢視她幻想中的母親，並隨之調整她的期望，在她心目中往往就會形成一個超級理想化的版本。女兒抱緊這個「好媽媽」的形象，因爲她怕承認那個「壞媽媽」會讓自己陷入憤怒與痛苦。直到她兩者都能接受、放下極端的想像爲止，她都沒辦法眞正哀悼或接受她的損失。

現年四十三歲的琳達說，到她二十幾歲時，認清她所期待的母女重聚不可能發生之後，她才終於放下那個理想化的母親形象。和亞曼達不同，琳達的童年和母親一直偶有聯絡。她母親在她一歲時離婚，後來她就跟外公、外婆一起生活，每隔週的週末輪流見父母。她母親在她五歲時再婚，搬到離她七百英里遠的地方去住。她沒有把琳達一起帶過去，而是每年買一張機票讓琳達去找她。「就我所知，我母親一直都有我的監護權。」琳達說：「但我母親向來和我外婆處不來，我母親說她是很想把我帶在身邊，但外婆威脅說她敢把我帶走就要告上法庭。我母親說她不想讓我落入監護權爭奪戰，但在我看來，她的說法很荒謬。誰會因爲怕被自己的媽媽告就丟下自己的小孩？就算她說的是眞的，在我看來也不是一個合理的解釋。」

外婆在琳達十一歲時過世，之後琳達搬去跟她的父親和繼母同住。生母則在第二段婚姻中又生了三個孩子，自始至終她都不曾試圖爭取琳達。九年後，身為一個獨立自主的成年人，琳達很氣自己童年一再遭到遺棄。她寫了一封信給她的生母，傾訴內心的痛苦。她不曾收到任何回音。在她的心情從訝異轉為憤慨之後，她就發誓再也不和她母親聯絡。琳達說，儘管這個最終的遺棄對她來講很難接受，但她並不後悔自己的決定。如今，她是一位活躍的藝術家，擁有幸福美滿的第二段婚姻，也是一個六歲男孩的媽媽。她表面上不帶怨悔地說：「以我的人生際遇而言，我想一切都得到了最好的結果。」但她也說，成年以後的人生，她每天都要努力克服被人遺棄的恐懼，這份深深的恐懼恆常提醒著她早年的傷痛。

情感疏離

酗酒、吸毒、精神疾病和童年虐待，都可能導致母親無能回應孩子的需求。《做不成朋友的母女》（*When You and Your Mother Can't Be Friends*）作者維多莉亞．席康達（Victoria Secunda）以「失聲的母愛」[29]來形容這種狀態。母親人在孩子身邊，但卻沒有實質的情感；她就像是引擎蓋底下空空如也的車輛。儘管如此，女兒還是不斷轉動車鑰匙，希望只要她做對了，說不定這次就能發動引擎。

「這些類型的遺棄問題更令孩子混亂。」安卓莉雅．坎貝爾說：「母親精神上不在身邊的孩子，甚至比母親過世的孩子更強烈地覺得『我不配有她陪在我身邊。我一定做了什麼很壞的事情。

媽媽不值得為我留下來。如果我討人喜歡，她就會留下來了。』」

三十七歲的喬瑟琳還記得，五歲時她以為母親的精神疾病都是她的錯。從五歲到八歲之間，喬瑟琳跟她外婆一起住，她母親則住在療養院。她一再要求想見媽媽、想回家，但都沒人理她。「最後我就自己推斷說我媽不愛我，不然她就會來接我。我對我爸也是一樣的感覺，因為他也不帶我回家。」喬瑟琳回憶道：「所以，從很小的時候起，我就覺得只能靠自己。」她說在她成年後的人生中，這種信念是一個決定性的因素。儘管她的語氣冷靜又沉著，但她的憤怒很明顯。「是，我媽是還在世。但總歸一句話，我就是不能依靠她。這件事我眞的覺得很怨、很苦，因為我從來沒有一個可以依靠的人，我知道我隨時隨地都必須自己照顧自己。現在，我有一種我不需要任何人、凡事靠自己就可以了的心態。」

喬瑟琳說，她必須放棄希望，不再妄想她母親有朝一日會改變，變成她一直以來需要的那個母親。如同艾芙琳．巴索在《母與女：愛與放手》（*Mothers and Daughters: Loving and Letting Go*）一書中所言，遭到遺棄的女兒在療傷過程中很重要的一步，就是承認她的母親並未以恰當的方式去愛她，或她母親根本就不愛她。

因為要承認媽媽不愛妳實在太痛了，許多被剝奪了母愛的女性就很抗拒這項事實。即使她們的母親持續殘害她們，她們也不會棄母親於不顧。相反的，她們堅持當一個戀戀不捨的癡心女兒，始終不渝地等待著母親的肯定和認同，即使永遠等不到。或者，就算和無愛的母親拉開距離，她們也會在目前的人生處境中複製早年她和母親的關係。

舉例而言，有些人可能會不自覺地選擇對她們很冷淡的情人或丈夫，因爲這就跟她們從母親身上得到的回應一樣。透過設法軟化這些男人的心、贏得他們的愛，她們等於是在間接祈求母愛。

二十九歲的凱倫說她就是這樣。十四歲時，凱倫爲了逃避她母親的酒癮而離家。在她離家的過程中和離開之後，她母親都保持一貫的冷漠。但在接下來的六年間，凱倫還是一直期待母親會歡迎她回家。

> 就在我滿十三歲時，我不知道確切的病名，但我想就是在那個時候，我母親整個精神狀況都不對了。一夜之間，她就徹底把我拒於她的人生之外。她竭盡所能對我築起心牆，不想和我有任何瓜葛。第一次發生這種情況一年後，我崩潰到試圖自殺的地步，於是我在精神科醫生的建議下離開家裡了。但打從我離家到她六年後過世爲止，我總希望有什麼辦法能讓我們破鏡重圓。那些年我一直在等她說：「凱倫，對不起。」但我一直沒等到。這就是爲什

㉙ Victoria Secunda, *When You and Your Mother Can't Be Friends* (New York: Delta, 1991), 145.

麼我有二度失去她的感覺。她過世那天，我心想：「現在全完了。我再也別想得到她的認可了。」

自從喪母之後，凱倫一直在找尋那份她不曾得到的認可。她說，在情人、朋友和同事之間，她是出了名的「人人好」。身爲成年人，她用這種方式贏得身爲女兒不曾得到的關注和讚美。情感疏離的母親過世之後，女兒哀悼的往往不只是她所失去的東西，還有她本來可能得到的東西——雖然她不曾得到，但或許有朝一日在不同的情況下，可以從媽媽身上得到的東西。

艾芙琳．巴索博士說，許多女性爲缺乏的母愛找到了彌補的方式。「感受和訴說那份痛苦成了一帖療傷的良藥。那份痛苦包括身爲一個不被愛的孩子是多麼屈辱，面對一個冷冰冰的母親又是多麼氣憤，還有既擔心自己會變得像她一樣，又怕自己因爲恨她而受到母親的報復。」她寫道：「成功的心理諮商可以讓這些女性體認到：她們的母親（一個不幸、失職、沒有安全感的人）再也沒有傷害她們的力量了。如果母親的所作所爲繼續殘害她們，她們大可離她而去。」

如果有一個悉心呵護她、關愛她的父親在身邊，也有助於緩和女兒被母親遺棄的感受。有許多以情感疏離來形容母親的女性，便將自己得到的愛與安全感歸功於父親，她們相信父親幫她們建立了自尊，讓她們在長大成人之後得以擁有充實的人際關係。

三十五歲的雪莉有一個罹患躁鬱症的母親，她在她反覆無常的管教方式底下長大。然而，她父親是一個溫暖、穩定的照顧者，她認爲父親讓她的童年變得比較可以忍受，否則她眞的會受不了。

> 和我母親生活在一起是很困難的一件事。我既愛她又恨她。小時候，我姊姊和我都會想：「天啊，眞希望她死掉。我們要怎麼殺了她？」有這種念頭很可怕。結果她在我二十三歲時死了，我又想：「不會吧？她死了？癌症眞的要了她的命？」當妳在一個罹患精神疾病的人身邊，她動不動就瘋瘋癲癲地打妳罵妳，妳會覺得：「有道是禍害遺千年，看來她會活到兩百歲。」所以，接下來我又變成受到罪惡感的折磨。我心想：「那個時候，我不是眞的要咒她死。」但我是眞的詛咒過她。事到如今，我也不能怎麼樣了，所以我就叫自己要向前看。
>
> 是我父親告訴我，不管我想成爲什麼樣的人，我都可以做到，不管我想做什麼事，我都應該放手去做。他是啦啦隊長。他是安慰和鼓勵的泉源。我媽狀況好的時候，她也可以對我們很支持、很鼓勵，但當她狀況不好的時候，一切的支持與鼓勵就沒了，而她的狀況隨時都會瞬間顚倒過來，這對一個小孩子來講眞的很困惑。我媽有時很慈愛，我知道她愛我，也愛這個家。但眞正幫助我們成長茁壯的是我父親。

母親過世兩年後，她父親被診斷出癌症，雪莉搬回家鄉照顧他。當她生活在壓力之下時，他作過她的後盾。他生病了，她也想給他一樣的依靠。雪莉說，到她準備結婚時，她還是把父親當成好榜樣，覺得自己有朝一日要成爲像他那樣的父母。至於母親給她的則是反面教材，她不想像她那樣。

菲莉絲．克勞斯說，像雪莉這樣的女兒，特別害怕認同自己的母親。「受到母親不當照顧的女性往往非常驚恐，她們不禁懷疑：『我會不會像我母親一樣傷害我的孩子？我會不會像我母親一樣失控抓狂？』她們常和母親反其道而行。但如果沒有清楚的反省與自覺，她們其實會複製母親的互動模式和存在方式。」她說，當必須照顧媽媽的女人自己也當了媽媽，就會重複一樣的模式，期待女兒反過來照顧自己。

如同母親過世或見不到母親的女兒，情感上遭到遺棄的女兒必須揮開「壞媽媽」的形象。她要做的功課，在於盡可能客觀、全面地看待她母親，選擇她想要承襲的記憶和特質，帶著這些美好的部分向前走。到頭來，被拋棄的女兒其實不曾徹底遭到拋棄，除非她自我放棄，除非她棄自己的需求與渴望於不顧。

4 後來的失去：學習如何放手

我們是在大學的一場派對上認識的。我聽到他在後廊談湯瑪士·哈代（Thomas Hardy）的詩，我只讀過一首，而且是遠在高中時讀的，但我還是去加入談話了。他是我想認識的人。在那個夜晚結束前，我們找到其他話題，於是聊了又聊、聊了又聊……到那一週的尾聲，我已經知道這是一個我能嫁的人。三年半之後，他在聖誕節送我一隻泰迪熊和一枚鑽戒。

到了那時，他快念完研究所了，我則準備離開田納西州。他在加州已經找到一份工作，我們計畫搬去那裡。表面上，我們兩人在一起的未來看似不可限量，就像曾經的西部拓荒史一樣。但在私底下，我們之間一直都有問題。第一個問題是我母親，我竭力要忽視她的缺席。第二個問題是他母親，她的在場比我母親的缺席更難忽視。我的種族「不對」、出身「不好」，而且我闖進他們緊緊相依的兩人世界中。這些都是她不認可的地方，而她有什麼不滿都直言不諱。她的嫌棄讓我很害怕。抱著「一個媽媽離我而去，另一個媽媽要我消失」的想法，我的心情百般糾結，就算想要改善這種處境也力不從心。到我們暫時休兵的時候，她兒子和我已經為這件事吵太久了。我覺得自己遭到背棄，並希望他的態度能強硬一點。他覺得壓力很大，堅稱他束手無策。我們就這樣兜來兜去，直到我能看到的唯一出路就是我退出。搬去加州前一個月，我把鑽戒放在他的茶几上，頭也不回走出大門。

死別，我知道如何應付。生離，我就受不了了。所以，我把解除婚約當成一次小小的死別。我拒絕回他的信。我去和別人交往。我把他給我的一切裝箱，收到地下室的一個櫃子深處，包括那隻泰迪熊和我們所有的合照。對於這種處理方式，我並不引以為豪，但我只知道這種辦法。我知道如何結束關係，不知道如何修復關係。當一份未經哀悼的喪親之痛就是妳看待「失去」這件事的典範，後來的離別都會很可惡地傳來先前那一次離別的回音。

然而，這次的痛苦拒絕被埋在內心深處。分手一開始的衝擊慢慢淡化之後，哀傷的情緒就猛撲而來，猛烈到有一晚我真的是哭倒在地。對，選擇離開的人是我，那不重要，我還是有愴然失去所愛的感覺。五個月後，我還是傷心不已。就算是長達四年的感情，似乎也不該傷心到這種地步。於是我體認到，我的感受必定是來自一個更深的地方，一個比我愛過的男人曾經占據的位置更深的地方。

我和夏娃分享這段往事時，四十五歲的她點頭如搗蒜。她母親在她八歲時過世，之後她的離別經驗和我有異曲同工之妙。「我先生兩年半前離開我，我們在他離開的一年後辦完離婚手續。」她說：「那時，我不明白自己為什麼難過成那樣。很多人都離過婚啊，我看他們也沒像我那麼痛苦啊。我真的很痛苦。一開始，我心想：『哎呀，或許我比較敏感，所以反應比較大吧。』某部分來說，我可能確實比別人敏感。但那次經驗卻讓我清楚意識到，我內心有很多的痛苦與我前夫無關，而是和我母親有關。所以，對於人生最初的那次失去，以及那次經驗對我的影響，我現在試著要多了解一點。」

然而，三十七歲的伊凡卻是越來越能從容面對失去。她說，比起十二歲時的喪母之痛，到了三年前離婚、青春期的兒子決定與父親同住時，失去丈夫和兒子激起的痛苦情緒微乎其微。「我把離別和失去看成一種必然。」她說：「我準備好了。我從來就不想哄自己說這世間的人事物不會說變就變。我知道這聽起來很無情，但我相信這是誠實面對的態度。我和許多人的感情都很好。如果可以，我希望自己死時有人記得我。」

爲什麼有些早年喪親的女性很容易適應後來的離別，有些女性卻永遠活在被拋棄的恐懼之中？沒人知道確切的答案。多數心理治療師都同意，孩子早年某個生離死別的特定經驗塑造了她剛萌芽的人格，接著又決定了她日後看待和處理離別這件事的眼光。如果喪親影響了她的人格，確切是如何造成影響則取決於下列因素。

個人的天性

我們天生都有不同的秉性，有些孩子彷彿生來就有很強的適應力，不管受到什麼磨難，總能逆流而上捲土重來，活出有意義的人生。泰瑞絲·蘭道說：「這不代表他們就不爲生離死別所動。只不過一旦受到動搖，他們會比先天性格脆弱的人適應得更好。」與生俱來的適應力，有助於說明爲什麼某些孩子在極端的逆境中也能常保心理健康，而兄弟姊妹暴露在相同的壓力下又爲什麼會有不同的心理反應和結果。

有些孩子則彷彿先天就對失去很敏感，每一次的失去都會導致他們近乎癱瘓。作家及心理學家克萊麗莎．平蔻拉．埃思戴絲（Clarissa Pinkola Estés）博士稱這些人爲「敏型人」。在她的有聲書《融化麻木不仁的孩子：離棄與無母之兒的迷思與故事》（*Warming the Stone Child: Myths and Stories About Abandonment and the Unmothered Child*）中，她說明道：「對敏型人來講，沒有媽媽和遭到離棄是地獄，因爲他們屬於那種輕輕抓一下就會血流不止的人。他們就像沒有皮膚的人，神經隨時隨地暴露在外。」身爲哀悼者，無論受到多大的支持，敏型女兒生性就沒辦法迅速平復喪母之痛。

早年的依戀模式

英國精神病學家約翰．鮑比（John Bowlby）認爲，孩子早年的依戀模式決定了她日後對人生壓力事件的適應力或敏感度。儘管他只研究到六歲前的兒童，但他的學說顯示：母女間的依戀模式預言了女兒喪母之後的適應狀況。對母親緊黏不放的女兒，例如只要看不到媽媽就很慌張的女兒，在日後失去母親或某個依戀對象時，就可能缺乏接受事實的情緒調適技能，勢必心生強烈的抗拒與痛苦。矛盾的是，和最初的照顧者之間，對依戀關係很有安全感的孩子，也可能是最能放手讓日後的人際關係來來去去的人。

自我認知與反應

自認為有能力，並在喪母後為自己負起責任的女兒，往往會對自己的處境養成一定的掌控力。面臨喪母，當她相信自己是主動迎向打擊，而不是被動遭受打擊，她就能建立起一定的自信和自尊，有助於她日後人生的抗壓。她知道她可以靠自己的力量。

然而，自認為無助和無力對抗逆境的女兒，長大後較可能對失去充滿恐懼。這些人往往抱持心理學家所謂的「外控觀點」（external locus of control），她們相信發生在她們身上的事是外在力量造成的，結果非她們自身的努力所能控制。她們不相信自己的應變能力，相反的，她們一直活在恐懼之下，怕自己又要面臨再一次的失去，怕自己會潰不成軍。

舉例而言，四十三歲的瑪麗瓊在八歲時喪母，弟弟也在她九歲時夭折。她在嚴格的天主教教育下長大，於是就推斷說一定是上帝在懲罰她不乖。她相信自己無力違抗神聖的旨意，小小年紀的她就躺在床上，當作練習躺在棺木裡，認定自己就是家裡下一個會死的人。她也很怕失去她父親。長大成人之後，她的恐懼膨脹到無所不在。她怕失去她的先生、她的工作和她的家。她說：「我總是懷著戒慎恐懼的心情，擔心接下來要失去誰或失去什麼。」二十幾歲離了一次婚，使得瑪麗瓊更加確信自己對人生的無力。

哀悼的能力

喪母的女兒如果具備表達內心感受、賦予喪母意義、形成其他依戀關係的個體成熟度和環境支持度，在適應母親的死和未來的種種離別時，她可能就不會有過度的創傷或痛苦。但不准感覺憤怒或悲傷、陷入否認或內疚、在接連被棄的陰影下長大的女兒，則可能永遠無法好好哀悼最初的失去。厄娜．伏爾曼研究了一九六〇至一九七〇年代克里夫蘭（Cleveland）的一群喪親兒童，發現一旦童年期的哀悼不完整（實際情況常是如此），到了成年以後，其他心愛人之死常會重啓早年喪親經驗中的一些元素，包括孩子在那時仰賴的應對機制。我認識的一位心理學家就以「石頭直接掉到水井底部」來形容。問題是，許多女性都發現，幫助十二歲孩童熬過喪親之痛的辦法，不見得對三十五歲的女性有用。

當後續的失去讓哀悼者掉回喪母之痛中，新傷就會促使她一再哀悼起最初的舊傷。如此一來，對一個女兒長期的哀悼功課來講，處理後續的失去可能就是很重要的一部分。

話雖如此，但新傷並不必然會勾起舊傷。新舊傷之間的連帶效應是有選擇性的，決定因素包括後續是誰死亡或離開、這次失去的原因、在人生中發生的時間點，以及前後兩次的間隔時間。舉例而言，夏娃在母親過世二十五年後失去父親。喪父時已經是成年人的她，可以將這件事視爲獨立事件，和她早年喪母的事切割開來。但當滿足她絕大部分情感需求的丈夫在八年後離她而去，對她來說，那份被棄和絕望的感受就跟她母親死時一樣，所以是這次的失去讓她回到過去，重做小時候沒有完成的哀悼功課。

母親的死亡或離開，如果不是女兒人生中第一次重大的生離死別，這一切就又更加複雜難解了。在喪母之前，女兒可能已經有過父親或兄弟姊妹過世、父母離異、家庭失能，乃至於令人心碎的搬家經驗。在本書調查的一百五十四位喪母女性中，六％的受調者說她們的生父生母在母親過世前就已分居或離婚。對這些女性來說，母親的死往往會勾起更早之前的舊事，並重啓自己在當時形成和仰賴的應對機制。

聽起來或許很奇怪，但酗酒或虐待等家庭失能的狀況，反而有助於女兒適應喪母，至少就短期而言。「對這些孩子來講，『失去』不是一件新鮮事。」泰瑞絲．蘭道解釋道：「她們已經嚐過無助的感覺，也練習過處理這種感覺。但我寧可當一個『童年太美妙』的女兒，不曾嚐過一絲失去的滋味，因爲隨著時間過去，像這樣的人自然會養成更好的適應能力。」有一段多災多難的過去、很小就學會「麻木不仁」的孩子，在母親過世或離開之後，可能就靠麻痺自己挺過最初的衝擊。但在日後，她不可避免要面臨更多的失去，而她可能缺乏因應後續打擊所需的穩固基礎。

預想未來：負面投射

在我大女兒出生不久後，我坐在媽咪社團的團員之間，聽其他心力交瘁的新手媽媽聊充斥日常生活的壓力來源。其中一位媽媽的新生兒沒辦法一連睡超過四十五分鐘；另一位媽媽擔心瓶裝水裡的礦物質會經由母奶對兒子有不良的影響；坐我旁邊的媽媽則說，每當她婆婆批評她給女兒吸奶嘴的事，她就覺得很煩。

周遭的新手媽媽擔心的都是這種小事，我很不願意說出自己新近的恐懼。如果我告訴大家：「自從女兒出生之後，我就擔心自己會死，害她沒有媽媽；或她會罹患什麼不治之症，在加護病房住上幾星期，最後死在我懷裡，而我和我老公沒有她會活不下去。」我完全可以想像大家挑起眉毛轉過頭來的樣子。

理智上，我知道自己是把內心的陰影投射到我初爲人母的情境中，但在情感上，這種親情大悲劇對我來講似乎不是那麼遙不可及。早年喪親的打擊，足以讓成年人把平淡無奇的日常事務都想像成災難。孩子沒有回家吃晚餐，不是因爲他們玩得忘記時間，而是因爲他們被前科犯給綁架了。頭痛不是一般的偏頭痛，而是長了腦瘤，而且已經拖太久了。機長哄妳的，沒有什麼亂流這種事，飛機就是要墜毀了。這是麥可欣．哈里斯博士所謂的「驚惶不安」，早年喪親的天大災難過後，喪親者的生活中就處處瀰漫著這種不安。她寫道：「對這些人來講，世界變動不定，世事難以逆料，就連看似最穩定可靠的東西，他們都深怕隨時會被奪走。」

三十二歲的潔絲在十三歲時喪母，她坦承道：「我先生如果必須晚點回家，我堅持他一定要打電話跟我報備。如果他沒打，我就會很恐慌。我不怕他有外遇。我擔心他死在路上的某個地方。」

曾經，我們所愛的某個人離開我們了。誰說這種事不會再發生？

這些悲觀的想望通常與現實不符，而是一個女人對於自身命運多舛的過度想像。這些想像和她對未來災禍的預期心理有關，和她過去未完成的哀悼較無關係。除非在過去經歷過悲劇或災難，例如早年喪父或喪母，否則人一般不會有隨時都可能出事的陰影①。童年喪母的女兒，小小年紀就學到人際關係只是一時的，說結束就結束，她控制不了這件事。她最基本的信任感和安全感隨之瓦解。結果是什麼呢？內在的脆弱感和無所不在的危機感②。她發現自己無法倖免於難。對於後續發生類似災難的恐懼，可能就會成爲她人格中的一大特質。「我知道是我母親的死導致我這麼消極負面。」瑪姬現年二十五歲，她母親在她七歲時自殺身亡。她說：「我常常覺得：是啊，我男友爲什麼不會被公車輾過去呢？這種事哪裡防範得了呢？要有多麼福星高照，才能保佑所有我愛的人不死？」

泰瑪爾．葛諾特說，任何一個嚐過喪親之痛的孩子，對於未來失去所愛的可能性都會有更激烈的反應，無論這些情境是想像出來的，還是切合實際的。她寫道：「大人常不明白，當孩子面臨一些看似沒什麼的情境，爲什麼會表現出這麼強烈的焦慮。孩子的過度反應和創傷記憶有關。每當他面臨的情境中有一些生離死別的潛在元素，他的腦海就會立刻浮現創傷的記憶。對已經經歷過生離死別的孩子來說，就連一點點類似情境的端倪，都會掀起他最深的恐懼與焦慮。」③而這種狀況可不是長大就會消失。我們往往直到成年期都還帶有這些特質。十五歲時已失去雙親、現年四十四歲的卡菈說：「每當我們走下車的時候，我常會想：『萬一這時有輛車衝過安全島撞死我兒子呢？』我知道其他媽媽也會這樣想，但我可能頻率更高吧。然而，我知道自己爲什麼會這樣，我會告訴自

---

① Gina Mireault and Lynne Bond, "Parental Death in Childhood: Perceived Vulnerability and Adult Depression and Anxiety," *American Journal of Orthopsychiatry*, October 1992, 522.

② Granot, *Without You*, 103.

③ 出處同前，第133頁。

己說：『好，這個念頭過了就過了，現在別想了。妳有兩個兒子這麼美好的禮物，妳有一份充實的生活，眼前的人生令人心滿意足。』我不認爲旁人會覺得我是一個思想灰暗的人，但我總有一種……不知道怎麼說……一種在黑暗中掙扎的感覺吧。總之很微妙。」

對於失去心愛的人，喪母的女兒常有這種不成比例的強烈恐懼。而且，因爲她們在心理上對亡母的身體有很強的認同，所以她們也會過度擔心自己的安危或健康。「同一個人可能不怕在事業上或人生的其他方面冒險。」菲莉絲．克勞斯說明道：「她的恐懼是很特定的，專門針對疾病、意外事故，或不管什麼東西。某些特定事件的可能性就成爲導火線，引爆初次喪親殘留的延遲性創傷後壓力。」

關鍵在於「可能性」三個字。我們怕的不是確定性。我們怕的是有可能發生的事情。當喪母引起家庭混亂或留給孩子被人遺棄的感受，就連下一次失去的「可能性」都能引起孩子的焦慮，並促使孩子採取力求保持現狀的舉動。隨著孩子越長越大，這種焦慮可能擴大到各種層面，甚至是和原來那次喪親經驗無關的事情，使得她成爲一個難以下決定的成年人，因爲她怕招致災難性的後果④。冒險對她來講太冒險，她還不如從人生中能掌握的部分尋求安全感。

三十二歲的肯蒂絲描述說，她的戀愛史就是一部妥協與否認之史，她一再試圖留住她知道註定失敗的感情。「許多次，我都選擇忍受關係的惡化，不願冒可能分手的風險。」她坦承道：「我也很習慣討好別人。我想這有部分是因爲我不想冒被人棄絕的風險。我母親在我十四歲時過世，某種程度上，我將她的死視爲她對生命和我們一家人的棄絕。」當潛在的變動勾起災難的回憶，保持不變就代表安全。這是許多無母之女堅守不合適的感情、工作或家庭的原因，即使她們早就知道自己應該向前走了。

最近有人問我，在我的成年生活中最大的挑戰是什麼。我不需要考慮太久，答案想當然耳就是學習面對離別與失去。有時候，我可以斷然決定結束一段友誼或一份責任，相信我自己的判斷是有道理的。但也有時候，我對離棄超級敏感。不過是把一個無憂無慮的三歲小孩留在幼稚園，我就不禁淚眼汪汪，深怕她在幼稚園會很想我。校務人員總是問我：「妳還好嗎？」這是一個很難回答的問題。

我會說：「沒什麼，只是有時候跟她分開很難過。」

多年來看遍親子離別的校務人員，總是內行地安撫我道：「她不會有事的。」

好。她可能不會有事。我女兒不會因爲我開車去上班，就在角落裡縮成一團沒有反應。（事實上，在走去牽車的路上，我就從窗戶看到她已經在和其他小朋友玩黏土了。）我老公也不會無預警或沒解釋就消失不見。還有我的喉嚨痛可能就只是喉嚨痛，不是食道癌。我知道出事的機率很低，但除非看到這些事不會發生的具體證據，除非我能很確定，否則我的心總是懸在那裡。總是在等待。總是在做多此一舉的縝密計畫。

④ Jennie Long Dilworth and Gladys J. Hildreth, "Long-term Unresolved Grief: Applying Bowlby's Variants to Adult Survivors of Early Parental Death," *Omega* 36 (1997–1998): 153.

失去雙親中的第二人

二十歲時，我要我父親把他的壽險保單條款告訴我。他的健康沒什麼特別的問題，但我要確保我們三姊弟生活無虞。我只知道他隨時可能發生任何事情。三更半夜經過走道時，我會在他關起的臥房門外停下腳步，傾聽門裡穩定的呼吸聲。如果聽不到，我就會把門打開一條縫，只爲了看他的胸口一起一伏。

我告訴自己：只是查看一下，只是確定一下我們還很安全。

他後來又活了二十年。儘管他的死令人悲傷，但其中也不乏解脫的意味，我們知道最壞的情況終於過去了。他跟我母親一樣死於肝臟衰竭，但他是在居家醫療照護下斷氣的，而且是在他完全知情的情況下，在家人的圍繞下走到最後。和我母親在一九八一年離世時截然不同，他離去的方式也因此令人感到寬慰。話雖如此，我還是沒料到他的死會留下多大的空白，我會有多麼想念身爲父親和外公的他。

是，我有過一次喪親的經驗，但這是兩碼子事。「妳已經經歷過了。」朋友們提醒我，試圖讓我清醒一點。我經歷過了，嗯，是也不是。家母過世時，我身爲女兒的角色少了一半。現在，這個角色全沒了。隨著父親的去世，這世上再也沒有讓我當個孩子的空間了。一連幾星期，我夢遊般處理著日常事務，很震驚自己再也不是任何人的女兒了。

失去一位父母，妳學到的就只是如何失去一位父母而已。妳不會因此對失去第二位有所準備。「第二位父母的死完全是另一種規模。」到十八歲時已失去雙親的泰瑞絲・蘭道說：「當雙親中有一人死亡，妳的世界絕對會起劇烈的變化，但妳還剩一位父母。當第二位父母也死了，妳就失去所有繫絆了。結果是什麼呢？妳失去了妳的歷史，妳失去了和過去相連的感覺。妳也失去了和死亡之間最後的緩衝。即使妳已長大成人，成爲孤兒的感覺還是很奇怪。」

在失去雙親之後，女兒的角色身分有了劇烈的改變。她頭頂上的屋頂被掀掉了。如果她是一個能夠自己做決定的年輕成人，第二次的失去便將她推向一個只有自己能對自己負責的階段。現年三十五歲的克莉絲汀說：「到我二十六歲時，我父母都已經不在了。突然間，沒人告訴我應該怎麼樣，我高興怎樣就怎樣。那種感覺其實很可怕，突然沒人管妳了，妳發覺沒人可以幫妳檢查一下。沒人會來問妳：『妳在做什麼？』或跟妳說：『或許妳該想一想。』突然間，妳必須爲自己負全責。於是妳自問：那我該怎麼辦？」

如果是在年幼時失去一位父母，第二位的死可能會引發女兒對第一位又一輪的哀悼週期。三十二歲的瑪麗安娜在十六歲時喪母，剛開始兩個月的震驚與否認過後，她陷入深深的哀痛。

我花了五年克服那份哀痛。每年到了她的冥誕、我父母的結婚週年紀念，還有她的忌日，我就覺得自己很悲慘。五年過後，那種感覺就淡掉了。倒不是說我不再想她，但那份傷痛不再時時盤據我的心。但到了我爸過世時，我眞的不行了。他是在去年十一月去世的，距離我媽過世十五年後。這下子兩個人都走了。沒人了。我覺得自己失去的不是一個人，而是兩個人。所以，除了爲爸爸的死悲痛以外，他的死也喚醒了所有關於媽媽的回憶。

即使第二次喪親重啓她對母親的哀悼，無父無母的處境又帶給她新的痛苦，但到了父親過世時，瑪麗安娜已經是三十一歲的成年人了。比起十六歲時，她的情緒已經更成熟，也比較能夠靠自己了。喪父後，她立刻進入哀悼階段，劇痛期持續了不到一年。在爲父親的第一次忌日做準備時，瑪麗安娜說，面對那一天，她覺得自己比青春期喪母後更堅強，心理準備也更充分。

夏娃在八歲時喪母，並在三十五歲時喪父。成年以後，她看待喪親這件事有了不同的眼光。她的同輩也開始面臨一樣的遭遇，如今她將死亡視爲雖悲痛但適時的一件事。因此，她不會長期持續處於悲痛之中。對於失去父親，她能予以哀悼並調適自己的心情。「孩子對死亡的認知眞的和大人不一樣。」她說：「直到二十五年後我父親過世前，我都不曉得母親的死多麼令我困惑。八歲時，我純粹就是摸不著頭腦。到我父親過世時，難過歸難過，我不覺得困惑不解，這件事對我來講是一件有道理的事情。」

在童年或青春期失去一位父母就夠受的了，但某些不幸的女兒在年幼時父母就相繼過世。每個月，我都收到年紀輕輕就父母雙亡的女性寄來電郵，訴說她們獨特的處境。

雖然「孤兒」一詞的定義是十八歲以下雙親中至少有一人死亡的孩子，但多數人都把這個詞彙和狄更斯筆下父母雙亡、獨自留在這世上的孩子聯想在一起。二〇〇三年，有兩萬九千一百四十名十八歲以下的美國兒童符合此一敘述，他們被稱之爲「雙重孤兒」[5]，十九歲至三十六歲間父母雙亡者則有三萬兩千人。放眼國外，情況甚至更嚴重。二〇一二年，據聯合國兒童基金會估計，亞撒哈拉地區、亞洲、拉丁美洲和加勒比地區有一千三百萬名十八歲以下的雙重孤兒[6]。

泰瑪爾・葛諾特說，對這樣的孩子而言，「災難和失去的感覺是很絕對的。孩子的全世界瞬間瓦解，他覺得自己一個人被留在這世上。他從一個有家、有爸爸媽媽的普通小孩，突然變成一無所有。」對於被指派了法定監護人的孩子而言，失去第二位父母通常代表住處改變，以及出現新的照顧者。在利他主義或法律的介入之下，外人以親戚、鄰居、社工和其他專業人員的形式侵入家庭系統。孩子可能要去和親戚同住，或搬進寄養家庭。如果她有兄弟姊妹，他們就會變成她和核心家庭間僅存的連結，他們對她來講可能就更重要。

德玲現年四十三歲，截至十歲時，她已分別在不同的事故中失去雙親，之後妹妹就成爲她童年唯一一張不曾離開的面孔。「我妹和我一直很親、很親。」德玲回憶道：「如果有人試圖拆散我們，那恐怕會是最後一根稻草，我覺得我一定受不了。我想，如果我是獨生女，可能就不得不採取別的因應之道。但因爲我有我妹妹，我們非常依賴彼此的支持、接納與認可。長大之後，我們還是相互依靠。」

短時間內重複喪親嚴重考驗孩子的適應能力⑦。早年喪親的孤兒往往必須把全副心力用在度過每天的生活上，而不是用在哀悼亡父和亡母上。這種創傷的打擊之重非一個孩子所能承受。唯有事

---

⑤聯合國兒童基金會（UNICEF）二〇〇四年報告。

⑥聯合國兒童基金會新聞中心發布"Orphans"。二〇一一年五月二十五日更新資料 http://www.unicef.org/media/media_45279.html.

⑦Kenneth Kaufman and Nathaniel Kaufman, "Childhood Mourning: Prospective Case Analysis of Multiple Losses," *Death Studies* 29 (2005): 238.

隔多年長大成人之後，已經從自己的內心和外在的人際關係中找到安定感了，她才能重回過去，領略那份痛苦的重要性，並開始加以消化。

對早年喪親的孤兒來說，人生之路可能就是一條孤單、漫長的尋親之路，她不斷在找人塡補失去的親情。黛安現年三十九歲，在她十三歲時，她的父母在一場車禍中雙雙身亡。接下來三年，她住過九個不同的地方，一直在找一個讓她有歸屬感的家。「我就是一個迷途羔羊。」她說：「在年少的歲月裡，我吸過毒，我不受管教，我的性行爲很隨便。我在找愛，我在找任何能麻痺那份痛苦、讓我感覺有歸屬的東西。」她發現，開玩笑能舒緩緊繃的情緒，還能爲她贏得正面的回饋。幽默變成她的因應技能。她靠幽默來減輕孤單無依和格格不入的感受。

如今，黛安是一位成功的脫口秀演員。早年成爲孤兒的經驗賦予她強大的求生意志，她相信觀眾看得出來也很欣賞。「我的生命力很強，觀眾因此受到吸引。」她說：「妳不會相信我在表演結束後聽到的故事，很多都是難以置信的、關於痛苦與煎熬的人生故事。許多女性觀眾走上前來，告訴我說她們正在爲自己療傷。她們說：『妳知道嗎？妳給了我很多力量。』我不確定爲什麼，我在舞台上不會特別去談我的過去，但她們就是感受得到。」

孤兒的英文 orphan 一字，本身就反映了一種獨具見地的獨特狀態。鍊金術士曾在一位皇帝的皇冠上發現一顆獨特的寶石，起初 orphan 這個字就用來指那顆寶石⑧，類似於我們今天所謂的 solitaire❶。他們將那顆獨特的寶石比喻成 lapis philosophorum，即「賢者之石」。賢者之石一方面是無用之物，一方面是無價之寶，愚人不屑一顧，唯智者看得出它的價值。就連在古時候，世人也相信孤兒具有一般人沒有的洞察力。

有些早年喪親的孤兒，就從這種對於孤兒原型的聯想中尋求慰藉，以此賦予她們雙重喪親的遭遇一個意義。二十五歲的瑪姬在七歲時喪母，她母親生前獨力撫養她。之後她就去跟父親和繼母同住，父親對她漠不關心，繼母看到她就討厭，現在她和這兩人都互不往來。她說：「自從我母親過世後，我就覺得自己很孤單，而這種孤單的感受強化了我的差異感和獨特感。我覺得我必須自己長大，我必須自己照顧自己。我覺得自己跟別人不一樣。有時我會想：或許這種心態也不是那麼糟糕，自認爲與眾不同或許對我有好處。」瑪姬靠著提醒自己很「特別」度過孤單的青春期。這種「特別」也補償了她幼年喪母、父親又不愛她的缺憾。然而，身爲一個成年人，她現在意識到這種自我認知有多危險。她默默高興自己和她所認識的其他女人不同，但也注意不要過度自我膨脹。

從瑪姬的例子可以看到，一個女人不需父母雙亡也會對孤兒原型產生認同。有許多不受母親關愛的女性，即使雙親健在也會形容自己是精神上或情感上的孤兒。她們很清楚何謂「有名無實的父母」。她們的母親雖然近在眼前，但卻沒給她們什麼情感上的支持。她們的父親雖然還好好活著，但在她們的人生中卻沒扮演什麼角色。身爲孩子，她們不可或缺的情感需求不曾獲得滿足。

這種悲劇爲什麼偏偏降臨在我身上？當早年喪親的孤兒想解開這個謎團時，她們會向宗教、形

⑧ Rothenberg, "The Orphan Archetype," 182.

❶ 英文 solitaire 有飾品上的單顆寶石之意，例如單鑽戒指上的單鑽。

上學、合理化的藉口乃至於老套的論調尋求解釋，只要能幫助她們相信宇宙的運行有其道理、災難不會憑空掉下來、她們沒有受到某種惡意的詛咒或註定命苦。喪親之時，女孩用盡她既有的認知能力和情緒資源，到了青春期和成年期，她也持續重整她的信念，在各個成長階段尋求新的慰藉。

截至十歲時，德玲已在不同的事故中先後失去父親和母親，她說她對意義的追尋一直持續到成年以後：

> 三十歲到四十歲之間，我眞的覺得自己需要一個答案。我先生和我都是來自信仰虔誠的背景，但在婚後我們就很少上教堂。兒子出生後，我們想讓他在一樣的教養方式下長大，才又恢復上教堂的習慣。那時我常常禱告，祈求神的指引與幫助。我先生眞的很擅長談這一類的事情，我和他聊了好幾個小時。爲什麼發生這種事、這種事爲什麼發生在我身上，反正就是一團謎，我永遠也解不開。爲什麼我母親也必須要死？我想說服自己她的死是有理由的。我喜歡把這件事想成因爲她太想我爸了，現在他們幸福快樂地在一起了。這樣想對我有很大的幫助。

在人生當中，「失去」就像心跳一樣不由自主，就像夜晚的降臨一樣不可避免。說來心酸，對女性來講尤其如此。我們的性別經驗和自然的悲歡離合密不可分。麗拉・J・卡林尼奇（Lila J. Kalinich）在〈身爲女性的正常失去〉一文中闡釋道，儘管男人在一生中也會嚐到失去的滋味，但女性大約每十年就會面臨一次重大的失去：在學步期與母親分開的第一次個體化經驗；童年隨著經期的開始而結束；青春期的第二次個體化經驗；在青春期或青年期失去童貞；結婚時可能改從夫姓、失去本來的姓氏；在工作與家庭之間，犧牲掉母職或事業的某些部分；孩子離家；停經時失去生育能力；由於太太比先生長壽的機率較高，所以女性還有成爲寡婦的可能⑨。生理上和社會上，女性都被失去所包圍。在這種種的失去當中，喪母是一個悲傷但不可避免的女性經驗。

成年以後，夏娃、瑪麗瓊和瑪姬各自都找到富有同理心的心理師，幫助她們哀悼母親的死。其他爲本書接受訪談的女性則提到堅定的宗教信仰、可靠的情人與配偶、緊密的友誼等支持系統。在後續面臨生離死別時，是這些支持系統幫助她們減輕不安、度過難關。

愛爾蘭詩人狄蘭·湯瑪斯（Dylan Thomas）寫道：「哀莫大於第一次的死。」⑩他明白第一次生離死別的傷痛影響之深遠。那份傷痛坐在我們肩頭，指點我們未來面臨生離死別要作何反應，直到我們能讓那份傷痛安息爲止。早年失去父母之後，妳對後來的失去養成了更高的敏感度。妳的挑戰不在於埋葬早年的那次經驗，而在於了解它、接受它，並且不要讓它妨礙妳充分享受餘生的能

⑨ Lila J. Kalinich, "The Normal Losses of Being Female," in *Women and Loss*, ed. William F. Finn (New York: Praeger, 1985), 3–7.

⑩ Dylan Thomas, "A Refusal to Mourn the Death, by Fire, of a Child in London," in *The Collected Poems of Dylan Thomas*, 1934–1952 (New York: New Directions, 1971), 112.

力。

【第二部】

改　變

「瓊尼．娜森說，在你習慣之前，第一年還是要過。」凱特琳說。

「那我們還有一個月。」雀奇說。事故已經過去十一個月了。

「我不妄想自己會習慣。」狄萊拉悻悻然地說。

「嗯，感覺像是不只少了媽媽。」蘇菲說。

大家紛紛點頭。少了的不止一件，而是千千萬萬件。

儘管掛上了聖誕裝飾，屋裡卻滿是已經不在的東西……

女孩們把裝飾品放在老位子上——耶穌誕生圖放在走廊的中國風置物桌上，

聖誕花圈掛在柱子上，水果造型木雕插進花圈裡。

她們學媽媽那樣，把聖誕卡貼在樓梯欄杆上，再點上松香蠟燭。

只是，一切都跟以前不一樣。

——蘇珊．麥諾（Susan Minot）

《猴群》（*Monkeys*）

5 爸爸的前世情人：父女二重奏

我父親向來不是一個健談的人。就連我母親生前在晚上出門走動時，他都寧可待在家聽收音機和玩填字遊戲。她負責安排社交活動、晚餐派對，以及結交所有新朋友。無怪乎他在她過世後又更沉默寡言了。多年來，在他難得打來的電話中，話題大致不離天氣和我的車子性能如何。再後來，他會問起我的兩個女兒。他只想聽好消息。如果我提起媽媽，或跟他說我今天過得不順，沉默是他典型的回應。如果我提起他喝酒的事或他的體重，他就會匆匆說再見或直接掛上電話。下次他打來或許是幾天後，或許是幾星期後。我的成年人生有很多時間都在納悶：我們父女倆誰會先忍不住拿起電話來撥給對方。

我之所以對離棄懷著無所不在的恐懼，有一個簡單的解釋是我母親在我十七歲時過世了，但我自己始終覺得這個解釋不太合理。儘管喪母爲我上了一堂世事無常的震撼教育課，但我知道她不想離開，而且我是從小到大一直都知道。我父親呢？嗯，我父親就不一樣了。從童年他在吵架過後氣呼呼衝出家門的那些時刻起，他就不只是象徵性地威脅要離開，而是有實際的舉動。他的威脅之舉在我大二的一天夜裡達到可怕的巔峰。那天夜裡我妹妹哭哭啼啼地打電話給我，求我想想辦法，因為我父親一時受不了單親的壓力，已經在打包行李要離家出走了。

那天晚上，最後他哪兒也沒去，但我和弟弟妹妹很快就學會懷著如履薄冰的心情，踮著腳走在這片我們攜手同行的地雷區，免得踩到任何可能引爆家父情緒的話題。我有個八歲喪母的朋友，她形容這就像一種在離棄的威脅和自我否定之間來回試探的舞步。踩到她父親的痛處，尤其是關於她母親的部分，等於在冒他也會離開她的風險。但假裝這種話題不存在，對她來講又是最自欺欺人的舉動。由於我們家小孩年紀太小，也太怕冒徹底被遺棄的風險，於是我們就選擇保持沉默。在我父親確實眞情流露的時刻，一看到他的痛苦，我們就刻意逼迫他回到壓抑情緒的安全狀態。在我弟弟的猶太教成年禮上，他哭得一把鼻涕一把眼淚，我用手肘狠撞他，噓聲制止他。對我來講，他的眼淚就代表全面崩潰的第一階段。他的眼淚危及我僅存的保障。我父親不曾給我一個抒發感受的安全空間，但反之亦然，我也不曾給過他這種空間。要到很久以後，我才給他機會表達他的感受。

我父親以七十四歲的高齡辭世，晚年雖然兒孫滿堂，但他沒有一個老伴或任何親近的朋友。他不曾再婚。就我所知，他甚至不曾再跟誰交往過。他獨居在一戶小公寓裡，牆上掛滿兒孫的照片。我母親過世二十四年後，提到她的名字他還是會落淚。直到人生最後，他都拒談她生前倒數的那段日子。既然拒絕走出來，那他就必須一直活在那段日子裡，彷彿宿命一般。她主要的死因是肝臟衰竭，而肝癌是最後奪去他性命的凶手。他在人生最後七十二小時肝臟衰竭的情景，陰森地和她生前最後三天遙相呼應。如果我在那之前不相信輪迴，在那個當下我絕對相信。

喪親專家談到和死者維持關係的重要性，也談到在心愛的人離開很久以後，生者是如何繼續和死者保持內在的對話。如今當我試圖在內心和我父親對話，我得到的只有沉默，但這種沉默既不尷尬也不陌生。他還在世時，我們之間的對話就充滿長長的停頓和無言。有時我默默試著跟他說話。但即使到了現在，我也不知道要跟他說什麼。在他人生最後二十年，我們難得聊到比天氣預報更重要的話題。我不禁納悶：我們可曾以其他方式溝通過？

我必須回到過去，看看一切開始的地方。

我對家父在我出生之前的人生所知不多，只知一些他偶然透露的零星片段。大蕭條時期，他和雙親及哥哥在紐約市長大。他的祖父母在街角經營一間書報攤。星期六下午，他會用二十五分錢連看兩部電影，並用十分錢買三根棒棒糖。

他說的童年故事很簡短、很零碎，而且刻意扯上他想灌輸給我的大道理。我想跟他多要一點零用錢，他就說他有一次向他母親要五分錢買甜筒，結果她甚至湊不出五分錢。學校要我跳過幼稚園直升小一，他堅持我必須留在原班，和同齡的小朋友一起上課。他說，他自己在小學時跳了兩個年級，跳級的下場很慘，他年紀太小，老是交不到朋友。

關於我母親的家庭，關於她從俄羅斯和波蘭移民過來的祖父母和外祖父母，關於她的八個叔叔、伯伯、姑姑、阿姨和舅舅，關於她的兩個妹妹，關於她的父母，我都可以侃侃而談，這些人我全都認識。但我父親的家庭對我來講向來是個謎，那是一個人丁單薄的家庭，只剩他弟弟和弟弟的小孩還活著。而他總是將他的過去牢牢鎖上。有一次，我在他衣櫃的首飾盒裡發現一張他父親的照片，小小一張黑白大頭照，照片上的男子皮膚黝黑、表情嚴肅，跟我爸就像同一個模子刻出來的。小時候，我會趁白天踮起腳來偷看那張照片，想像我父親從哪裡來、可能成爲什麼樣的人。有一次，我母親告訴我，我爺爺在我父母剛認識不久就心臟病發過世了，享年五十二歲。她解釋道：「所以我老是叫你爸戒菸、戒酒、控制體重。」幾年前，我向我父親提起這件事，他一臉發自內心的困惑說：「可是我爸是在五十七歲癌症過世的啊。」除此之外，他就沒再多說什麼。

作家維多莉亞・席康達說：「母親代表每天的日常，父親代表夜晚、週末、假日和外出吃大餐。」① 她的一句話道盡了我人生前十七年所知的家庭。在我的生活中，我母親一直都在，我父親來來去去——每天早上，他在我起床前去上班，晚上準時回家吃晚餐、看黃金時段的電視節目。速戰速決和需要體力的事情是我父親的守備範圍。他教我丟壘球和除草。他幫我訂正數學和化學公式。他爲我示範如何搭帳棚。在我的童年，他是扮黑臉的那個人。他是一個有距離感但無法忽視的人物，家裡訂規矩的是他，發零用錢的是他，對我們訓話的是他，全家出遊時開車的向來是他。

我母親是每天早上叫我起床的人，也是早餐時盯我喝下一整杯柳橙汁的人。我衝向校車時，她總是對我大喊：「祝妳有愉快的一天！」放學回到家，我就會看到她在家。她幫我挑衣服。念小學時，她陪我一起去班上的校外教學。晚上睡覺前，她唸故事給我聽。我母親教我彈鋼琴，教我煮前菜、主菜和甜點，教我織簡單的圍巾。動作重複和需要耐心的事情是我母親的守備範圍，所以我絕

---

① Victoria Secunda, *Women and Their Fathers* (New York: Delacorte, 1992), 4.

大多數的時間都是在她的陪伴下度過。

我母親過世的那天早晨，我父親在天亮時把他的三個小孩集合到餐桌前。他看著我們，茫然地眨著眼睛，像是要問：「我們見過嗎？」那是我第一次強烈意識到我只剩一位父母了，而這個人我簡直不認識。有好多文字作品都處理過好媽媽／壞媽媽情結，但很少有文字作品碰觸到父親的分裂形象。在《黛博拉、戈達和我》（*Deborah, Golda, and Me*）這本回憶錄中，蕾堤・柯亭・波葛賓（Letty Cottin Pogrebin）對她父親的形容是「集兩個爸爸於一身的男人，一個是爹地，一個是父親大人」②。當記憶不復存在，一九六〇年代陳舊的家庭錄影帶讓我看到我有一個爹地，他讓我騎在他肩上吹熄生日蛋糕上的蠟燭。那個爹地是在剛喪妻頭幾年努力要彌補孩子的那個男人。他重新安排工作時程，好在下午五點前到家。他給我們錢買我們自己的衣服。有一天，他帶回一台微波爐，自己摸索怎麼煮飯。以前我會一邊擺碗筷，一邊看他煮飯。只見一個大男人圍著圍裙，翻著他新買的食譜書，他的蘇格蘭蘇打雞尾酒在一旁的流理台上冒水珠。氣候較溫暖的月份，他就在院子裡烤肉。一星期有兩個晚上，我們會點外賣來吃。

爲著他所做的這些努力，我很敬愛他。對於他從丈夫和兼職父親轉爲全職單親爸爸的困難，我只有很模糊的體會。在我母親過世後，第一次全家開車出遊時，沒人想坐他旁邊的副駕駛座，我記得他是如何一臉的憔悴與失落。但多數時候，我眼裡看見的都是父親大人。我是我母親的擁護者，他們吵架時，我總是護著她。下午時分，我們在臥房裡的「姊妹淘悄悄話」，讓我知道了一個十六歲女兒不該知道的婚姻問題。我聽說一旦母親向女兒吐露對丈夫的不滿，母女就形成了同一陣線的結盟，甚至到她死後都拆不散，無形中也妨礙了父女之間的情感③。我知道我對他的憤怒有部分是這樣來的，還有部分是來自他向我母親隱瞞了病情，害她沒有機會求助於她深信的宗教，也沒有機會以任何方式跟親友道別。除卻這一切之外，我氣他只是一個父親。我母親死後在我心目中升格為聖人，我父親就變成罪大惡極的罪人。不管他再怎麼努力，我都對他不滿意。而他最大的過錯，就在於他不是她。

我一直都知道我父親很愛他的小孩。他竭盡所能表現出那份愛——透過簡短的電話；透過每次我走出他家門時就塞十美元到我口袋；透過生日前一天準時送來的快遞，包裹中總也附上一張早就事先印好的卡片，卡片上簽有「愛妳的外公」或「愛妳的老爸」等字樣。我成年後的朋友和男友只見過晚年的他，只知道他是一個溫和、安靜、不喝酒的孤單老人。然而，我曾經認識的他是一個喝酒喝得很凶、情緒陰晴不定、行為像個孩子、他的孩子還覺得需要反過來照顧他的男人。一個已經死了，一個還活著；接受我母親好/壞並存的特質是一回事，與我心中對父親愛恨糾結的感受和解又是另一回事，而後者難上許多。

以前我總認為家父和我之間的距離感很反常，某方面來說甚至很令人慚愧。但當我請其他九十三位喪母的女性描述她們目前和父親的關係時，我發現自己絕非特例。在這些女性當中，只有十

②Letty Cottin Pogrebin, *Deborah, Golda, and Me* (New York: Crown, 1991), 38.

③ Basso, *Mothers and Daughters*, 148.

三％以「極佳」形容父女間的關係，三十一％說「不佳」，其餘則大致介於兩者之間④。她們有些人曾經和父親很親，只不過在母親死後感情就變淡了。有些人則說在家中有了繼母之後，父女關係就惡化了。還有些人說她們和父親之間的感情本來就不深厚，儘管母親在世時她們並未特別察覺到。

無論如何，這些數據都不太美妙。情況不止令人沮喪，甚至令人擔憂。過去十年，有大量研究都聚焦在僅存的那位父母對喪親兒童長期調適而言的重要性，而在每一項研究中，結論都很清楚：喪親兒童和僅存的父母間良好的關係，有助於緩和喪親的負面影響⑤。緊繃、疏忽或虐待的關係，則置孩子於諸多身心健康的風險之中，長遠來看常有憂鬱症、高血壓、自我價值感薄弱、抗壓性低等不良的後果。

研究人員曾檢視過早年喪親和憂鬱症之間的直接因果關係。現今普遍認爲，僅存的那位父母在這當中扮演了關鍵的角色。在喪親之後，孩子若是能從僅存的那位父母身上得到疼愛與可靠的照顧，罹患憂鬱症的可能性較低；若是從僅存的父母身上沒有或很少得到溫暖的照拂，罹患憂鬱症的可能性就大得多。泰瑪爾・葛諾特說：「無庸置疑，對孩子的情緒狀態和他如何面對喪親來講，最重要的外在影響因子就是他僅存的父母或養育他的大人。」⑥

針對家庭背景中沒有媽媽、由爸爸養大的孩子，菲莉絲・希爾維曼和J・威廉・瓦登爲我們提供了最完整的研究資料。他們比較了喪母組和喪父組的孩子，發現喪母的孩子改變日常作息的可能性較高、情感需求獲得滿足的可能性較低、家中出現繼母的速度較快、父親較有可能陷入憂鬱，而孩子和憂鬱的父親生活在一起，隨之提高了他們自己罹患憂鬱症的機率。

二〇一二年，有一千一百多萬名十八歲以下的美國女孩與父親同住，沒有母親在她們身邊⑦。在所有成長於單親家庭的孩子當中，這些女孩可能有最私人的成長問題，尤其是在青春期的階段。哈佛兒童喪親研究顯示，比起失去父親的少女，在喪母後由父親養育的少女更可能有偏差或違法的行爲。「她們常是家中排行老大的孩子，必須負起照顧弟弟妹妹和料理三餐的責任，她們的不滿一部分來自於此。」J．威廉．瓦登說明道：「而老爸往往會帶新的對象回家，另一部分的不滿則來自於此。雖然沒有一個特定的原因，但就喪母的少女而言，她們行爲偏差的情形遠比喪父的少女嚴重得多。」

根據德克薩斯大學西南醫學中心臨床心理學教授及父親監護權專家理查．A．華夏克（**Richard A. Warshak**），比起由父親養育的兒子以及由母親養育的兒女，由父親養育的女兒顯示出較低微的自尊和較強烈的焦慮。這有部分是因爲父親本身對於養育女兒的懷疑與不安，有部分則是因爲女兒

---

④無母之女問卷調查第十四題（參見附錄一）。

⑤Granot, Without You, 12; Worden, *Children and Grief*, 78; Dilworth and Hildreth, "Long-Term Unresolved Grief," 149; Linda Leucken, "Parental Caring and Loss During Childhood and Adult Cortisol Reponses to Stress," *Psychology and Health* 15 (2000): 841–851.

⑥Granot, *Without You*, 12.

⑦根據美國普查局（US Census）的資料，這些女孩當中有六萬三千人與喪妻的父親同住，其餘則因遺棄、離婚或其他母女分離的形式失去母親。不過，這八十四萬人的數據不包括父親喪妻後再婚的女孩。美國約有四十萬名女孩目前和生父及繼母同住，儘管沒有官方統計資料顯示她們當中有多少人喪母。

對於要代替母親的角色感到焦慮。

「當父親必須養育一個與自己性別相異的孩子，事情可就複雜了。」南．柏恩邦說明道：「他有一部分受到自己對父母的身分認同所影響。一個爸爸對他母親的認同，有助他了解自己的女兒。關於如何對待女性，他的觀念則深受記憶中他父親對待家中女性的方式所影響，這包括他的母親和姊妹，如果他有任何姊妹的話。一個男人若是對他的母親有所認同、和他的母親相處融洽，那麼他就能從中汲取經驗。但他若是和母親處不來，那他和女兒之間的情感交流就不見得能有一個穩固的基礎。」

當母親過世或離家，父親和女兒就會發現自己落入出乎意料的尷尬處境。他們既陌生又熟悉，彼此亦敵亦友。三十二歲的毛琳在十九歲時喪母，身爲三個孩子當中的老么，她說：「我母親在世時，我和我父親之間沒有感情可言。在她的阻撓之下，我和他很疏遠。我跟他必須從零開始。葬禮過後六星期，他就交了女朋友，家裡的氣氛眞的很緊繃。我很氣他，氣到不知如何是好。我的繼母發揮了和事佬的作用，她讓我和我父親能像大人一樣談話。我自身的成熟也讓我能修補過去的裂痕。我們現在處得比較好了。」

針對目前面臨的掙扎（尤其是親密關係的問題），許多喪母的女兒不止將源頭追溯到喪母上，也追溯到她們和父親的關係上。二十五歲的瑪姬父母離異，生母更在她七歲時自殺身亡，之後她就與父親和繼母同住。身爲一個孩子，這兩人對她的哀悼或安全感都沒有幫助。

我父親非常氣憤，非常……我不知道呵護備至的相反是什麼，冷漠疏離嗎？我一直很怕我父親。他總是有辦法說一些惡毒的話惹我哭。我繼母純粹就是糟透了。她和我向來水火不容。我最近開始覺得，他們不讓我爲我母親哀悼，這對一個七歲小孩來講形同一種虐待。如果我父親無法照顧我的情緒，那他應該幫我找個能照顧我的人。

爲了在他家生存，我必須發展出一個小孩子的因應技能。我漸漸發覺，當時對我有用的技能，如今可能不是那麼有用。我的一個基本觀念就是誰也不信。我從來不能信任我父親或我繼母。現在我覺得這世上沒人信得過。事實上，信任別人是愚蠢之舉，那就像是給自己設下陷阱。我也覺得自己必須十項全能，不能有任何弱點，不能表達任何需求。我曾經不能有任何需求。我必須忍耐再忍耐。但現在我和一個男人感情很好，也有很好的朋友。在情感上，我開始覺得比較安全了。我想我或許可以開始敞開心扉，把內心的一些需求表達出來。

一九九三年，底特律梅西大學研究了八十三位在三歲到十六歲間失去父母的成年人，心理學家貝蒂．D．吉立克費爾德（Bette D. Glickfield）發現，在研究對象的記憶中，僅存的那位父母若是溫暖接納他們，他們在成年後就比較可能相信別人可以信賴。她說：「能夠和僅存的父母自由談論喪親事件，能夠對僅存的父母表達喪親之痛，能夠詢問關於亡父或亡母的問題，乃至於擁有一位鼓勵孩子獨立和信任他人的父母，都預言了一個人在情感上覺得受到支持的能力。」意思就是在母親死後有安全感的女兒，日後較能和他人建立安穩的依戀關係。

二十六歲的荷莉懷疑，如果她覺得自己可以去依靠別人，成年後的她還會不會那麼排斥談戀愛。對她而言，在喪母不久後，父親突然棄她而去，這份信任感就被摧毀了。荷莉說，小時候她從不覺得和父親很親，母親在她十六歲時過世後，她並不妄想他們的關係會改善。但她也沒料到六個月後她父親就搬去和女友住，把她丟給一位年邁的姑婆去照顧，直到第二年她離家上大學爲止。覺得被拋棄的荷莉很氣憤，她發誓再也不會犯依賴別人這種錯誤：

小時候，我父親一再灌輸我一家人在一起有多重要。所以他那樣拋下我，對我來講眞的是晴天霹靂，也在我心裡留下深深的傷痕。現在，我常常覺得不能允許自己結婚，或甚至以結婚爲前提和人交往。我還不知道要怎麼穩定持續地照顧好自己。又因爲我父親的行爲，我很怕從別人那裡接受我給不起對方的東西。我很怕敞開心扉接受別人背後所隱含的依賴，尤其是就男女關係而言。我寧可自己的需求得不到滿足，也不要透過依賴別人來得到滿足。

父親是女兒人生中第一個來自異性的關注，她和他的關係於是成爲一份最具影響力的藍圖，影響著她日後和男人之間的依戀關係。關於如何與男性相處，從整個童年到青春期，女兒都從她父親那裡搜集線索。乍聽之下或許說不過去，畢竟我們都知道母親才是女兒的同性角色模範，但女兒的某些女性特質和身分認同，其實來自於父親展現的傳統陽剛特質，像是理性務實和強勢果決。父親往往也會強化女兒的性別角色行爲，他在無形中鼓勵她遵循女性應有的行爲規範，以及玩照顧別人和配合別人的遊戲。但當母親過世或離開，父親傳統的男子氣概就不能滿足女兒所有的需求了。本來是由母親扮演善於表達的親職角色，這下了父親扮演這種角色的能力（或無能）突然被放大了。在親職角色扮演這方面，比起他太太還在時，他的長處和短處變得更明顯也更重要。

雪上加霜的是，失去母親後的父女關係還有另一層問題，那就是父親本身面對「哀悼」這件事的能力。俄亥俄州坎頓市肯特州立大學教育心理學助理教授羅素・赫爾德（Russell Hurd）博士說：「即使到了今天，為人父親者往往還是不會對孩子細談或吐露內心感受，有些父親甚至不想讓孩子對別人吐露他們的感受。」而我們不能忘記，我們僅存的那位父母自己也面臨慘痛的失去。當丈夫的沒想過自己會比太太長壽。在情感和務實的層面上，他們可能都對日常家庭生活的需求沒有準備。孩子最迫切需要的時候，正好就是身為鰥夫的父親最給不起的時候，而這也是情有可原的事。

父親的四種類型

針對九十多位無母之女的訪談，揭露了父親在失去配偶之後的四種因應策略。這些類別並非界限分明，一位父親可能表現出不止一種反應，或隨著時間過去從某一種轉換到另一種。如同一般的哀悼過程，父親對於單親身分的調適是流動的、漸進的，而女兒在不同的年齡各有不同的需求。想看出父女關係最終會如何，一開始的關係是一個很好的指標。儘管如此，母親的缺席仍能改變父親在此期間和女兒往來互動的方式。那幾個月或那幾年裡發生的事件，深深影響著女兒的安全感和自我價值感，以及她成年後建立圓滿的人際關係的能力。

若無其事型父親

二十五歲的翠西雅才剛開始爲三歲時的喪母之痛哀悼。直到最近，她都不覺得自己能夠去哀悼。就她所見，她父親和四個哥哥姊姊都不曾爲母親的死哀悼過。

翠西雅的母親過世後，她父親的反應是很迅速的三段式連續動作：沉默、迴避、再婚。他鼓勵一家人若無其事度日如常，彷彿餐桌上本來就一直有個空位在那裡。這種反應我稱之爲「牧野風雲症候群」，典故出自洛恩．格林（Lorne Greene）所飾演的班．卡萊特（Ben Cartwright），亦即電視連續劇《牧野風雲》（*Bonanza*）中的一家之主。這位男主人翁分別和三任太太生了三個兒子，他的三任太太都很早逝——一個難產死了，一個死在印地安人手裡，還有一個從馬背上掉下來摔死了。班．卡萊特不曾認眞和兒子們聊過其中任何一位的死，唯一一次值得注意的例外，是在他的二兒子豪斯愛上一個就快死了的女人那一集，班把豪斯叫到一旁，語重心長地對他說：「兒子，我埋過三任太太。我給你的忠告是：你得像個男人一樣面對。」

在這樣的沉默包圍下長大，從童年到青春期，翠西雅儘管深受重創，卻覺得跟自身的遭遇有隔閡。「直到近兩年前，我都不曾把喪母想成眞正發生在我身上的事情。」她說：「我會暗自想著：『在一個三歲小孩身上發生這種事，實在是人間悲劇——我是指別人，不是指我自己。』我沒有一點切身的感受，但卻知道別人發生這種事很不幸。另一方面，直到九歲或十歲吧，我都沒辦法開口談我母親，因爲我會情緒激動到說不出話來。我想，這種混亂來自於我從來不被允許處理自己的任何感受。」

正如翠西雅從幼年就學到的，「若無其事型父親」用冷酷無情向前快轉的動作，抵抗自己內心的痛苦，迴避孩子的悲痛情緒。他很少把亡妻掛在嘴邊。這種抗拒的心理可能是基於保護家庭的使命感，他認爲自己的任務也包括爲孩子抵擋情緒上的痛苦。他往往很快就再婚，讓自己沉浸在新的戀情中。（在所有的鰥夫當中，有五十二％都在喪妻後十八個月內再婚，儘管這些急就章的婚姻據估有過半數皆以分居或離婚收場。）

翠西雅的父親在她母親死後兩年內再婚。他以換人做做看的方式介紹他的新太太，五個孩子都記得也還想念的媽媽轉眼換了一個人——她不是媽媽的替身，而是把媽媽換掉的人。「他跟瑪莉安結婚的時候，感覺就像是在說：『來，這是你們的新媽媽。』」翠西雅回憶道：「成長過程中，必須叫繼母一聲『媽』對我來講很錯亂，因爲我知道我有另一個媽媽，一個大家絕口不提的媽媽。就彷彿每個人都在玩角色扮演的遊戲，沒人來眞的。到頭來，我很怨恨我的繼母。我把帳都算在她頭上，因爲她是扮演母親這個角色的人，也就是我最想要但家裡沒有的那個人。後來我們家不管哪裡出問題，我都怪到她身上。」

由於孩子常會模仿家中最重要的成員面對失去時的反應⑧，所以若無其事型父親的孩子往往會

⑧ George Krupp, "Maladaptive Reactions to the Death of a Family Member," *Social Casework*, July 1972, 431.

說服自己：他們的悲痛不該大過父親表現出來的悲痛。翠西雅的母親過世時，她和哥哥姊姊的年齡介於三歲到十六歲之間。當他們的迷惘與悲痛開始反映在行爲上時，父親的應對策略就明顯看得出反效果。他們家最大的女兒十六歲就懷孕生子。和生母特別親的長子則變得相當叛逆，幾乎是從家人面前消失了。一家人變成一盤散沙，只在每年聖誕節回老家團圓，氣氛緊繃又尷尬。

整個童年和青春期，缺乏受到家庭支持的穩定感，和父親、繼母又都無法進行有意義的溝通，翠西雅成爲一個在世界各地遊走的浪人。她住過英格蘭、中國和日本，最後回到美國定居。「我總是防衛心很重，覺得沒人在我身邊，沒人給我半點支持。」她解釋道：「而且，我常常覺得自己比一般人更需索無度。直到最近，我才明白爲什麼，我總覺得不夠。對我目前的人際關係來講，這可不是一件好事，尤其是對和我交往的男人而言，因爲我在找一個強大的父母。每當我找不到，我就覺得很哀怨。」

二十多年來，翠西雅都學她父親的因應方式，竭力埋葬過去的傷痛，否認這份傷痛帶有長遠的影響。但當她的男友兩年前車禍身亡時，她發現自己再也按捺不住喪母之痛了。她說，現在她對生母之死的哀悼，也包括改口叫她繼母「瑪莉安」，不再叫她一聲「媽」，並且和她父親打開天窗說亮話。「爲男友的死哀悼時，我跑回我父親的家。一天晚上，我請他到外面，跟他說：『我回來了，而我之所以回來，是因爲我的心很痛。我要坐在這裡，直到我痛完爲止。』」她回憶道：「然後我說：『你知道嗎？我的心痛有很大一部分其實是來自我媽的死。這件事對我影響深遠。不管這個家裡的其他人怎麼樣，反正我是很難過。』」那一刻是他們父女關係的轉捩點。「說來諷刺，因爲現在我是唯一一個看過他掉眼淚的小孩。」她說：「只有在我面前，他才可以放心哭出來。」她說，她和她父親現在踏出了試探的步伐，嘗試彌補那段沉默的歲月。

無助型父親

在發現自己殺了父親、娶了母親之後，伊底帕斯戳瞎自己的眼睛，決定自我放逐。當他光著腳、餓著肚子在底比斯鄉間流浪時，他的女兒安蒂岡妮成爲他的眼睛和嚮導。而在得知自己嫁的是親生兒子後，安蒂岡妮的母親伊俄卡斯忒就自殺了⑨。盡心、孝順、無母的安蒂岡妮是「無助型父親」的典型女兒，她若是活到長大成人，無疑會體認到這種一心一意犧牲奉獻的後果。

幸好現今的悲劇沒那麼壯烈。在喪妻之後，父親之所以陷入無助，典型的原因是久久不癒的悲痛、成癮症，以及少了女人的照顧就不知所措。工作、獨力撫養小孩和持家，令這些父親難以招架到生活癱瘓的地步。「我現在就在輔導一位太太剛車禍喪生的先生。」泰瑞絲．蘭道說：「這位太太跟很多太太一樣，家裡所有的帳單都由她處理，大大小小的事情都由她決定。這位先生對日常採買一無所知，也不知道報稅表格放在哪裡。他眞的很依賴她。在許多案例中，即使先生死了，太太還是知道如何持家，因爲她本來就做得很上手了。即使父親過世可能代表失去收入，但如果僅存的父母是對日常事務最熟悉的人，孩子們適應起來就比較容易。而在很多時候，最熟悉家中一切的人

⑨ *The Complete Plays of Sophocles*, ed. Moses Hadas (New York: Bantam, 1982).

是母親。」

當長期的喪妻之痛導致父親陷入無助，當他的哀傷看似沒有盡頭，他可能會屈服於絕望和憂鬱的強大威力之下，變得對一切漠不關心，不注重自己的儀表，任由家裡亂七八糟。他的孩子可能在身心雙方面都受到疏忽。家中只少了一位父母，但女兒卻感覺兩位父母都不見了。羅素．赫爾德說：「祖母、阿姨或兄弟姊妹的存在或能稍微緩和情況，但對這些孩子來說，他們等於受到雙重打擊。實際上，他們失去了兩位父母——一個死了，一個縮進自己的殼裡去了。」

那麼，誰要挺身而出撐起全家和操持家務呢？通常是某個女兒。丹妮絲和珍妮的家庭狀況就是如此。她們在本書非正式的一場焦點團體訪談❶中第一次見面。這兩人在我家客廳，配著美酒和乳酪，雙雙發現她們的父親在喪妻後都有嚴重的適應問題，並期望他們的女兒成爲家裡的照顧者。

現年三十五歲的丹妮絲形容她父親是一個「溫柔、可愛、男孩子氣但只會逃避的男人」，在她母親死後，他的情緒徹底崩潰。丹妮絲當時才十二歲而已，但她很快就明白只有她能撐起這個家和照顧兩個妹妹；其中一個妹妹在喪母不久後就嚴重厭食，危及健康。丹妮絲最初也最重要的兩性相處經驗，就是成爲父親的依靠、充當父親的支柱，這樣的經驗深深影響著她今日的擇偶標準。

我父親接到醫院打來的電話，聽著聽著，他突然就把話筒一丟，哭了起來。我站在那裡，全身僵硬，心想：總得有人跟醫生談。於是我把話筒接了過來。從那一刻起，我就開始扮演一個沒有任何感覺、只爲了照顧重要人物而存在的人。我母親早就把我訓練成一個以犧牲小我爲榮的人。她生前就有點開始把我當成接班人來教，所以她過世之後，我自然而然接下這個角色，成爲家中的小主婦。我把自己想成一個很特別的人，我之所以特別，是因爲我那些傷心欲絕的家人都需要更多的愛與關注，而我需要的不多。年復一年，在這樣的表象之下，我內心累積了大量的憤怒。

我擔負起太太的職責，扮演兩個妹妹的媽媽，我父親從不打算面對這個事實，所以我不曾有過青春期。我不靠近男孩子，沒嘗試過親密行爲。我從不化妝穿裙子。但我有很甜美、很不切實際的浪漫幻想。我會想像有個英雄騎馬帶我走。現在我嚮往的愛情，就是和一個處處比我強的護花使者在一起。因爲我知道我不能收起自己的能幹。我父親是個軟腳蝦。我無法想像有一天會出現一個比我強的男人，或有一個男人來取代我的位子，我壓根就覺得男人沒什麼了不起。從很小的年紀，我就發現父親不是神，而是不堪一擊的普通人。我現在和我父親關係不錯，但他在我心目中還是家裡的愛哭鬼。每次聽到有人在說什麼多愁善感的新好男人，我就會想：「喔，妳還是自己留著吧，我家已經有一個了。」

小時候被迫成爲早熟的大人，除了自己的需求以外，也被期待照顧所有人的需求，丹妮絲長成一個超級能幹也超級獨立的女人。她說，身爲成年人，她最大的挑戰就是學習依靠別人。「工作

---

❶焦點團體訪談（focus group）為社會科學領域質性研究的一種方法，主要藉由團體的互動，收集團體成員的想法。

上，我還在學著把任務分配出去，可以不要凡事親力親爲。」她說：「另外，我和我的拉比很親，他以一種我不曾有過的方式支持我。就算我對著他宣洩，他也不會倒下，我不曾有過這樣的一個強者作爲支柱。」在無助的父親身邊生活了七年，如今她還在找一個符合標準的戀愛對象。

丹妮絲在說她的故事時，三十八歲的珍妮身體前傾，聽得很專注。她一逮到機會就開口說話。珍妮十三歲時，她那本來就有酒癮的母親死於卵巢癌。從此，她成爲父親唯一的精神支柱，直到她父親在四年前過世爲止。事到如今，珍妮說她很怕依賴伴侶，但又渴望一段有人照顧她的感情。「我吸引到各式各樣的懦夫和窩囊廢。」她說：「但從來沒人像媽媽一樣照顧我，我也不曾把男人當孩子來照顧。有時我很想對某些男人說：『你想幫自己找個媽媽嗎？去你的。我不想當任何人的媽媽。』我發現這些男人要的都是一個媽媽，但我卻希望他們能當我的爸爸。現在，我想要一個能夠回家來照顧我的人。」年紀太小就扮演照顧者的女人，不想找一個需要她們照顧的情人或丈夫（即使確實有這種情況發生），相反的，她們期待自己的成年伴侶或兒女照顧她們。

疏遠型父親

二十五歲的蓉妮形容自己「超級獨立，而且個性比我認識的多數女人都更強硬」。這些特質是在她十五歲喪母後養成的。母親過世後，留下一個和她吵吵鬧鬧的十七歲姊姊，以及一個她覺得簡直不認識的父親。母親是家中主要的照顧者，她過世後，父親一直和兩個女兒保持本來就存在的隔閡。

「我父親向來是我們家的假老大。」蓉妮說：「我媽讓他以爲他是老大，但大家都知道她才是老大。所以，她過世之後，我爸根本一片茫然。我覺得他很怕我們，因爲我們兩個是女生，他不知道怎麼養育兩個女生。所有照顧我們的事情都是我媽在做，我父親負責賺錢養家。所以，她過世之後，他只會跟我們說：『來，這是我的支票簿，妳們如果有需要，就自己開支票來用。』」

蓉妮是「疏遠型父親」的女兒，這種父親打從一開始就很少參與女兒的生活，在喪妻後甚至跟女兒更疏遠。母親往往將孩子視爲自己的延伸，相形之下，父親就比較會在自己和孩子之間劃下一條界線，即使是顧孩子顧得很熟練的父親[10]。母親過世或離開之後，父親和孩子之間的距離可能是無形的，也可能是有形的。無形的距離或許是成癮症或情感退縮的結果，有形的距離則伴隨著離婚或離家而來。這種距離感往往在女兒的青春期會更嚴重，此時有些父親對養育女兒感到格外無力和恐懼。對父親和女兒來說，青春期是很尷尬的一個時期[11]。即使女兒還小，父親可能就先擔心起要怎麼應付那幾年了。

有數名在青春期喪母的女性告訴我，喪母不久後，她們的父親就搬出家裡，讓青春期的孩子自己看著辦，家裡幾乎沒人管。蓉妮的家庭就是如此，母親過世不到兩年，她們的父親就隨著職務的升遷搬去中西部了。姊妹倆和一位全職管家留在東岸的家，父親則在密西根州另外買了房子。一開

⑩ Boerner and Silverman, “Gender Specific Coping Patterns in Widowed Parents with Dependent Children,” 203.
⑪ Helen A. Mendes, “Single Fathers,” *Family Coordinator*, October 1976, 443；一九九一年十月二十五日，本書作者與 Nan Birnbaum 的私下訪談。

始，他會在週末往返兩地，接著變成一個月回來兩次，再接著就只有節日才會回來。「當時我表現得很體諒他。」蓉妮說：「我想讓大家覺得我是一個懂事的孩子，完全可以管好自己。但下意識裡，我很怨他丟下我們。大約過了五年，我大學畢業、不再靠他養之後，所有的憤怒一湧而上。我氣到跟他冷戰了八個月，一句話都不跟他講。」

青春期那幾年，家裡沒大人的蓉妮和姊姊徹夜辦趴，拿她們父親的錢亂花。經濟上的支持是父女間唯一不曾斷掉的關聯。「支票簿就是他的愛。」蓉妮解釋道：「他只知道用這種方式表現他的情感，而我們姊妹倆樂得占他便宜。我們花兩百美元買一個星期的食物，即使如此，他也沒有半句怨言。」那些年扭曲了蓉妮的金錢觀和愛情觀，她說直到現在，在她身上都還有觀念混淆的痕跡。當她心情不好，她的反射動作就是買個禮物給自己——就跟青春期時他父親用來哄她開心的手段一樣。

父親旋即退出她們的生活圈，當蓉妮和姊姊開趴吵到鄰居，當姊妹倆把家用金花在化妝品和衣服上，她們其實是想激起父親的反應——任何反應都行。我從其他女性口中聽過類似的故事，她們在廚房裡抽大麻，或在臥室裡跟男友親熱，爸爸就在隔壁房間看電視。這一切都是爲了迫使爸爸注意她們、管教她們的情急之舉。

甚至包括發脾氣在內，不管父親是以何種形式表現出來的關注，疏遠型父親的女兒將任何關注都視爲他在乎的證據。她可能會在「好到引他注意」和「壞到他不能忽視」之間擺盪。但女兒往往會學到：努力當個好孩子，換來的無非是笑一笑或摸摸妳的頭，惹麻煩還比較可能迫使父親採取行動。不為什麼，只為逼他維持家庭秩序。所以，為了引起疏遠型父親的反應，失去媽媽的女兒專挑刺激他的事來做。矛盾的是，她想得到的是愛與溫暖，搗蛋的行為卻不會換來這種關注。相反的，她得到的是憤怒與衝突。一開始的成功稍縱即逝，失望隨之而來，無價值感油然而生。她覺得自己沒有價值，很快就掉進怨恨的情緒，自尊心支離破碎。

「那時，我鐵了心要讓我父親正視我的存在。」三十三歲的潔琪在十三歲時喪母，她說：「但過了兩年學校寄通知到家裡、超過規定時間深夜晚歸的生活，我終於認清他什麼也不會對我說。他到底在想什麼？只要置之不理，問題就會自動消失嗎？無論如何，我對關注的需求可沒有自動消失。最後就演變成我放棄我父親，轉而從別的男人身上尋求關注。大學時期，我過得非常淫亂。也因為我一心討好男主管，無視於女老闆，第一份工作就這麼丟了。『試圖吸引男性的注意』一直是我人生的一大主軸。」

一九八三年一份針對七十二位女大生的研究，首度檢視了父親管教的重要性⑫。所謂的父親管教（**father control**），係指父親設下並執行適當規定的程度。研究發現，父親給予高度支持、情感與紀律的女兒，最可能適齡發展，成為有安全感和滿足感的女性。一如研究人員所料，紀律是有必要的。然而，在一個以疏遠型父親為首的家庭裡，規矩和限制往往模稜兩可，有時完全不存在。蓉

---

⑫ John M. Musser and J. Roland Fleck, "The Relationship of Paternal Acceptance and Control to College Females' Personality Adjustment," *Adolescence*, Winter 1983, 907–916.

妮很慶幸雖然家中陷入無政府狀態，但在校園裡，教會學校的嚴格規範爲她彌補了管教的不足。「我想，若不是因爲我念女校，大部分時間都有師長的管教，否則我眞的會惹出大麻煩吧。」她自剖道：「學校師長成爲我唯一的自我管理角色模範。」

如同許多疏遠型父親的女兒，蓉妮養成了非常獨立的個性。無助型父親的女兒練就了十項全能的本領，不止凡事靠自己，也爲周遭的人負起責任。相形之下，疏遠型父親的女兒則在情感上變得較爲自立自強。成年以後，她對依賴別人有很重的戒心。覺得自己遭到兩位父母拋棄——一位是有形的拋棄，一位是無形的拋棄，她只親近經她篩選後剩下的少數幾個人。「有時候，旁人對我的形容就是冷冷的、很有距離感。」蓉妮語帶失落（或無奈？）地坦承道：「眞的要碰到對的人，我才會覺得能敞開心扉。因爲我是那麼害怕被拋棄。」

在母親過世後，疏遠型父親之所以沒辦法給女兒情感上的支持，不是因爲他不在乎，而是因爲他表現不出自己的關心。常有人說，我們的父親已經盡力了，身爲女兒，透過理解他們的極限、降低我們的期望，我們可以爲自己治療過去的創傷。話雖如此，但這樣的勸慰並不能抹滅情感上孤立無援的記憶，「盡力了」不會因此神奇地變成「夠好了」。疏遠型父親的女兒要嘛得學著照顧自己，要嘛就得從別的來源尋求關愛。「幾年前，我父親開始接受心理治療。」蓉妮說：「他決定要彌補那段我獨自長大的歲月，重新當一個他不曾當過的父親。我必須告訴他：『來不及了，我已經長大了。』」如同許多疏遠型父親的女兒，蓉妮變得很會照顧自己，不願假手他人——尤其是某個曾經讓她失望的人。

英雄型父親

莎曼珊的父親有一份全職工作，身爲一家之主，他在情感上和物質上都把五個孩子照顧得妥妥當當。他是「英雄型父親」。如今，莎曼珊把她的安全感和內在力量都歸功於她的父親。

現年三十二歲的莎曼珊說，她的家庭向來很緊密。母親在莎曼珊十四歲時過世後，父親變成四個女兒和一個兒子僅存的依靠，他還是繼續維持這份緊密的關係，甚至更加深了彼此的感情。

我母親在世時，我父親總是常伴我們左右，就從他下班踏進家門的那一刻起。我們會迎上前，迫不及待跟他分享那天過得怎麼樣。等他換好衣服，我們就坐下來吃晚餐。我們邊吃邊聊、聊個沒完，之後他會幫我們看功課，或是跟我們一起出去玩球。所以，到我母親過世時，他本來就跟我們有很好的感情基礎，後來他甚至更努力維持親子關係。他認爲這是他對她一生的承諾。以我們家的情況而言，我們沒有失去雙親，我們還有一位，而且他花了雙倍的力氣維繫這個家，守護我們的幸福。

整個青春期我都很有安全感，因爲那就是我父親給我們的感覺。就好像……「一切都會好好的，這是一個充滿愛與信任的環境，你們會在這裡成長茁壯」。他不曾把這種話說出口，但那就是我在家裡感受到的，而且我始終懷著這種感受度過人生。我想這就是爲什麼我心裡那麼有安全感。倒不是說我就沒有需要學習的東西，或沒有需要成長的地方，但在心理上，我覺得自己以非常健康的心態迎接每一天。

英雄型父親一般在妻子生前就共同分擔家務和教養的職責，並在孩子的媽過世前與兒女有溫暖、慈愛的關係。她過世後，他自己適度哀悼，也給孩子安心表達感受的空間，並重新公平分配家中每個人的角色。在家，他負起他能負的責任，並將其他責任分配出去。以英雄來形容父親的女兒，大部分來自兒女成群的家庭。當父親負荷不了或招架不住時，兄弟姊妹可以提供額外的協助。這是英雄型父親的家庭很重要的一個特質。當女兒可以把她的需求分散給父親和其他可靠的家庭成員，當她不必將過高的期望加諸在父親身上，父親讓她失望的機率就降低了。

英雄型父親並不完美，而且可能容易陷入一波又一波的憂鬱或懷疑，但他顯然是一位控制得宜的父母。儘管自己悲不可抑，他還是維持好一個安全、可靠的環境，爲女兒吸收掉一些喪母帶來的衝擊，幫助她繼續培養信心與自尊。基於這些原因，他的死對她來講很可能是莫大的打擊。無助型或疏遠型父親的女兒必須收起自己的依賴需求，不然就得面對失望。與她們不同，英雄型父親的女兒有個可以依賴的老爸。就算在長大成人之後，她通常還是繼續把他當成精神支柱。面對父親的死，她不會有其他類型的女兒那種強烈的怨悔和內疚，但喪父卻會讓她首度感受到眞正的孤單無依——這是其他類型的女兒在喪母後立刻就會落入的處境。

在長達兩個小時的訪談中，三十二歲的阿金唯一哭出來的時候，就是當她談到七年前父親癌逝的事情時。兩歲喪母之後，阿金就和爸爸、哥哥、姊姊一起生活。她以「很讚、很棒、很慷慨」形容她的父親。即使父親再婚了三次，阿金說她從未覺得被取代或被忽略。

說到我爸，我們很親。看到了嗎？只有說到我爸的時候，我才會熱淚盈眶。他很棒。我是說……我是最小的孩子，到了生我的時候，他基本上什麼都經歷過了。他是一個很好的榜樣，爲人安靜又有耐心。我青春期的時候很瘋，毒品、性愛都嘗試過，妳知道我在說什麼嗎？但我不曾做過任何我認爲會嚴重傷害自己的事情，比方說我立刻就吃避孕藥，某些毒品我絕對不碰。我是一個還滿明智的小孩，而這都要感謝我爸。他不會跟我說「妳不要給我大著肚子回來」之類的話。他只是以身作則，當一個好公民，從不逃漏稅什麼的。他信任我，我信任他。人人都愛他。他過世時，我們都說：「不該是他。」

阿金的童年一直都有這位英雄型父親的陪伴。她說她現在之所以能有幸福的婚姻，關鍵在於她有穩定的情緒。而她之所以能有穩定的情緒，她的父親居功厥偉。

跟阿金一樣，二十二歲的克莉絲丁對英雄型的生父和繼父讚不絕口。五年前母親過世時，兩位都幫助她走出喪母之痛。他們給她的情感後盾，直到今天她都知道自己可以依靠。即使如此，她也承認英雄型父親有其侷限。最近，她得了婦科疾病，必須立即加以醫治。她需要經濟上和情感上的支持，於是她向兩位父親求助。「我一找到醫生，他們兩位都鬆一口氣說：『太好了，所以問題解決了？』除此之外，他們就不想多談，反正只要確定我沒事就好。」她的語氣稍微沉了下來，目光也稍微垂了下來，說：「兩位都是很棒的父親，但他們不曾百分之百理解我過。」

就算使出渾身解數，英雄型父親也無法完全取代一個悉心照顧女兒的母親。在努力嘗試的過程中，他冒著爲孩子付出太多時間和精力的風險。一旦他開始交女朋友，或尋求家裡以外的興趣，親子關係就可能產生衝突了。

別的女人

容我們想像一種母親過世後父女關係的最佳狀態。父親和孩子一起哀悼，一家人慢慢適應新的家庭結構。女兒還是很想媽媽，但她有充分的安全感，相信父親會滿足她大部分的需求。她是他的掌上明珠，他是她的完美老爸。過了一年，又或許過了兩年之後，一天晚上，門鈴響起，老爸走進家裡說：「孩子們，我想介紹你們認識瑪嘉利（或安琪，或珊蒂，或蘇）。」

三十五歲的可琳妮還記得二十四年前的那一刻，每一個細節她都記得。可琳妮的母親在她十一歲時過世，父親在八個月後開始約會。她拒絕承認父親的女友。

> 她一踏進我們家，我轉身就走。之前有一晚，我父親跟我和我哥坐下來聊，請我們准他交女朋友。我當下心想：「他在開玩笑吧？交女朋友？我爸？」我猜因爲我什麼也沒說，他就當我默許了。從那個女人走進家門的那一刻起，我就不想和她有任何瓜葛。我爸超火大，我們成天爲了這件事大吵，直到她決定退出爲止，他跟她只交往了六個月左右。我對她很

壞，我想我可能是她離開他的一部分原因。我知道我父親明白我爲什麼表現得那麼可惡，但我也知道他花了很久才原諒我。

父親開始約會交友，女兒的心態往往需要做出重大的調整。老爸不再是她一個人的；現在他需要和別人共享。當女兒還沒準備好就必須讓出空間給別的女人，父女關係就遭殃了。在本書調查的女性當中，父親很快再婚者最可能有長期的父女問題。以父親在母親過世後一年內再婚的受訪者來說，有六十七％的人都表示目前的父女關係「不佳」。相對而言，只有九％的人表示他們現在的關係「極佳」⑬。

二十六歲的奧黛莉仍記得她在十四歲時感受到的衝擊。她母親自殺身亡六個月後，他父親就宣布自己要結婚了。身爲獨生女，奧黛莉很習慣獨占父母全部的關愛。母親死後，她暗自期待父親爲她付出雙倍時間。

「十五歲時，我變得很叛逆，處處跟他作對。」她說：「那種感覺就像……我爸和另一個女人？而且她還帶著兩個孩子？我心想：在我父親的人生中，這個人和她的拖油瓶算什麼？她又憑什麼認爲她可以闖進我的人生？」我一直折磨她到我離家上大學爲止。現在，我把她想成我父親的太太，只要她不在我面前擺出一副媽媽的姿態，我們就可以相安無事。她很努力要凝聚一家人的感

⑬無母之女問卷調查第九題和第十四題（參見附錄一）。

情，這點我倒是挺感激她的。但我和我父親的關係還是一團糟。我媽過世後，我需要他幫我度過剛開始的幾個月，結果他卻到處找別的女人共進浪漫晚餐。我還在設法平息對他這種行爲的憤怒。直到氣消之前，我就連跟他吃頓飯都受不了。」

奧黛莉說，她的怨恨有很多是來自於父親在母親自殺後拒絕提起她。身爲獨生女，母親憂鬱症病發時是奧黛莉在照顧。母親死後，奧黛莉覺得自己遭到背叛和遺棄。她需要有人認同她的這些感受，但他父親卻拒談喪妻之事。他療傷的方式就是去找別的對象火速再婚。如同許多失去媽媽的女兒，奧黛莉將父親的行爲視爲對母親的背叛，並覺得自己是唯一一個還在乎原來那份親情的人。

娜歐密・茹思・羅文斯基指出，灰姑娘的故事便勾勒出這種衝突。在十七世紀法國作家夏爾・佩羅（Charles Perrault）的版本中，灰姑娘請她父親從鎮上帶一根樹枝給她。接下來，她把那根樹枝種在母親墳邊。小樹長大之後用她母親的聲音對灰姑娘說話。「所以，女兒保有和眞正的母親原來的關聯，即使父親已經拋棄這段關係，娶了一個毒婦。」羅文斯基博士闡釋道：「這對一個小女孩來講是很重、很重的負擔。妳可以看到她有多氣她老爸，或許還會把壞爸爸的原型投射到他身上，因爲在她感覺起來，他經由再婚拋棄的不止是她，還有她的媽媽。」

年紀較大的女兒通常對喪偶的父親較有同理心。不像年紀較小的孩子那麼自我中心，她們能夠理解父親對於成年同伴的需求。即使如此，她們一開始通常還是很難接受父親與別的女人結合，尤其如果她們還來不及爲母親的死哀悼，父親就已有了新歡。

賽西爾和貝絲的母親在病了兩年後過世，當時她們分別是二十九歲和二十六歲。葬禮過後五星期，父親就說他遇到了別的女人，她們不禁把喪母後的沮喪與憤怒都轉嫁到父親身上。「我的心情立刻就從哀痛轉為憤恨。」現年二十八歲的貝絲回憶道：「我變得很惡毒、很陰沉，簡直像著魔了似的。」

「她真的很嚴重。」賽西爾點頭附和道：「但我想她有那個權利。我爸根本沒去面對我媽的死。他開始每天晚上都跑出去，緊接著他就跟這個女人在一起了。她現在是很好啦，但當初他就那樣把她塞給我們，惹得我們很反感。我們跟他說：『不容否認，媽病重時你難過了兩年，但現在是時候為她的死哀悼了啊，你沒給我們這種機會。』」

姊妹倆覺得，在她們需要依賴那份向來很緊密的家庭關係時，父親卻拋棄了她們。姊妹倆也都承認自己左右為難的心情：她們希望父親幸福快樂，但又覺得母親值得更多尊重。而她們決定要站在媽媽那邊。

「重點不在於他有了新歡。」賽西爾澄清道：「而在於我們還沒準備好，他就逼我們不得不接受。家母過世三個月後，他就說他愛這個女人，打算跟她結婚。這……才三個月欸！」

貝絲翻了個白眼，回憶起接下來幾個月的混亂。怕父親會為了新太太拋棄她們，姊妹倆用惡形惡狀宣洩憤怒和恐懼。「反正我們就是很壞。」貝絲說：「我對我爸說了一些我這輩子絕不會對任何人說的話，像是：『讓我下車，我再也不想看到你，我恨你。』他會哭，但他必須照自己的方式繼續他的人生。他也真的這麼做了。」

父親重申再婚的計畫時，姊妹倆提出一個權宜之計。她們請他至少等到母親過世滿一年之後。

他同意了。父女三人的關係開始慢慢改善。當姊妹倆明白到父親願意以原來的家庭爲優先，她們就逐漸恢復了對他的信任和尊敬。那一年讓她們有時間適應母親的缺席，並習慣有另一個女人住進父親家裡的想法。她們也看到他無意拋棄女兒。

「他的優先順位排得很清楚。」賽西爾說：「他把貝絲和我擺在其他所有人前面，直到今天還是如此。他明確地劃分『他和我們的生活』跟『他和他太太的生活』。結果她變成我們的好朋友，她的兩個孩子也很好。一旦不再覺得受到威脅，我們就自然而然做好了準備。只有在被迫接受的時候，我們才會很抗拒。」

貝絲不禁失笑道：「我甚至不記得從什麼時候開始，我就不再恨我父親了。事到如今，我但願他當初是在不同的情況下再婚，但他眞的很幸福。他對他的新太太就像對我媽一樣好，但只好到一個程度。我看得出差別在哪裡。」姊妹倆一致同意，這是一種尊重的表現，她們的母親和原來的家庭得到了應有的尊重。

亂倫的禁忌

我母親過世後，有一個月左右的時間吧，我父親每天爛醉如泥。那可不是我們家的常態，而且這種狀態對我來講非常可怕。我記得自己很怕他會對我做出什麼非分之舉。除了他在家喝得醉醺醺以外，我不認爲有什麼別的原因讓我害怕。但我記得有一晚，他喝醉的時候，我躲在臥室裡把門擋住。五歲的時候，在我們那棟樓的走廊上，我被一個喝醉的男人騷擾過，所以我或許是把這兩件事聯想在一起了。我不知道還有沒有別的原因。就像歐普拉（Oprah Winfrey）和她的節目來賓，我在等記憶浮現。

——瑞塔（現年四十三歲，十五歲喪母時，她是家中唯一的女兒）

在雙親家庭中，母親的存在和父親的良知順理成章地克制住父親對女兒的性衝動。儘管父女間某種程度的吸引是正常的，但就如同維多莉亞．席康達在《女人和她們的父親》（*Women and Their Fathers*）一書中所言，多數男性心裡有著根深蒂固的亂倫禁忌，他們簡直不能想像自己受到女兒的吸引，更別提開口去談這種感覺⑭。在多數男人身上，這種情慾是無意識的，但父親還是會下意識地和準青春期的女兒保持距離⑮。女兒一般會將之視為一種嫌棄，因而加重了她們在青春期本來就有的尷尬與寂寞。

母親在家裡既是父親的性伴侶，也為女兒提供了一份來自母系的保護。在多數家庭裡，她在父女之間扮演了象徵性的屏障。一旦她從家裡缺席，父女之間就失去了這道天然的屏障。隨著女兒的性別意識萌芽，她越來越意識到父親是一個有需求的男人。如果沒有繼母或女友在身邊，她也會體

⑭ Secunda, *Women and Their Fathers*, 16–17.
⑮ 出處同前。

認到父親是一個枕邊無人的成年男性。尤其是當親子界線鬆動到女代母職的地步時，父女雙方的困窘可能導致主動迴避或刻意排斥的態度。

加州米爾谷的婚姻及家庭治療師柯琳．羅素（Colleen Russell）有十年帶領無母之女團體諮商的經驗，她說：「我常聽女性談到在少了母親的情況下，她們覺得和父親獨處有多不安全。即使沒有任何性行爲，家裡也變成一個情慾化的環境，感覺暗潮洶湧，令人膽戰心驚。女兒讓父親想起他的太太，很多時候，他對太太的憤怒就轉嫁到女兒身上。」

丹妮絲在十二歲時喪母，緊接著進入青春期，她就開始擔心亂倫的問題。「我父親是一個很不負責任的人。」她回憶道：「我們家裡的規矩就是『他是個孩子，管不住自己，也不爲任何事負責』。所以，我覺得我要負責防範父親對我和兩個妹妹伸出狼爪。以我的例子來說，其實是我對父親產生了投射作用，因爲我才是那個進入青春期、感覺到性衝動的人，而我又生活在這樣一個家庭裡。我擔負起母親的職責，煮飯的是我，做家事的是我。我想，就某種程度而言，我對我父親有慾望，而我痛恨他不跟我睡的事實。當然，與其跟他睡，我還不如去死。就連現在，把這種感覺說出口都讓我很不舒服。在當時，我如果意識到自己有這種念頭，搞不好會割腕吧。」

這些念頭往往是在「誘惑型父親」（seductive father）刺激之下所產生的反應。誘惑型父親以各種性暗示包圍他的女兒，或將女兒當成作家席妮．漢默（Signe Hammer）所謂的「替身女神」（surrogate goddess）⑯來對待，亦即用女兒來取代神聖化的亡妻。即使沒有性虐待的事實，這樣的恐懼卻很眞實，並對女兒的心靈造成傷害。

在珍妮·史麥莉（Jane Smiley）的普立茲獎得獎小說《褪色天堂》（*A Thousand Acres*）中，主述者金妮·史密斯（Ginny Smith）揭露了無母之女成爲亂倫受害者的後果。身爲愛荷華州一個農場家庭的二女兒，金妮懷著對性與婚姻強烈的矛盾心情長大。隨著劇情的鋪展，她的腦海開始湧現夜裡父親在她床上的記憶。青春期的亂倫往事陷她於情緒風暴之中，最後她決定離開她的婚姻、家庭與家鄉，追尋屬於自己的人生⑰。

超越怨恨與責怪

> 誠徵：女同居人……一定要愛孩子。和一個喪母的家庭共享舒適、現代化的大房子，有游泳池等設施。目前有兩個女兒和一個父親住在那裡，兩個女孩很想有一個新「媽咪」，尤其是十二歲的女孩。另一個孩子十六歲。
>
> ——一位父親刊登在《山谷之聲》（*Valley Advocate*）的徵友啓事（《山谷之聲》爲一份發行於西麻薩諸塞州和南佛蒙特州的週報）

我太太最近診斷出轉移性乳癌，病情來勢洶洶。面對即將喪偶的厄運，我最擔心的是我

---

⑯ Signe Hammer, *By Her Own Hand* (New York: Vintage, 1992), 175.

⑰ Jane Smiley, *A Thousand Acres* (New York: Fawcett Columbine, 1992).

那天真活潑、充滿希望的十七歲女兒。關於如何幫助女兒接受喪母的事實，我要怎麼得到協助？

——美國中西部一位父親的私人來信

假設父親不關心喪母的女兒是不公平的，而且純粹就是一個不實的假設。他們知道父愛需要更多的表達方式，不是寄支票給女兒就夠了。然而，對於情感的節制，他們也很清楚美國社會對男性施加的壓力。哀悼對他們來講不是一件容易的事情。如同泰瑞絲．蘭道所言，男性在哀悼時往往會縮進自己的殼裡，女性則會向外求援。當女兒需要安慰，父親卻需要關起門來療傷，雙方的需求就都無法滿足[18]。

無母之女認定「他是家長，他應該要照顧我」。這是身爲孤兒的悲哀，不能滿足需求的父親令女兒心灰意冷。在社會與家庭的交界，對於何謂執行「親職」，我們都有一些預設的想法。對於媽媽該做什麼、爸爸又該做什麼，我們的想法甚至更明確。一旦母親過世，孩子往往就把對母親的所有期望轉移到僅存的父親身上，儘管能夠負起全部照顧責任的父親少之又少。

對成長期的孩子而言，僅存的父母在他們的人生中占據莫大的分量。麥可欣．哈里斯寫道：「身爲唯一的一位家長，他或她背負著孩子所有的憧憬與期望。不能再隨心所欲地只當一位父母，留下來的人必須當一個『完美的』父母。」對失去媽媽的女兒來說，這意味著父親、母親、保護者、養育者、冠軍、安全網、角色模範和供應者全都集於一人身上。

許多年來，我對我父親純粹就是期望太高。我記得有一次在電話中，我對我妹細數我對他的種種不滿。我妹說：「妳知道問題出在哪裡嗎？妳要他當一個媽媽，而他永遠也當不了媽媽。」她說的有道理。她的看法站得住腳、準確無誤、一針見血。我在那一刻體認到：我的失望不止來自於我想要但永遠得不到的東西，也來自於我確實擁有的東西。我知道我父親也是人，他有他的侷限。而我就是不願意接受他的有限。

透過不斷期望我父親超出他的能力範圍，我就可以繼續假裝母性的光輝還是照耀我家，即使這份光輝實際上已經隨著我母親消逝了。所以，在我努力放下假象的同時，我也要放下我對擁有一個理想父親的執念，認清我父親永遠不會成為那個強大、果決又跟子女很親的保護者。

我知道，在我內心某處，仍有一份自認沒有價值和不被愛的感受，因為我的其中一位父母死了，另一位又縮進他自己的殼裡。當我遇到另一個跟我有同感的無母之女時，我們就像心有靈犀一點通，瞬間有種找到知音、一切盡在不言中的喜悅。我們已經知道彼此的心事，我們有著一樣的憂懼。但談起我們的父親，我們總是壓低聲音、態度遲疑，彷彿人生中第一段異性關係是那麼打擊我們的自信，從那之後，我們就不認為自己有權以堅定、有力的態度，談起那段關係。

我父親和我處得並不融洽。沒有共同的圈子、相投的興趣或一致的夢想把我們凝聚在一起。許多年來，我們之間僅有的共同點似乎就是一個姓氏，以及對數十年前過世的一個女人的回憶。接

⑱ Therese Rando, *How to Go on Living*, 65–69.

著，我的孩子相繼出生，他對她們的關愛創造了我們之間的交集。有時候，我很難看著她們享有他愛玩、好奇、快樂的一面，這是我自幼不曾看過的一面，就算看過也沒印象。但多數時候，我樂得閉上嘴巴袖手旁觀，讓爺孫認識彼此，不受過去的打擾。我和他之間的問題是我的問題，不是她們的問題。

直到最後的最後，我父親和我都在竭盡所能試著打好關係。他過世前幾星期，我從我在加州的家飛到他在紐約市郊的家。弟弟、妹妹和我要知道他想怎麼辦後事，但我們沒人願意開口問他。那次輪到我去探望他了，於是我自告奮勇扛下這個任務。

當時是十二月初，我父親臥病在床一、兩星期了，有一群安寧志工輪流照顧他，還有一位盡心盡力的全職看護。在抵達後的第二天，我拉了一張椅子到他床邊，抓起他的手。儘管體重直線下降，他的手還是胖乎乎的。我把他的手握在我兩手之間。

「我們還剩一些時間。」我對他說：「但有件事我現在就得跟你問清楚。如果你不想談，那我們也不一定要談，但如果你能試試看，那就太好了。」我的社工朋友蘇珊爲我做了這場談話的準備，截至目前爲止，我覺得還滿順利的。

「好啊，說吧。」我爸說。

「有什麼你要我處理的事情嗎？要我幫你做任何的安排嗎？」

他疑惑地搖搖頭，彷彿很訝異我這麼問。「財務方面都安排妥當了，我也寫了遺囑。」他說：「沒有要妳處理的事，該做的都做了。」

「後事呢？你想跟媽葬在一起嗎？」

「當然。」他說。

談話很順利。事實上，太順利、太就事論事了。我問到了我需要的答案，但我想要的更多。可惡！給我一點實在的東西吧。以後就再也沒有機會了。我懷著這樣的想法，情緒一湧而上。

「我會很想你。」我告訴他：「很想很想你。」我的臉上涕泗縱橫，但手邊沒有面紙可拿。

「趁著還有時間，你有沒有什麼想對我說的話？」我問：「任何你想讓我知道的事？」

他噘起嘴唇看著天花板想了想，最後搖搖頭說：「沒有。」

我們靜靜坐了一會兒。我又問：「你怕不怕？」我不禁納悶。

「不怕。」他的口吻平淡得出奇。他歪起下巴，朝牆上的鏡子比了比。鏡子上貼了他孫子們的照片。他說：「我只心疼這個。」

他在兩星期後病逝。天亮前，他在睡夢中安詳辭世，有我妹妹陪在一旁。那是我一直但願我媽能夠擁有的死法。在最後的日子裡，她都不知道自己病得多嚴重，一直拒絕相信她的人生來到盡頭了。我父親則是以勇氣、尊嚴和我不曾看他展現過的內在力量，迎向他的死期。我不禁要想：他是不是還有別的祕密？他是不是還能展現別的能耐？我頓時發覺還有很多可以向他學習的東西。這不是我那天在他臥房裡尋求的答案，但我想，隨著時間過去，我會發現這就是我需要的答案。

6 兄弟姊妹：手足相連（和不相連）

妹妹在我回到紐約兩個月後搬去洛杉磯，這並不在我原本的計劃之中。我們講了好幾個月，我終於要結束十年來在曼哈頓各處的漂泊，與妹妹住在相隔一英里的地方，姊妹倆彼此有個照應。但在我卸下行李六星期後，蜜雪兒就打電話來說，她在洛杉磯的面試有結果了。她親自飛到西岸去確認。當然，他們要她立刻上班。而且，嗯，條件太好不容錯過。不出三個星期，她就包袱款款走人了。

保守地說，我很難過——遭人遺棄的舊傷又開始隱隱作痛——但我倒也不意外。在我們的弟弟格倫離家上大學之後，蜜雪兒就在次年搬到曼哈頓。以防萬一，至少要有一個孩子住在我們父親附近（彷彿只要有人在就能防患於未然似的），這是我們之間的默契。如同我們家的許多安排，我們向來對此心照不宣。所以，當蜜雪兒開始把她的家當裝進我剛清空的箱子裡時，我沒表示反對。我們都明白這是怎麼一回事。現在輪到我靠岸下錨、她揚帆啓航了。

五年後，格倫回到紐約，我就前往洛杉磯。我是搬去跟我未婚夫住的，但知道妹妹就在附近也讓我備感安心。她幫我規劃婚禮，只花三天就找到婚禮顧問、外燴公司和一位攝影師。她是我唯一的伴娘。在婚宴上，她的致詞把賓客逗得又哭又笑。

我們很晚才學會彼此同理和相互扶持。一直到長大成人，我們倆都處不來。如同多數相差三歲的姊妹，我們彼此較勁、看對方不順眼，互相爭奪弟弟的崇拜和父母有限的時間。三歲的差距多到當不成朋友，又少到無法扮演親子。如今想來，家母過世時，蜜雪兒和我從彼此身上找不到安慰也是很合理的事。我們非但不能彼此安慰，原有的鴻溝反而還更深。當家裡遭逢變故，熟悉的感覺帶來虛假不實的安全感，而競爭心理是我們內建的程式。

從小，大人就灌輸我們要保護弟弟、照顧弟弟，我們也一直善盡姊姊的職責，但我們對彼此卻沒有這樣的情份。兄弟姊妹之間的對立，往往是一種搞錯對象的憤怒，而且幾乎不受控制。家母過世後，蜜雪兒就成了我的箭靶。她也對我還以顏色，隨時準備應戰。在大大小小的爭吵和冷戰中，我們之間新產生了一種詭異的競爭：比誰在媽咪過世時吃了更多苦、誰爲格倫做的比較多，以及誰能說服爹地對自己偏心一點。

這一切都發生在一個被迫保持正常、不能表達悲痛、陷入一片混沌的家庭環境中，家父不時訓示我們個體比團體更重要、我們都該學著自立自強。乍聽之下，我覺得這套論調正合我意。十七歲的我負不起照顧弟弟妹妹的重責大任，我選擇到離紐約九百英里的地方上大學。逃離家裡是我唯一的計畫。但我和蜜雪兒不合歸不合，手足之間一定有什麼保護彼此的本能，以及敵意和距離都無法抹煞的牽絆吧。我父親打電話到我宿舍、放話要拋棄家庭的那一晚，我設法在電話上跟他交涉，談到最後訴諸威脅：「上帝爲證，你如果丟下弟弟妹妹，我就把他們帶過來跟我住。」不管我與妹妹先前有過什麼紛爭，在那個當下，我很清楚自己說得有多認眞，蜜雪兒也知道我是說眞的。現在，當我們聊起那一晚，她說在家父打包行李的同時，她也在打包行李，準備過來跟我一起住了。

我無法明確指出一個轉捩點，或許我們隨著長大成熟拋開過去的恩怨了吧。但我知道那一晚是一個新的開始，蜜雪兒和我之間多了一份了解。我們在攜手共度的難關中找到了交集。到頭來，失去媽媽意味著我們各自得到了一個姊妹，否則我們大概當不成朋友吧。

爲免這個故事聽起來不夠曲折離奇，容我承認我們無法做彼此的替身媽媽。蜜雪兒終歸是妹妹，她常常很失望我不是一個好榜樣。我畢竟是姊姊，當她表現得比我能幹，我常常很訝異也很懊惱。即使我們努力要克服，過去的小小心結也不見得聽從指揮煙消雲散。

一九九二年，蜜雪兒搬去洛杉磯的前一晚，我終於情緒崩潰哭了出來。

「不要這樣。」她哀求道：「我需要妳爲我堅強起來。」

「我沒辦法永遠都當堅強的那個人。」我說：「去它的堅強。妳是我在這個家唯一的依靠。我不要妳走。」

接著，像是她就等我這句話似的，她立刻反擊道：「欸，妳在我十五歲時離家上大學，這件事又怎麼說？」我頓時明白，那些關於背叛的記憶埋得有多深，無論蜜雪兒和我去到多遠的地方，我們總會兜回來。

兩個女兒中的姊姊、五個孩子中排行老三的女兒、幾個哥哥的妹妹——在無母之女身上，各種排列組合不一而足。本書訪談的女性八十五%都有兄弟姊妹①，在她們共同的家庭經歷中，兄弟姊妹總是核心人物。

我在前面的章節說過，女兒和母親的關係可能是她一生中最長久的一段關係。但對我們這些有兄弟姊妹的人來說，又尤其是對我們這些有姊妹的人，我們和姊妹的關係有可能比我們和父母的關係更長久②。手足之情的品質和強度隨著人生的不同時期起起伏伏，就像氣象預報一樣時晴時雨，晴朗的日子有很多，暴風雨的日子也不少。

從第二個孩子出生的那一刻起，兄弟姊妹的關係就開始了。當母親過世或離開，這份關係的強度和品質旋即變得很明顯。當一家人面臨諸如喪母之類的傷痛，手足之間的關係很少有突然一百八十度大轉彎的。相反的，正如我的家庭，舊有的模式往往會變得更誇大③。兄弟姊妹本來就很親、本來就相互扶持的家庭，在喪母後一般會有更緊密的關係。同理，本來感情就很淡的手足通常會變得更疏遠，尤其如果母親是家裡主要的凝聚力。心理諮商或來自親戚的支持或許能防止極端的反應，但舊有模式的強化通常會持續到創傷期過去，而且往往會延續到成年期。

①無母之女問卷調查第五題（參見附錄一）。

② Esme Fuller-Thompson, "Loss of the Kin-Keeper? Sibling Conflict Following Parental Death," *Omega* 40 (1999–2000): 548.

③ Margaret M. Hoopes and James M. Harper, *Birth Order Roles and Sibling Patterns in Individual and Family Therapy* (Rockville, MD: Aspen, 1987), 144; Esme Fuller-Thomson, "Loss of the Kin-Keeper?" 549.

二十五歲的瑪姬還記得，母親自殺身亡後的早晨，她和弟弟靜靜坐在外婆家的沙發上。瑪姬的父母離異，從小她就被灌輸要保護弟弟，儘管她自己都還不滿七歲，她的恐慌和惶惑很快就轉為一股和五歲弟弟結盟的強烈慾望。「在我看來，周遭的大人很顯然都垮掉了，沒人有照顧我的能耐或意願。」她說：「所以，我立刻開始想著照顧我弟弟。我開始想：他是我的家人，我們同甘共苦、相依為命，就像一個團隊。」瑪姬說，直到今天，姊弟倆還是「手足情深」，他們住在同一座城市裡，她也持續愛護、支持這個弟弟。

瑪姬立刻就想保護弟弟的衝動，有部分可能是為了抵擋自己的悲痛。以弟弟為重，她就可以把注意力從母親自殺引起的疑懼與憤怒中分散出去。這也證實了相關研究的說法：一旦母親或母職人物消失不見，兄弟姊妹可以從彼此身上得到安全感。只有三歲的小孩，也會顯示出他們能安撫弟弟妹妹的恐懼情緒④。約半數的學齡前兒童會為傷心難過的弟弟妹妹提供安慰⑤。

三十一歲的柯妮在七歲時喪母，她記得在得知消息的那晚，她和十二歲的姊姊一起爬到床上。「我好害怕，她抱著哭哭啼啼的我。」柯妮回憶道：「從那之後，每當我想聊聊我們的媽媽，她就是我唯一可以放心的傾訴對象。」

心理學家羅素．赫爾德博士研究了兩組四人姊妹花，發現在早年喪父或喪母的家庭中，兄弟姊妹的關係可以發揮保護作用。在他研究的兩個家庭中，女孩們喪父時的年紀介於三歲至十歲。兩個家庭的母親都深陷悲痛自顧不暇，女孩們沒有機會談論喪父之事及其影響。然而，她們依靠彼此給予情感上的支持。成年之後，比起其他實際上等於失去了雙親的女兒，她們在往後的人生中罹患憂鬱症的機率較低。羅素．赫爾德說明道：「結果顯示，即使互為競爭對手、必須一起學習解決衝突，同心協力、互相扶持的孩子還是能夠養成健康哀悼的能力，並享有不憂鬱的成年期。」⑥

四十六歲的克勞蒂雅在變化莫測的童年學到手足之情的重要。「在我念完高中之前，我們總共搬了八次家。」她說明道：「住處換了、鄰居換了、朋友換了，而我父親基本上都不在，因為他的外遇對象換來換去。我母親盡她所能，直到她在我十四歲時自殺為止。」在克勞蒂雅的童年裡，唯一不變的就是姊姊、妹妹和弟弟三個人。母親過世後，四個孩子成為彼此實質的父母，兩個大的照顧兩個小的。成年之後，四人還是很親。即使各自住在國內不同地方，每年至少一次，他們會帶著自己的孩子一起來團聚。

如今，克勞蒂雅設法透過身教和言教，鼓勵她的兒子和女兒建立緊密的關係。「我要我的孩子發自內心知道，他們永遠都必須做彼此的後盾。」克勞蒂雅解釋道：「我的兄弟姊妹救了我的命。最近，我飛去中西部照顧我妹妹的小孩。去年四月，我有一陣子不在家裡，因為我姊夫癌症第三

---

④Robert B. Stewart and Robert S. Marvin, "Sibling Relations: e Role of Conceptual Perspective-Taking in the Ontogeny of Sibling Caregiving," *Child Development* 55 (1984): 1322–1332; Robert B. Stewart, "Sibling Attachment Relationships: Child-Infant Interactions in the Strange Situation," *Developmental Psychology* 19 (1983): 192–199.

⑤Elizabeth M. O'Laughlin, Elizabeth C. Meeker, and Lisa G. Bischo , "Predictors of Children's Emotional Distress in a Mother-Absent Situation: Implications for Caregiving Research," *Journal of Genetic Psychology* 161 (2000): 235.

⑥Russell C. Hurd, "Sibling Support Systems in Childhood After a Parent Dies," *Omega* 45 (2002): 299–320.

期，我去幫忙我姊姊。每一次，我都告訴我的孩子，陪在兄弟姊妹身邊對我來講有多重要。」

但我發現，更常見的狀況是兄弟姊妹在母親過世後各過各的。在這些家庭成長的女兒，常說她們的母親是「把家人凝聚在一起的力量」或「家裡的太陽，每個星球都繞著她旋轉」。言下之意，失去這個核心人物導致整個家庭系統分崩離析。然而，儘管喪母或許是個關鍵，但這些家庭很可能打從一開始關係就很淡薄。

萊思莉現年二十八歲，母親在她十七歲時癌逝。就她記憶所及，小時候她和兩個哥哥的互動很少，如今她跟他們的往來也很有限。「或許我們本來就很疏遠，只是我們沒有察覺到，因爲有媽媽把我們凝聚在一起。但在她過世後，我們家不成家、親人不親的事實就變得很明顯。」她沒有明說，但語氣聽起來顯然很惋惜。「我們基本上就是各走各的路，天涯各一方。」

三十一歲的維多利亞是三個孩子當中的老么，母親在她八歲時過世。她說得甚至更簡單扼要：「我們家就像巴哈馬❶，名字一樣但互不相連。」

在暢銷回憶錄《黑鳥》（*Blackbird*）中，作者珍妮佛．路克（Jennifer Lauck）重現了她和哥哥 B.J.在母親過世那天的一幕。B.J.聽到消息之後從家裡跑出去，幾小時後，珍妮佛在附近的公園找到他。但在那天，這對向來不合的兄妹從彼此身上找不到什麼安慰。公園裡的相遇勾勒出在母親過世後，手足不合是如何加重孩子的孤立處境。

「走開啦。」B.J.說。

「爹地要你回家。」我說。

B.J.垂下頭，下巴抵住胸口，眉眼之間一片陰沉。我不知道他是生氣、難過還是怎麼樣，但我朝B.J.走過去，一直走到跟他腳尖碰腳尖。我不知做什麼好、說什麼好，就伸手碰他的手臂。

B.J.抬起頭來，仰頭俯視我。

「她不是妳媽。」B.J.悄聲說❷。

我垂下手臂，手靠大腿。他的話扎在我的脖子上。

「她也是我媽。」我說。

「走開啦。」B.J.說。

B.J.把他的滑板放到人行道上，踩著滑板溜走了。我站在那裡，垂著手，前額陣陣抽痛。我走到公園中央，站在池塘邊……風吹過我的腳、拂過我的頭，任由髮絲吹進我的眼睛和嘴巴。

沒了媽咪就沒了目標，像是站在世界邊緣，不知道何去何從。⑦

❶此指以島嶼組成的群島國家巴哈馬（Bahamas）。
❷珍妮佛．路克為路克夫婦的養女，B.J. 故出此語。
⑦ Jennifer Lauck, *Blackbird* (New York: Pocket Books, 2000), 165–166.

然而，就連以互鬥出名的手足，在面臨危機時也可能團結一心、相互扶持。女演員洛瑪．道尼（Roma Downey）十歲時，母親在她的家鄉愛爾蘭心臟衰竭身亡。她記得那天和哥哥一起從醫院坐車回家的情景。

> 我們和我媽最好的朋友一起搭計程車。她跟司機坐在前座，我哥和我坐在後座，兄妹各自望著左右兩側的車窗外頭。我們正值手足之間針鋒相對的年紀，非以惡毒的言語和幼稚的舉動對待彼此不可。喪母之痛當前，我們獨自沉浸在悲痛中。我母親的朋友對計程車司機說……她在哭，他問她：「妳還好嗎？」她說：「不好，我剛失去了最好的朋友。」他又問：「妳朋友是誰？」接著，他說：「喔，我知道她，很風趣的一個人。」她說：「是啊，後座是她的兩個小孩。」他說：「喔，孩子們，我真的很遺憾，很遺憾聽到這個消息。」談話好像就有點不了了之。而我記得自己感覺到——不是看到，而是感覺到——千真萬確，就在那個當下，就在車後座上，我哥的小手伸了過來。我們就那樣牽著彼此的手。

手足失和常源自母親原生家庭的互動狀況。在自己後來組成的家庭裡，她可能下意識地受到原生家庭的影響。舉例而言，母親若是長久以來嫉妒她的姊姊，她在自己的兩個女兒當中，可能就會對妹妹比較偏心。不經意間，她就造成了兩個女兒之間的嫌隙。又或者，她可能會認同那個跟她有類似特徵的孩子，比方身高、體重、個性和排行跟她相仿。由於手足間的不合往往來自一個善於挑撥的母親，她的死可能給了他們第一次重新評估彼此、修復童年裂痕的機會。然而，在經年累月的新仇舊恨之下，這種美妙的結局只怕很難達成。而且，在某些家庭裡，這種機會也可能來得太遲。母親或許已經不在了，但她的「遺礙」還是留在孩子們一通通氣憤的電話與口角中。

母親過世後，兄弟姊妹往往會遷怒到彼此身上，尤其當年紀較大的孩子覺得無法負荷新的責任，或年紀較小的孩子覺得受到忽略或不知所措。當母親的病情慢慢惡化、終至癌逝時，三十一歲的喬伊把她的憤怒轉嫁到姊姊身上。「我每天跑醫院。」她說：「連續三週，又要應付我父親，又要每天開車往返醫院，眞的很辛苦。從頭到尾，我姊只去過醫院兩次，有一次還帶了個幾乎不認識我媽的朋友過去。我氣壞了。我應付喪母之痛的辦法，就是對我姊生氣。」

喬伊向來是負責任的那個女兒。姊姊染上毒癮、生了兩個私生子，喬伊則是乖乖在家、不惹麻煩。儘管如此，喬伊始終覺得媽媽偏愛姊姊。母親住院期間，她決心要當一個完美的女兒，贏得她一直以來渴望得到的讚美。母親過世後，她拿「在母親最後的日子裡，爲母親分憂解勞的是我，而不是我姊姊」的想法安慰自己。

兄弟姊妹常標榜自己的功勞，互相爲了誰犧牲得比較多爭來爭去，搞得彼此不痛快。我失去的比妳多！我受的傷比妳重！到頭來我才是比較好的那個女兒！

泰瑞絲．蘭道稱這種內鬥爲「哀悼者間的競爭」。這些兄弟姊妹看起來或許互不相讓，但他們眞正在意的不是分出勝負，而是爲自己的痛苦贏得關注與認同。「這是人在感到備受剝奪時，設法讓自己覺得自己很特別的一個辦法。」蘭道博士闡釋道：「在她覺得自己變得一無所有時，她要設法給自己一個抓得住的東西。當成年手足不想管那麼多家裡的事情時，則又發展出一種不同的競爭型態。這時你會聽到：『我不想照顧老爸，妳去照顧他。』或：『去年耶誕節是我收留老爸，今年換妳了。』」

維多利亞說，在她們的母親過世後，當時二十六歲的姊姊梅格就回來照顧家裡。喪母到現在長達二十多年，梅格依然堅信自己是這個家的犧牲者。在維多利亞的童年時期，梅格滿腦子想著自己有多犧牲，她的態度破壞了姊妹間的情誼，也讓她們今天很難做朋友。談到梅格在她們母親過世後的態度，維多利亞毫不掩飾她的苦楚。

「我毀了她的整個人生。」維多利亞說：「她老是對我說：『妳知道，我必須在家照顧妳，妳毀了我的人生。』」不滿自己在喪母後要背負的責任，梅格把她的怨氣宣洩在八歲的維多利亞身上。維多利亞本來很崇拜姊姊，對於造成姊姊的負擔，她懷著深深的罪惡感長大，直到現在都覺得必須彌補自己帶來的不便。她會花好久的時間聽梅格在電話上對她抱怨。「我的心理師對我說：『妳知道嗎？如果妳不想聽，妳可以不用聽妳姊姊抱怨。』我告訴她：『妳不懂。我必須照顧我姊姊，因為是我毀了她的人生。』」維多利亞回憶道：「我的心理師說：『別再這樣想了。』」如今，維多利亞努力要跟指望妹妹照顧自己的梅格切割開來。

維多利亞和梅格：若不是其中一人在過去背負著必須照顧另一個人的期待，如今這對姊妹或許就不會對彼此懷有強大的怨念。她們的故事提出一個更大的問題：在兄弟姊妹之間，當其中一人變成其他人的代理媽媽，結果會怎麼樣？

小媽媽和突然塞給她們的小孩

家中有人死亡，最重的期望通常落在年齡最長或最親職化的孩子❸身上。兒子通常背負著充當一家之主、負責財務或管理事宜的期望，女兒則被寄望照顧弟弟妹妹和僅存的父母，乃至於年邁的祖父母和外祖父母。

儘管扮演母親的角色迫使女兒超齡演出，但有幾項研究都顯示，照顧弟弟妹妹有助女兒建立自信和培養抗壓性，對她消化、處理喪親的感受也有幫助⑧。心理學家瑪莉・安斯衛斯（Mary Ainsworth）和她的研究夥伴訪談了三十位童年喪親的年輕媽媽，他們發現成功化解喪親之痛者有兩個共同特徵：一是她們和家人團結一心、互相安慰、同甘共苦，並能向彼此表達內心的感受；二是她們在哀悼期有責任照顧其他家庭成員⑨。

二十七歲的蘿蘋說，照顧弟弟妹妹讓她覺得自己是個負責、能幹的人，但也把一個十六歲女孩無法應付自如的責任加諸在她身上。在他們的母親過世後，接下來兩年，蘿蘋就爲十三歲的妹妹和

❸「親職化兒童」（parentified child）的概念由結構派家族治療的始祖薩爾瓦多・米紐慶（Salvador Minuchin, 1921-2017）提出，意指親子角色顛倒、反過來承擔父母職責的孩子。

⑧ Rutter, "Resilience in the Face of Adversity," 605; James H. S. Bossard, *The Large Family System* (Philadelphia: University of Pennsylvania Press, 1956), 155.

⑨ Ainsworth and Eichberg, "Effects on Infant-Mother Attachment of Mother's Unresolved Loss of an Attachment Figure, or Other Traumatic Experience," 165.

八歲的弟弟全天候扮演代理母親，直到他們的父親再婚爲止。

我覺得我對弟弟的責任最重，但我不知道怎麼應付他。他是一個非常難搞的小孩。我會跟他陷入角力拉鋸。他要我帶他去玩具店，如果我說不行，他就會大吵大鬧，我一內疚就對他讓步了。還記得我父親要再婚時，我心想：「感謝老天，這個女人要搬來我家了。」她纏著我弟，我弟也纏著她，實在是幫了我一個大忙。至此，我終於可以把他丟開，對自己說：「好啦，現在他只是我弟而已。我正式卸下照顧他的責任了。」我千里迢迢從東岸跑到西岸上大學，心裡之所以不會過意不去，唯一的原因就是她在我離家後的一個月搬了過來。

無庸置疑，我父親再婚後有很多的問題和衝突，尤其是在我繼母和我妹之間。我妹成天哭著打電話到學校宿舍找我。我的室友會說：「妳妹又打來了。她又在哭了。」直到現在，我對她來講都是很重要的支柱。她總是第一個想到打電話給我。她對我的依賴很重。

照顧弟弟妹妹幫助蘿蘋認同她的母親，也讓她在喪母後間接學會像媽媽一樣照顧自己。如今，她很清楚要怎麼照顧自己。弟弟妹妹向她求助時，她可以從容指點他們。在自己需要開導時，她也會給自己一樣的建議。

三十二歲的凱瑟琳，也是藉由自願「成爲」自己的媽媽來面對喪母這件事。身爲四個孩子當中的老二，凱瑟琳是家中唯一的女兒，自幼就被教導要愛護三個兄弟。她認眞看待自己身爲照顧者的角色，並在十八歲時取得弟弟的監護權，靠自己的力量把十三歲的弟弟帶大。

高䠷、溫和、深思熟慮，凱瑟琳的外表和舉止都有著超齡的成熟。她母親在她十六歲時癌逝，父親則在第二年酒精中毒不治。她最小的弟弟保羅在寄養家庭過得孤苦伶仃，有天晚上打電話給念大學的她，她就決心要帶么弟到她上大學的地方。一滿法定年齡，凱瑟琳就去家事法庭，爭取成爲他的監護人。「很多人都說：『妳這麼年輕，有辦法照顧青春期的弟弟嗎？』但我知道幫助他也是在幫助我自己。」她回憶道：「除了宿舍房間，我就沒有別的去處，有點像遊魂一樣飄飄蕩蕩。所以，保羅過來跟我住，我也等於爲自己打造了一個家。」凱瑟琳和保羅找上她那個學院的院長，院長同情他們的處境，安排他們住在已婚學生的宿舍裡。他們就相依爲命了四年，之後保羅加入他們大哥的行列，去西岸上大學。但當凱瑟琳兩年前離婚時，大哥和么弟都搬回她在新英格蘭住的小鎮，她在那裡有一棟房子。「我不知道他們是被我凝聚起來，還是被我所代表的東西凝聚起來。」她說：「我想，無形之中，我代表他們的家。」她和保羅又成了室友，他們的大哥住在同一條路上，老三偶爾會從加州過來拜訪他們。

二〇一二年，有二十六萬兩千多名成年兄姊因家長的缺席而養育著弟弟妹妹。在親屬當中，兄弟姊妹是第三大照顧未成年孩童的族群，次於祖父母／外祖父母和父執輩／母執輩的長輩⑩。福斯

⑩ 原始出處：R. M. Krieder and R. Ellis, *Living Arrangements of Children: 2009, Current population reports, P70–176*, 引述自：Ramona W. Denby and Jessica Ayala, "Am I My Brother's Keeper: Adult Siblings Raising Younger Siblings," *Journal of Human Behavior in the Social Environment* 23 (2013): 193.

電視台於一九九四年至二〇〇〇年播映的電視劇《五口之家》，以及戴夫・艾格斯（Dave Eggers）的暢銷書《怪才的荒誕與憂傷》（*A Heartbreaking Work of Staggering Genius*），都讓兄弟姊妹養育兄弟姊妹的現象廣受大眾矚目。前者是關於在一場車禍中失去雙親的五個兄弟姊妹，後者則是哥哥在父母雙亡後養育弟弟的故事。兄弟姊妹也可能在其他的家庭危機過後挺身而出，負起親屬間的照顧之責，這些危機包括酗酒或嗑藥、精神疾病、坐牢、遣返，或父母疏於照料。兄弟姊妹扮演家長的角色是否成功，主要取決於他們既有的照顧技能有多嫻熟，或是多快能學會在實務面和情感面照顧一個小孩的需求，以及家族中的親戚能提供多少協助。來自朋友、鄰居和宗教組織的支持也能發揮正面的作用⑪。

二〇一三年，內華達大學拉斯維加斯分校針對七十七位成年的哥哥姊姊做了研究，這七十七人總計照顧一百五十四名弟弟妹妹。研究結果發現：四十六%的照顧者年紀在三十歲以下；四十五%的照顧者單身；四十一%的照顧者是弟弟妹妹全部的經濟來源；將近八十%是弟弟妹妹的法定監護人或有意取得監護權；三十四%自願將弟弟妹妹帶在身邊，以免弟弟妹妹落入寄養體系。足足有八十九%的照顧者是姊姊，在母親還在身邊或還活著時，有許多姊姊就已經開始照顧弟弟妹妹。

當姊姊突然變成弟弟妹妹的全職或兼職照顧者，她在家裡的定位就改變了。她不止是姊姊，但也不完全是媽媽。照顧弟弟妹妹的無母之女說，她們常常覺得自己兩個角色都不適任。她們納悶：我是誰？媽媽？姊姊？兩個都是？兩個都不是？「我離家上大學之後，我妹就覺得她必須當我弟的媽媽。」蘿蘋說：「但她從不覺得自己當得很成功。她怎麼可能成功呢？不久前，她向他坦言自己的失敗，結果他跟她說：『米蘭達，妳是我姊，我沒想過要妳當我的媽媽。』我想，他這麼說給了她很大的安慰。」

在母親過世或離開後，儘管姊姊可以遞補母親的位子，但姊姊能夠勝任母職的證據卻少之又少。如同羅素．赫爾德所指出的，成年人給予的照顧與支持之豐富或複雜，是兄弟姊妹所無法複製的⑫。在所有表示自己喪母後找到了替身媽媽的女性當中，只有十三%說代替媽媽的人是姊姊——大致相當於老師或朋友所占的比例⑬。姊姊通常會照顧弟弟妹妹的日常起居，然而，難有姊姊成熟到足以滿足小依賴者的情感需求，畢竟她自己都還是個要依賴別人的孩子。當妳只比妳要照顧的人大幾歲，要妳以身作則恐怕很困難。

「當姊姊必須充當其他手足的母親，其中確實存在一些問題。」艾芙琳．巴索說：「她沒辦法做得很好，但她努力去做。她的努力陷她於失敗的陷阱之中，失敗又導致她的內疚。常常，在她管不動的情況下，她會訴諸體罰，體罰的結果也是陷她於內疚之中。現實情況可不像溫蒂和走失的男孩們❹那麼美妙。」

兄弟姊妹是家中的同代人，輩分上屬於平輩。成長過程中，他們準備未來要彼此互相照顧，這

⑪ Denby and Ayala, "Am I My Brother's Keeper," 197.
⑫ Hurd, "Sibling Support Systems," 301.
⑬ 無母之女問卷調查第十五題（參見附錄一）。
❹ 在童話故事《彼得潘》當中，彼得潘邀請溫蒂到永無島當一群走失男孩的母親，溫蒂很快適應了母親的角色，後來並將這群男孩都帶回倫敦。

種照顧是雙方面有來有往的，而不是像兩代親子間單方面無私付出的關係。由於母親和孩子之間是一種力量不平等的關係，當姊姊扮演起母親的角色、僭越了一般的手足關係，整套系統就變了調。兄弟姊妹不再是一同摸索前進，其中一人脫離了平行的軌道，走上完全不同的方向。多年之後，這個姊姊可能會發現自己無法重新加入其他手足的行列。

丹妮絲現年三十五歲，她在十二歲喪母後就成爲兩個妹妹的小媽媽，她說自己對她們的感覺帶有很強的母性色彩。「直到今天，我都沒辦法和兩個妹妹像姊妹般相處。」她說：「我和她們的關係就像母女。我願爲她們上刀山下油鍋。我很愛她們，但她們不會跟我說藏在心裡的祕密，我也不會跟她們說我的祕密。」當她們的母親過世、丹妮絲姊代母職，兩個妹妹就開始將她視爲長輩和保護者，而不再將她視爲夥伴。手足之間縱使有六、七歲的年齡差距，成年之後一般也會大大縮短距離，但這三姊妹還是按照二十三年前的角色分配在互動。

在十二歲的年紀，丹妮絲認爲姊代母職是不得不然，沒得選擇。必須有人照顧她的兩個妹妹，而她覺得自己最有資格。由她來養育她們，對她來講或許是超齡的付出，但對她們來講，知道家裡有一個人可以依靠，無形中幫助她們建立起安全感，儘管這個人有時不一定可靠。丹妮絲說，那份安全感是現在妹妹有而她缺乏的東西。

失去父母之後，弟弟妹妹往往能從哥哥姊姊對他們不離不棄的關係中獲益。即使小時候不見得感激，到了成年以後，他們往往牢記這份恩情[14]。班傑明．加爾帛研究了七位在七歲到十歲半之間喪父或喪母的青少年，發現其中適應最良好的四位都和哥哥姊姊感情深厚[15]。三十二歲的阿金說，自從她兩歲喪母之後，現年四十二歲的哥哥就一路幫助她建立自尊心和價值感。「我總是跟人說，要不是有我大哥，我早就成了一堆破爛。」她不禁失笑道：「就連我還很小的時候，他也帶著我到處跑。他十六歲玩樂團，正值年少輕狂的階段，還是把我帶在身邊。妳想想看，誰要一個六歲妹妹當跟屁蟲啊？但他就讓我跟。大哥隨時讓我覺得自己有一個歸屬。」

然而，當手足之間有一人把另一人視爲亡父或亡母的代罪羔羊時，這段關係就會受到嚴重的考驗。弟弟妹妹可能會把對母親的憤怒轉嫁到哥哥或姊姊身上，這些感受若是沒有好好處理，可能就會演變成宿怨和深仇大恨。當哥哥姊姊離家追尋自己的人生時，弟弟妹妹可能就會覺得憤憤不平。哥哥姊姊則可能誇大自己的權力，不允許弟弟妹妹和自己分開。又或者，妹妹可能會期望姊姊像媽媽一樣給她全面的支持，但姊姊可能極力抗拒這個角色。

「高中的時候，我向大我五歲的姊姊求助。」三十二歲的蘿貝塔在十五歲時喪母，她回憶道：「姊姊對我說：『別找我，我才不要管妳的問題。』她跟我講得很清楚，不管我有多痛苦，反正不關她的事。我很訝異。我覺得吃了一個大虧。我就是不敢相信她怎麼會那麼自私。我總以爲她懂很多，知道很多答案。結果直到今天，她都告訴我：『別找我，去找心理師。我這裡沒有妳要的答

---

⑭ Hurd, "Sibling Support Systems," 307.

⑮ Benjamin Garber, "Some oughts on Normal Adolescents Who Lost a Parent by Death," *Journal of Youth and Adolescence* 12 (1983): 175–183.

案。』基本上，這種建議也不壞，但第一次聽到還是很受傷。」然而，蘿貝塔承認，姊姊拒絕扮演母親，也讓姊姊保有原來的角色、站穩了姊姊的立場。儘管姊妹倆如今不是特別親，蘿貝塔說她很清楚這段姊妹關係的界線在哪裡。

當姊姊試圖成爲妹妹的替身媽媽，就母女關係一般會面臨的成長掙扎而言，姊妹倆可能會陷入難解的糾結，這些掙扎包括青春期的獨立和叛逆。姊姊通常不知如何因應這些改變，妹妹如果開始長大，卻發現沒辦法有什麼進展，則可能陷入成長的迷惘。

四十三歲的瑪麗瓊在八歲時喪母，身爲三姊妹中的老么，她實際上是姊姊佩蒂帶大的。佩蒂在十三歲時接下家裡煮飯、打掃的工作，並成爲瑪麗瓊日常生活的主要照顧者。「不管是初經來的時候，還是其他諸如此類的事情，我都跑去找貝蒂。」瑪麗瓊回憶道：「她眞的就像我的媽媽一樣。在當時，這對我有好處，但對她卻有嚴重的壞處。終其一生，她都有重度憂鬱症，再加上她那種『我現在是家中長女，必須負起責任』的感覺，實在是雪上加霜。」

成長過程中，瑪麗瓊認同佩蒂，佩蒂則對她們的母親有很強的認同。六年前，佩蒂來到跟她們母親罹癌時一樣的年紀，她一度自殺未遂。瑪麗瓊到醫院看她，求她尋求專業協助。幾個月後，佩蒂又服藥過量，在當天就過世了。

爲了平復喪姊之痛，也爲了處理她和姊姊之間的好媽媽/壞媽媽情結，瑪麗瓊現在正在接受心理治療。「小時候，佩蒂眞的很努力要讓我過得好一點，但她自己卻過得一團糟。而且，她內心的混亂有時會以負面和控制的方式表現出來。」她解釋道：「我們以一種又愛又恨的方式緊密相連。

我努力要記取那些她對我很好的時候，但我也看得出來，我有很多負面模式是從她那裡來的。她因為我乖乖受控就控制我的感情生活，我的很多負面模式便是來自她控制我的方式。」

在理想的情況中，有哥哥姊姊的無母之女將她大部分的需求放在可靠的父親身上，並從其他手足那裡得到額外（但並非全部）的安全感，如果她還有其他手足的話。狀況最好的孩子，可能是排行居中、能夠承擔少量責任，但在面臨壓力、需要退回童稚狀態時，仍有其他家人可以依靠的孩子。她們一方面能獲得成就感，一方面又有帶給她們安全感的家庭基礎。三十二歲的莎曼珊在十四歲時喪母，她是五個孩子當中的老二，有一個可以依靠的父親，有一個依賴她的妹妹，也有一個她可以問問題、聊心事的姊姊，舉凡關於生理、朋友和男孩子的事情，她都會去找姊姊。在她們家裡，從母親過世前，這三個年紀較大的姊妹關係就很緊密。如今，她們住在相鄰的城鎮，一星期會聊上幾次天。

> 以前每逢週末，我們三姊妹總會先起床幫全家做早餐，然後再爬回床上聊兩、三個小時，天南地北什麼都聊。有時我們晚上也會這樣聊。所以，我有什麼問題都會去找大姊和三妹。有時也會找我朋友商量，但通常是姊妹優先。如果我們當中有人不知如何是好，三個人就一起想辦法，或幫忙到處問。大姊懂一堆人體保健的知識，她是我們的百科全書。她婚後生了三個小孩，談起懷孕和生產淡定得很。如果我結婚生小孩，她就會是我討教的對象。

莎曼珊說，有朝一日她也想為人母親，但她不急。像媽媽般照顧三妹將近二十年，她想休息一下再開始。許多照顧過弟弟妹妹的無母之女都表達了一樣的心聲。「我已經帶過三個孩子了。」她們說：「現在我想給自己一點時間。」

當然，以成年人之姿，做好迎接新生命的準備，養育一個妳計劃要生的孩子，則又是另一回事。儘管如此，帶過弟弟妹妹、後來自己也生了孩子的女性，常發現她們先前的經驗幫自己做了爲人母親的準備。三十六歲的布莉琪從十二歲起照顧兩個弟弟，直到她離家上大學爲止。她說，對她來講，當她兒子的媽是一個自然而然就做上手的角色。她從沒擔心過自己會做不好。「愛他、呵護他一點都不難。」她表示道：「但我也不是從兩個弟弟很小的時候就照顧他們，所以，在某些方面，我顯然經驗老道，但在某些方面，我又毫無頭緒。」

布莉琪和她的父親或繼母都沒有聯絡。她曾經從祖父母和外祖父母那裡感受到無條件的愛，如今他們都過世了。但她說，她的兩個弟弟填補了這部分的缺憾，給了她兒子那份無條件的愛。「我弟不知道怎麼應付小寶寶，所以，一開始他們的態度不外乎『喔，小傢伙粉嫩嫩的很可愛，我們愛他』。」布莉琪說：「但艾力克斯現在四歲了，他會跟他們講電話，說學校裡有個小霸王，問他們該怎麼辦之類的。我弟弟絞盡腦汁幫他想。看他們互動的樣子，我總是很欣慰。在這種時候，我就會覺得：雖然我媽不在了、我得照顧兩個弟弟，但我們三個絕對是一家人。」

排行

我們通常沒有意識到排行對我們的影響，但手足之間的長幼次序衍生出一套內化的角色和想法，影響著我們看待世界的眼光⑯。根據心理學家瑪格麗特．M．霍普斯（Margaret M. Hoopes）博士和詹姆斯．M．哈波（James M. Harper）博士，兄弟姊妹在出生時分配到的角色，有可能隨著喪父或喪母產生改變⑰。如果哥哥姊姊無暇他顧或離開家裡，排行居中、慣於依賴別人的孩子，可能突然必須變成照顧者。習慣被捧在手心的老么，則可能要爲自己負起以前不必承擔的責任。

當父親再婚，繼兄弟姊妹加入成爲一家人，排行角色可能整個被打亂。舉例而言，在一個重組家庭中，如果有兩個老大同在一個屋簷下，他們往往會針鋒相對，在新的手足團體間互爭領導者的地位。當長幼次序有所重疊，直到新的尊卑等級形成之前，混亂與衝突是典型的狀態⑱。

以下特徵是失去母親的家庭中，女兒依排行而引起的常見反應，由個人訪談、調查數據⑲及已發表的心理研究資料整理而成。

---

⑯ Betty Carter and Monica McGoldrick, eds., *The Changing Family Life Cycle* (Needham Heights, MA: Allyn & Bacon, 1989), 229.

⑰ Hoopes and Harper, *Birth Order Roles*, 31.

⑱ 出處同前，第129頁。

⑲ 本書調查的一百五十四名無母之女中，二十八％為長女，二十五％為次女，三十一％為么女，十五％為獨生女，一％為雙胞胎。

長女

- 如果由她持家，她可能很快變得早熟、負責，但年紀還小就行使權力，也可能讓她長大後控制欲過強。
- 可能養成爲他人服務的習慣，成爲一個體貼入微、富有同理心的女人。
- 常爲了逃避責任早早離家，但又因此過意不去；或犧牲自己，一直留在家裡，超過預計的時間仍未離家。
- 如果沒人告訴她早年的往事，她可能會對自己兒時的一切很陌生，但她本身卻是家裡的講古人，可以告訴弟弟妹妹他們的童年往事。
- 可能比弟弟妹妹更難和缺席的母親切割開來。阿默斯特學院針對男女兩性和所有排行的學生做了一項研究，發現長女和她們的母親最爲難分難解，獨立的自我感最低[20]。
- 最不怕失去父親。父親健在的長女中，只有十分之一表示「很怕」父親過世[21]。相對而言，很怕父親過世的么女占比爲四分之一。這可能是因爲在母親過世時，長女往往最接近獨立自主、最不依賴父母。

次女

- 既是姊姊也是妹妹，對於在家裡哪個角色能給她更多安全感，她可能覺得很困惑。面臨喪親，退回童稚狀態是她正常的需求，此時她可能較爲認同妹妹的角色，並尋求姊姊的照顧。

或者，如果哥哥或姊姊無法扮演家中的照顧者，她可能要爲弟弟妹妹接下這個角色，並對「這不是我的工作」感到憤憤不平。

- 可能覺得被忽略或被排擠，比其他手足都更早離家，以求與兄弟姊妹做出區隔，發展屬於她自己的身分認同㉒。
- 找到替身媽媽的可能性最低——四十四%的受調次女表示不曾找到過㉓。

么女

- 常被視爲家中的小寶貝，在家人的保護下對母親的病情或死訊所知不多，導致她對其他家庭成員產生困惑不解或憤憤不平的情緒。她長大後可能不信任向她隱瞞眞相的那些人，或預期輩分高的人又會對她有所隱瞞。
- 在家庭成員試圖處理自己的傷痛時，么女可能會發現她的喪母之痛被過度誇大或淡化。「小珍妮最可憐了」讓他們把焦點從自己身上轉移到她身上；「珍妮最輕鬆了，因爲她對媽媽最

---

⑳ Rose R. Olver, Elizabeth Aries, and Joanna Batgos, "Self-Other Differentiation and the Mother-Child Relationship: The Effects of Sex and Birth Order," *Journal of Genetic Psychology* 150 (1989): 311–321.

㉑ 無母之女問卷調查第七題和第十四題（參見附錄一）。

㉒ Walter Toman, *Family Constellation*, 3rd ed. (New York: Springer, 1976), 22.

㉓ 無母之女問卷調查第七題和第十五題（參見附錄一）。

沒有印象」則讓他們不必去面對一個小小孩的痛苦。

• 享有一個完整無缺的家庭的時間最短，可能因此很氣憤、很難面對節日和家庭慶祝活動。

• 當哥哥姊姊進入青春期或青年期、有了別的責任、言行脫序或從家裡消失，么女可能會覺得她的好榜樣突然變了樣，或突然不見了。

• 最有可能是「爹地的心肝寶貝」，最難接受父親生病或過世。在表示「很怕」父親過世的受調女性中，比例最高（占五十%）的就是排行老么的孩子㉔。

• 長期而言，么女可能自認是受到最深影響的孩子。本書調查的么女中，有四十八%表示失去母親是她們人生中「最具決定性的單一事件」。相對而言，長女、次女和獨生女的比例分別爲二十七%、二十二%和二十三%㉕。此外，表示早年喪母毫無好處可言的成年女性，有半數皆爲么女㉖。

獨生女

• 通常比其他孩子獲得母親更多關注，所以她實際上失去的更多。

• 通常更懂得如何與大人相處，對她尋找替身媽媽有幫助㉗。

• 透過觀察她的父母學習成年人的戀愛關係，在母親過世時失去了一個主要的角色模範。如果她沒有繼母，或如果她的父母婚姻不睦，對於成年女性如何與男性相處，她可能覺得不知所措。

• 很難接受繼母，因爲她習慣獨占父親。
• 比其他孩子更爲自我中心。喪母之後，她首要關切的是她自己——我的下場會怎麼樣？她因此深怕自己也會失去父親。
• 覺得必須表現得很完美，父親才不會像母親一樣棄她而去。
• 在學習如何對待父母時，她是透過觀察另一位父母，而不是透過觀察哥哥姊姊。所以，在母親過世或離開之後，她就按照母親的方式對待父親，因而可能導致角色的混淆。

大家庭（有五個以上的孩子）裡的女兒

• 可能在喪母之前早已受到哥哥姊姊的照顧，因爲母親必須把注意力分散在這麼多個孩子身上。如果一個女兒已將部分情感投入在別的母職人物上，當她的母親過世時，她可能比較容易適應家中的改變。
• 可能看見兄弟姊妹中自然出現一位領導者／指導者[28]，這個人可以成爲弟弟妹妹的替身媽媽。儘管不一定，但這個人通常是住在家裡的長姊或二姊。

---

[24] 出處同前，第七題和第十三題之(e)。
[25] 出處同前，第七題和第十題。
[26] 出處同前，第七題和第十八題。
[27] Toman, *Family Constellation*, 27.

- 如果她就是那位年紀較長的女兒，可能會因爲必須照顧弟弟妹妹而覺得受到剝削、心有不甘。
- 可能會去依賴手足之間的小團體㉙。舉例而言，有七個孩子的家庭可能按年齡分成兩個團體。母親過世後，兄弟姊妹就去依靠自己的小團體，而不是依靠全家人。由於手足之間通常最難接受排行僅次於自己的人，所以往往會形成諸如老大和老三比較親、老三和老五比較要好之類的結盟。
- 在變成單親的家庭中，必須比以前花更大的力氣和其他手足爭奪父母的愛。每個孩子受到的關愛可能不足以補償失去的部分。
- 如果她是年紀較小的孩子，在母親過世後，可能會被送去和某個哥哥姊姊或親戚同住，導致她覺得自己對家人來講可有可無、在家裡的處境很孤單，或對自己成爲家人的負擔很內疚。
- 團體的規模提高了彼此找到一個夥伴的機會，多樣化的組成分子當中既有夥伴又有照顧者，大家庭裡的女兒可從中獲得安全感㉚。另一方面，大家庭往往面臨經濟困難之類的挑戰，使得成員持續感到不安㉛。一旦有父母過世，無論規模大小，不安的家庭系統都可能面臨瓦解的危機。
- 由於父母的想法和做法會隨著時間改變，大家庭裡的女兒和年齡差距較大的手足常是在不同的教養方式下長大。老大和老九的母親雖然是同一個人，到了生老九的時候，她的教養方式卻可能很不一樣。同理，長女結婚和生頭胎時，母親可能還健在，么女卻可能還沒念完小學，母親就不在了。姊妹倆有不同的「後續損失」，這代表她們的哀悼模式和需求也各不相同。

一人一個版本？

家母和我很親。她過世時，我們差不多已經度過我的叛逆期了。我想，我們正要開始變得比較像朋友。——十九歲喪母的三十六歲女性

我想，我對家母來說是一個安慰。至於她對我來說是什麼，我就眞的不確定了。我們有很多共同點，像是古典樂和宗教。我不記得跟她有過母女之間的談心。我們之間的關係很浮面，無事不登三寶殿那樣。我想，她在我身上找到一種讓她過得比較輕鬆的穩定和可靠，多數時候，我也樂意配合演出，扮演她要的角色。——十六歲喪母的三十三歲女性

就我記憶所及，我和家母的關係向來不親。是啦，我們會一起做一些事情，像是她帶我去打耳洞，還有一次我爸出差不在家，她送我一隻小貓咪。我不知道我們之間的距離有多少是因爲我的年紀，又有多少是因爲我們的關係本身就不親。當時，我是一個還挺蠻橫的青

㉘ Hurd, "Sibling Support Systems," 307.
㉙ Toman, Family Constellation, 24.
㉚ Bossard, The Large Family System, 223–228.
㉛ 出處同前，第230至231頁。

少年，正處於覺得她做的一切都很丟臉的階段。媽媽不是我談話的對象。我多半是找姊姊聊。——十四歲喪母的三十一歲女性

三個女兒談三個不同的媽媽？不盡然。這三位是勞倫斯家的三姊妹——凱特琳、布蘭達和凱莉。她們描述的是同一位十七年前癌逝的母親。

如同這個例子所示，兄弟姊妹對母親及喪母的觀感通常缺乏共識。基於幾個原因，母親過世對每個孩子的影響各不相同。這些原因包括成長階段的差異、排行、先前遭逢生老病死的經驗、喪母時的個人狀況，以及個人和雙親的關係。即使孩子們年齡相近、兄弟姊妹是一起長大的，他們的喪母經驗也可能在某些方面類似、在某些方面卻天差地別，有時聽起來就像由不同母親帶大的雙胞胎。

有時候，事實情況也與此相去不遠。母親過世時，正值青春期晚期或青年期早期的孩子，絕大部分是在她的影響之下長大，而且通常有生父和生母二人的陪伴。相形之下，他們的弟弟或妹妹大部分的人格養成期，則只剩父親在身邊，或是在一個重組家庭裡長大。四十五歲的夏娃有個三十八歲的么弟，她說直到最近一次探望家人之前，她都一直以為是家庭以外的因素塑造了么弟的個性。「我總覺得安德魯是一個有條不紊、謹慎保守的小孩。」她解釋道：「我知道我有那種潛質，我也在二弟身上看到了那種潛質，但我們兩個大而化之得多。安德魯排行最小，但他是我們三人當中最成功的。他很會玩，工作也很認真，他是一個非常務實的人。上次看到他和我們的繼母在一起，我就明白不是保守黨造成了安德魯保守的個性，而是兩個母親的差異。我繼母超級務實，她也不像我

媽那麼大而化之。」這層領悟讓夏娃釐清了姊弟個性不同的根源，紓解了她總覺得自己比不上安德魯的壓力，也緩和了她對自己不合乎社會主流、選擇另類生活方式的罪惡感。

即使兄弟姊妹都跟著同一對父母長大，他們的喪母經驗也可能大不相同。舉例而言，凱特琳、布蘭達和凱莉的母親剛診斷出癌症時，三姊妹都還住在家裡。但不出兩年，凱特琳就去上大學了，布蘭達則住在離家八百英里的寄宿學校，凱莉是唯一還和父母同住的孩子。那年，她們的母親展開積極的放射療程，十三歲的凱莉是唯一在家目睹副作用的女兒。至今，她跟母親一起上超市的記憶仍歷歷在目——治療導致噁心想吐，只見媽媽在麵包架前吐得一蹋糊塗，到了外面的停車場又吐了一次。由於姊妹當中只有凱莉親身參與了那些恐怖、無助的時刻，無怪乎如今談到乳癌和疾病時，她是表現出最多恐懼的女兒。

凱特琳、布蘭達和凱莉說，她們靠彼此的記憶來塡補空白。但在其他家庭裡，尤其是兄弟姊妹一開始就很疏遠的家庭，記憶的分歧和觀感的差異可能只會加深彼此的鴻溝。當一個喪母的女兒將早年喪親視爲影響她一生的重大事件，她對其他人生經驗的解讀都和這件事脫不了關係，那麼，她對母親及喪母的記憶就成爲個人身分認同的基石。如有兄弟姊妹挑戰她對過去的認識，她就會將對方視爲威脅。兄弟姊妹當中，像這樣一心保有個人記憶者，即使記憶早已無法獲得證實，她還是會捍衛自己記得的版本。

「對於家父家母相繼過世的那兩年，我哥、我姊和我有著截然不同的印象。」泰瑞絲・蘭道說：「誠然，不同的人對同一件事的理解各不相同，而歧異最大的莫過於我們三人對那段日子的回顧。我姊記得的事情，我敢用性命擔保絕無此事。她會說：『妳不記得巴勃叔叔和瑞雅嬸嬸每週末都來、每次來都待好久嗎？』我哥和我都知道，他們絕不可能每週末都來。從頭到尾，他們就來過一次吧，頂多兩次。我有外人可以證明，但我姊百分之百確定他們每週末都來。你會以為我們三個住在不同的地方，但我們就住在一起。」

當兄弟姊妹的記憶有所出入，重點不在於誰對誰錯，而在於誰為什麼記得什麼。蘭道博士認為，她的姊姊可能需要相信叔叔嬸嬸曾來探望，因為這在孤兒三兄妹覺得遭到遺棄、勢單力薄之時，給了她一份受人保護的記憶。抹除這份記憶，意味著必須承認那份年紀還小就無父無母、無依無靠的痛苦。

五十三歲的卡洛琳說，長久以來，她都很抗拒妹妹與她相左的童年記憶，這一方面是因為身為姊姊的傲慢，一方面是因為她自己的哀悼障礙。卡洛琳在四個孩子當中排行老二，母親在她十一歲時過世，她形容自己「擁有無懈可擊的記憶，到現在還是能告訴你哪位鄰居帶了什麼食物到喪禮上」。所以，當她和妹妹琳達開始合寫一本有關兩人童年的書，每次只要姊妹倆記得的不一樣，卡洛琳就會堅持妹妹記錯了。但寫這本書也是卡洛琳哀悼過程的一部分，隨著她的傷痛慢慢平復，她發覺自己也比較願意接受妹妹的說法，比較願意放下身段融合兩人的回憶。

寫這本書幫助我放下「我什麼都知道」的執念。我現在明白我只知道自己經歷過的事情，但我不知道別人經歷過的事情，即使是像我妹妹那麼親近的人，因為她的人生和我的人生是兩回事。我們早年的歲月有大半都在一起度過，但她和家母相處的經驗卻和我截然不同。我通常都跟我哥在外面，四處探險、玩一些有的沒的，琳達則跟媽媽在家學做菜和學挪威語。我現在明白，不管我們今天有多麼相像，她跟我有不同的記憶和不同的哀悼需求，因爲她失去的跟我不一樣。

隨著卡洛琳越來越願意將她妹妹視爲一個不同的個體，她體認到自己可以和琳達一起哀悼，不須爭個對錯。在我遇見卡洛琳前兩個月，姊妹倆去了一趟山區一日遊，在山上一起爲她們的生母和三年前過世的第一任繼母哀悼。

奧林匹克半島位於美國西北部的最遠端，颶風嶺是那裡最高的據點，山上景色壯麗。琳達和我開車穿過雲層，看到了那片景觀，兩人同時喜極而泣。感覺太震撼了，我們按捺不住激動的情緒。我們本來計畫要到那裡爲生母和繼母哀悼，抵達目的地之後，我們也眞的進行了一些哀悼的儀式。我們唱了來自兩位母親葬禮上的歌曲，並呼喊她們的名字。在這個世界上，我們多半會看到男性的大名寫於各處。無論是不是生養我們的母親，我們也不一定會向她們致敬。而琳達和我卻一起向我們的母親致上敬意。

7 尋愛：親密關係

「凡以順耳的嗓音對我發聲者，我必追隨之／一如流水默默追隨明月，踏著流動的步履浪跡天涯。」

——華特．惠特曼（Walt Whitman）〈發聲法〉（Vocalism）①

二十多年前，我的朋友海蒂將這兩行詩句寫在明信片上寄給我。我還記得她是如何以工整的字跡，慎重寫下每一個字。海蒂和我在八年級❶時結識。相交多年，她看著我發展戀情，也看著我重蹈覆轍。她在我第一次失戀時開導我，接著是第二次，再來是第三次。到了那時，她已經知道我的罩門了。所以，當我們聊到我最近一次戀情的第二天，在這張從波士頓寄來的明信片背面，她委婉地告誡我，切勿追隨一個以花言巧語誘惑我的感情騙子。最後她又叮嚀一句：「親愛的，不要輕易交出妳的心。」

這不只是一句警語。海蒂已經多次看我太快一頭栽進去了。

我不打算一一細數修成正果前的每一段戀情。總之那些細節亂七八糟，而且不久就開始重蹈覆輸。我有過幾段甜美的戀情，也有過慢慢開始、穩定了一段時間、最後還是漸行漸遠或禁不起考驗的長久戀情。但在這些戀情之間，我也有一堆還沒眞正開始就已結束的戀情。我自己是這樣看的：一次是單一事件，二次是機緣巧合，三次是行爲模式。每個人都有自己的一套模式。以下就是我的模式——

我們會在派對、壘球賽或火車上邂逅，他會跟我要電話號碼，並在第二天打來。接著，他就開始送我禮物、爲我準備燭光晚餐、問我能不能每晚見面。我沉浸在他的關愛裡，心想：有人愛慕我，我是被愛的。他想知道我的一天是怎麼過的，每個細節都不放過。他跟所有的朋友提起我。「妳就是我的夢中情人。」他說：「我會讓妳的生命變得完整。」他會開始計劃我們的未來。這是第一週。

第二週，我會開始浮現一絲不安。兩個人應該這麼快就在一起嗎？我會向閨密討教，並忽略閨密的忠告。我會告訴自己：如果他有這種感覺，那一定是動了眞情；這一定是眞愛。我們會第一次一起過夜，第二天早上，他會打電話到辦公室請病假。我們會在街角對彼此許下瘋狂的諾言。我們會從半夜做愛到天亮。就連他壓在我身上的時候，我都知道自己讓性僞裝成愛了。但在做愛當下，我完全可以把性跟愛畫上等號。天濛濛亮的時分，耳裡聽著甜言蜜語，我會說服自己，當兩副軀體

---

① Walt Whitman, "Vocalism," in *Complete Poetry and Selected Prose* (Boston: Riverside/Houghton Mifflin, 1959), 271.

❶ 美制八年級大致相當於台灣學制的國中二年級。

爲了產生愛的結晶結合在一起，當他的身體能夠如此深入我的身體，我們必能創造出一個完整的整體，那個完整的整體就是「我」。

激情會持續一個月。或許比一個月再多一點。接著就會突然眞相大白——他有別的女人，或者另有要務纏身，或有其他諸如此類的阻礙。但難道我們不能繼續做朋友嗎？每一次，我總是很錯愕。這次又哭了一星期，又有一個月發誓不再接近男人，又在心理師的沙發上坐了好幾小時，檢討那些一直都在的警訊。

喔，我知道這種速食戀愛的危險。我聽過忠告，讀過一些書，看過一堆電視上的談話節目。我知道這樣迅速征服女人的男人別有用心，我知道眞誠的交往需要時間，諸如此類的道理我都懂。但當人對情感的需求如此強烈，眞相總是被慾望蒙蔽。一如克萊麗莎·平蔻拉·埃思戴絲所言，沒有媽媽呵護的女人，在以爲能夠找到眞愛時，總是忘記聽從直覺發出的警訊②。每當有人和我擦出火花，我就只顧抓住那份來電的感覺，無視於讀到或學過的一切，深怕錯過這次，愛神就不會再眷顧我了。

這絕非處理兩性關係的上上之策。首先，這樣很累。其次，在我有機會看到對方和小朋友的互動情形之前，我可能就要幫我們的兒女取名字了。我不是在排除一見鍾情的可能；我只是在承認：與其說這股激情是眞愛，不如說它是一種出於自戀的需求。當一個無母之女這麼快就全心戀上一個人，這份吸引力往往不是來自兩情相悅，而是她對他能給她的東西抱有單方面的希望。

就某種程度而言，無母之女就跟任何女人一樣。不管有沒有媽媽，透過感情尋求完整是我們都有的追求。我問安卓莉雅．坎貝爾，像這樣無可救藥的追尋，是不是徹頭徹尾找錯方向了？她失笑道：「說這種追尋找錯方向，等於是在說全人類都找錯方向了。即使我們的父母健在，他們也不能按照我們需要的方式，滿足我們全部的需求。就連最厲害、最完美的母親都做不到。所以，我們心裡總有受傷的地方，總在找尋一個能爲我們療傷的人。」但她也說，比起大多數的女兒，無母之女的被剝奪感更深。

在理想的情況中，一個女兒的情感基礎先從她的家庭開始，隨著長大成熟，再延伸到她的伴侶、朋友和自己。沒有媽媽的女兒則要從退一步的地方開始，尤其如果她的爸爸也不可靠，那她首先必須建立或重建一個安全的情感基礎。約翰．鮑比分析了一九八七年英國的一份研究，該研究是針對在年滿十一歲前失去母親的女性，據他觀察，一個女孩若是缺乏安全的情感基礎，「可能不顧一切要找一個男友來照顧她，再加上她負面的自我形象，結果她很可能和一個完全不合適的年輕男性定下來……嫁給他之後，以前的不幸經驗很容易就導致她對他過於苛求，或/和對他很壞」。③

雖然鮑比的分析呈現了某些無母之女的困境，但她們的困境不是唯一可能的結果。依戀理論學家一般將個體分成三類：成年後能夠與人形成健全依戀關係的個體，對於自己的社會關係和戀愛關

② Estés, *Warming the Stone Child*.

③ John Bowlby, *A Secure Base* (New York: Basic, 1988), 177.

係深感焦慮或矛盾的個體，以及避免和人親近的個體④。有安全感的成年人，一般會將他們的情感需求分散到幾個不同的來源上，包括他們自己也是一個來源。他們可以自在地給予和接受照顧。焦慮矛盾型成人通常期待伴侶來滿足自己大部分的需求。他們以一種自我犧牲、強迫接受的方式去付出，而且常試圖從性交當中尋求愛與安全感。迴避型成人則幾乎只靠自己，不能或不願付出和接受照顧。他們最有可能和人保持情感上的距離，或是變成花心濫交。

依戀模式據信是在嬰兒期開始形成，根源則在於母親回應嬰兒的程度。舉例而言，嬰兒難過大哭時，比起動作機械化或不帶感情的母親，以及回應得太慢、回應不到位或不作任何回應的母親，迅速給予溫暖回應的母親養育出的孩子較可能有安定的依戀關係。當今多數心理學家都同意，嬰兒和母親建立的關係，是孩子成年後感情狀態的藍圖⑤。

然而，即使嬰兒期有慈愛的母親照拂，並與母親建立起穩固的關係，某些特定的人生事件還是會破壞孩子的安全感，包括孩子或父母罹患慢性重症、孩子被送去寄養、父母罹患精神疾病、在父母死亡/分居/離婚後家庭就瓦解了，以及孩子受到肢體虐待或性虐待等等。一九九九年，一項針對八十六名零歲到十八歲孩子的研究發現，即使嬰兒期受到無微不至的照顧，童年遭遇過一件以上不幸事件的孩子，還是比其他青年人更可能有依戀障礙——此項發現顯示出父母罹患精神疾病、父母過世及家庭壓力對孩子後續的不良影響⑥。

以無母之女和其他成年人兩相對照的研究，甚至更加闡明了這一點。在父母健在的人口中，大約五十五%的個體顯示出成年後的依戀關係為安定型，二十五%為迴避型，大約二十%為焦慮矛盾型⑦。然而，心理學家貝蒂．D．吉立克費爾德針對八十三名在童年和青春期失去父母的成年人做了一項研究，她發現四十六%的研究對象屬於安定型，十七%爲迴避型，三十七%爲焦慮矛盾型⑧。她說，在她的研究中，焦慮矛盾型成年人的占比明顯較高，顯示出早年失去父母讓孩子更容易產生遺棄感和無價值感，進而使她在成年後對感情既期待又怕受傷害⑨。

佛蒙特州強森州立大學的一項研究也有類似的發現。三十名無母的已婚女性和對照組相比之下，實驗組的無母之女對夫妻關係的焦慮與迴避比對照組嚴重許多，即使其中有三分之二的人都以

---

④Phillip R. Shaver and Cindy Hazan, "A Biased Overview of the Study of Love," *Journal of Social and Personal Relationships* 5 (1988): 473–501.

⑤Jane L. Pearson 等人合撰之 "Earned-and Continuous-Security in Adult Attachment: Relation to Depressive Symptomatology and Parenting Style," *Development and Psychopathology* 6 (1994): 359; Gina Mireault, Kimberly Bearor, and Toni Thomas, "Adult Romantic Attachment Among Women Who Experienced Childhood Maternal Loss," *Omega* 44 (2001–2001): 98.

⑥Leila Beckwith, Sarale E. Cohen, and Claire E. Hamilton, "Maternal Sensitivity During Infancy and Subsequent Life Events Relate to Attachment Representation at Early Adulthood," *Developmental Psychology* 35 (1999): 693–700.

⑦摘自 Bette Diane Glickfield, "Adult Attachment and Utilization of Social Provisions as a Function of Perceived Mourning Behavior and Perceived Parental Bonding After Early Parent Loss" (PhD diss., University of Detroit–Mercy, 1993), 52，原始出處為 Phillip R. Shaver and Cindy Hazan, "Adult Romantic Attachment: Theory and Evidence," in *Advances in Personal Relationships*, ed. D. Perlman and W. Jones。

⑧Glickfield, "Adult Attachment," 53.

⑨出處同前。

正面詞彙描述她們和亡母的關係⑩。整體來說，研究顯示無母之女可能很怕失去配偶，爲了替她們認爲不可避免的失去預作準備，她們會拉開自己和配偶在情感上的距離，但在同時，她們又爲喪偶的可能焦慮不已⑪。

焦慮矛盾型的女兒

據三十六歲的凱樂形容，她過去的六年就是一連串的露水姻緣，從一時天雷勾動地火開始，後續從不超過兩、三個月。事實上，她交往過的所有男人，都在不明就裡的情況下，參與了她對安全感的追尋。她的母親在她十七歲時過世，從此她就失去了那份安全感。

凱樂說，她母親有著北歐人堅忍剛毅的性格，喜怒哀樂不形於色，她和母親向來不是特別親，但她確實從關係緊密的家庭得到了安全感。然而，母親過世後，這個家庭系統就開始解體。兩年之內，凱樂仍在世的祖父母就都過世了，原本三代同堂、所有節日和假期都一起度過的六人大家庭，頓時減爲只剩三人：她父親、她自己，以及住在另一州的姊姊。凱樂說，從那之後，她看待自己所有的戀情時，都抱著任誰也無法滿足的期望，包括在她二十幾歲時一段爲時七年的婚姻。

我的戀情總是從強烈的吸引力和一線希望開始，覺得就是他了，我再也不孤單了。我尋求的是一種家人之間的連結感。才第一次約會，我就會開始想我們能不能長久，而不是先去了解他是怎樣的一個人。我對任何約會對象都報以很高的期望。

某種程度上，我眞的很怕信任一個人，因爲我怕對方會離開。我內心莫名認爲只要我愛的人都會死掉或離開，所以我通常都選不會太黏的男人，但這樣的人又不能給我充分的關愛與眞誠的呵護，因爲他們滿腦子想著自己的事情。我會試圖從他們身上獲取他們不可能給我的東西，當他們無法滿足我的需求，我就會很生氣地收回自己的感情。

因爲這種模式已經重複太多次了，我判斷一個人能不能眞誠付出的速度也變得越來越快。我試著要學習慢慢認識一個人、慢慢觀察他適不適合我。有好長一段時間，我以爲自己應該來者不拒，覺得「愛情來了，我得趕緊把握」，而不是問自己：「對我來說，他是對的人嗎？」

凱樂對於受人愛護有著深深的渴求，這份渴求要追溯到實際喪母之前的歲月，因爲她母親本來就是一個不太表達情感或情緒的人。凱樂一再試圖從太過疏遠的男性身上搏取關愛，以滿足自己的渴求，就像一個受到冷落的女兒，努力要引起難以親近的母親對她的注意。喪母後在情感疏離的父親照顧下長大的女兒，也可能有一樣的反應。南加州大學針對一百一十八名十七歲至二十四歲的大

---

⑩ Gina Mireault, Kimberly Bearor, and Toni Thomas, "Adult Romantic Attachment Among Women Who Experienced Childhood Maternal Loss," 97–104.

⑪ 出處同前，第102頁。

學生進行了一項研究，發現父母在他們記憶中如果是冷淡或反覆無常的照顧者，他們就較有可能擔心被拋棄或不被愛，而展現出太過執著或依賴心太重的戀愛風格，並有自我價值感和社交信心低落的現象。相形之下，認為父母在童年時給自己溫暖回應的學生則較無這種情形⑫。成年以後，成長過程中父母對她很冷淡的女兒，往往會形成充滿嫉妒和擔心被棄的關係。對於找到及維持一段感情，她可能執迷不悟、癡心不改。麥可欣・哈里斯也在她的訪談中發現，許多在父母過世後乏人關愛的男男女女，都會不顧一切地去尋找一份全能的愛，他們相信這份愛會拯救自己⑬。

成年後，凱樂無休止地一再容忍感情上的失落，也顯示出她母親的死影響了她的依戀模式。不像迴避型的女兒退回自己的保護殼裡，她還是很願意把同一條老路走了一遍又一遍，每一次都希望可以改寫過去、迎來美好的結局。這次他會給我我需要的一切。這次他不會離開我。當感情開始亮起紅燈，焦慮矛盾型的戀人往往拒絕承認，即使她對離棄極為敏感。如同心理學家瑪莎・沃芬斯坦（Martha Wolfenstein）在一九六九年的文章〈失去、憤怒與重蹈覆轍〉（Loss, Rage, and Repetition）中所言，沒有媽媽的女兒經常否認或忽視感情出問題的警訊，堅持這一次不一樣，這一次很特別，這一次她值得，這一次心愛的人不會離開⑭。緊緊抓住已逝的戀情或祈求最後一刻回心轉意，與其說是一個成年人對於重修舊好的努力，不如說是一個孩子要父母留下來的呼求。但由於這個女兒的行為沒有改變，她得到的結果也不會改變。她得到的通常是她極力避免的結果，亦即再次落入失去所愛的循環。

「最初的喪親之痛如果未經哀悼，內心的糾結不曾予以處理並獲得解決，那麼，你就會有那股不得不重蹈覆轍的衝動。」艾芙琳．巴索解釋道：「積極面對悲傷的情緒，爲喪母之痛哀悼，並從中平復過來，同樣的悲劇就不至於非重演不可。」換言之，當女兒放開她失去的母親，她就放下了防範其他心愛之人離她而去的需要。

當一個女人期待伴侶給她母愛，就表示她是透過小孩子的眼光看待這段感情。她頓時退回童稚狀態，在想要的時候就要得到想要的東西，一旦得不到，她就跺腳大哭或垮下臉來。而她想要的，通常是不間斷的關愛與讚美。

對於依戀的過分渴望，一般出現在童年覺得受到冷落或忽視的女兒身上。成年以後，她需要伴侶不斷表達關愛，以確保自己在別人眼中是珍貴的、重要的。由於她的自尊和自我價值完全仰賴這種關愛，所以她無法容忍對方分散絲毫的注意力，或感情有任何旁生的枝節。「她越來越容易生氣，越來越常覺得失望和受辱。」南．柏恩邦解釋道：「所以，身爲成年人，她更難靈活應變，也更難維繫感情。失去父母讓她覺得自己不再重要或不夠好，從而產生了自卑情結。成人以後，她懷著這份自卑與人交往，難以戒掉自卑的習慣。」只要身邊的伴侶看別人一眼，她就覺得那表示自己

⑫ Nancy L. Collins and Stephen J. Read, "Adult Attachment Working Models and Relationship Quality in Dating Couples," *Journal of Personality and Social Psychology* 58 (1990): 651–655.

⑬ Harris, *The Loss at Is Forever*, 152–155.

⑭ Martha Wolfenstein, "Loss, Rage, and Repetition," *Psychoanalytic Study of the Child* 24 (1969): 434–435.

不夠好；唯有二十四小時不間斷的關愛才能讓她安心。「正是如此。」卡琳現年二十三歲，母親在她五歲時自殺身亡。她說：「我要他把全副注意力放在我身上。只要他一分散注意力，因爲他得去做一些正事，比方說，老天爺，他只是要去上班而已，我就開始胡思亂想，覺得『天啊，他不再愛我了，他再也不會回來了』之類的。」這個女兒把感情看成只有兩片花瓣的雛菊：要嘛他愛我，要嘛他不愛我。

焦慮型戀人往往很快墜入愛河，並以小孩子的期望看待成年人的關係，當戀情畫下句點，要她們收回感情會有天大的困難。對一個把失戀視爲喪母悲劇重演、就連暫時分開對她來講都是沉重打擊的女人而言，放手讓她的戀人離去是一個很心碎的過程。早年的經驗將她的情感和童年綁在一起，在早年經驗的蒙蔽之下，她就像一個小孩子般相信自己有控制他人的力量，因而她把所有的失敗和落空都當成自己的錯。

一旦開始一段關係，早年喪親的遺族往往會盲目地忠於這段感情。在麥可欣．哈里斯的受訪者中離婚率非常低，反映出他們覺得感情太珍貴、再怎麼樣都不願放棄的心態。但這種忠誠可能有好有壞，新英格蘭喪親與人生過渡期中心的創辦人及負責人、《帶領孩子走過悲傷》的作者瑪莉．安．埃姆斯魏勒和詹姆斯．埃姆斯魏勒說明道：「好處是它鼓勵一個人努力解決感情問題，壞處是它說服一個人堅守不健康或虐待的關係。」

三十三歲的亞曼達結婚十年，即使婚姻穩定，她還是不時擔心自己「沒有好到能留住老公」。她母親在她三歲時遺棄她，父親在她六歲時娶了一個患有慢性憂鬱症的女人，她對另一個女人的小孩沒什麼興趣。高中時期，亞曼達從性愛中尋求慰藉與關愛，換過一個又一個炮友，直到十七歲第一次墜入愛河為止。「那個男孩跟我分手的時候，對我來說就像世界末日一樣。」她吐露道：「沒人會相信我哭得多慘、哭得多久。我就是控制不住。我有一種很強烈的『這個人不喜歡我』的感覺，這種感覺在我心裡根深柢固。我有很長一段時間都缺乏自信，現在我不時還是會面臨自信危機。我老公是藝人，有時和他合作的女人很有魅力，要臉蛋有臉蛋、要身材有身材，我心裡就會冒出有史以來最可怕的綠色大怪獸❷。」

為了克服從小到大的恐懼，亞曼達開始探索自己對於失去母親的感受。她承認她的焦慮和先生的行為無關，先生的表現只顯示出他對她一往情深。對亞曼達而言，這是走出童年陰影的重要步驟。如同她現在體會到的，和傷痛保持距離只會阻礙自身情緒的成熟。身為成年人，她將某些情境視為對自己的威脅，就跟她小時候對母親離去的反應一樣。舉例而言，如果一名年幼的女兒因為沒有情緒的出口，只得壓抑自己的憤怒與悲傷，二十年後，當她老公和朋友外出共度週六夜晚時，她可能自己坐在家裡生悶氣。當他問她怎麼了，她卻說：「沒事。」因為上一次她愛的人離她而去時，她只准自己覺得「沒事」。

❷此處典故出自 Ed Emberley 的繪本《Go Away, Big Green Monster!》，故事中以綠色大怪獸喻指兒童的恐懼心理。

迴避型的女兒

二十五歲的茱麗葉和二十四歲的艾玲本來是陌生人，但當兩人開始在無母之女團體諮商中分享喪母的故事時，她們就發現自己很了解彼此。母親過世後，茱麗葉和艾玲發展出來的應對技能讓她們避免失去更多，但也讓她們成爲戀愛絕緣體。

茱麗葉在一個酒鬼家庭長大，十七歲時失去母親。正值青春期的她變得凡事靠自己，堅持自己一個人就能應付一切。長大之後，她成爲一個一味自我保護的大人。「我總是抱著『我很好，我沒事，我什麼也不需要』的態度。」她解釋道：「那時我必須靠自己生存下去，現在我發覺自己變成一個誰也不信任的人。我不曾交過男朋友，只有過一連串的一夜情，就彷彿我在對他們說：『我好極了。我把自己照顧得那麼好。我不需要你。離我遠一點，因爲一切都在我的掌握之中。』但這種處境是很淒涼的，因爲我其實很難過也很孤單。我想成爲那種只要有需要就會開口求助的人。然而，我卻完全沒有和人親近的能力。我向來必須十項全能。我感覺自己才剛開始從這個保護殼裡鑿出一條路來。」

五年前失去母親的艾玲轉頭對茱麗葉說：「很高興聽妳這麼說，因爲我跟妳有一模一樣的問題。我母親對我來講是那麼珍貴，我好怕又要失去別人。我絕對不想再來一次。我不想再去依賴任何人，因爲我覺得只要不去愛、不去依賴，我就不必再嚐到失去的痛苦。反正就跟人保持距離，這樣我就不會受傷了。」

對於視失去爲必然的女人來講，親密得來不易。想像一下，當妳迫切渴望某個人來愛妳，但卻更強烈地懼怕愛上之後的後果，那是何等無所適從的處境。女兒往往被教導要透過人際關係來定義自己，但迴避型的女兒卻只透過獨立來定義自己。自己照顧自己是她的生存之道，尤其是當僅存的父母不可靠或情感疏離時。「在個體和他人之間豎起的屏障中，自立自強或許是最強的一道屏障了。」麥可欣．哈里斯闡釋道：「只要個體保持過人的自信，她就不需要任何人的支援或協助。」⑮在成年人的關係之中，保持這種自立自強是免受未來失去之苦的自保之道。

當一個女兒深怕失去，怕到認定這種結果不可避免的地步，她就會避免形成與人深交的關係，避開她所渴望的親密。這個女兒或者對愛情避之唯恐不及，或者選擇冷漠疏離的對象，或者在每次一出現長期認眞交往的徵兆時，她就趕緊抽身。她拒絕許下諾言或回應對方的要求，深怕這樣的舉動會導致兩人關係更近、用情更深，而這份親密最終又會從她手中被奪走。她可能變成一個在投入感情之前匆匆結束關係的高手，這種舉動也讓她能施展她在喪母時所沒有的控制權。身爲一個負心慣犯，總是搶在被甩掉之前先甩掉別人，她在避開親密的同時，也在爲曾經無預警遭到拋棄尋求無罪證明，就彷彿她在對她母親說：「看到了嗎？我也可以離開妳。」

精神科醫師班傑明．加爾帛記得一位深怕失去、不信任感情的個案，她摧毀了每一個找到愛與接納的機會——我們姑且稱她爲維吉尼雅好了。維吉尼雅在十四歲時喪母，幾年後開始交男朋友，但她滿不在乎、自暴自棄的態度破壞了她投入的每一段戀情。「每次她和一個男孩子在一起，她就

⑮ Harris, *The Loss at Is Forever*, 159.

會大刺刺地對我說：『我跟他不會長久的。』」加爾帛博士回憶道：「她總覺得跟人交往必須謹慎提防。她隨時惴惴不安地東張西望。她怕失去，她把分手掛在嘴邊，當然，有時她也故意讓這段關係走不下去。她自動保持距離的方式讓男孩們覺得她毫不在乎，她的男友換過一個又一個。她是一個聰明活潑、很有魅力的女孩，但她沒辦法維持一段感情。」

維吉尼雅的行為是她懼怕被棄的煙霧彈。她的焦慮無所不在，甚至擴及她和加爾帛博士的關係。身為精神科醫師，他希望個案能將他們的關係當成一個安全的基礎，她可以從這個基礎勇敢往前走，也可以隨時回來，最終建立起不怕其他關係會結束的自信與自尊。「我們互動良好，她的治療在其他方面都滿成功的。」加爾帛博士回憶道：「成功的治療讓她可以繼續去上大學，課業上也有不錯的表現。但每次她從學校回到家鄉，她都會問我願不願意見她。在她去上大學之前，我已經跟她說過我的大門隨時為她而開。但她曾在各種不同的情況下打來，每次都要在電話上確認我真的想見她。她就是沒辦法相信我會希望她回來。」加爾帛博士認為，維吉尼雅將她離開家鄉去上大學的舉動，視為一種對他的背棄。她覺得自己傷害了他，就像她母親的死傷害了她，因此對他感到歉疚。她也很怕自己真的對他產生依賴。她怕一旦依賴他，他也會對她造成沉重的打擊。

只有在確定為自己打造了一個安全的基礎後，迴避型的女兒才能放心接受別人的愛。四十一歲的艾薇說，正是基於這種原因，她到三十五歲前都刻意迴避結婚和生兒育女。她母親在她八歲時腎臟衰竭過世，儘管有二十四歲的姊姊當她的替身媽媽，艾薇還是覺得自己是家人的負擔。她下定決心要盡快自力更生。在二十幾歲的階段，她和男人有過幾段感情，但在青年期早期，她總有拒絕依賴他人（或讓別人依賴她）的強迫心理。「我覺得我有義務照顧自己。」她解釋道：「隨著年齡漸長，在情感上和經濟上自給自足成爲我的首要目標。唯有在我覺得已經達到這個目標了，我才准自己去找一份穩定的感情，彷彿在允許自己冒險再去依賴別人之前，我必須先確保我的人生有一個很穩固的基礎。」唯有在確定心愛的人離開也不會撼動她平靜的心緒時，她才願意冒失去的風險。

安定型的女兒

許多沒有媽媽的女兒都能擁有安穩、堅定的感情。在貝蒂・D・吉立克費爾德的研究中，四十六%童年失去父母的成年人顯示出安定型依戀的證據。本書所訪談的女性有許多也表示她們目前感情穩定。在一百五十四位受調的無母之女中，四十九%已婚，三十二%單身（包括與伴侶同居者），十六%目前分居或離婚⑯。

在一個女人的人生中，如果喪親（及伴隨而來的恐懼）是具有決定性的事件，那麼，是什麼幫助她在成年後建立愛與溫暖的關係？貝蒂・D・吉立克費爾德發現，喪父或喪母之後，身邊有沒有一個持續給予支持和關愛的照顧者，是女兒日後依戀風格唯一可靠的指標⑰。僅存的父母若是讓她

---

⑯無母之女問卷調查第二題（參見附錄一）。由於問卷中的問題是開放式結尾的「妳的婚姻狀況如何」，所以目前已婚的女性中可能包含一些二婚和三婚的女性，目前單身的人則可能包含一些曾經離婚的女性。此外有三%的受調女性為喪偶者。

⑰Glickfield, "Adult Attachment," 49–50.

覺得可以依靠，長大之後她就會覺得別人是可靠的，並且確實會去依靠別人。其他研究指出，在校的正面經驗（例如良好的人緣、傑出的體育表現或優異的課業成績），有助於提升自我效能感❸，從而強化這個女孩的自尊，讓她比較不會一味根據潛意識裡難以抵擋的需求選擇結婚對象⑱。

研究也顯示，選擇心性穩定的對象可提高喪母的女兒在婚姻關係中的安全感。當她相信她的對象是可靠的，她對遭到拋棄的焦慮就能緩和一些。卡洛琳．珀裴．柯玟（Carolyn Pape Cowan）是一位心理學家，也是柏克萊加大的講師，以及《當伴侶成爲父母》（*When Partners Become Parents*）的兩位作者之一。她花了十年研究九十六對配偶，發現比起嫁給來自問題家庭的男性，來自高衝突家庭（例如涉及酒癮、虐待或喪親）的女性若是嫁給來自低衝突家庭的男性，夫妻關係穩定的可能性高出許多⑲。

「說也奇妙，家庭背景較爲溫暖、較少衝突的男性，就像是隨身攜帶了更多工具進入他的婚姻與新生家庭，手邊有各種法寶任他取用，使他成爲一個對妻小疼愛有加的人夫和人父。」柯玟博士剖析道：「即使女方的原生家庭沒有一個照顧者的好榜樣，配偶的照顧能力也能爲她扭轉乾坤。雖然童年的遭遇是那麼可怕或令她受挫，但在這樣的婚姻關係裡，她似乎能拋開童年的陰影，感覺自己備受呵護，而不會在童年陰影的阻礙下和他產生隔閡。換言之，問題家庭的成長背景理應造成一些負面的影響，但夫妻關係的特性發揮了彌補或緩衝的作用。當我們觀察她和年幼兒女的互動，她表現得就像一個家庭背景較爲穩定的女人，積極給予兒女溫暖的回應。」這些女性或許達到了心理學家所謂「習得安全型」（earned-secure）的依戀狀態，意思是在外力的影響之下，隨著時間過去，她們的模式從不安的狀態，變成較爲穩定和信任的狀態。

二十五歲的瑪姬說，在和一個心性穩定的對象交往五年之後，她終於學會重建當初喪母時失去的信任和安全感。她母親在十八年前自殺身亡，接下來十一年，她都和情感疏離的父親及繼母生活在一起。

> 和我在一起的男人來自一個幸福美滿的核心家庭。他的父母還是恩愛如昔，兄弟姊妹彼此都很親。當然，家家有本難念的經，他們家也有他們家的問題，但整體而言他們很滿足。所以，他和我眞的很不一樣。他的先決條件不見得是我的先決條件。對他來講，兩人在一起的先決條件就是我愛他、他愛我，我們兩個想要在一起。他相信我一直都會在他身邊——我不會死，我不會變心，我不會拋棄他。我還沒有這種感覺，但我漸漸準備好要稍微敞開心扉，表達一些自己的需求了。
>
> 我現在覺得自己和別人是可以互相依靠的。在純粹的獨立和純粹的依靠之外，我還有更多選擇。依賴也不是一件那麼糟糕的事情，或許我可以開始信任別人，或許我可以在別人面

❸ feelings of self-efficacy，心理學術語，指個人對自身能力有信心的感覺。

⑱ Michael Rutter, "Resilience in the Face of Adversity," *British Journal of Psychiatry* 147 (1985): 604.

⑲ Carolyn Pape Cowan and Philip A. Cowan, *When Partners Become Parents* (New York: Basic, 1992), 140–144.

前流露出脆弱的一面，依靠別人或許不至於毀了我自己。我慢慢把自己重新定義成一個想要也需要別人的人。是的，沒有別人我也活得下去。我已經向自己證明了這一點。沒有愛與呵護，我也活得下去，但那是一種痛苦而有害的生存方式。

如同瑪姬，和自己覺得可以信任的對象長期穩定交往的女性，往往發現兩人的結合對自己最深的恐懼有安撫作用。而她們最強烈的恐懼，莫過於對失去的恐懼。國家心理衛生研究院（National Institute of Mental Health）的醫學博士蓋瑞・賈克柏森（Gary Jacobson）和羅伯特・G・瑞德（Robert G. Ryder）博士發現，正式締結婚約的舉動也能減輕一些憂慮。他們研究了一百二十對配偶，其中九十對在婚前有喪親史，三十對在婚前並未失去父母。在爲此項研究做準備時，他們預估童年或青春期失去父母的研究對象在剛結婚前幾年會有最多的問題。但相反的，研究結果卻發現，超過三分之一被他們評爲「感情極佳」的配偶，在婚前都經歷過喪親，比他們預估的數目高出兩倍。這些配偶展現出很強的親密程度、能夠敞開心扉彼此溝通、對配偶覺得很感激，並享有重建家庭的正面感受⑳。

四十三歲的瑪麗瓊在八歲時喪母，她說她記取前一次離婚的教訓，在第二段婚姻中獲得了這種安全感。第一任丈夫離她而去時，被棄的感受嚴重到她去尋求專業協助。在一位善解人意的心理師協助下，她開始爲她母親的死哀悼。隨著她一一釐清自己對於喪母的種種感受，瑪麗瓊體認到自己在談感情時尋求的是她人生中缺乏的母愛。她開始學習如何選擇一個在情感上能滿足她一些（但並非全部）需求的對象。如今，她說她的第二段婚姻比前一段更健康、更穩定。「我先生眞的是可靠的靠山、愛與力量的磐石。」她說：「幸好他不像我那麼小題大作，他會告訴我：『瑪麗瓊，這種恐懼沒有現實根據。』但在我需要大哭一場的時候，他也由著我發洩情緒。有時候，我想到人生中一切的生離死別，沒來由地就是想哭。他會抱著我，或只是坐在旁邊陪我。我想，有他，有幾位好友，還有一位很棒的心理師，再加上我自己的韌性，發揮了助我脫離險境的作用。」隨著瑪麗瓊學會將依賴的需求分散在幾個不同的人身上，每一段關係都開始感覺更安定，包括她的婚姻在內。

女女戀

就如同跟男性交往的無母之女，選擇和女性交往者在感情中尋求的是一樣的安定。她們也會從穩定、持續的照顧者身上找到安慰。然而，她們對女女之愛的追尋，往往直接關係到她們對母愛的渴望。二十九歲的凱倫在十五歲時出櫃，她那有酒癮的母親則在九年前過世。她說自己一直沒能從酒鬼媽媽那裡得到關愛，後來就專找能給她母愛的女友。「我母親過世後，我就一直想從交往對象身上尋求她不曾給過我的認可。」她解釋道：「和女人交往無疑讓這件事更複雜了。我是說，我尋求的不是媽咪和爹地的關係，而是媽咪和媽咪的關係。我總吸引到較爲年長的女人，這也讓我百思

⑳ Gary Jacobson and Robert G. Ryder, "Parental Loss and Some Characteristics of the Early Marriage Relationship," *American Journal of Orthopsychiatry*, October 1969, 780.

不得其解。我問自己：『這到底是怎麼回事？』、『其中是不是有什麼蹊蹺？』我的前任女友大我十歲，我們的關係就彷彿她收養了我似的。我母親生病時，我們一起去看她。情況很明顯——像個慈母一般疼愛我、照顧我的是我女友，而不是我的親媽。」現在，凱倫和她過去三年來的女友住在一起。在我到她們府上訪談的過程中，她揮手比了比公寓中舒適的擺設，說這一切都歸她女友所有，女友在物質上和精神上都給了她一個幼時不曾有過的家。

在經常被人引用的〈強制異性戀和女同性戀存在〉（Compulsory Heterosexuality and Lesbian Existence）一文中，亞卓安・芮曲提出女女伴侶關係比異性戀主流社會所願意承認的更自然。每個孩子的第一份依戀關係一般都是和女性，被鼓勵選擇異性伴侶的男孩因此得以延續那份依戀。然而，社會卻期待女孩將依戀對象轉換成男性。芮曲寫道：「如果兩性最早都是從女性身上得到身心雙方面的關愛與照顧，那麼提出下述問題就很合理：原先兩性是否都向女性尋求愛與溫暖？女性實際上爲什麼會改變追尋的方向？」[21]在伴侶身上尋求母愛的無母之女或許會發現，要找到這份愛最自然的地方，就在另一個女人的臂彎裡。

和男人交往了十年之後，二十七歲的薩賓娜要展開她的第一段女女戀了。她說，她向來都受到女人的吸引，但卻迴避和女人交往，因爲她強烈意識到，那是在試圖跟十三年前自殺的母親重聚。「當我和一個女人在一起時，我總會產生移情作用。」她解釋道：「有時候，我會想跟對方說：『喔，不好意思，我只是把妳想成我媽了，希望妳不介意。』但過去七個月以來，我一直在試著和一個雙性戀的女人相處看看，我們有點進一步交往的眉目了。我還沒跟她上床，但她給了我很多我所尋求的寵愛。她母親是一個缺席的母親，在她小時候就離開她了。我們就像兩個迷失的人抱著彼此。」

本書所訪問的女同性戀當中，約有半數都在喪母前就知道自己的性向，其中有幾位說喪母讓她們放心出櫃，不必害怕家庭衝突。一位和伴侶幸福生活了八年的女同志說，她母親要是知道她的性向，反應一定是歇斯底里和退避三舍。要不是她母親已經死了，她搞不好會因此和男人在一起。其他雙性戀和同性戀的無母之女則說，她們是在和男人交往過後，發現得不到她們尋求的呵護與安慰，這才選擇女人當靈魂伴侶和性伴侶。也有人說，她們之所以把自己的性衝動導引到女人身上，是因爲她們獨自和父親生活在一起時，很怕對男人產生這種衝動。儘管有些人是自始至終都受到女人的吸引，但她們也指出自己是在特定事件的觸發之下，開啟了雙性戀或同性戀的機緣，而投入目前的感情之中。這些特定事件則不只包含喪母而已。

愛的替代品

沒有媽媽的女兒們談到空蕩蕩的空間，談到缺了一塊的拼圖，談到曾有一個家庭來填補的空白，談到那個恆常盤據胸腔的破洞。

㉑ Adrienne Rich, "Compulsory Heterosexuality and Lesbian Existence," in *Powers of Desire*, ed. Ann Snitow, Christine Stansell, and Sharon ompson (New York: Monthly Review Press, 1983), 177–205.

這份空虛讓無母之女變成情感上的囤積狂。她們慣常處在匱乏的狀態下，得到的比想要或需要的少，於是一有機會就盡快、盡量多拿一些，彷彿今日的過量保障了明日的庫存。「沒有媽媽的孩子往往想要東抓西取，因為她怕需要的時候不夠用，她怕這些東西會從指縫間溜走。」克萊麗莎．平蔻拉．埃思戴絲解釋道。接二連三的戀情、暴飲暴食、亂花錢、酗酒、嗑藥、順手牽羊、追求完美表現，全都是她們試圖填補空虛和溺愛自己的舉動。她們藉此壓抑悲傷或孤單的感受，獲取她們覺得自己失去或不曾有過的疼愛。

這些行為一般是在青春期浮現出來，此時剛到手的獨立自主給了她們更多撫慰自己的選項。缺乏一個可供認同的母職人物或照顧者，她們喪失了一些照顧自己的能力，心智上又還不夠成熟，不懂得透過有建設性的方式求取關愛。為了給自己一點寵愛，為了替自己止痛，她們轉而把性、食物、酒精、毒品、扒竊或其他強迫行為當成愛的替代品㉒。

無母之女不是從內到外解決問題，而是用上癮的方式讓自己好過一點。她可能借酒澆愁或借毒澆愁。她可能用食物或物質層面滿足自己。她可能藉由個人的成就和功績來駕馭周遭環境。不管是眾裡尋他千百度，想找一個陌生人救她脫離一世的孤單與痛苦，還是衝進超市或賣場，靠竊取或消費來趕走內心的感受，就算只是一時的，這些行為都是受到同一種恐慌的驅使。

「強迫症是一種情感層面的絕望。」潔寧．羅斯（Geneen Roth）在《以食為愛：探索吃與親密的關係》（*When Food Is Love: Exploring the Relationship Between Eating and Intimacy*）一書中寫道：「我們相信那些令我們欲罷不能的物質、人或活動能帶走我們的絕望。」㉓我們之所以養成這些行爲，而且戒也戒不掉，是因爲它們在某些方面對我們有幫助。刻意增重二十公斤、讓自己魅力盡失的女人，藉此避免面對她對親密的恐懼。追求傑出表現的女孩，藉此從陌生人那裡搏取在家得不到的讚美與尊敬，或藉此迫使僅存的父母肯定她的成就。青春期的少女投向毒品和酒精的懷抱，藉此麻痺難以忍受的孤單和失落。

自從母親在十九年前心臟病發身亡之後，三十二歲的法蘭辛就從食物尋求慰藉。在她家的十個孩子當中，法蘭辛是唯一跟母親一樣習慣暴飲暴食的孩子。對她而言，食物成爲母愛的替代品。「只要有安撫作用，我什麼都往嘴裡放。」她吐露道：「我這輩子都在跟這種毛病對抗。對我來講，口腔的慾望就是一切。如果我放任自己喝酒，那我很容易就會變成酒鬼。我母親一住院，我就開始學抽菸，直到最近才戒掉。口腹之慾實在是我的一大罩門。自從家母過世之後，這些年來我注意到的一件事，就是我眞的無法抵抗乳製品。只要覺得傷心難過，我就投向乳製品的懷抱。我看過書上說母奶代表安慰，而乳製品是母奶很好的替代品。」

嘗試過幾個減重方案都失敗之後，法蘭辛現在和一位心理師合作，一起找出她的強迫症背後的原因，而原因就在於母親離世、家庭隨之瓦解帶給她的空虛與寂寞。現在，她不再向香菸或食物尋

㉒ Joyce McDougall, "Parent Loss," in *The Reconstruction of Trauma*, ed. Arnold Rothstein (Madison, CT: International Universities Press, 1986), 151.

㉓ Geneen Roth, *When Food Is Love* (New York: Plume/Penguin, 1992), 15.

求立即的安慰，而是透過認清自己的需求，用比較不會傷害自己的方式獲得滿足，以此達到較爲長久的安慰效果。

她說：「我還是會喝點小酒。有時候，我也還是需要來一根巧克力棒，否則我就要殺人了。但比起從前，我已經很少屈服於這些衝動之下了。我的意志越來越堅定。我有很多關心我的好朋友，我可以去找他們。我也更關心自己。我在學習從自己身上得到愛。我寫日記寫得很勤。我唱歌。我做手工藝品。我變成一個行動派的人。如果看到什麼令我義憤填膺的事情，我就會寫投訴信或想辦法做點什麼。這跟以前的我很不一樣，因爲以前我從來不能表達憤怒。小時候，我學會忍下來，自己偷哭。

「前幾年我眞的恢復得滿好的，直到我開始嘗試懷孕，卻一直做人不成功。失去的感受重新湧上心頭，我又開始大吃大喝。過去這一年半，我在情緒上非常煎熬。不同的是，我現在會把情緒視爲一時的，我覺得自己是會挺過去的。換作從前，這種壓力立刻就會把我打回原形。」

在多數家庭裡，母親的缺席對女兒的強迫行爲有助長的作用，但通常不是直接的原因。往往是失去母親加重了本來就存在的問題，或迫使剛冒出來的成癮症一發不可收拾。在法蘭辛的家庭裡，成癮症的種子在她母親過世前就種下了。法蘭辛小時候就飲食過量，母親的心臟病和隨之而來的家庭混亂，甚至讓她更有理由靠食物排遣情緒。

一如阿琳．恩格蘭德所言，覺得對自己的癮頭無力抗拒的女性，往往把喪母當成一個方便的藉口，以此爲自己的行爲開脫。「如果妳堅持甲和乙的因果關係，認定母親的死是妳酗酒的原因，那麼，妳的成癮症就會變得無可挽救。」阿琳．恩格蘭德說：「接下來，妳的邏輯就變成因爲母親死而不能復生，所以妳只好繼續酗酒。女兒本身如果能夠明白喪母可能只是其中一個因素，並體認到人生中的每一天都能重新開始，她就比較不會成爲受害者。我們都要知道，身爲成年人，我們能爲重建自己的心理健康負起責任。」

在前面談到感情問題的凱樂，幾年前就學到了這個道理，因爲她終於爲自己的暴食症和扒竊強迫症尋求協助。凱樂將這些強迫症的根源追溯到幼年，那時她的母親就很有距離感。到了母親死後，凱樂的症狀又更嚴重了。「我反正就這樣過到十七歲，接著，喪母就像有人冷不防拐我一腳，跌得我四腳朝天。」她剖白道：「爲了因應巨變，我進入跟我母親一樣的模式——精明幹練，冷漠疏離，沒什麼搞不定。她很少流露情緒，所以我也不知道怎麼表達情緒。就在這時，我的飲食問題更惡化了。」

強迫症用行動替代情緒，吃東西和偷東西變成凱樂逃離悲傷的手段。「我設法用吃東西排遣內心的苦悶。吃完之後，爲了重新回到控制之下，我又會瘋狂催吐或瘋狂運動，亟欲擺脫掉我吃進去的東西。」她坦承道：「幾乎變成一種儀式。事後，我總有一股淡淡的解脫感，就彷彿『現在沒事了，吃進去的東西不在我體內了』。我也有非偷東西不可的衝動。我知道在這背後是滿滿的憤怒。我覺得自己就像是在設法報復，即使沒有一個具體的報復對象。另方面，偷東西也讓我得到自己不曾擁有的東西。一直到幾年前，我都有偷東西的毛病。我不再從商店裡偷東西了，但是我會在辦公室裡偷東西，或者想一些占別人便宜的狡猾手段。就像在職場上重演我的家庭問題吧。從工作上，我得不到自己眞正想要的東西，所以我就用偷東西來發洩。」

凱樂被抓到在公司偷東西，結果丟了飯碗，之後她就加入匿名戒債會（Debtors Anonymous）。據她描述，匿名戒債會是一個支持團體，專爲「欠別人錢債、欠自己情債」的人提供服務。目前，她正設法要將以往投入在個人癖好上的精力，轉移到解決她的失落感上頭。她希望最終能和某個人擁有一段美滿的關係。

這實在是強迫行爲很諷刺的地方：女人用它來當愛的替代品，但它卻成爲一種阻礙和防護，讓女人遠離了她眞正想找的、人與人之間有來有往的溫情。爲了打破上癮的模式，她必須願意面對一開始導致她迷上這種行爲的情緒，像是憤怒、愧疚、悲痛。焦慮型戀人的尋尋覓覓和迴避型女兒的退縮，解方都是一樣的。唯有在放下我們失去的母親之時，我們才會停止在每一個可能的伴侶身上找尋她的影子，並不再預期她又會離開我們。我們從面對這些恐懼所獲得的力量，最終將帶給我們自我價值、自我尊重，以及愛與被愛的勇氣。

我在一九九五年春認識我先生。那時，他將辦公空間租給剛在紐約成立的無母之女協會。我們認識一年才開始交往，交往到結婚則又過了一年。是他來追我的，這倒是一個出乎意料的新鮮轉折。破天荒頭一遭，我成了那個害怕走進一段關係的人。打從一開始，我就知道這一次會長長久久。我可不想搞砸。

麥可欣．哈里斯表示，早年喪親的遺族普遍有兩種感情策略：一是刻意保持熱烈但短暫的關係，二是永遠都要當先甩掉對方的那個人㉔。兩種方法都是爲了盡量減輕她們對感情的焦慮，因爲在無母之女的心目中，有了感情就等於有了失去的可能。我總覺得自己以前選的對象很矛盾，也很捉摸不定。遇到了未來會成爲我老公的男人之後，我才發覺多數時候眞正捉摸不定的人是我。

每一天，我都很訝異自己在這個男人身邊醒來。這個男人的忠誠度無庸置疑，然而，我還是懷疑個沒完。無論我們風平浪靜地共度了多少年，我還是不斷在做最壞的打算。一而再、再而三，不出所料、毫無例外，每隔幾個月，我就需要他的口頭保證：不，他不會不告而別；是，他是可以信任的。他要跟我長長久久走下去。他會和我一起把孩子養大。他會跟我白頭偕老。坦白說，這些對話讓我很累，但如果他也被我搞得很累，那他絲毫沒有表現出來。

和我同睡一張雙人床的男人，總是以樂觀的態度開始每一天，總是在掛上電話之前說「愛妳」，每晚總是過來纏住我的身體。他不記仇。他堅持把話說開。月復一月，年復一年，他都沒有離開。而無論過去了多少時間，我還是覺得這一切太稀奇、太不可思議了。

㉔ Harris, *The Loss at Is Forever*, 144.

8 當女人需要女人：性別角色

有時候是這樣的：早上十點開會，我要挑一套合適的衣服。在我的衣櫥裡，一邊是一堆牛仔褲和一排長袖T恤，另一邊是一系列單一色調的毛衣和深色羊毛套裝。我開始試穿裙子和毛衣，但從鏡子裡看來，每套搭配都顯得單調又無趣。我看起來就像兩枝蠟筆融在一起，毫不光鮮亮麗、高雅大方。接著，我想起我有一個裝滿我母親絲巾和首飾的籃子。我把它們攤開在我床上。被琳琅滿目的單品包圍，我卻不知道怎麼把它們搭在一起。

還有時候是這樣的：我站在女兒幼稚園的戶外活動區，看著孩子們在鋪了軟木屑的遊戲場上跑來跑去。我們幾個媽媽在一旁感嘆著被木屑染成深咖啡色的髒襪子。我說：「每隔兩個月，我就得幫她買新襪子。」其他媽媽對我投來有點異樣的眼光，一位媽媽問道：「妳洗不掉嗎？」另一位試著幫忙道：「只要清水和漂白水的比例正確，我幾乎什麼都洗得掉。」我心想：啊，漂白水，為什麼我沒想到呢？家裡沒有漂白水，但我可以去買。我頓時羞得無地自容，覺得自己也太生活白痴了吧。其他媽媽轉移陣地到遊戲場的另一邊，我有一股幾乎按捺不住的衝動，想要追上去跟她們說：我跟妳們不一樣。我不懂這些事情。雖然聽起來像是一個很可悲的藉口，對這點小小的疏失來講，也似乎太反應過度了，但我想告訴她們：妳們懂嗎？我沒學到這些生活智慧，我媽在我十七歲時就死了。

更多時候是這樣的：輪到我們家辦晚餐派對了，一切全都亂了套。儘管我拚命整理，屋裡還是一團亂。因為我沒算準烹調時間，第一批客人上門時，我還在忙著把東西送進烤箱。說來丟人，我也很難掩飾自己不會做菜的事實。我已經把派對推遲了幾個月，知道到時候一定會搞成這樣，但我們不能老是受邀卻不回請。所以，這下好了，我們打開門迎接另一組客人，讓親朋好友舊雨新知看我們手忙腳亂一整晚。忙著忙著，一位小客人晃進廚房。我正躲在廚房裡，私自喝著半杯葡萄酒，偷吃一片多出來的蛋糕。她告訴我，她喜歡我的裙子，又或者是我的耳環——是什麼其實不重要。她只是想聊聊天，所以我們就聊了一下。不曉得是不是因為我笨手笨腳的，讓她覺得很親切。她看著我，像是想找出一些線索，或許是關於接下來有什麼可吃的吧。我看到她眼裡有一抹疑問的神色，甚至還有一絲崇拜。我心想：我嗎？妳想從我這裡找到答案嗎？我和這個十一歲的小客人大眼瞪小眼，一時對她湧起憐愛之情和責任感。但我也感到微微的尷尬，像是一個無心欺騙大眾的冒牌貨。因為，即使過了這麼多年，對於當一個女人是怎麼回事，我還是毫無頭緒。

我無意將我母親貶為一個家事機器人，只記得她是衣架、派對女主人或一份詳細的食譜。她這個人絕對不止如此。隨著時間過去，隨著長大成熟，隨著我也為人母親，每一年，她在我心目中都更顯繁複多樣。但就跟大多數的女性一樣，我從小就學到，在一個用伴侶關係、親子關係和家庭關係為女性打分數的社會中，迷人的外表和得體的應對是女性特質的標準配備。我母親致力於追求這一切，她自豪地在各種表格的職業欄寫下「家管」。她選擇以此界定自己的身分。在我人生的前十七年，我對她的定義多半也就是「家庭主婦」。

那時我還太年輕，又或許只是沒興趣注意她怎麼度過一天。我要的是脫離她，而不是跟她手牽手、心連心。如今，生活中似乎處處提醒著我，我缺乏其他女人從媽媽那裡耳濡目染而來的常識。我莫名有種不完整的感覺。我覺得自己是個瑕疵品、蹩腳貨。

我的女性朋友說，這眞是一派胡言。她們堅稱：「妳只是有自己的風格。」（我說：感謝老天，波希米亞風現在很流行。）但我指的不是門面。我指的是裡面的裝潢。我總覺得跟別的女人不一樣。曾經，我把這種不同歸因於延長的青春期，或十五年的居無定所四處漂泊，或性格裡的叛逆色彩。各種推論不一而足，但卻沒有一個答案。直到我坐在一個滿是無母之女的房間裡，發現其他人也有一樣的感覺。

一天晚上，在我家客廳，三十八歲的珍妮引起五位無母之女的一片贊同。長達一小時，大家紛紛表示附和，也紛紛表示鬆一口氣。珍妮說，自從十三歲沒有媽媽以來，「女人」一詞對她來講就很沉重。「生活中有很多枝枝節節的小地方，我都沒有學到。」她自剖道：「因爲我的青春期是在一個大男人的養育下度過，又因爲他大半輩子都是農夫，耳濡目染之下，我覺得自己就該穿著連身工作服，踩在深及膝蓋的牛糞裡。如果有哪家製造商做出適合男人穿的胸罩，那我看了就會想買。有時候，我就是覺得自己沒有女人味，或沒有一個女人的樣子。這是我最糾結的事情之一：我是女人嗎？如果答案是肯定的，那女人到底是什麼？」

六十五年前，法國作家西蒙·德·波娃（Simone de Beauvoir）在《第二性》（*The Second Sex*）的前言中，問了一樣的問題。接下來，她寫了滿滿七百頁的答案。解答這個問題沒有捷徑。當一個無母之女把自己裡裡外外檢查一遍，自問缺了什麼，接著很快得出結論，認爲缺的是「女性特質」，隨之而來的就是這個大哉問。我母親可以變出十幾二十道不同的菜色，而我要是知道五份食譜就謝天謝地了。在我記憶中，她很清楚要怎麼買衣服，而我甚至想不透在晚禮服底下要穿哪一種內衣。我知道煮飯、穿衣和個人衛生加起來不等於女性特質的全部。我知道很多有媽媽的女人也是老虎、老鼠傻傻分不清楚，而且她們不在乎。但如果妳失去了女性特質最主要的角色模範，那妳就很容易落入這個思維陷阱。在一個男性的世界裡，沒有一個女人讓我們看看什麼叫做女性化，並作爲我們要見賢思齊或引爲借鏡的參考對象，我們只好用性別刻板印象和文化迷思來定義女人。三十五歲的丹妮絲在十二歲時喪母，她說：「因爲我把『怎麼烤蛋糕』、『怎麼穿吊帶襪』之類的和『怎麼當一個女人』聯想在一起，剛開始做心理諮商時，我體認到自己不止不知道怎麼當一個女人，而且還開始相信這些迷思決定了妳是不是女人。」

就如同錯把「做什麼」和「是什麼」畫上等號的孩童，無母之女常把女性化的行爲和女性的身分認同混爲一談。雖然言行舉止可能反映了身分認同，但這兩者不是同一回事。行爲來自有意識的觀察和模仿。身分認同則是透過向女性榜樣看齊、將女性特質內化而形成的。看到媽媽一邊走出浴室，一邊用毛巾裹住頭髮，女兒有一天可能會模仿一樣的行爲。但她對自己的身體成熟的模樣，也會開始形成想像和期待。同理，看媽媽餵弟弟妹妹喝奶的女兒，一方面學到哺乳的基本概念，一方面體認到自己有一天也會有養育及延續新生命的能力。

關於要怎麼當一個女人，對一個失去母親或母職人物的女孩來講，手邊能取用的具體資源很有限。不管是性別化的行爲，還是自身的性別認同，她都沒有一個直接的範本，沒有人讓她產生立即的連結。獨自拼湊女性身分的她，只能從其他女性身上找尋蛛絲馬跡，看看自己是否走在恰當的性別發展軌道上。她草草透過粗淺的比較和對照，衡量自己做得恰當不恰當。我帶去參加派對的禮物是對的嗎？我的髮型符合少女雜誌上的款式嗎？

每個女孩或多或少都會這樣。但因爲失去了心目中攸關身心健全發展的人物，沒媽的女兒本來就已懷著深深的自卑和羞慚。她需要的不止是同儕團體的接納。她需要符合社會標準。她在找尋怎麼當一個女生的線索。在自然而然讓她窺見成年女性經驗的窗口關上以後，她設法透過觀察和模仿塑造自己的女性身分。

「女性特質的養成很複雜。」南．柏恩邦剖析道：「女孩子通常已有一些既成的身分認同，來自早年和母親相處的經驗。她並不是毫無半點身分認同，但這些身分認同沒有成熟的機會。有時候，青春期的少女會依靠童年回憶的指引——這件事媽媽會怎麼說？她會給什麼建議？但回憶總比不上眞實的東西，她和亡母的關係也不是活生生的關係，比不上她目前和其他任何女性的關係。」

我從四十三歲的瑪麗瓊口中聽到一段很心酸的往事。她在八歲時失去母親。照她自己的話講，進入青春期之後，儘管有個姊姊負責她在生理方面的照顧工作，瑪麗瓊卻很渴望有一個經驗豐富的成熟女人教她「怎麼當女人」。

我父親偶爾會試著指點我，但我不想要他來教我啊。我會敷衍他說：「知道啦，不用你告訴我。」但我迫切想要感覺像一般人一樣。我會到我們鎮上的圖書館，把《十七歲》（*Seventeen*）雜誌的禮儀與待客教戰手冊帶出來，裡面有一些短文，教妳在特定場合該有的言行舉止。我會想：「喔，所以這就是一般人應有的表現嗎？」因爲我身邊都沒有任何榜樣。我把這些書從圖書館偷偷帶回家，背得滾瓜爛熟，直到我有點搞懂了，再偷偷把書放回圖書館。我不想讓任何人看到我借這些書，因爲我不想讓任何人知道我有這種困擾。我覺得如果被人知道，他們會一把抱住我、爲我感到難過吧。但我要的是資訊，不是同情。

即使還是個孩子，瑪麗瓊都把「身爲一般人」和「身爲女人」畫上等號，她清楚意識到自己的性別身分，卻彷彿和這個身分絕緣。她體認到父親缺乏這方面的知識，而姊姊又沒有她所渴望的成年女性經驗。瑪麗瓊相信，只要她能掌握符合規範的行爲，她就能克服自己的不足。在翻閱書籍學習社交禮儀時，她其實是想連結到娜歐密·茹思·羅文斯基所謂的「深層女性認同」——那個女權和女力的源頭，那個幽微奧妙、往往沒有意識的源頭。我們誤以爲女人味是透過絲巾和感謝卡來表達，殊不知女人味是源自這個更抽象、更性別化的核心。

所有的女兒都期待母親代代相傳，將女孩蛻變成女人的知識傳授給她，沒有媽媽的女兒也不例外。喬瑟琳現年三十七歲，在她的童年裡，患有精神疾病的母親大半時間都在療養院。喬瑟琳說：「我以前小時候會想，媽媽是不是會趁夜裡睡覺時跑來妳房間，對著妳的耳朵講悄悄話。在有意識的層面，妳不記得她說了什麼，但妳還是聽進去了。那如果我媽不在我身邊，我是不是就沒聽過自己需要知道的祕密？」

喬瑟琳的比喻貼切勾勒出多數親密的母女檔之間無聲、流暢的交流。亞卓安・芮曲形容這種交流的內容是「超越言語傳遞的女性生存智慧——一種只可意會、不可言傳的知識，一種在相似的兩個人之間流動的知識，其中一人曾在另一人的身體裡待了九個月。」而正如瑪麗瓊體會到的，箇中奧妙是無法從書本上獲取的。

我們在前面的章節討論過，一個女孩的女性特質，以及她和男人相處的能力，有部分是來自於她和父親之間的關係。但無母之女覺得自己欠缺的，不見得是這種女性特質。在一份探討父親與女兒女性特質的研究中，社會學家米莉安・強森（Miriam Johnson）將一個女孩的女性特質分成「異性」和「母性」的成分，清楚區分了兩者的差異。她說，父親影響了女兒女性特質中的「異性」元素，這部分關係到談戀愛和擇偶。母親提供的則是「母性」元素，這部分關係到性別認同、生育能力、母女親情，以及母子關係中對母性權威的期望。一個無母之女在男人身邊可能覺得很自在，也有許多無母之女確實如此。但關於當一個女人，她在男人身邊能學到多少東西呢？

在一個女兒的女性特質養成中，如果少了母性的元素，她的成長就缺乏內化的、性別化的力量和權威——她缺的不只是「女人」一詞所代表的政治實體和社會實體，還有一個女性化的自我。在一個男性主導的社會中，女性的力量已經很卑微了，但無母之女甚至更難掌握這份力量。當她沒有一個持續存在的成年女性角色模範，或當她擁有的角色模範讓她覺得女性化是不對的，她就很難理解、欣賞和接納自己的性別角色。所以，如果「性別」如她所知是非此即彼、非男即女，那她屬於哪一種呢？丹妮絲說：「我總覺得自己像是一種介於男人和女人之間的生物，一種基因突變的中性生物。」在一個以二元對立為基礎的文化中，「女人」免不了被定義成「不是男人」。找不到恰當詞彙形容自己的無母之女，不禁沮喪地納悶道：那我是什麼呢？

許多無母之女主張：「我是一個倖存者。」意思是早年的不幸讓她們變得堅強。她們從逆境中鍛鍊出強大的韌性和意志力，即使面對喪親的沉痛，還是找到奮勇向前的渴望和希望。事實上，這意味著她們獲得了過去專屬於男性的特質，亦即個人的力量和不屈不撓的精神。

這不見得不好——畢竟，就是這種自主精神，讓神探南西❶在過去這八十四年紅透半邊天。每三位無母之女當中就有一位表示，早年喪親的正面影響是「獨立」和「靠自己」①。她們也常說就是這種特質帶給她們事業上的成功。妳不需要失去媽媽也能成為獨立的女性，但在這兩者之間往往有著很強的關聯。當一個沒媽的女兒發現身邊的照顧者自己都悲不可抑，或是無法負起養兒育女的責任，她就必須堅強起來、自給自足，獨自以女性的身分度過童年和青春期。她必須學會照顧自己。「一旦失去了母親，妳就別想再跑回家找媽媽。」羅文斯基博士說：「妳突然倒栽蔥掉進水裡，必須自己學會游泳。」

❶《神探南西》（*Nancy Drew*）為美國出版商於一九三〇年開始出版的一系列偵探小說，主角南西幼年喪母。身為一個揉合男性特質的女偵探，南西在美國文化中成為一個歷久不衰的英雌形象。

① 無母之女問卷調查第十八題（參見附錄一）。

然而，太快負起太多責任的孩子，長大後往往容易有沮喪和憤怒的情緒。十六歲、十二歲或十歲就要負責照顧自己、父親和弟弟妹妹的女孩，往往會變得對自己很嚴格，而且對個人的力量產生錯覺。她對獨立自主的強烈追求，有可能演變成自我保護和拒他人於千里之外，造成她和同儕之間的隔閡，也導致她疏遠其他的女人。由於她被自己以爲可以依靠的女人拋棄了，所以到了成年以後，她可能會以戒愼惶恐的態度看待女性情誼。二十八歲的萊思莉說：「每當想到女性情誼，我第一個冒出來的念頭就是『要小心』。我是有親近的女性朋友，但屈指可數，向來就是那幾個而已。我想，我莫名就是不信任女人。我母親的死對我來講是一種背叛，彷彿她是故意要這樣對我，彷彿她的死是可以避免的。而且，其中牽涉到那麼多的隱瞞和欺騙。我想，我大概比較害怕女人吧。女人可是很厲害的！」然而，當四、五位無母之女共處一室，彼此卻能立即產生革命情感。她們說：終於有人懂我了。就像是打過同一場仗的老兵，無母之女彼此臭味相投、聲氣相通。她們可以察覺到彼此最細膩的小動作、最意味深長的小眼神。妳是我們的一份子。她們聽得到彼此的靈魂發出的無聲頻率。正如無母之女支持團體的一位成員曾經說過的：「就像我們有共同的暗號。」

在其他女人心目中，無母之女常常顯得太強悍，尤其是對那些把自立自強視爲威脅的女人而言。「她給人很重的壓迫感。」、「她太像男人了。」——我還眞的從女同事口中聽過這種評語。

在我開始第一份工作一個月後，一位同事邀我出去喝一杯，並向我透露她一開始覺得我很難接近、令人心生畏懼，因爲我「看起來無懈可擊」。她說：「妳給人一種自信滿滿的感覺。」我還是第一次聽到有人對我的個性下這種評語。儘管我也會把「獨立」和「靠自己」列爲早年喪母的正面結果，但我記得那天晚上我望著我的啤酒杯，心想：「她是認真的嗎？如果這是一杯水，我甚至會懷疑自己的倒影。」

所以，這就是我：看起來像女人，言行舉止像男人，內心深處還是像青少年一樣，老是在找我夠能幹、夠迷人、這樣已經夠好了的證據。

無母之女是一個矛盾的存在。在她展現個人力量的同時，喪母往往早已傷了她的自尊、侵蝕了她的自信、奪走了她的安全感。這就是她爲什麼會不安地掃視一屋子的女人，得出自己格格不入的結論。她心想：其他女人都有媽媽，但我只有我自己。她有沒有爸爸、兄弟姊妹、閨密或配偶都不重要。身爲一個女人，杵在一群女人當中，她覺得很孤單。鋼鐵般的獨立精神和自給自足是她的盾牌，擋在前面向大眾呈現「就算沒有媽媽也可以」的一面。當她感到寂寞的威力襲來，她更是抓緊了這面盾牌，用它保護好自己。

她相信，太過依賴別人就是在冒失去的風險和心痛的風險。她嘴巴上說：「謝了，不用，我自己來就可以了。」但她心裡真正想的是：「我想要你幫忙，可是我怕如果依賴你，你就會離開我。」一旦她最依賴的人離開她了，她唯一可以放心依賴的夥伴就是她自己。對沒媽的女兒來說，依靠獨立不像聽起來那麼矛盾。

用漂白水洗衣服，煮四菜一湯，怎麼戴一條珍珠項鍊——倒不是這些事我都不懂，或我再怎麼努力也學不會。我女兒每次收到禮物，我都要她們寫感謝卡。我也總是對我老公嘮叨，叫他要把剩菜裝進保鮮盒，而不是整鍋直接塞進冰箱。但我很排斥自己去找家務相關的資訊。對我來說，主動尋求諸如此類的生活小常識，就代表在內心深處接受我母親不會回來了。而我要怎麼確定她不會回來了呢？她的死是一個可怕、混亂的錯誤。她還是會在我夢裡回來，但夢中的她默不作聲、遙不可及，像影子般存在，她對她離開後的這些年一無所知。在潛意識的國度，在存在又不存在的空間，我母親死了卻又沒有眞的消失，我還是那個等她指引的女兒。我不能用別人取代她，就連用我自己也不行。

堅持只有她能解決我在家務上的疑難雜症，或許這是我向她致敬的方式。或許這就是我爲什麼一直找不到一個替身媽媽。儘管很渴望有一個更成熟、更有經驗的女人出現在我的人生中，但當我眞的碰到這樣一個人，我卻又不確定該跟她要多少才恰當，或我究竟希望她能給我什麼。我有一位前男友的母親曾經抱怨我不尊敬她，現在我問自己眞的是這樣嗎？我知道我沒有不敬之意，但我的距離感和堅決靠自己的態度想必讓人誤解了。對於在女性長輩面前應有的表現，我一點頭緒也沒有。距離我上一次和女性長輩熟識，已經過了那麼久。六十五年給妳多少見識？我們各自要擺出多強勢的姿態才合理？把女性長輩當成我的平輩來對待，似乎是看不起她的歷練和智慧；對她百依百順，又似乎是看輕了我自己。除非對方先行動，從一開始就建立好我們的相對位置，否則我就很猶豫、很尷尬、很不自在、很怕她對我的評價。我堅持我的孩子在她面前要表現得很完美，但我卻從不知道自己的手該往哪擺。

讓一個女人像媽媽一樣疼愛我，讓一個女人眞心呵護我、照顧我和關懷我——對我來講，這始終是一個既誘人又嚇人的提議。在生病、孤單或害怕時，我一方面渴望有一個女人把我抱在懷裡，讓我感受她輕柔又強勁的力道，一方面又覺得對現在的我來講，她持續陪在身邊恐怕是一種打擾。儘管如此，我不禁納悶單打獨鬥的這些年、希望能憑空冒出一個替身媽媽的這些年，是否已經把我變得太依靠自己、太保護自己，再也接受不了一個替身媽媽了。我不禁要想，一切對我來講或許就是太遲了。

花了二十一年找尋女性模仿對象的喬瑟琳說，對她來講就不會太遲。她母親在她五歲時住進療養院，爲接下來十二年不斷進出療養院拉開了序幕。每當出院回家時，喬瑟琳的母親喝酒喝得很凶，甚至導致更多的家庭衝突。童年期間，沒有一個穩定的母親形象供她觀察和認同，喬瑟琳說她當女人當得很沒有安全感，也體會不到身爲女人的價值。接著，到她二十五歲左右，她在教會遇到了一位女教友：

凱伊大我十三歲，離婚後帶著兩個孩子。我們變成很好的朋友。我想，一言以蔽之，她在找一個能讓她過得有意義一點的人，而我在找一個媽媽。她那時大概不知道自己對我來講有多大的意義吧。我們之間純粹是友誼——我是異性戀，她也是異性戀，但我好像目光離不開她似的。還記得有一次，我甚至跟著她進浴室，在一旁看她化妝，搞得她緊張兮兮地跟我說：「妳可以出去嗎？幹嘛這樣盯著我？」當時，我也不明白自己爲什麼就想盯著她，但現在我明白了，那就像一個小女孩在看她的媽媽。我從來沒有機會這麼做。認識凱伊幾年後，感覺就好像我本來一直隻身待在一個房間裡，房裡丟了一地的積木，當她走進這個房間，生平第一次有人對我說：「好了，現在把藍色的積木堆到黃色的積木上，再把紅色的積木放到旁邊。」周遭的朋友會問我：「妳是怎麼了？跟以前很不一樣欸。」我心中的渴求終於得到滿足了。凱伊和我已經當了十年的朋友。即使我們現在住在不同的城市，我眞的覺得這份友誼很牢靠。如果我需要一個女人的建議，我知道自己可以去找她。

「我是異性戀，她也是異性戀。」喬瑟琳連忙補充這句話，澄清她的意思。畢竟，除了同性戀以外，我們還能怎麼解釋無母之女對女性情誼的深切渴望？當我提起這個話題，許多我訪問過的女人都表示鬆一口氣，坦承說她們對性別的迷惘常讓她們懷疑自己的性向。她們不禁納悶：如果有時我覺得自己比較像男人，而且我想找一個女人來塡補我的人生，這是不是代表我是同性戀？

「我向來覺得跟男生相處很自在。」三十八歲的珍妮說：「但有一個階段，我懷疑自己可能是女同性戀，因爲我就是很渴望女人的碰觸。每次只是跟女生抱一下，我就會默默上演『天啊，她碰我了』的內心戲。有時候，我但願能租來一個媽咪，請她跟我一起窩在沙發上。我喜歡親近一些散發母性的女人。我對她們著迷不已。在她們身邊，我感覺像要升天了似的。我只想變回一個小孩，依偎在她們懷裡，希望這場美夢永遠不要醒。」

珍妮對女人的幻想和她的性取向無關，而是她將女性長輩和身心雙方面的安慰聯想在一起了。三十三歲的亞曼達說，她是在大學時期搞清楚這件事的。那時她試著和女生交往，想看看自己的情感衝動是否和性慾有關。她發現自己在社交上和情感上偏好女人的陪伴，但她的「性趣」僅限於男人。如今，她將自己的情感需求分配在她先生和一群女性密友身上。「我眞的很珍惜我的女性朋友。」她說：「跟女生在一起就是比較好玩。還記得我試過找男生當朋友，我的老天爺，那眞是一場災難。最近，我結識了一群用黏土做飾品的女性手作玩家。我跟年長的女性比較有共鳴。在這群手作玩家中，我也和一些比我年長的女性變成好朋友。」亞曼達說，她從這些朋友身上得到的力量和支持，是她很少從男性那裡得到的。當她需要一個經驗豐富、可以依靠的成熟女性時，她就會去找曾經幫忙養育她的祖母。對她來講，祖母依舊代表著她的家庭後盾。

替身媽媽無疑有助於帶領一個女孩度過童年、青春期，乃至於成年初期。在不幸的家庭背景或社會情況下，幫助孩子成爲一個適應良好又有能力的大人，最重要的因素在於至少有一位穩定的成年人在乎她，積極主動地對她付出關愛。女孩失去媽媽之後，學校裡關心她身心發展的女老師，有助於建立她身爲一個女人和一個個體的自尊與自信。「孩子從這位老師那裡得到的是一種她很重要的感覺。」菲莉絲·克勞斯解釋道：「她有她的重要性。在這個世界上，她不是可有可無。從這當中，她建立起自我認同感。她從中得到的訊息是：她做得到，她有能力，她可以增進自己的能力。她進而對自己產生正面的觀感，覺得自己很獨立，而不是陷入焦慮、依賴和憂鬱之中。」健全的發展有賴於一個女孩對自己堅定的信念。她必須相信自己本來的樣子就是珍貴的、值得被愛的、受到接納的。她也需要同樣的安全感，才能自在地發展性別認同。「認同和自己同性的父母是孩子的本能。擁有這份隱而不顯但唾手可得的性別認同感，則給了她發展自身性別認同很大的安全感。」克勞斯說：「所以，我在無母之女身上搜尋她們在人生中找到這種認同感的辦法，結果發現往往是某個阿姨或朋友的媽媽，對女孩的性別認同感造成了深刻的影響。」②

母親過世之後，女兒要從哪裡找到來自女性的支持與安慰？在表示自己找到一個以上替身媽媽的九十七名女性中，三十三％的人說這個人是母執輩的長輩，例如姑姑或阿姨；三十％的人說是祖母或外祖母；十三％是姊姊；十三％是老師；十二％是朋友；十％是同事；其餘由多至寡依序是：鄰居、朋友的母親、婆婆、繼母、丈夫、情人，以及堂姊妹或表姊妹③。人數最多的是表示沒有找到任何人、必須學會靠自己的女性，占三十七％④。有些人將各種資源拼湊起來，得到來自宗教、書籍、電視、電影的指引，並以她們對母親的回憶作爲憑藉，儘管這些回憶隨著時日越來越淡。

照理說，女兒要找替身媽媽，首先就是從她的家族中找起。心理學家瓦特．妥曼（Walter Toman）說，已故至親最好的替身就是和逝者最相像的人，這或許說明了爲什麼阿姨和外婆是最常被提到的替身媽媽。

> 然而，一般而言，所謂「最相像」的人是很難找到的。假設失去的是父母好了，如果眞能找到在各方面都和父母很像，或簡直一模一樣的人……那麼在喪親不久後，孩子心理上很快就能接受這個替身，甚至是立刻就能接受。然而，在多數案例中，喪親需要很長的哀悼期和等待期。通常遺族和逝者共同生活的時日越久，這段哀悼期和等待期就會拖得越久。最終出現一個替身時，這個替身也越不像逝者。⑤

基於這些原因，以及第六章當中所勾勒的情形，繼母很少成爲孩子立刻接受或欣然擁抱的替代人物。她加入這個家庭時，女兒可能還來不及開始哀悼、還來不及脫離亡母，或女兒正處於一個強烈依戀父親的成長階段，抑或是正處於一個拒絕所有親職人物的叛逆期。在無母之女問卷調查的八十三個重組家庭中，過半數的繼母都在兩年內就加入了⑥。女兒的憤怒和遭到背叛的感覺，往往讓她沒辦法把繼母當成可以效法的女性榜樣。

成長過程中將成年女性視爲威脅的女兒，可能下意識懷著對繼母曾有或仍有的競爭心理，看待她成年以後和其他女人的關係。舉例而言，每一次父親在女兒和繼母之間選了繼母，都在女兒心裡留下被取代、被拒絕的感受。長大之後，她想要的工作如果落入女同事手裡，可能就會勾起她心裡的新仇舊恨。從頭到尾，她競爭的對象都是繼母，但她卻把矛頭指向女同事。

但這股對繼母的憤怒，通常來自一個甚至更深層的地方：生母的死。女兒遭到生母離棄產生的

---

② 一九九二年十一月二十五日，本書作者與 Phyllis Klaus 的私下訪談；一九九二年七月九日，本書作者與 Nan Birnbaum 的私下訪談。另參見 Bryan E. Robinson and Neil H. Fields, "Casework with Invulnerable Children," *Social Work*, January–February 1983, 65; Michael Rutter, "Resilience in the Face of Adversity," *British Journal of Psychiatry* 147 (1985): 605.

③ 有些女性指出不止一位替身媽媽。

④ 無母之女問卷調查第十五題（參見附錄一）。

⑤ Toman, *Family Constellation*, 47–48.

⑥ 無母之女問卷調查第九題（參見附錄一）。

憤怒未能化解，卻轉嫁到父親的新太太身上，演變成女兒把壞媽媽的形象一味加諸於繼母，形成所謂「邪惡後母」的原型，並將所有好媽媽的形象都留給了她失去的生母。如同蘿絲—艾蜜莉．羅森伯格（Rose-Emily Rothenberg）在〈孤兒原型〉（The Orphan Archetype）一文中的剖析：

> 由於眞正的母親缺席，孤兒常幻想她一定是一個完美無瑕、合乎理想、無私奉獻的母親，活著的「母親」因而成爲恰恰相反的反派角色，染上了黑暗、邪惡的色彩。由於繼母不是「生母」，繼女也不是她「眞正的孩子」，在這段母女關係中，雙方就都懷著「替代品」的心理。

「妳又不是我眞正的媽媽！」女兒憤怒、怨恨的指控往往激起繼母一樣怨恨的反應：「哎唷，妳也不是我眞正的小孩欸！」儘管她可能沒把這種話說出口。多少無母之女說的故事支持「邪惡後母」的原型？答案是比不支持的多很多，這種現象反映出在生母過世或拋棄家庭之後，繼母和繼女之間相處的困難。將失去的那位母親理想化、把不切實際的期望加諸在繼母身上、家裡出現繼母的孩子或同父異母的兄弟姊妹，都可能在失去媽媽的女兒和家裡新的女主人之間造成不和。

亞曼達和繼母共處了十二年，她本來曾經希望繼母會成爲她的替身媽媽。生父生母離異之後，生父在她三歲時取得她的監護權，生母再也不能和她見面。接下來四年，亞曼達和生父及祖母同住，每晚都乞求上蒼賜她一個新媽媽。她的願望最終實現了，但這個新媽媽跟她期望的不太一樣。

我好想要一個媽媽。當我爸說他要跟愛倫結婚時，我超開心的。在我心目中，她是世界上最美麗的女人。那是一九六〇年代中期的事，她就像從金潔❷的故事中走出來的人物，當選過選美皇后。她的穿著打扮無懈可擊。一切都很完美。但才第一年，我就發現這個人不太對勁。我都叫她冰雪女王。不出十個月，她就生了寶寶，也就是跟我同父異母的妹妹。從卡莉一歲起，愛倫就得了憂鬱症，直到我十八歲離家爲止。我多多少少變成卡莉的媽媽，因爲我繼母不是握著遙控器癱在沙發上，就是只顧做指甲或讀她的言情小說。那些年，我覺得自己被身邊每一個眞實存在的人徹底遺棄了。我很失望。沒人認同我的感受。甚至沒人問過我的感受。成長過程中，我成了一個自傷自憐的人，覺得自己身世淒涼，很爲自己難過。

誠然，我聽到的邪惡後母的故事，都是女兒的一面之詞。但如果最基本的事實是準確無誤的，許多無母之女的繼母就算不是擺明了虐待她們，至少也對她們很冷漠。從對自己的親生子女偏心，到把繼女當女傭使喚，從限制繼女和父親之間的接觸，到將亡母的私人物品據爲己有，各種可惡的行徑不一而足。她可能嫉妒繼女和父親之間的好感情。她可能不願接受新組成的家庭裡有「另一個女人」的孩子。她可能純粹只是沒有當媽的經驗。繼母可能報復、放棄或攻擊一個沒媽的孩子。繼

❷在美國小說家 Frederick Kohner 於一九五七年出版的小說 *Gidget, the Little Girl with Big Ideas* 中，金潔（Gidget）是一個男孩為之瘋狂的時髦少女。原著曾改編為電影和電視劇，風靡一九六〇年代的美國。

母一腳踏進一個喪母的家庭，也一腳踏進了尷尬的處境。比起一個還在世的前妻，被神聖化的亡妻可能更讓她不安。她可以跟活著的女人一較高下，但她知道自己比不上一個聖人。她的挫折和憤怒可能轉嫁到繼女身上，因爲在這個家庭裡，繼女是跟她已故的母親最像的一個人。

對年紀較大、不太需要依靠核心家庭的孩子來講，難相處的繼母或許惹人厭，但不至於造成創傷。然而，對還住在家裡的孩子來講，差勁的替身媽媽卻可能造成深遠的影響。英國精神科醫師約翰．柏曲奈爾（John Birtchnell）研究了一六〇位十一歲前失去母親的精神科病患，發現和母親替代者相處不睦的病患當中，有八十二%在日後都罹患了憂鬱症。「失去母親」和「女兒罹患憂鬱症」之間的關聯，重點似乎在於母親過世或離開後女兒受到替身媽媽的不當對待，而不在於母親的缺席本身。

有爲數不少的女性都告訴我，她們認爲自己之所以缺乏自信、自尊低落、總有無所不在的孤獨感，不是因爲失去母親，而是因爲在一個苛刻、挑惕的繼母身邊長大。她們覺得自己永遠討好不了繼母。一位想到童年就心痛的三十四歲女性自剖道：「我小時候的憂慮和渴求，有部分是因爲失去了一個孩子不該失去的依靠，但也有部分是因爲隨著一個扭曲的『壞後母』而來的病態。依我看，我大概永遠也沒辦法把『失去一個母親的痛苦』和『得到另一個母親的痛苦』分開吧。」

然而，倒也不是所有繼母和繼女的關係都註定要失敗。舉例而言，卡洛琳說她深深思念三年前過世的繼母。這個女人是卡洛琳口中的「珍珍媽媽」，她在卡洛琳的生母過世六個月後加入他們家，當時卡洛琳十一歲。「珍珍媽媽超期待接管我們家的。她接下了照顧四個孩子的重責大任——

其中一個是青少年，另外三個剛進入發育期。幾年後，她有了自己的孩子，生下和我同父異母的妹妹。」卡洛琳說：「我的第二個媽媽很珍惜我們，並讓我們自由發展。她不會胡亂干涉我們，但只要我們需要她，她都會在我們身邊。我們都很愛她，也很慶幸家裡有她。失去她不比失去我第一個媽媽容易，可能甚至更難呢！」

從青春期到成年期，現年五十三歲的卡洛琳都有一個很棒的替身媽媽。儘管如此，當她來到初經、產子和停經的里程碑時，她還是渴望生母的支持與鼓勵。即使繼母給了她身心雙方面不可或缺的照顧，以及持續不斷的關懷與疼愛，卡洛琳發現，她就像其他失去媽媽的女兒一樣，心裡總覺少了什麼。「感覺就像某些事只有親生母親才知道，其他人都不知道，她是唯一可以討教的對象。」艾芙琳．巴索說：「即使無母之女學到了所有關於月經、節育和生產的知識，我想，她還是會覺得缺了什麼只有她母親能給、別人都不能給的東西。那是一種母親傳承給女兒的感覺。」當妳覺得妳需要的就是那個女人，找到某個女人不一定就夠了。

我們到底想找什麼？什麼是另一個女人不能給的？在我的訪談中，我一而再、再而三聽到無母之女描述自己最想念的東西。她們說，她們想念媽媽的手藝。媽媽烤的檸檬蛋白派嚐起來就是不一樣。或者，她們想念媽媽陪她們逛街。她們說受不了自己一個人去買衣服。

「食」和「衣」，以及伴隨衣食無虞而來的安全感。典型的基本生存所需。這些是母親為年幼的孩子滿足的需求。隨著孩子長大，母親再慢慢卸下這些責任。以食物為例，母乳或配方奶先是被一匙匙的嬰兒食品取代，接著是自家煮的晚餐、加熱的剩菜，還有和青春期的朋友在學校一起吃午飯的餐費。在最基本的層面上，有人關注女兒一天是否吃了三餐。當一個女兒說她想念媽媽的味道，她所渴望的不只是一塊媽媽親手烤的派。她所渴望的是那份養育之情、溫飽之愛，那份持續不斷、無微不至的照顧。

這些深刻的失去往往會在沒有媽媽的青春期浮上檯面，此時女兒在生理上和情緒上都歷經重大的轉變。即使青春期的女兒可能拒絕母親的照顧，堅持凡事可以自己處理，但就女兒身體上的疑難雜症而言，母親依舊代表著女性的智慧，以及一個屬於女性的避風港。當女兒面臨初經、失去童貞、懷孕、生子乃至於停經等女性成長儀式時，她知道她母親先有了這些經驗。在她孤單面對自己的身體時，她需要一個深識女體奧祕的人當她的後盾。

三十二歲的蘿貝塔說，母親十七年前過世後，就沒有人可以聽她說女生的煩惱。先前，她找她母親問過自慰和月經的問題。但到了十六歲，需要聽取有關身體發育的意見時，她卻覺得求助無門。想到要問父親就令她卻步，和姊姊之間又很疏遠，蘿貝塔只能一個人擔心害怕。她的擔憂很快就演變成一發不可收拾的焦慮。「我很在意胸部小的問題，簡直到了走火入魔的地步。而且，基於生理構造的緣故，我沒辦法用衛生棉條。」她說：「我眞的很怕自己不像女生。我心想：『完了，我沒有胸部，陰道又窄到不能塞棉條。哪裡有一點女人的樣子？說到底，區分男女的是生理構造，而不是會不會做菜、會不會打扮這種膚淺的事情。我很擔心自己的身體是怎麼了。沒有媽媽在身邊，這些就像是無解的問題。至少有五年的時間，我都爲此神經兮兮，怕得不得了。」

就跟蘿貝塔的感覺一樣，一般女兒在面臨青春期的壓力時，很少會把爸爸當成避風港。儘管父親可能透過言教和身教，把性別方面的態度和價值觀傳達給女兒，但就女性發育的相關資訊而言，他們不是女兒偏好的討教對象⑦。威德納大學針對二十四個有青春期女兒的完整家庭做了一項研究，顯示半數的女孩都向母親徵詢過性別相關資訊，且完全沒有一個女孩去找過父親⑧。在這項以上流家庭及中上家庭爲樣本的研究中，父女之間就算有性別和性向的相關討論，往往也不涉及個人，且沒有參考價值⑨。

家裡沒有媽媽，對女兒來講，來初經的那天往往只代表一個倒楣、喪氣的日子。娜歐密・茹思・羅文斯基稱月經、生育和哺乳爲女性的奧祕，是這些深邃奧妙、女性專屬的經驗將母女連結在一起。直到西元三九六年爲止，長達兩千前的時間，古希臘人都透過在厄琉息斯（Eleusis）舉行的年度宗教儀式，慶祝母女之間的緊密連結⑩。這種儀式被稱之爲厄琉息斯祕儀（Eleusinian Mysteries），以女神狄蜜特（Demeter）和她女兒波瑟芬妮（Persephone）的神話爲本。冥王普魯托（Pluto）將波瑟芬妮帶到冥界當他的新娘，害狄蜜特和波瑟芬妮母女分離。傷心欲絕的狄蜜特難以平復，便暫停了大地上穀物的生長，以此作爲報復，直到普魯托同意每年讓波瑟芬妮回到母親身邊九個月。厄琉息斯祕儀一方面慶祝波瑟芬妮重回母親的懷抱，失去彼此的兩個人重新聚首，另

---

⑦ Eileen Hepburn, "The Father's Role in Sexual Socialization of Adolescent Females in an Upper- and Upper-Middle-Class Population," *Journal of Early Adolescence* 1 (1981): 53–59.
⑧ 出處同前，第55頁。
⑨ 出處同前，第56頁。
⑩ Rich, Of Woman Born, 237–240; Naomi Ruth Lowinsky, *The Motherline (Los Angeles: Tarcher*, 1993), 6–9.

方面也慶祝生、死和重生的自然循環。在舉行這個備受尊崇的儀式之前，所有參與者都要先經過大費周章的淨化程序。羅文斯基博士說：「在我們今日的文化中，一個女人要感受到自己和神祕事物之間的連結已經夠困難的了。少了母親，初經只是衛生保健上的大麻煩，或不受重視的小事。如果有母親在，她至少代表一股可以依靠的女性力量，幫助女兒體會到這件事的偉大、爲之受到感動，並透過女性的方式慶祝這件事。」

她繼續寫道：「多數母女對這些事情都有一種心領神會的默契。她們嘴巴上可能說的不多，但在心中彼此共享身爲一個女人的祕密。我們知道雙方每個月來一次生理期。我們還有其他在一個男性的世界裡不會拿出來講的共同經驗。我們有一些做事情的小訣竅，即使只是煮飯穿衣的日常瑣事。如果沒人可以共享這一切，女孩就要獨自背負所有難言之隱和未知之事的重量。如果沒有任何人指點她，這一切對她來講就可能很可怕。在我們的文化中，諸如此類的資訊有很多是公開共享的，我們不經意就能得到指引。儘管如此，爲人母親者或多或少都會把女兒有月經、能生孩子了的事實掛在心上。即使沒有說出口，但有人在關注這件事所代表的意義。如果都沒人在意，女孩就落入了情感上受到忽視的處境。」

我的初經不是什麼轟動的盛事。當我告訴我母親時，她伸手從我面前揮過去，然後給我一個擁抱，就像她母親曾有的反應一樣。她後來跟我解釋，這是東歐人的傳統，代表送走不成熟的孩子、迎來成熟的女人。雖然沒有盛大的慶祝，但我很感激有她在。即使當天不是她的生理期，月事現在是我們共有的女性儀式了。揮一下和抱一下的舉動，則將我和母系家族裡世世代代有過月經的女人連結在一起。

四十九歲的海倫記得第一次來經時，她試圖去和別的女人接觸、交流。她有一個哥哥，但沒有姊妹。她母親在她十歲時過世。三年後，生理期初次報到時，她剛好自己一個人在家。「我既害怕又興奮，同時也覺得好孤單。」她回憶道：「我跑到外面，看到一個鄰居沿街走來。我覺得非叫住她不可。我一定要告訴她發生了什麼事，即使我其實跟她不熟。就我們的交情而言，吐露這麼私密的事情也太唐突了。但這是一座屬於女人的人生里程碑，至少我跟另一個女人分享了這件事。我有一種苦樂參半的感覺，覺得自己既失敗又勝利，既孤單又不孤單。」

海倫想像，她母親會把這件事變成母女倆一起慶祝的理由吧。就像我總想像我母親會為我解憂，減輕我對婚姻和生兒育女的一切憂慮。當然。我們當然把她們美化和理想化了。在我們需要時，回味那一丁點媽媽講解生育知識或棉條用法的回憶，想像她可能會怎麼幫忙，總比懷疑她能不能幫上忙更令人寬慰。在母親死後賦予她這種力量，讓我們可以繼續當她的女兒。或多或少，我們還是從中得到了自己渴望的母女關係。

我們用種種「要是她還在，那就可以……」的想法安慰自己，即使在實際上，有許多母親給女兒的柔性支持少之又少。對自己的性別身分不滿的成年女性，也可能破壞女兒的性別認同，養成女兒的自卑感，迫使女兒處於跟她一樣卑微的地位，覺得無力掙脫⑪。認為女兒來經就代表自己老了

⑪ de Beauvoir, *The Second Sex*, 309, 533.

的母親，恐怕不會將月經視爲值得慶祝的好事⑫。本身婚姻失敗、懷著苦澀心情的棄婦，恐怕也很難爲女兒結婚的喜事高興。

但我的母親呢？喔，她才不會呢。我母親一定會和我並肩前行，從不嫉妒，從不憤怒。她會是我所有女性經驗相關問題的求助對象。關於結婚生子和老化，她有滿腹的學問和滿身的力量，她能給我無窮的支持。在每一個關鍵時刻，她都會伸出援手，鞏固我的性別認同。在我的想像中，她是我從以前到現在所需要的一切。然而，一旦堅持這麼想，我很容易就會責怪起她的缺席——是她的缺席，讓我覺得自己在言行舉止和女性身分上都有所不足；是她的缺席，讓我覺得受到了背叛與剝奪。

二十五歲的蓉妮在八年前喪母，她自剖道：「沒有媽媽，我真的覺得自己像廢了似的。就彷彿我永遠比不上有媽媽的女人，我永遠不會知道她們知道的事情，我永遠不會有她們那份自信。」儘管我懂蓉妮的心情，因爲我自己也一樣，但我看著她——一個美麗、成功的女人，一個看起來那麼有自信、有把握的女人——心想我如果偶然在街上或房間另一頭看到她，她會是那些令我欣羨的女人之一；我常常覺得自己缺乏的知識與智慧，在她身上一定都有。

我們是那麼擅長隱藏自己的盲點，又是那麼善於竭盡所能補償自己。傳統、正規的女性特質不能爲我們提供指引。我們在重新創造女性特質。而我們多數人還沒開始體認到這件任務的艱鉅，或這件任務的可貴。

⑫出處同前，第536頁。

【第三部】

成　長

她們記得她所給的。她所創的。她所做的。我們對彼此而言的意義。她教我們的。我在她的胸脯上學到的。她造出事物。她造出言語。她餵養我。哺育我。為我穿衣。抱我在懷裡。為我沐浴。我們記得她誕下我們的辛勞。她告訴我們，她是如何差點就沒命了。她是多麼疲憊。她的皮膚是如何撕裂開來。她承受著何等的痛楚。她母親的名字是什麼。她母親是怎麼做的。她母親告訴她什麼。她是如何被推開。她是如何被仇視。她的奶是如何酸敗的。她在婚禮上穿什麼。她夢想去到何處。我們說的第一個字是什麼。她是怎麼和她的姊妹爭吵的。她們怎麼搶一個玩偶。姊妹之間誰比較美。她是怎麼把我推開的。她是如何仇視我。她的奶是如何酸敗的。我們是如何仇視她。她的身體。我們記得自己深怕變成她。我們對彼此而言的意義。我們學到了什麼。

——蘇珊・格里芬（Susan Griffin）

《女人與自然》（*Woman and Nature*）①

① Susan Griffin, *Woman and Nature* (New York: Perennial/Harper & Row, 1978), 210–211.

9 她是誰，我又是誰：發展獨立的身分認同

我到佛羅里達州南部一趟，去拜訪我母親的手帕交。有一些我需要知道的事情。多半是一些小事，一些片段的細節，像是我母親在她們聚餐時都聊些什麼，還有當孩子們離開房間時，是什麼讓她笑了出來。但我也有一些比較大的問題，像是她爲什麼選擇我父親，還有爲什麼如火如荼的女權運動好像沒有燒到她。在母親的身分之外，她曾是一個女人，而那個女人我不曾認識過。她當女人的那些歲月都有珊蒂在，我希望珊蒂能給我一些線索。

九月的一個午後，在珊蒂位於博卡拉頓市的家中，我們在她的圓形大餐桌前坐下，我的錄音機放在兩人中間。廚房：一個正適合和我母親的童年死黨聊天的地點。就跟我的母親、外婆和來自波蘭的曾外婆一樣，我也在一個廚房兼作交誼廳的家裡長大。在廚房，母親重現外婆傳下來的食譜時，女兒就靠在流理臺上看。也是在廚房，鄰居的媽媽太太們聚在一起，一邊閒聊，一邊等爐子上的菜餚慢慢煮熟。在外婆家的廚房裡，放置了藍色塑膠皮椅和圓筒形白色火爐；在我母親一九七〇年代的廚房裡，則有綠色的廚具和黃色的壁紙，壁紙上的花跟我的手一樣大。在這兩間廚房，我聽說了家族的傳說，祖先的歷史像飯後的香菸煙霧般在餐桌上繚繞。對我來講，油滋滋的馬鈴薯餅或

大鋼鍋裡的燉牛肉散發的香氣，依舊意味著接下來有故事可聽。

現在，我住的房子有九個房間，休閒娛樂的空間很多，除了客廳和視聽室之外，還有一個零死角戶外海景露台。儘管如此，每一次我們在家辦趴，大家都還是圍著餐桌聊到深夜。故事是餐桌變的魔法，沙發或椅子變不來。或許這就是爲什麼在珊蒂的廚房裡，故事源源不絕地灑落在塑膠餐墊上，而我像個餓鬼般貪婪吞食每一個小細節。

我們多數人都知道母親過世時的情況。但對於她們的一生，我們知道多少呢？在一百五十四位受調的無母之女中，三十%的人表示「知道很多」；四十四%的人「知道一些」；二十六%的人「知道很少」②。

外婆、阿姨、姊姊、父親和朋友是爲女兒提供亡母相關資料的管道。然而，母親本人通常是女兒最重要的資料來源③。所以，和母親相處最久的女兒也是自認最了解母親的女兒。母親過世時年紀在二十歲以上的女性，超過半數都說她們知道母親很多事情。相形之下，喪母時年紀小於十二歲的女性，則只有二%表示很了解母親④。同樣的道理，二十歲以上喪母的女性，只有十三%說對母

② 無母之女問卷調查第十七題（參見附錄一）。沒有一個人選的答案是「一無所知」。似乎就連沒怎麼跟母親相處過的女兒，也設法搜集了一些關於母親的資訊，或認同母親的經驗，並覺得自己對她的人生有所認識。
③ 出處同前。
④ 出處同前，第四題和第十七題。

親所知不多。相形之下，十二歲以下喪母的女性，則有五十三%說了一樣的話⑤。喪母時正值青春期的女兒，了解和不了解母親的比例恰好是一半一半，有半數年齡介於十二歲到十九歲的受訪者表示知道母親一些事情⑥。這可能是因為年紀較輕的女兒較少去問母親的過去，或因為母親往往是逐漸把自己的故事分享出來，只透露她認為適合女兒目前成長階段的部分。

母親過世時也帶走了她的人生故事，女兒只能自己想辦法拼拼湊湊。四十三歲的瑞塔在十五歲時喪母，她用廣發電郵的方式搜集資料。瑞塔想到自己對母親有多陌生就很沮喪，於是擬了一份長達三十六頁的問卷，標題寫著「我一直想問的問題」，然後把檔案寄給父母現存的親友。積壓在心的問題湧上她的電腦螢幕，她一口氣打了一〇八道題目：「露易絲覺得自己長得怎麼樣？」、「她為什麼和第一任老公離婚？」、「她懷瑞塔和生瑞塔時的情形怎麼樣？」瑞塔在一段前言中寫道：「請不吝告訴我您所知的一切。整份問卷的目的在於趁各位還記得，盡可能收集有關她的事實與回憶。萬分感激您的協助。」

「我簡直就像一個萬里尋母的孤女，要找出拋棄她的母親。」瑞塔回憶道。她把問卷寄給一堆人，希望得到關於她母親的童年、第一段婚姻、一九五〇年代加入共產黨等經歷的回覆，但收到的迴響卻讓她很失望。儘管有少數聯絡人樂於分享他們的回憶，但多數人要嘛不記得，要嘛不跟她分享她渴望得知的細節。「其中某些問題，我已經有一些零碎的答案。」瑞塔說：「但對我來講，完整的全貌很重要。很多人回信問我：『妳為什麼需要知道這些？妳為什麼想要知道這些？』他們認為我對過去太執著了，就連我哥都覺得我有毛病。他受不了我，也受不了我的問題。我想他現在比較明白我的需求了，因爲他和我嫂嫂剛領養了一個小男孩，他們在協助他製作家族史手作書❶。但在當時，他就是一副受不了我的態度。」

瑞塔受到的質疑反映了一個值得深思的問題：女兒爲什麼要挖掘母親的過去？瑞塔和我，乃至於每一個我接觸過的無母之女，爲什麼要像海灘上的食腐動物一般，飢渴地搜尋著已經腐爛的遺骸？爲什麼要像操作金屬探測器一般，揮舞著我們的問卷和錄音機，希望能挖出沙地裡價值連城的金塊？

「有部分是因爲我天性好奇，我總想仔仔細細地認識一個人。」瑞塔說：「但我也覺得自己好像錯過了認識我母親的機會——從對等的角度、以平起平坐的關係認識她這個人，而不是只知道她身爲我母親的一面。我想知道她是一個什麼樣的人。我覺得自己依稀對她有大概的認識，但我越了解自己是什麼樣的人，就越想收集她的故事、越想了解她過去是什麼樣的人。」

對女兒的成長發育來講，說故事有著重要的功能⑦。那是讓她了解過去的一種方式，透過了解過去，她可以爲未來的自己養成穩定的身分認同。而對失去母親的孩子來講，試圖拼湊個人生命經

⑤出處同前。
⑥出處同前。
❶美國的小學教育中，慣有讓學童製作樹狀族譜圖或家族相簿的美勞作業。
⑦George S. Howard, "Culture Tales: A Narrative Approach to inking, Cross-Cultural Psychology, and Psychotherapy," *American Psychologist*, March 1991, 187–197.

驗以組成一個有意義的整體，往往會讓她們格外意識到自己缺了的那一塊。「這些孩子感覺缺了什麼，而母族的歷史是其中的一部分。」班傑明．加爾帛解釋道：「這個部分不是全部，但在認知的層面上，如果他們能爲自己建構出一套故事，他們至少能有一種一脈相承的感覺，並覺得自己比較完整。」

爲此，女兒需要搜集的不止有母親的一生，還有她自己的過去。一個女人用來定義自己的個人史有賴於她早年的記憶，以及旁人告訴她的往事，而母親一般是家庭口述歷史的紀錄者。當母親過世或離開，許多細節就隨之遺失了。我父親就像我母親一樣盼著我的每個「第一」，但她才是在我的寶寶成長記錄手冊上記下一筆的人。跟朋友分享這些消息的人是她，後來把細節告訴我的人也是她。身爲長女，全家只有我記得弟弟妹妹說的第一個字，但沒人記得我說的第一個字。我無從得知自己的童年記憶有幾分眞假，其中有多少誤解的成分，又有多少可能是我作夢夢到的內容。如果沒有一個活生生的講古人，如果沒有人記得我的第一步、第一句話、第一個笑容，我要怎麼確定我的過去？

對自身經驗一無所知，也不知道這些經驗和母親個人經驗的關聯，母女之間連接家族世代女性的臍帶就斷掉了。娜歐密．茹思．羅文斯基將這種母女之間的傳承稱之爲「母系」。關於身體，關於心理，關於歷史，關於月經、生子、哺乳、老化和死亡，一個女人從媽媽和外婆口中聽到身爲女人的故事，由此在精神上與世世代代的女性智慧相連。羅文斯基博士說：

在今日的世界，當女人透過母系經驗來了解自己的人生，她便能從幾個方面獲得女性的力量。首先，在她面臨當今女性的諸多選擇時，母系經驗讓她知道身為一個女人該怎麼做。其次，關於自己的身體，關於生理週期的神祕與力量，她學到了第一手的知識。第三，回頭溯源之時，她會碰到在不同時空背景下面臨相同困境的前人，讓她從中體會到生命循環不息的道理，學會透過從容的眼光看待自己當前的處境。過去的歷史提醒她一切都會隨著時間改變：寶寶隨著時間長成學童；近來每個世代對教養都有不同的觀念；沒有一個孩子是在完美的條件下長大。第四，她發現自己和母親原型之間的關聯，也發現自己和古老智慧之間的關聯。在古老的世界觀中，身心靈是一體的，所有生命也都是一體相連的。最後，她從中養成自己身為女性的觀點，透過這個觀點思考男女的相同與差異。⑧

母系的故事讓無母之女在性別、家庭和女性歷史中有所根據。這些故事將母系祖先的經驗化為一張地圖，讓無母之女按圖索驥，從中尋求鼓勵或警訊。為能代代相連，她需要知道她母親的故事。「好多現代女性會說：『認識我的母親？別鬧了。她不了解我。講到她我就一肚子火。她很糟糕。我最不想跟我媽一樣了。』」羅文斯基博士說：「這些是在尋根之旅中受阻的女性。失去母親的女性已經知道她需要透過某種方式找回她的母親。但她沒辦法從母親口中聽到她的人生故事，搜

⑧ Lowinsky, *The Motherline*, 13.

集這些故事變得難如登天。她必須去找其他親戚。她也必須處理自己對這件事的悲痛。如果妳已經失去母親，一旦開始尋求母系經驗時，龐大的悲痛和深深的失落迎面襲來，妳必須要有迎接這些情緒的心理準備。」

女兒對母親的認識，僅限於母女雙方都想讓女兒認識的部分。而對十七歲的我來講，這個部分並不多。誰曉得我們已經沒有時間了呢？我母親說起她的童年往事時，我只聽對我有立即用處的部分——她七歲時差點溺死，那我最好去學游泳。其餘的部分，我就直接當成耳邊風。相對而言，她也只挑符合我當時人生階段的故事來說。我可以鉅細彌遺地告訴妳她第一次來經、第一次約會和她的甜蜜十六歲慶生宴[2]，但她的婚禮、她第一次懷孕，乃至於她養兒育女的媽媽經，對我來講就幾乎是一團謎。

跟瑞塔一樣，我只知家母身爲母親的一面，不知她身爲女人或朋友是什麼樣子。我對她的回憶僅限於從我有認知能力開始，當時我大概三歲吧，而她則是二十八歲，直到她四十二歲過世爲止。這十四年的歲月就是我所知的一切，即使如此，我對她的認識也是透過一個孩子或少女的眼光。十七歲的我，還沒有成熟到把我母親視爲獨立的個體。她有她的夢想，她有她的挫折，這些夢想和挫折我沒有參與到。我很排斥她對我吐露成年人妻的心事；感覺未免太早了點。青春期時，我不想聽她對婚姻和性生活的抱怨，就連現在我都不確定自己想不想聽。當她把我當成閨密，我在「留下來坐立難安地聽她說完」和「奪門而出直接逃走」之間搖擺不定。

要到二十五歲，我才開始對我母親身爲女青年和人妻的一面感興趣。基於這份渴望，我拜訪了我母親在賓夕法尼亞州和佛羅里達州的老朋友，接著又到我出生長大的鄰里之間打聽，從熟識她的女人那裡問問題和收集故事。珊蒂告訴我她身爲姊妹會成員和新嫁娘的樣子，另一位朋友告訴我她的初夜——想當初，我曾在十四歲時問過她這件事，結果只換來尷尬的一句：「喔，當然是在我的新婚之夜啊。」

就我對她的探索而言，二十五歲不是一個隨機的數字，那年剛好碰上我人生中兩個重要的轉捩點。首先，我終於開始爲喪母哀悼了。其次，當身邊的女性朋友們首度以類似平輩之姿，重新親近她們的母親，我在一旁看得嫉妒得不得了。在她們的關係之中，名義上的親子權力結構仍在，但我的朋友開始評估她們母親的長處與短處，決定自己要承襲多少母親的特徵，判斷自己要離媽媽的教誨多遠。

不管她是家庭主婦、還是企業副總裁，是人妻、還是單親媽媽，女兒所內化的女性形象和終其一生參照的對象，主要是她的母親。母親是女兒用以衡量自身人生旅途的里程碑。四十五歲母親的二十歲女兒，心目中會有兩個版本的母親供自己參考：一個是女兒透過母親口述的故事，拼湊成想像中二十歲的她；一個是女兒親眼所見、目前四十五歲的她。當女兒年屆四十五歲，她一方面拿自己和記憶中四十五歲的母親兩相對照，一方面拿自己和現年七十歲的母親對照。

❷美國習俗中，十六歲、十八歲和二十一歲為重要的成年里程碑。十六歲代表吾家有女初長成，孩子進入花樣年華，故習慣以「甜蜜十六歲」（Sweet Sixteen）稱之。十八歲和二十一歲則分別為擁有投票權和法定可以喝酒的年齡。

但早逝的母親是一個凍結在過去的女人，女兒對她的印象停留在那時候。當我設法區分母親和我之間的同異時，我手邊的材料很有限。一方面，當我拿現在的自己和四十二歲的瑪希雅比較時，我只知十七歲的我眼中四十二歲的瑪希雅。另方面，我是在和一個永遠不會變老的女人做比較。我十七歲時，她四十二歲。現在我四十一歲了，她還是四十二歲。再過一年，我母親就不再是比我年長、比我有經驗的女人。我不禁納悶：然後呢？

二十九歲的凱倫也擔心失去媽媽這個人生嚮導。即使還要再過三十年，她才會來到她母親過世時的年紀，凱倫已經在某些方面超越她了。

凱倫童年時期，她那盛氣凌人的母親經常擺出優越的姿態。九年前，她母親過世後，凱倫持續將自己視爲一個強勢母親的沒用女兒。但隨著她即將完成學士學位，凱倫對自己有了改觀，她開始覺得自己是一個有頭腦、有前途的人。現在，她不禁納悶，一個讓她自以爲沒頭腦、沒前途的母親，在她的人生中能占據什麼地位？

> 知道自己的教育程度就快比她高了，對我來講是一件很難接受的事情。青出於藍破壞了我心目中神話般的母親形象。她不會永遠比我年長。她不會永遠比我聰明或比我優秀。有一天，她將不再是法力無邊的奧茲大帝。有一天，她會成爲簾幕後的小女人❸。我想，這一天就快來了，而我很難接受。
>
> 就好像妳是一個力爭第一的運動員，只要妳還不是第一名，總有競爭對手可以跟妳一較

高下。一旦成爲世界第一，那就再也沒有人可以供妳比較了。我總是拿自己和我母親比較，看看我有沒有進步。一旦我在她很在意的領域超越了她的成就——她很想完成大學學業，但因爲有了小孩就沒念到畢業——我就失去這個標竿了。一旦超越了自己心目中的原型，接下來該怎麼辦？妳要以誰爲努力的目標？

那種感覺就好像舉頭三尺「無」神明，沒有人監督妳的善行和惡行，沒有人獎勵妳上天堂或懲罰妳下地獄。妳要以不同的方式成長。妳必須監督自己的倫理道德，否則宇宙就沒有秩序。妳的行爲不再有一個外在的仲裁者，這下子，妳只能靠自己了。

凱倫說得對。沒有一個活生生的母親供我們參照，女兒多半要獨力創造自己的身分認同。理論上，她可以自由做決定，並從自己的錯誤中學習。然而，實際上，她很害怕伴隨這份自由而來的孤單處境。她希望能爲自己找到指引，於是她盡可能挖掘母親的人生經驗。通常是到了二十幾歲時，女人會產生這股回到母親懷抱的強烈渴望。女兒對於母女重聚的需求，不會只因母親不在了就消失不見。女兒透過搜集資料，重新塑造母親在她心目中的形象——不只是她身爲母親的樣子，還有她

❸此處典故出自《綠野仙蹤》（*The Wonderful Wizard of Oz*），故事中奧茲大帝（Wizard of Oz）是奧茲國的統治者，桃樂絲一行人相信他能解決他們所有問題。一行人去見奧茲大帝，奧茲大帝以簾幕和衆人隔開，小狗托托偷掀簾幕，衆人看到了他的真面目，奧茲大帝急得大喊：「別去注意簾幕後那個小男人！」

身爲女人的樣子。女兒試圖對母親有更多的認識，想像她們的關係可能有什麼轉變，想像她們最接近眞實情況的團圓。

在瑪姬的記憶中，十八年前自殺的母親一直是個不苟言笑、鬱鬱寡歡的女人，直到現年二十五歲的瑪姬開始搜集她的資料爲止。在任何一方面，她都不想認同自己的母親。但在二十出頭歲時，瑪姬很渴望能和家中女性交流，於是生平第一次請外公、外婆告訴她母親年輕時的故事。

> 我總以爲我母親是個害羞、退縮、內向、文靜的人，但我卻從外公、外婆口中得知她從來不是那個樣子。她很奔放、很外向，是那種散播歡樂散播愛的人，是那種派對中的靈魂人物。這就是爲什麼她的憂鬱症顯得更戲劇化了，因爲生病讓她變了好多。我自認是一個外向的人，就跟曾經的她一樣；我自認不是一個內向的人，像我記憶中的她那樣。我母親也很能言善道，很有音樂天賦，課業表現良好。這些也是我能認同的部分。我心想：「是啊，我也是這樣。」我不是從花朵裡蹦出來的拇指姑娘。我確實遺傳了某個人的特質。不只是我長得像她或容易有憂鬱的傾向，而是我也有一些與她相關的正面特質。

不再因爲憂鬱症和死亡的聯想而害怕和母親有所牽連，瑪姬轉而和她還在慢慢了解的母親重新建立關係，但她的旅途只完成了一半。重新認識母親有兩個步驟。首先要還原她身爲女人的樣貌，接著要靠想像推測她現在可能的樣貌，而這才是更難的部分。我必須在腦海中將她快轉，才能想像我母親和我現在可能的相處情形，並拿我和兩個母親相比——一個是當初四十一歲的她，一個是如今六十七歲的她。我必須推測接下來二十年的社會文化可能對她有什麼影響，想像她的人生如果沒有因爲癌症戛然而止，現在的她可能變得怎麼樣；如果她沒死，她可能會去哪些地方。

我自認很了解家母對我的期望。以前我會想像我們不曾有過的臨終告別。她會握著我的手傳達她的遺願。「我要妳快快樂樂地長大。」她會說：「去上大學，找個好老公，最好是一個猶太裔的醫生，叫他在長島買棟房子給妳，但不要買在大頸區或五鎭區，買遠一點的郊區，或許買在馬薩皮奎區。妳能保證爲我做到嗎？」

妳可能以爲我在開玩笑，但我是認眞的。我母親在一九五〇至一九六〇年代紐約近郊的猶太社區長大，那裡的人送女兒上大學是爲了嫁給專業人士，他們以鑽石戒指的克拉數衡量一個女人成功與否。如果我母親活得夠久，看到我們在其他領域的成功，或至少看到美國的經濟把雙薪家庭變成必然的趨勢，我很樂意想像她會爲我勾勒更遠大的夢想。但在我的記憶中，她爲我準備的未來只包括一件白紗、一條鋪了紅毯的走道，以及一個打著燈籠也找不到的好男人。這就是她眼中成功的女人。這就是她對我的期望。我的第一任男友是個進過感化院、頭髮長及下巴的不良少年，可把她給嚇壞了。當然，我之所以選擇他，有部分是因爲我知道她會多麼強烈地反對。我們正處於母女倆針鋒相對的階段。將近十年之後，我們還是處於那種狀態，因爲她過世時我就卡在那裡了。

在母親過世時，女兒人格中的某些元素可能就此停滯不前。到了成年以後，她可能還帶有當時那個成長階段的特徵。這孩子接下來長成一個還是很依賴亡母的女人。即使身爲成年人，她依舊以叛逆少女的心態繼續反抗她的母親。

我母親過世後的前九年，我就是這樣度過的。要維持活生生的母女關係，這是很方便好用的一個辦法。我母親的諄諄教誨沒有隨著她的死沉默下來。在我的腦海裡，她還在給我一堆我不想聽的忠告，我也還在拒絕接受她的意見。我十八歲離開紐約，無意再生活在長島方圓百哩的範圍內。而且，我躲醫學預科生❹就像躲瘟疫一樣。我下定決心不要按照我母親的意思過日子。我要按照自己的意思，創造自己的人生，宣示自己的獨立。

我所極力抗拒的那種未來，同時也恰恰是我暗自嚮往的未來，若非如此，或許我也不會那樣強烈地抗拒到底吧。這是我不曾和任何人討論過的小小內心戲：一方面，偏離母親大人爲我規劃的那條路讓我深感愧疚；一方面，我又偷偷渴望得到她口中走上這條路能有的保障。所以，我一邊刻意迴避她的願望，一邊又採取兼顧兩者的行動。二十三歲時，我把我的未來押在大學時的男朋友身上。他不是猶太人，也不是在紐約土生土長，但他就要開始念法學院了。在我看來，這似乎是個差強人意的折衷方案。當我和他一步步朝婚姻大事邁進時，我相信我母親知道我要嫁做人婦，一定會以我爲豪。

唯有在訂婚破局的情況下，事隔多年回頭看來，我才認清自己不只在設法實現我母親的願望，也在設法活出她不曾擁有的人生。她不曾住過紐約以外的地方。在我出生之前，她教過幾年音樂，但不曾把音樂變成她的事業。她也不曾嫁給她母親希望她嫁的那個醫生（或牙醫或律師或執行長），不曾買下那棟大房子。

我還沒見過一個有媽媽的女兒願意犧牲自己的身分認同，去滿足母親投射在她身上的願望，但沒有媽媽的女兒成天老做這種事——出於內疚，出於責任，出於悲痛，出於愛。我們設法實現媽媽未能實現的夢想，彷彿這樣就能把她們沒機會擁有的歲月還給她們。彷彿我們以爲只要自己成爲她們要的樣子，或是去過她們要我們過的日子，事實上，只要我們成爲她們，我們就可以把媽媽留在身邊，並且防止她們再次離開我們。

要活出一種人生就已經是很大的挑戰了。要實現兩個人的夢想簡直是不可能的任務。現年三十二歲的蓋兒過去十四年來都爲此掙扎不已。從童年到青春期，她和她母親一直很親。自從母親在蓋兒十八歲時癌逝，她就在「成爲她母親」和「繼續當她母親的女兒」之間猶豫不決，完全排除了爲自己主張身分認同的可能性。

如果我母親還活著，我或許會學到我可以有自己的人生。但是她死了，感覺好像我就不能有自己的人生了。我不允許自己去做她會反對的事。由於她已經不在了，沒辦法表示同意不同意，所以我唯一的指標就是她在過去准我做的事，或是她自己以前曾經做過的事。大學輟學對我來講完全無所謂，因爲我母親也是大學肄業。我和一個對我很不好的男人在一起，

❹美國學制中，學生先在大學主修或輔修醫學預科，而後報考醫學院入學測驗，始得申請進入醫學院就讀。

但我知道我母親會很欣賞他。

我猜，我這麼做是要設法重過她的人生，把她的人生接下去活完吧。我開始不照顧自己的身心雙方面，因爲她以前就是這樣。她就是這樣才會病到那麼嚴重的地步，因爲她覺得自己無足輕重，沒資格告訴別人她的感受。下星期，我要去做一些檢查，看看我有沒有癌前病變或癌症症狀，不過我比較偏好「癌前」的說法就是了。感覺起來，這也像是我在過她的人生，因爲她得的淋巴癌是遺傳性的。我最後如果落得要用這種方式來照顧我母親，那就眞的很諷刺了。

母親過世之時，蓋兒剛開始在心理上脫離母親獨立。她起步得比較晚，而且舉步維艱。如同每一個青春期的少女，蓋兒面臨令人無所適從的任務，她必須認同自己試圖脫離的那個人，並從青春期的歲月中創造出屬於自己的身分認同。她母親的死在關鍵時刻打斷了這個過程，讓她一半忠於自己，一半又忠於母親。如同許多無母之女，蓋兒困在兩難的處境中，一方面深怕步上母親的後塵（所以她才想和「癌症」一詞保持距離），一方面又強烈渴望保有和母親的關聯（這份渴求激起她替母親過完人生的衝動）。在心理上，蓋兒的言行舉止一直受到媽媽糾察隊的檢查，獎懲都按照一套專爲十八歲少女量身打造的標準，就這樣直到三十好幾，即使母親過世已久，她都無力抗拒母親對她的影響。

蓋兒是受兩股力量夾擊的女人之一。其中一股力量是「恐母心理」，另一股力量我稱之爲「母系認同」。亞卓安．芮曲在《女人所生》一書中解釋道，所謂恐母心理是指女兒深怕成爲她的母親⑨。女兒看到母親的缺點，並覺得無力對抗遺傳的力量，她一面譴責母親的過失，一面祈禱自己不要犯一樣的錯誤。（就像創意T恤上那個大叫「天啊！我要變成我媽了！」的女人）。對無母之女來講，恐母心理可能成爲很沉重的壓力來源，其中的恐懼往往也包括害怕像她母親一樣身心失控，年紀輕輕就拋下兒女撒手人寰，匆匆結束短暫的一生，許多夢想都沒能實現，因爲她時間不夠。

若不是它的孿生姊妹以一樣的奸詐狡猾陷我們於不義，我們也不會那麼難告別恐母心理，永遠擺脫這些恐懼。母系認同指的是女兒勢必會認同母親的一些特質。當我們的一舉手一投足都勾起自己對她的回憶，我們就不可能完全和她劃清界線。每一次我發覺自己脫口而出說：「那個女人眞是一件傑作。」我內心的「媽媽警報」就會微微響起。「眞是一件傑作」是我媽的口頭禪，我甚至並不十分喜歡，但有時這幾個字就是會自動冒出來。畢竟我們有過十七年共同生活的經驗，我還有五十%她的基因，發生這種情況也是在所難免的吧。我不禁納悶自己不自覺內化了多少她的特質，儘管我有意識地做出和她不同的抉擇，但我已經有多像她了呢？

在《娘家》（*In My Mother's House*）這本有關母女身分認同的回憶錄中，金．雀爾寧（Kim Chernin）寫道：「我不知道在這場成爲我自己的掙扎中，我是否變成了小時候的她。」⑩我怎麼想

---

⑨ Rich, Of Woman Born, 235.

⑩ Kim Chernin, In *My Mother's House* (New Haven, CT: Ticknor & Fields, 1983), 306.

都覺得我們母女的人生不可能相提並論。我們是截然不同的兩個人。她主修音樂；我專攻文字。她嫁給一個紐約人，三十二歲時已是三個孩子的媽。我和一個以色列人步入禮堂，三十三歲才生第一個女兒。然而，我們的相似之處也不容忽視。我們都是家中長女。我們都有兩個女兒。我們倆都把教學當成副業。從這個角度看來，我母親和我骨子裡是否像得很？

秉持說故事的精神，以下是我聽過的一個民間傳說：

從前從前，有一個新嫁娘在煮婚後的第一餐：烤牛肉。她老公在一旁看，只見她把整塊牛肉放進烤盤之前，先從其中一端切了一塊下來。

「妳爲什麼要先切掉一塊？」他問。

她一臉茫然地答道：「不曉得欸。我看我媽都這樣做啊。或許是爲了入味吧。我要問她才知道。」

第二天，她回娘家問她母親說：「媽媽，我昨天晚上做烤牛肉，把肉放進烤盤之前，我先切了一塊下來，因爲妳都這樣做。可以告訴我爲什麼嗎？」

「不曉得欸。」她母親一臉茫然地答道：「我看我媽都這樣做啊。或許是爲了讓牛肉比較嫩吧。我要問她才知道。」

第二天，媽媽去到外婆的家，問她：「媽媽，我女兒昨天晚上做烤牛肉，把肉放進烤盤之前，她先切了一塊下來，因爲我都這樣做。我是跟妳學的。可以告訴我爲什麼嗎？」

外婆笑了出來。「我這樣做是因爲我媽都這樣做。於是有一天，我問她爲什麼。她說在我小時候，我們家很窮，家裡只有一個烤盤，那個烤盤太小了，裝不下整塊牛肉，她只好先切一塊下來，牛肉的大小才剛好放得下。」

三代女人都向媽媽看齊。下意識的耳濡目染就是這麼強而有力。即使妳跟媽媽不是從同一所大學畢業，妳不像她生了三個孩子，妳不像她每星期二做烤牛肉當晚餐，或妳不像她根本不下廚，妳的母親總在妳的意識裡占有一席之地，潛移默化地刺激妳做出跟她一樣的決定。

母女是彼此的一面鏡子，母親把年輕版的自己投射到女兒身上，女兒多多少少內化了那個形象，將之融入到自己的身分認同中。正如唐娜最近的體會，這不一定是有意識的過程。染有酒癮的母親在唐娜二十二歲時自殺身亡，唐娜多半是將她引爲借鑑，不想變得跟她一樣。直到二十五歲時，她意外發現自己和母親在這個年紀時過的生活很像。從青春期到二十幾歲的階段，唐娜一心拉開她和母親的距離，十七歲就從家裡搬出去，靠自己念完大學，接著開始她的職業生涯——全都是她母親不曾有過的經歷。但當她發現自己一直以來都沿著她母親的軌跡前進，唐娜興起了認識她母親的念頭，開始去探究她母親的故事，想找出母女間其他的相似之處。

我母親在她二十五歲時從德國來到紐約，在這裡找了一份工作，並在一間自助洗衣店邂逅我父親，他們倆在第二年結婚。瞧瞧現在的我，剛搬到紐約展開新生活，希望能遇見對的人。就像兩條重疊的軌跡——這條是母親，那條是女兒，如果把兩條軌跡疊在一起，妳會看到她走過的足跡基本上和我一致。不管我的人生將有什麼發展，一切可能就是在紐約這裡發生，正如同她三十年前的際遇一樣。真的很不可思議。

如果可以回到過去，我很想見見年輕時的母親，跟她一起到處旅行，看看她有什麼想法。在飛往紐約的飛機上，我遇到一位從德國來的小姐。她有我母親的顴骨、眼睛和頭髮。她的口音和舉手投足也讓我想起我母親。我想，我母親在二十幾歲時大概也是這樣吧。人生中第一次，我不禁好奇，如果有機會認識搬到紐約之前的她，那會怎麼樣？

我們的談話被保羅打來的電話打斷。保羅是唐娜前一個月剛認識的男人。他人在紐約的一座機場，準備出國三個星期，想讓唐娜知道他離開時會有多想她。六個月後，唐娜打來跟我分享她的好消息。她和保羅訂婚了，她說：「是不是很不可思議？就跟我的父母一樣！」她的語氣倒是不像我們上一次談話時那麼驚訝了。儘管唐娜一開始對她的母系角色模範很反感，但她已經接受自己可以認同母親人生中的某些部分，同時又和她害怕或不喜歡的部分隔開距離。藉由把母親的例子當成指示，她做出了對自己有益的選擇——這種發展完全出乎她的意料。

每個女兒都是既認同母親，又把自己和母親區別開來，這兩種作用同等重要。如同娜歐密．茹思．羅文斯基所指出的，認同作用讓我們與自己的起源相連，區別作用則讓我們找到自己的一條路，不致盲目步上母親的後塵⑪。在極端的恐母心理和極端的母系認同之間，當女兒覺得必須二選一，不是全面拒絕母親的特質，就是變得跟母親一模一樣，她區分「我」和「她」並發展個人身分認同的能力才會受損。

「有一位我輔導了幾年的個案，她刻意反其道而行，把自己變成和她母親相反的人。」泰瑞絲·蘭道說：「她母親不是個好媽媽，不止挑撥家人之間的情感，還教女兒看輕自己。所以，我這位個案現在努力凝聚家庭成員，培養孩子應有的自尊。同時，因爲她母親就是沒有及早發現，拖到病入膏肓，終至乳癌病逝，所以她也不忘注意身體健康，把自己照顧好。這些都是正面積極的選擇，但我擔心她一心只求和她母親相反，爲此不做自己眞正想做的事，失去了隨心所欲的自由。妳有可能認同母親到一切都聽她的，但妳也有可能認同母親到一切都不聽她的。兩種情況我都見過，不管是哪一種，如果一個女人不允許自己自由做選擇，我都認爲那是不健康的。」

三十六歲的凱樂向我描述了類似的內在衝突。凱樂和她母親從來就不親，但自從她母親十九年前過世後，她就覺得非承襲母親的行爲不可，其中沒有多少她自己的理念或意願。「我不斷在找母親在我身上留下的印記，不斷在找把她留在我身邊的辦法。」她說：「我的節儉其實是她的節儉。當我告訴自己只能喝白開水、不可以花錢買飲料，我聽到的其實是她的聲音。她是一個腳踏實地、一點錢可以花很久的好榜樣。我承襲了她的一些特質，並且把這些特質的重要性放大到極致，這是我用來留住她的辦法。現在，我要試著剝開層層桎梏，開始做眞正適合我的選擇。」

⑪ Lowinsky, *The Motherline*, 53.

脫離母親死後的控制可能是一段漫長、艱辛又痛苦的旅程，但在女兒的哀悼過程中，這往往是不可或缺的一步。凱樂用沿襲母親的行爲來替代母親的存在，對這樣的女兒來說，要放下某個承自母親的人格特質，就意味著必須對母親多放手一點，但這也讓女兒有更多機會發展獨一無二的個人特色。

席拉的故事就是一個很好的例子。她母親在她十四歲時過世。我們坐在她的公寓裡談話時，她給我看了幾件曾經歸她母親所有的物品。她指了指角落裡的一張搖椅，讓我看牆上的一件雕塑，又展示了一些她戴的首飾，但席拉最珍惜的，是她母親裝在一個綠色塑膠盒裡的家傳食譜。她從隔壁房間取來給我看，只見盒子裡的卡片上有她母親和外婆親手寫下的烹調步驟。席拉還記得自己小時候吃的就是這些菜色。「對我而言，這個盒子就像一盒女性的歷史。」她吐露道：「我母親用這種方式活了下來。」

母親突然意外過世時，才剛進入青春期的席拉還沒展開個體化的成長階段。她以龜速形成自己的身分認同，直到二十出頭歲時，她發現要如何象徵性地脫離她母親，接著再按照她自己的意思回到母親身邊。席拉的辦法是透過她母親的私人物品：

念大學的時候，我住的公寓就像一座祭壇似的。屋裡全是我媽的東西。我的居住空間與我無關，一切都跟她有關。我覺得老天爺奪走她，也奪走我們母女共度的生活，我想要重現那一切。所以，我保留她所有的東西，情況嚴重到一種荒謬、嚇人、走火入魔的地步。不管是壞掉的東西，還是我根本就不喜歡的東西，只要是她的，我就通通留下來。她有七〇年代那種蘋果造型的綠色錫製廚房收納罐，那眞是有史以來最醜的東西了。我搬離大學時代住的城市時，那些罐子就是我丟掉的東西之一。那時，我剛開始把自己和我母親分開一點。我開始看見自己和她在某些方面很像，但在其他方面則不然。一旦體認到她就是我的一部分，並開始意識到身爲個體的我是一個什麼樣的人，我就不需要再留著那些外在的東西了。搬家時，我眞的仔仔細細把整個公寓清了一遍，選擇我想留下來的東西。我現在還留著的東西不是那麼氾濫了。我留著她在我嬰兒時期抱著我一起坐的搖椅，搬家之後，我也把搖椅重新漆過。對我來講，那是很重要的一刻。我剛搬到一座新的城市，展開一份新的生活。一天夜裡，我獨自坐在新家的廚房裡，把我母親的搖椅重新漆成一種很炫的綠色。

我們無從得知如果沒有喪母，我們的人生會是什麼模樣。無論喪母與否，我們是不是都會來到跟今日一樣的地方？有些心理學家相信，我們的個人身分認同，絕大部分在人生最初的三年就已成形，從那之後，我們的人格架構基本上就保持不動[12]。有些心理學家認爲身分認同是流動的、具有可塑性的，而自我概念是一個持續演進的過程[13]。還有一些心理學家主張身分認同始於青春期，或

---

[12] Judith Kegan Gardiner, "On Female Identity and Writing by Women," *Critical Inquiry* 8 (1981): 353.

[13] 出處同前，第352頁。

許有意識，或許無意識，個人身分認同是一則從青春期開始寫就的人生故事⑭。在這一則故事中，母親的死亡或缺席占據核心位置，整個故事往往就以這起事件爲支點，女兒的身分認同因而與喪母一事難分難解。

正如同我有一半我母親的基因、一半我父親的基因，自從喪母之後，我有一部分是我母親的女兒，有一部分是沒有母親的女兒。在我的身分認同中，兩者都是不可分割的一部分。從我和母親共度的那十七年，我學到同理心和慈悲心，我學到愛與關懷，也學到如何照顧我自己的女兒。從她過世後的二十四年，我則學到獨立、能幹和堅強。席拉和我坐在她家餐桌前，對著她母親的食譜盒，思考一個我們都問過自己很多次的問題：無論是就身分認同、言行舉止，還是做事情的方式而言，我之所以是我，是因爲我母親活過，還是因爲我母親死了？我們一致同意，答案是兩者皆是。

⑭ 摘自 Howard, "Culture Tales," 193，原始出處為 Don P. McAdams, *Power, Intimacy, and the Life Story* (Homewood, IL: Dorsey, 1985), 57–58。

10 大限來時：生老病死

我把家母的醫療紀錄收在一個標示「文件」二字的資料夾裡。我知道這兩個字很籠統，但我沒辦法寫得更具體了。更精確的文字只是巧妙僞裝的地雷區而已。如果這些文字不是地雷區，我或許就能平靜地翻閱那十二頁的乳房切除紀錄，而不是這二十五年來每讀一次就百感交集。其中有一句話，每一次我讀了都特別激動。在動手術前一天，在我母親的年齡和關於牙套的說明之間，一位護士以潦草的字跡寫下：「做過尾椎麻醉和硬膜外麻醉，怕麻醉後牙齒打顫。」

這是一個入院切除左邊乳房的女人。她知道癌細胞已經侵襲她的淋巴結。她有三個不到十八歲的孩子。她不知道動手術的醫生可能會發現什麼，而她擔心的卻是在麻醉恢復室她的牙齒可能會打顫。我眞是被她打敗了。

我眞是被打敗了，因爲那太像我媽了。事先就擔心起隔壁床的病患會被她嚇到，或怕給我父親添麻煩，或怕在陌生人面前尊嚴掃地，這實在太像我媽了。她記得三次生產的細節，就連自己一邊請護士讓她抱抱新生兒、牙齒一邊止不住地打顫這種事都記得，這實在太像我媽了。我能想像她是怎麼跟護士說她上一次的麻醉經驗，說她全身失去知覺，而當她恢復知覺時，全身上下首先有反應的就是她的牙齒。我簡直能聽到她說「怕」這個字。

在總共五十六頁的醫療紀錄中，這是唯一一筆跟情緒有關的紀錄。或許這是她唯一表達過的情緒吧。但我還是不禁納悶：她氣不氣？傷心不傷心？我猜，把重點放在已知數，專注在能夠加以調整和控制的醫療事務上，或許比較容易吧。她告訴護士：「我怕我的牙齒會打顫。」這句話或許是「我怕我全身都是癌細胞，我怕我醒不過來了」的隱晦說法。

準備在手術台上度過一上午之前，我母親說了這句話。我每讀一次這句話，我們之間的安全距離就會以驚人的速度瞬間瓦解。她不再是我想像中神話般的母親，也不再是劇情急轉直下的悲劇英雌。她只是一個在乳房發現腫瘤，而且拖得太久沒處理的女人。她是一個人性化、會犯錯的人。她是實實在在的血肉之軀。當她降格爲一個平凡人，她就變得跟我驚人地相似。

我曾在雜誌上讀到，當一個女人回頭看鏡中的自己，結果看到了她母親的屁股時，那就是她第一次感受到人無不朽之軀的時候。那麼，如果一個女人回頭一看鏡子，看到的不止如此，對她來講又是一種什麼樣的感受呢？像被打了一巴掌？像被踹了一腳？在鏡中，我不止看到我母親的臀部，還看到她的雙手和眼睛。當我開口說話時，我聽到跟她一樣的聲音，偶爾也聽到跟她一樣的語句——我發誓，長大以後，那絕不是我個人遣詞用字的風格。而我簡直能從鏡中看見未來的某個下午，我人在一間檢查室裡，醫生偶然碰碰我的腋窩，摸到了一個腫起的淋巴結，突然憂心忡忡地問道：「這是什麼？」人生難免發生這種事。我知道。

基因的命運輪盤賜我一張屬於自己的面孔，但我遺傳了我母親的身形——平胸、高腰、寬臀、大腳和纖細的腳踝。她早就指出我們的相似之處了；早在我明白一個人的身體有可能感覺像是別人的之前。當五歲的我坐在鋼琴前面，她抓起我的右手，把我的手捧在她手裡，翻過來又翻過去。「妳有一雙適合彈鋼琴的手，就像我一樣。」她說著伸出她纖長的手指，示範在象牙色的琴鍵上橫跨八度音給我看。

六年級時，我長到一六二公分，而且生長速度毫無趨緩的跡象，我母親就決心要把我從青春期的尷尬中拯救出來。她曾因身為全班最高的女生，度過一段格格不入的青春期。在她的衣帽間，她把利用錯覺掩飾身材缺陷的小訣竅傳授給我：從腰間把連身裙繫起來，免得裙子貼著屁股；用墊肩把胸部襯托得比較挺；不要穿白色的鞋子。

就彷彿她自己的形象化爲一個紙娃娃，看著長女的身形漸漸反映出她的輪廓，我不曉得她作何感想。對她來講，這是個人的一次勝利嗎？是她把十三歲重新過一次的機會嗎？而且，這次有個懂得時尚祕訣的母親從旁指點。每個我從家裡跑出去找朋友的下午，是否讓她想起自己孤單、尷尬的青春期？她心裡是否難掩一絲嫉妒？或者，在她左邊乳房癌症確診後的幾個月裡，她可曾看著我的胸部，心想我體內會不會也蹦出一顆腫瘤？培育出惡性細胞的能力會不會是她最後留給我的禮物？

或許她備受這種想法的煎熬，又或許她逼自己壓下這種念頭。我不得而知。儘管我兩邊家族的血液裡都流著癌症的毒液，我們也從未討論過病魔找上我的可能性。我母親想都沒想過病魔未來的計畫。她父親在四十幾歲時挺過了大腸癌，之後又活了二十年。外公就是我們戰勝重症的好例子。她或許認定自己也會得到一樣的結果。

在她動乳房切除手術的病歷中，我看得出來她意圖否認癌症會打斷她的人生。又或者，她只是想用盲目的希望取代恐懼，就像她試圖哄我她會好起來一樣？病理報告確認她抽樣檢查的二十六顆淋巴結都驗出癌症陽性反應，在報告出來的前三天，一位女社工到我母親的病房探視她。社工的筆記顯示她已經知道診斷結果會有多嚴重了。「病患是一名善於管理情緒的女性，此刻她需要對疾病和可能的結果抱持非常樂觀的態度。」那位社工寫道：「病患願能盡快恢復自理的能力，認爲術前準備的兩週讓她有時間思考自己的優先順位（以『回歸正常生活』爲優先），並減輕動完乳房切除術醒來之後的衝擊。目前她似乎是靠抱持希望來支撐自己。相形之下，對於醫學報告顯示出比預期更多的癌細胞，以及病患需要接受化療的事實，她妹妹的情緒就很低落。與她妹妹詳談，以利後續支持病患的防衛心態，亦即否認罹癌的最終結果。」

我不曉得我母親可曾明白她病得有多重，可曾明白她最終會輸給病魔。但她想必受到這種想法的威脅了吧——怎麼可能不受到威脅呢？從病理報告看來，她存活的機會微乎其微。二十六個陽性反應的淋巴結大概是最糟的診斷結果了吧。但我記得她動完乳房切除手術後，我坐在她的病床床尾，她告訴我：「我的一些淋巴結有癌細胞，但其他淋巴結沒有。換句話說，現在醫生已經把全部的癌細胞都清除了。」當時，我相信她說的話。我沒理由不相信。但事隔十二年後，我明白那不是眞話。在我看來，要嘛就是我母親沒聽過病理師的報告，要嘛就是她想保護我，因爲連她自己都無法承受眞相，所以她對我撒了謊。

然而，到我明白過來，我已經花了十多年編織綺麗的比喻，美化因命運操縱在男人手裡而死得毫無尊嚴的女人。有些日子裡，我母親是冷不防被她的王國驅逐出境的皇后。有些日子裡，我母親是未經充分訓練或手無寸鐵就被推上戰場的士兵。這些幻想支撐著我，合理化我對醫生和家父的憤怒，爲我的情緒火上澆油。我對醫學專業、疾病與死亡的看法，就以這些浪漫的想法爲主軸建構起來。在我看到她的病情白紙黑字打在病歷表上之前，我不曾想過孤軍奮戰的母親可能從頭到尾都知道眞相。

甚至，她會不會更早之前就猜到了呢？在最終診斷出癌症的切片檢查一年前，她一度迴避做切片檢查，我還記得她給我的理由。她說：「動手術很貴，今年我們家財務吃緊。」當時，我接受了她的解釋。但現在，我心裡比較有數了。我們全家都有重大傷病保險，給付金額占了醫療費用的八成以上。爲了缺錢延遲手術說不過去。

我們沒再提起她的腫瘤，直到乳房攝影顯示出她所謂「可疑的陰影」那晚。我們也不曾討論過死亡。我唯一一次聽她提及自己有限的生命，是在她過世前四個月的某個下午，那是一段只有短短三分鐘的小插曲。我正要走進浴室，她剛好從浴室走出來。她緊抿著嘴唇，兩眼紅紅的。那天稍早做過化療之後，她在廁所和病床之間走動時，總是掛著這副表情。她小心翼翼地躺回床上，我既惱怒又不解地問她：「媽，爲什麼呢？妳爲什麼要讓自己受這種罪？」

她看著我，彷彿我剛和上帝喝了一杯好喝的茶似的。她說：「荷波，我做化療是因爲我想活下去。」

當然，結果並未如她所願。差遠了。因爲四個月後，她就以四十二歲的年紀病逝了。又過了二十四年之後，我四十一歲，正是她診斷出癌症的年紀。每年二月，我都去做乳房攝影，仔細檢查有沒有陰影或斑點。每年二月，我在放射科的候診室等待結果的三十分鐘，是一年當中最漫長的三十分鐘。當我坐在淡紫色的扶手椅上等待之時，我總在腦海裡一一細數我母親和我的不同。她是家庭主婦；我是職業婦女。她在三十二歲生老三，老三也是她最後一個孩子；我差不多是在那個年紀生頭胎。她一輩子都在紐約生活；我則在搬來搬去十五年之後到加州落腳。這是我個人的一種禱告方式，彷彿背誦這份清單可以說服上帝多賜我一個跟家母的差異——最大的那個差異，我的家人最需要的那個差異。接著，老天保佑，放射科醫生又一年帶著笑容和好消息回來，再次證明我母親和我不一樣。

而後，我步出醫院大廳，走上威爾希爾大道（Wilshire Boulevard），瞥見大樓的鏡面牆板映照出我的身影。突出來的是我的下巴，拂在背上的是我的頭髮。但前凸的是她的胸部，後翹的是她的臀部。她的臀部。儘管早上聽到了好消息，我還是很容易就會胡思亂想起來，一個念頭流暢、無聲地接著一個念頭：她的臀部、她的胸部、她的命運。

乳癌、心臟病、動脈瘤、憂鬱症——確切是什麼不是那麼重要。在受調的無母之女中，有超過三分之二的人都說怕步上母親的後塵①，即使她的死因與遺傳或基因無關。在母親癌逝的無母之女中，有九十二%的人表示「有點怕」或「非常怕」自己有一樣的命運②。同樣有這種擔憂的女兒，在母親自殺身亡者當中占了九十%，在母親死於心血管疾病者當中占了八十七%，在母親死於腦出血的人當中占了八十六％，在母親意外身故者當中則占了五十％③。

就跟這些女性當中的許多人一樣，我內心之所以警鈴大作，不止因爲看到我母親早逝，也因爲家族病史的不祥陰影。我父母二人都受癌症所苦，祖父母和外祖父母四個人也無一倖免。在我母親過世六年之後，她的一個妹妹也診斷出乳癌。儘管我們對這種疾病的掌握不多，但我們知道它有可能搭上基因的便車。截至目前爲止，十多年來我都知道自己屬於高危險群。一位醫學遺傳學家檢視過我的家族病史，根據他的看法，我這一生罹患乳癌的機率高達三分之一④。我的挑戰是要以務實的心態，找到一種平衡的生活方式，一方面懷著危機意識，一方面又不去擔心遲早有一天會在我身上發現的那顆腫瘤——那顆注定取我性命的腫瘤。我還沒能達到這種微妙的平衡。心情好的時候，我認爲我得乳癌的機率微乎其微，根本不必庸人自擾。心情不好的時候，我又改變主意，認爲自己躲也躲不掉。百分之兩百：那就是我得乳癌的機率。

高危險群的女兒可以運用的資源有：基因檢測、統計數字、機率。對心臟病和某些癌症來講，及早發現及早治療可能有助於提高長期的存活率，也可能沒有幫助，看你讀的是哪篇文章而定。但

①無母之女問卷調查第十三題(b)（參見附錄一）。
②出處同前，第五題及第十三題(b)。
③出處同前。
④出自一九九三年八月十七日與醫學博士 Matthew B. Lubin 進行的私人訪談。

統計數字和檢測結果沒辦法完全澆熄一個女人的恐懼。這些東西訴諸她的理智，而在理智上，她不見得是個悲觀的人，但她的理智也不見得能平息她的情緒。我母親乳癌病逝的事在我心裡留下了情緒的印記，正是這個部分讓我難以相信同樣的事不會發生在我身上。

當一個女兒目睹母親的死，尤其是看到母親病逝，她就會意識到女體的脆弱。她或多或少已經明白，女性經驗就是一種對身體放手的經驗，月經、懷孕和停經都按照它們自己的步調運行，除非醫療介入改變了它們的軌道。但眼見母親的身體被疾病占據，一方面證實她害怕的事果然發生了，一方面又導致她害怕起另一件事：她母親還太年輕，身體就不中用了；一樣的事情也會發生在她身上。

從害怕母親的死跳到害怕自己的死，這在認知上是跳了很大的一步，但爲人女兒者輕易就能跳接過去。母女之間在生理和心理上無形的連結，從剪斷臍帶的那一刻就開始了。母親與女兒面對面，既是分開的兩副女體，又是難分彼此的同一副女體。母親看著女兒的身體，看到了年輕時的自己。女兒看著母親的身體，找尋自己身體未來的線索。這種互依互存的認同作用將母女緊密相連，母女互爲彼此的鏡子，反映出不同時期、不同版本的自己。

愛荷華州愛荷華市的心理學家艾莉森．米爾邦（Alison Milburn）博士輔導過許多失去母親的女兒，據她觀察，極度害怕跟母親罹患同一種疾病的女兒，通常是在童年時期過度認同母親的女兒。「成年以後，她們還是自認非常、非常像她們的母親。」她說明道：「而她們的母親往往也發揮了推波助瀾的作用。在女兒的成長過程中，她們會對女兒說『妳長得跟我一模一樣』或『妳完全是我的翻版』之類的話。又或者，明明是發生在女兒身上的事，她們的反應卻強烈到像是發生在自己身上一樣。」當母女之間的界線是這麼鬆動和模糊，女兒就無法恰當地區分她母親的遭遇和她自己的命運。如果癌症或心臟衰竭或自殺奪走了她母親的性命，她對這種病症的反應就彷彿它也威脅到她的身體一樣。

米爾邦博士和醫院的婦產科及婦產科診所密切合作，她看過這種恐懼發展到極致。在她輔導過的個案中，有一位在二十五歲要求切除子宮的大學生，因為她的母親死於子宮癌；有一位來做乳房檢查的企業主管，事先用原子筆在自己的胸部到處做記號，標出過去幾個月來她每天觀察的肉瘤；還有幾位三十幾歲的母親要求做預防性乳房切除手術，因為她們相信這樣能降低自己罹癌的風險⑤。透過放鬆練習和思考中斷法，偶爾搭配藥物治療，再輔以有關風險因子和家族病史的討論，米爾邦博士設法解開這些女性深信母女勢必面臨相同命運的心結。她說：「這些女性要從母親的健康問題中全身而退，最好的辦法就是在心理上減少對母親的認同。」

這不是一件容易的事，尤其當一個女兒遺傳到她母親的長相或體型。因為這個女兒輕易就能想像自己的身體被一樣的疾病侵襲，所以一旦母親病倒了，她會是對母親的遭遇認同感最強的人。「當然，有母親的體型不代表在妳身上就會發生什麼事，但那種一體相連的感覺實在是根深蒂固。」

⑤這些女性並未得到乳癌基因檢測陽性反應的結果。在醫生的全力支持下，有些驗出陽性反應的無母之女會選擇做預防性乳房切除及乳房重建手術。

娜歐密・茹思・羅文斯基說：「對失去母親的女兒來講，她落入了左右爲難的可怕處境。爲能充分認同自己的性別，她必須要接受自己的身體。但那也意味著認同她母親的身體，而如果她將她母親的身體和重病早逝聯想在一起，那麼，認同她母親的身體就成了她最排斥的一件事。」

然而，她似乎又不可能不認同她母親的身體。這是無母之女共同的祕密：我們深怕自己會早死。而且，可不是死在未來某個不特定的時間點——不，我們深怕來到母親過世時的年紀，就怕到了那個年紀我們也會死。

一位無母之女說這是「歲數的魔咒」，另一位無母之女則形容它是「沙地裡一條隱形的線」。這些年來，我碰過近百位女性向我吐露道：「我不知道其他人有沒有說過這種話，但我很怕自己活不過三十九歲（或四十五歲或五十三歲）。」

我上一次上數學課已經是高中時的事了。而且，我得用手指從一數到九去算單位數的加法。但我算都不用算，隨時可以告訴你，在我目前的年紀和四十二歲之間還有多少年。現在，隨著我快要接近那個期限，我也開始算起月份來了。我母親是在四十二歲又十個月時過世，將近是四十三歲，如此算來，我不禁感到些許的安慰。

這叫大限之日方程式。在這道方程式中，母親過世時的年紀是固定不變的數值，唯一值得計算的是從這裡到那裡的距離。我們在心裡加加減減，越接近我們畏懼的年紀越焦慮——萬一我們也死了呢？一旦過了那個年紀，我們慶幸歸慶幸，心裡還是既憂且懼。

對女兒來講，活過母親的卒年是一道細膩的提醒。這件事提醒她：她和母親是分開的兩個個體，她沒有步上跟母親一模一樣的命運，現在也不可能跟母親死在相同的年紀了。泰瑞絲・蘭道說，這層領悟可能引發類似於倖存者罪惡感的反應。「對某些女人來說，活過母親的年紀是一件令人良心不安的事情。」蘭道博士解釋道：「她們覺得自己平白撿到額外的時間，得到了她們母親沒有得到的東西。她們覺得自己憑什麼躲過一劫，如果媽媽沒有這些多出來的時間，那麼她們也不該享有這種優惠。」蘭道博士認爲，這就是爲什麼有些人會在自己預期的歲數結束生命，尤其如果他們深信自己會跟亡父或亡母在一樣的年紀撒手人寰。

爲本書接受調查的五十五歲以下無母之女當中，有三分之二的人都承認「有點怕」或「非常怕」自己來到母親過世時的年紀⑥。有些人很確定自己在同一年會死，所以就按照這個死期設想自己的人生。以詹妮爲例，當她三十三歲的母親車禍身亡時，她還不到兩歲。雖然事發當下她就坐在後座，但詹妮說在有意識的層面上，她對那場車禍沒有記憶。儘管如此，接下來的三十一年，她還是下意識等待著同樣的車禍再次發生，這一次會是她坐在駕駛座上。「我不曾設想自己會活過三十三歲，而我甚至是到三十四歲才意識到這一點。」她說：「整整三十一年，我不曾計劃過未來。我就是隱約懷著『三十三歲我會車禍喪生，所以爲什麼要計劃到三十三歲以後？』的想法過日子。我反正對未來一點方向也沒有。大學肄業後，我找了一份工作，但我一星期只工作三十小時，這樣我才有時間去搞社運。我沒想過要一星期工作四十小時，存錢回去完成學業或到銀行開個私人退休帳

---

⑥無母之女問卷調查第十三題(b)（參見附錄一）。

戶什麼的。」

我問她：那當她年滿三十四歲時，發生了什麼事？

「這個嘛……」她沉吟道：「有一件事是我那時才開始認眞思考關於我母親的事情。許多年來，我談到她都不會掉眼淚，就是很理性地一一陳述事實而已。但當我到了三十四歲還活著，我的情緒就開始爲她的死激動起來。」活過她母親的年紀轉移了詹妮的注意力，她不再著眼於自己的死期，而是第一次爲她母親哀悼起來。她也發現自己毫無計畫地迎向出乎自己預料的年歲。她語帶挖苦地回憶道：「一滿三十四歲，我的眼前突然有了未來。然而，要弄清楚我該拿這個未來怎麼辦，那又是另一回事了。我花了五年才想出一個計畫。到了三十九歲，我才剛要開始實現它。但我很擔心那些虛度的光陰。我隱約覺得，除非我趕緊振作起來，否則到了六十歲，我就會變成一個露宿街頭的老太太。」

以前的詹妮怕自己的未來被縮短，這在無母之女身上是很常見的現象。因爲在孩子和她自己的死期之間，同性的父母自然而然扮演了緩衝的角色。只要媽媽還活著，女兒對未來的想像就是活著，而不是死掉。一旦撤掉這道緩衝，死亡在她感覺起來就更逼近、更眞實了。在很小的年紀失去母親的女兒，同時也失去了預見自己一路到老的能力。如果母親在四十六歲過世或離開，對女兒來講，母親身爲一副血肉之軀，她所代表的角色模範就只到那個年紀爲止。反觀自己這副血肉之軀的未來，女兒無法想像七十三歲垂垂老矣的自己，只看見早逝的可能性，甚或是必然性。

心理學家維若妮卡・丹妮絲－雷（Veronika Denes-Raj）和霍華德・爾利奇曼（Howard

Ehrlichman）檢驗了這套理論⑦。他們比較了紐約市的兩組學生，一組是早年失去父母的大學生，另一組是父母依然健在的大學生。他們請兩組學生根據基因、病史、過去和目前的健康習慣等客觀標準，預測自己會活多久。父母健在的大學生平均預估自己會活到七十九歲，失去父母的大學生則預測自己只會活到七十二歲。

當他們請參與者憑「感覺」再預測一次時，兩組的差異甚至更顯著了。所謂「感覺」包括他們自己的希望、恐懼和夢想。這一次，父母健在組樂觀預估自己的壽命可到八十三歲。早年失去父母組的平均預估值則少了十五年，亦即六十八歲。心理作用再度凌駕於理智之上。即使父母是因偶然的意外事故身亡，毫無基因遺傳的可能性，孩子也預期自己會年輕早逝。父母的例子就是這麼強而有力。

絕大多數人的童年不會整天滿腦子想著媽媽會死。我們偶爾或許會想想自己的死——誰會來我的葬禮？有沒有人會哭？——但很可能我們也不是常常去想這種事。時時意識到即將到來的死亡，時時爲此擔驚受怕，無異於恆常活在恐懼與焦慮之中，這麼緊繃的狀態終究會耗盡我們的心力。從很小的年紀開始，我們的心理保護機制就阻止我們每分每秒持續意識到生命的有限。因爲自身的消

⑦ Veronika Denes-Raj and Howard Ehrlichman, "Effects of Premature Parental Death on Subjective Life Expectancy, Death Anxiety, and Health Behavior," *Omega* 23 (1991): 309–321.

亡是一個太龐大、太費解的概念，任何人在有意識的層面都無法充分掌握。我們反而是活在死亡與永生持續不斷的拉鋸中——懷著對死亡的恐懼，我們才懂得自保；懷著對永生的幻覺，我們才能享受生命。

失去父母足以顛覆這種平衡，尤其是失去與你同性的那位父母。對女兒來講，母親的死讓她突然意識到自身的不堪一擊與毫無防備，所以母親的死是她最接近自身死亡的一種經驗了。還記得我母親過世時，我的感覺就像是龍捲風席捲鎮上，捲走了我家的屋頂。雖然在那之前幾年，我就已經放棄了宗教信仰，但從小到大，我都受到猶太基督教的薰陶，相信天國裡住著全能的上帝。早年奠定的信念不曾從我腦海完全蒸發。我母親過世後的那個星期，我得了詭異的胃疾，胃痛不已（有可能是心理因素造成的）。而且，整個星期，每晚睡前我都預期冥冥中會伸出一隻手，趁睡夢中把我的性命奪走。如今想來，我自己都覺得很無稽，但我還記得當時的感覺——照順序排下來，我是接在媽媽之後的下一個女人，我覺得下一個輪到的就是我。

我從沒料到十七歲的自己想的會是這些事情。當我和二十八歲的席拉分享這件往事時，十四歲喪母的她說她的青春期和青年期都充滿類似的恐懼。在席拉人生最初的五年，她母親只顧酗酒，沒什麼時間或心力照顧小孩。她戒酒之後和席拉變得很親，所以，當席拉發現她母親心臟衰竭身亡時，她深信一樣的事大有可能發生在她身上，而且隨時都會發生。

我母親一過世，我的安全網就破掉了。從那時起，我總覺得如果有什麼壞事要發生，那一定是發生在我身上。我現在的工作每天要和青少年接觸，總見他們渾身散發一股所向無敵、勇往直前的感覺。我自己從來沒有這種感覺。我總是採取防範措施，因爲我從來不覺得安全。我很認眞避孕，因爲我覺得天底下如果有人一不小心就會懷孕，那這個倒楣鬼非我莫屬。在這同時，我又做盡了蠢事。我上了不該上的車，開車的是不該開車的人。高中時，我喝酒喝得很凶。大學時，我嗑藥嗑得很凶。但我一直都很清楚自己在冒險，而且大有可能逃不過一劫又一劫。有很長一段時間，我就好像一直站在結束的起點上。

那些年，席拉就像一個矛盾的情人般對死神欲拒還迎。她一面向死神下戰帖，一面又小心翼翼地保護好自己。從二十幾歲到三十出頭，在生了小孩、賭注變得太高之前，我也曾多次挑戰死神的底線。我會在深夜時分獨自一人搭乘地鐵。我會跟某個技巧可疑的人一起跑到偏遠的峽谷去攀岩。我會搭陌生人的便車。我心裡知道自己是癌症的高危險群，但我騙自己說外在的因素無法將我打倒。我堅持壞事不會發生在我身上，厄運已經對我失去興趣，我已經對傷害免疫，我可以冒險，我會贏。因爲我迫切想要提醒自己：我不是我母親。當然，在這一切表象底下，我內心深怕我就是我母親。

用大無畏的舉動去對抗內心脆弱不安的感受是一種很常見的行爲，這種現象普遍到臨床上爲它取了一個專有名詞，叫做「逆恐機制」（counterphobic mechanism）。就像懼高症患者去接受飛行訓練，逼自己克服對高度的恐懼，無母之女用冒險來給自己一種掌握命運的錯覺，以此駕馭自己對死亡的恐懼。爲了從挑戰命運、戰勝命運中獲得快感與肯定，她們往往明知山有虎、偏往虎山行，什麼最有可能導致跟母親一樣的疾病，她們就偏要這麼做，比方在母親肺癌過世之後，她們就開始學抽菸。

「有些女性眞的是走在鋼索上，而且不止是在健康習慣這方面。」米爾邦博士說：「女性較不會像男性般開車橫衝直撞或跳下飛機。她們冒的險通常是在人際關係上，例如把自己的感情世界搞得亂七八糟。在怕死或怕生病的女性當中，我看過很多人對這份恐懼的反應是濫交，她們要嘛選擇很糟糕的性伴侶，要嘛腳踏多條船。」

這跟丹妮絲—雷和爾利奇曼的發現不謀而合。在他們的研究中，怕自己跟父母因爲相同原因早死的大學生，同時也最可能有不良的健康習慣，例如抽菸或飲食不正常。兩位作者指出，這可能是因爲孩子模仿父母的健康習慣，也可能是因爲喪親導致健康狀況不佳。但丹妮絲—雷認爲，這更有可能是因爲失去父母讓孩子產生宿命感，這種宿命感又讓孩子認爲：「如果我注定年輕早死，或如果我的基因裡已經帶有這種疾病，那我幹嘛還要照顧自己？」

正如研究人員的發現，許多高危險群的女性確實疏於照顧自己。紐約市史特朗癌症防治中心的首席心理學家凱瑟琳・卡許（Kathryn Kash）博士研究了乳癌高危險群的女性，她本來預估自認最容易罹患乳癌的女性最有可能定期做檢查，不料研究結果恰恰相反。最擔心罹患乳癌的女性鮮少做乳房自我檢查，而且常常取消或錯過跟醫院約好的檢查時間。「這些女性表示，如果她們沒有覺得不舒服，那她們就不會赴醫生的約或做自我檢查。」卡許醫生說：「人很容易認爲只要不做檢查，那就什麼事也沒有，因爲如果不做檢查，你就沒辦法發現問題。」

布蘭達現年三十二歲，她母親在她十六歲時乳癌病逝。她說因爲她外婆也有乳癌，所以她自認是超高危險群。然而，布蘭達對她母親生病那兩年的回憶，卻讓她不願採取醫生建議的預防措施。

妳大概以爲我會很注意自己的健康吧，但其實不然。我就是沒辦法伸出手去檢查自己的乳房。檢查步驟的說明就貼在我的浴室裡，但我就是做不下去。我姊已經去做過乳房攝影了，我還太年輕，現在做還太早，但我知道及早發現很重要。我總得接受做檢查的必要，並開始認眞看待這件事，因爲我們家有三個女兒，照機率看來，我們其中一人勢必得面對病魔。每年的新年期許，我都說我立志今年開始做檢查，但接著我又不禁害怕起來。我還沒準備好面對檢查結果。我沒辦法面對，所以我就不面對。

女人一旦受到逃避的心態影響，不去尋求適當的照顧，逃避就變成一種高風險的行爲。如果母親逃避或排斥醫療照顧，女兒也有可能爲了認同她母親，而出現逃避的行爲。我不會說無母之女故意要把自己害死。我沒見過這世上有誰眞心想得到致命疾病的。但我確實見過很渴望和母親有所關聯的女兒，在童年或青春期失去母親之後，她們只要能和母親有所關聯，不管是什麼關聯都可以。舉例而言，母親有肥胖症，最終因體重問題心臟衰竭身亡。幾年後，女兒可能故意把自己吃得很胖，胖到危及她自己的心臟健康。或者，母親自殺身亡的女兒，有可能拒絕爲自己的憂鬱症尋求專業協助。

二十二歲的史黛西在三年前因爲愛滋病失去她母親。她說在她母親死後，她很怕自己也會因爲一樣的疾病喪命，但她卻不太採取保護自己的措施。她做過幾次愛滋病毒的篩檢，結果一直都是陰性。「但可怕的部分在於：我媽死於愛滋病並不會把我變成一個守身如玉的貞女，也不會讓我比較有挑男人的眼光。」她說：「事實上，她過世之後，我甚至度過一段非常荒唐的歲月。我內心還是需要覺得被愛，而且我需要一個出口，所以我就透過男人來滿足自己。做愛當下，我甚至感覺很抽離。但說不上來爲什麼，我就是覺得必須用這種方式傷害自己。說也奇怪，我幾乎像是希望自己染上這種病，這樣我才能感受我母親的痛苦。那時的我覺得自己活該承受一樣的痛苦，現在我有時還是這麼覺得，因爲讓她一個人受苦實在太不公平了。」

史黛西的母親是透過異性性交感染愛滋病毒，於是史黛西一遍又一遍去冒一樣的風險，覺得自己欲罷不能。一樣是基於認同與冒險的交互作用，席拉說她在高中和大學時期酗酒又嗑藥，這些壞習慣讓她感覺自己離母親比較近，因爲她母親在那個年紀也是喝酒喝得很凶。「就跟我母親一樣，我也是十五歲第一次喝酒。」她回憶道：「我跟她用一樣的方法逃避。我阿姨甚至指出我酗的是琴酒，就跟我母親一樣。」要到二十幾歲時，席拉開始把自己和她母親區分開來，並首度爲她的喪母之痛哀悼，她才能擺脫那些自毀的行爲，以及她對於自己會早死的預期心理。

念完大學，工作了一陣子，開始在工作上得到一些肯定之後，我的自我意識越來越強。

這時，我才眞的開始面對喪母之痛和我對我爸的憤怒。一旦開始面對我花了那麼多力氣壓抑的情緒，一旦不再壓抑那些情緒，我才終於能把自己當成獨立的個體來看待，看清自己是一個什麼樣的人，而不再只是把自己看成我媽的女兒。

我不再採取過分的防範措施，但也不再冒以前會冒的險。我把自己從兩個極端都拉回來一點。我不一定隨身攜帶雨傘，但對於什麼會讓我嚐到苦頭、什麼會害我陷入困境，我比較有警覺了，所以我會特別注意那些地方。因爲我不是什麼都怕，所以我能分辨哪裡是眞的有危險。關於什麼對我的情緒和身體來講是安全的，我在學著相信自己的感覺。我剛搬進一棟新的大樓，每次走進家門之前，我不必再把快克瓶❶踢開。我可以生活在一座危機四伏的城市裡，看新聞看得膽戰心驚，但並不害怕我看到的慘事都會發生在我身上。

透過將自己和母親分開，同時又肯定母親的重要性，按娜歐密．茹思．羅文斯基的話來說，席拉開始積極地「與心魔共處」。「當我們和心魔處得不好，它就會來把我們抓走。」羅文斯基博士闡釋道：「一旦能和亡母建立並維持某種關係，妳的恐懼就會變得比較實際。妳能分辨什麼是妳母親的命運、什麼是妳自己的命運，並明白每個人都有自己控制不了的命運。在我們的文化中，我們常常表現得好像只要天天慢跑、去看醫生、吃對東西，命運就能掌握在我們手中。殊不知人生難免

---

❶此指用來裝快克古柯鹼的小藥瓶；席拉暗示她搬到居住環境較安全的地方。

發生不幸，而那可不是因爲妳沒吃對東西。」

「我認爲很多失去母親的女兒在看待自身命運的時候，很容易就會把責任全都推給她們的媽媽。」羅文斯基博士繼續說：「如此一來，她們幾乎就擺脫了所有負擔。女兒只要擔心會不會步上母親的後塵——只要到了她母親的年紀沒得癌症就好了，或只要到那個年紀不要自殺就好了。要知道妳母親有她的命運，妳有妳的命運，妳可能會碰上各式各樣的事情，有很多事不是妳自願的。」除非把事實和自己的恐懼分開，否則女兒一直都會受到「媽媽的命運就是我的命運」這種迷思的俘虜。

初見羅雪兒，我立刻就被她的活力吸引住了。還記得我第一次走進她家前門時，她踩著皮拖鞋，啪嗒啪嗒地踏過木頭地板，舉起雙手衝過來給我一吻，熱情地跟我打招呼。只見她嬌小、苗條的身影在各個房間忙進忙出，不時仰天大笑，一頭亂得很時髦的長鬈髮襯著她的小臉。如果我母親還活著，她的年紀就跟羅雪兒一樣是五十三歲。但比起我想像中的母親，羅雪兒感覺年輕多了。要不是她親口告訴我，我永遠也猜不到她分別得過兩次癌症，一次是大腸癌，一次是乳癌。

妳瞧，我從沒想過有人得了癌症還活得下來。（就算我阿姨還活得好好的；就算我有個朋友四十出頭時動過雙邊乳房切除術和乳房重建手術，三年後也還活得好好的。）我母親的死嚴重扭曲了我對疾病的看法。我不由自主將癌症的威脅和必死無疑畫上等號。我有些女性朋友的母親十年或二十年前動過乳房切除手術，到今天還能在週末跟她們的老公一起去打高爾夫。在和她們聊天時，我意識到自己的看法有多扭曲。我的朋友是會擔心得乳癌，但她們的生活不會被恐懼支配。她們是透過倖存者的眼光看待疾病。「當然，我會採取預防措施。」我的朋友欣蒂說：「但得了就得了吧，萬一得了，我會怎麼做？可能就跟我媽一樣吧——該動手術就動手術，接受幾個月的預防性化學治療，然後照樣把日子過下去。」

我們的母親透過親身示範和口頭建議教我們面對疾病。「當媽媽生病時，她們教我們的其中一件事情，就是如何生病。」米爾邦博士剖析道：「她們教我們如何看待身體與症狀。很多女人來自對症狀相當注重的家庭，留意健康的警訊就像是她們的家風一樣。在母親年輕早逝的女兒當中，也有很多人變得對自己身上的任何變化極爲敏感。不認爲自己有可能生病或早死的人或許會忽略某個症狀，相形之下，失去母親的女兒就可能怎麼樣都沒辦法忽略。我試著協助個案認識自己的健康習慣，讓她們有機會選擇要不要改變這些習慣。我們會從『關於疾病，妳從妳母親身上學到什麼？她怎麼看待自己的疾病？』開始，試著解讀女兒的疾病觀。」

欣蒂說：「萬一得了，我會怎麼做？可能就跟我媽一樣吧。」對我來講，我如果「跟我媽一樣」，其中蘊含的一個意思就是在四十二歲死掉。這一點，我堅決不想跟我媽一樣。所以，我一直在找其他的角色模範，其他跟我媽不一樣的女人，其他及時發現自己罹癌的女人。相對於我的疑神疑鬼，態度務實的羅雪兒似乎是個完美的對比。她說在她自己診斷出癌症之前，她看待癌症的態度就跟我很像。她母親肺癌過世時，羅雪兒二十三歲。在一九六〇年代，看她母親歷經四年化療的折騰之後，羅雪兒辦完母親的喪事，深信自己注定步上母親的後塵。她說：「我一直都知道自己會得癌症，只不過是等我老一點的時候。這就是爲什麼我很不注重自己的健康。我母親六十歲得癌症，我認爲自己也會跟她一樣。晚一點才會得。我母親的親戚全都得了癌症，所以我認爲遲早輪到我，但我沒想到是在四十九歲的時候。」她母親過世二十六年後，羅雪兒第一次診斷出癌症。在這次經驗的啓發之下，她做出屬於她自己的選擇。透過做出不同的選擇，她把自己和母親分開。

直到今天我都沒辦法告訴妳，發現自己得了大腸癌之後，我是怎麼從診間回到家裡的。我不知道我是走路回家的、搭公車回家的、搭計程車回家的，還是先搭公車再轉計程車。對我來講，我的人生完蛋了。我很確定自己的下場會跟我媽一樣，儘管我口口聲聲說我絕對不要像她。所以，我做的第一件事，就是簽署預立醫療決定書。我影印了大概十二份吧，不止貼在我的病床床頭，也貼在我的病房門外。每個走進我病房的人，我都給他一份。每位住院醫師和實習醫師都拿到了一份。我告訴我的主治醫生：「把我剖開之後，如果你發現到處都是癌細胞，我要你直接把我縫回去。」如果我沒救了，我不要像我媽一樣被人當成白老鼠。我不要讓十四歲的女兒看我吃盡苦頭，像我媽一樣活得人不像人、鬼不像鬼。絕不。免談。門都沒有。

手術過後，醫生超有信心，搞得我也有信心起來了。最後的切片檢查結果全都是陰性，所以我歡天喜地地出院，爲自己慶幸不已，想都沒想過癌細胞可能跑到其他地方。第二年，從我乳房取出的囊腫當中出現了一顆腫瘤。

現在，我毫不懷疑自己的身體某處一定躲著癌細胞。重點是他們還找不到。腫瘤科的醫生說我可能會是他其中一個慢性癌症患者經典病例。我老公談起他的退休計畫時，我看著他心想：「嗯，很高興你有這些計畫，親愛的。」我沒有這種計畫。我女兒是我每天從床上爬起來的動力。我可受不了讓我老公的第三任太太照顧她。這是其一。其次是人生這麼有趣，我為什麼要放棄？

我告訴羅雪兒，我無法想像自己要面對癌症兩次、像她那樣每個月做檢查，然後還能以那副樂觀的口吻談她的人生。我不曾有過像她這種類型的角色模範，而且我不認為自己的天性當中有樂觀的成分。我問她：「妳的勇氣從何而來？妳是怎麼找到力量的？」

她靠著她的書桌，身體向前傾，右手撐著下巴，表情嚴肅地直視我的眼睛。「我不知道這是不是一種否認的態度，但我可以坐在這裡大談我的癌症，感覺不像發生在我身上的事。」她說：「或至少今天的感覺不是那麼深刻。我想，如果我把那十四個月的一切完完整整說給妳聽，妳會納悶我怎麼還能走能跳。但老實說，我就是不會一直糾結在這件事情上。我唯一會去想的時候，就是我在乳房摸到腫塊的時候。我不時都會摸到腫塊，但它們基本上只是囊腫。摸到腫塊的時候會想一下，就這樣。憂鬱不是我的菜。現在，只要我健健康康、沒什麼大礙，我就要繼續去過我剩下的日子。」

我母親過世十分鐘後，我獨自走進她的病房，心想我應該好好跟她道別。我不敢去親她的額頭，所以就親親我的手指，然後摸摸她的臉頰。她的臉頰還溫溫的。我母親相信有天堂，但不相信有地獄。有一次，她告訴我，這世上沒有一項罪行嚴重到上帝不可饒恕的地步。如果眞有靈魂的存在，我必須相信她的靈魂已經去了天堂。她的肉身不再有一絲活著的跡象。在我看來，病床上只剩一副空殼而已。

當妳那麼年輕就認識死亡，死亡就失去了浪漫的色彩。它不再是黑暗之中騎著馬兒來把親人帶走的神祕訪客。它成了鐵錚錚的事實。它是眞人實事，而不是抽象的概念。現年二十五歲的瑪姬在七歲時體認到這個事實，就在她母親自殺身亡的時候。「當妳的至親之人過世，死亡頓時有了實感。」她說：「對我來講，它是眞實的，就像拉屎一樣眞實。我不曾試圖自殺過，但我從不認爲死亡是一件太過極端、極端到我想都不會去想的事。對我來講，它不是那麼遙不可及。它只是另一個選擇，一個不同於活著的選擇。我想如果我媽做得到，那我也做得到。」

安卓莉雅．坎貝爾解釋道，對心靈受到死亡創傷的孩子來講，死亡不再具有美感和神祕感。女兒若是在童年或青春期看到死亡降臨在她母親身上，死亡在她眼裡就不再是生命循環的完成，而是生命突然畫下句點。女性天生自然的循環賦予女性的生命一個架構，而她失去了精神上和這個循環的連結。「女性經驗是一種身爲共同創造者的經驗。女性以共同創造者之姿參與生命的奧祕。」坎貝爾博士說：「這也意味著參與死亡的奧祕，並將死亡視爲到另一個地方的過渡與開始。年輕的女性是帶來生命的共同創造者，年老的女性是她進入死亡的創始者。而這種智慧的傳承應該在母親年老時進行，而不是在她三十幾歲或四十幾歲時。」

我母親人生眞正的悲劇不在於結束，而在於結束得那麼快。絕大多數喪母的女兒怕的不是死，而是年輕早逝。這是年輕女性的恐懼，不是年長女性的恐懼。這也就是爲什麼，在受訪的無母之女當中，表示自己一天到晚或大多時候都在想著死之將至的人，年齡都介於十八歲到三十九歲之間⑧。

坐在這裡寫作的此刻，我四十一歲，是一名癌逝女子的女兒，先母有三個孩子，她在三十幾歲罹患癌症，過世時年輕得離譜。我也是兩個女兒的媽媽，她們年紀還小，不能失去我。我不會忘記自己現在的年紀和先母發現癌症時一樣。我幾乎天天想起這件事。現在，我每半年做一次篩檢，每年二月做一次乳房攝影，每年秋天做一次超音波，絕不鬆懈。不需要放射科寄小卡片來提醒我，我從來不會忘記。每年春天，婦科醫生也會幫我觸診。有些醫生對我說：妳太誇張了啦。也有些醫生對我說：因爲妳是高危險群，小心一點沒有壞處。除了我自己的直覺，我不再聽其他任何意見。只要做篩檢不會對我有害，那就儘管放馬過來。我再怎麼確定也不爲過。

「高危險群」的標籤是我寧可不要有的一個母系認同，但它也是一道區分家母和我的掩護。我母親在她四十一歲時做了第一次的乳房攝影。過去十五年來，我唯一錯過乳房攝影的時候，就是我懷孕或餵母乳的時候。我吃超級低脂的飲食、我勤練瑜伽、我每天吃七種維他命。我知道，預防醫療和及早發現不能保證什麼，但它們是我最好的武器。

「每個人生來都具有雙重國籍，一個是健康國度的國籍，一個是疾病國度的國籍。」作家蘇珊·桑塔格（**Susan Sontag**）在《疾病的隱喩》（***Illness as Metaphor***）中寫道：「雖然我們都比較

⑧無母之女問卷調查第一題和第十二題（參見附錄一）。

想用健康的那本護照，但每個人遲早都要承認自己也是另一個國度的公民，至少有一段時間具有病人的身分。」⑨我母親的疾病給了我暫時造訪另一個國度的簽證，而且我在那裡隨心所欲遊歷了一番。但萬一我身上冒出一個腫塊，證實了我最深的恐懼，或者，萬一某天醒來，我得了別種需要我重訪那個國度的疾病，我希望到時引領我、左右我的是我自己的決定，而不是我母親的過去。如同我的母親以及許多落入她那種處境的女人，我也希望自己能致力於「回歸正常生活」。但無論生病與否，我也希望自己能做我母親沒機會做的決定——那些有可能救她一命的決定。要把我的命運和我母親的命運分開，最好的辦法就是活下去。

---

⑨ Susan Sontag, *Illness as Metaphor and AIDS and Its Metaphors* (New York: Picador, 2001), 3.

11 當女兒成爲母親：孕育下一代

懷頭胎時，我很確定自己懷的是個男孩。沒什麼理由，我就是知道。一個兒子。感覺很奇怪，卻也很美妙。他會穿可愛的連身小牛仔褲，長大一點就在世界少棒聯盟擔任游擊手。我會是其中一位坐在場邊藍色休閒折疊椅上的媽媽，手邊備妥裝在保冷箱裡的運動飲料，每次他接到一球，我就不計形象地跳起來歡呼。

我、兒、子。多麼悅耳的三個字，每個字聽起來都恰到好處。

我很確定他的性別。我的想法不可動搖。到了二十二週產檢時，超音波放射師宣布螢幕上的影像是個女生，我簡直反應不過來。

「不是男生嗎？」我一邊難以置信地問道，一邊用手肘撐起上半身，想看清楚一點。「可是我很確定是個男孩。」我看看我老公。他向來很相信我預言未來的神力。這時他的表情就跟我一樣困惑。「是女生嗎？」我說：「不可能啊。」

醫生把螢幕朝我們轉過來，指著靠近底部兩條平行的小白線。她說：「依我看這一對是陰唇。」

「妳確定不是男生？」我又問。

她一邊敲打超音波儀器的鍵盤，一邊忍笑道：「妳最好祈禱自己懷的不是男生，否則他就麻煩大了。」

一個女兒。我望著天花板上的日光燈，藍色休閒椅的畫面化爲烏有，取而代之的是木頭球棒敲擊壘球的聲響。接著，球棒悶聲摔在地上，一雙碎花圖案的高筒壘球鞋踩在硬梆梆的泥土地上，朝一壘跑去。

這時，我哭了出來。因爲要到這時，我才明白自己多想要一個女兒。我之所以編織出關於兒子的幻想，只是爲了保護自己，免得驗出來不是女兒我會幻滅。

接下來四個月，我在興奮期待和自我懷疑之間百般交戰。我問自己：我已經這麼久都沒有媽媽照顧了，我怎麼知道如何扮演媽媽的角色？我告訴自己：放輕鬆，這能有多難？接著，我又不禁擔心起來：寶寶生下來以後，誰要來幫我的忙？我很崇拜的一位表姊自願從澳洲飛過來待兩星期；有她在，我安心多了。但我還是憂慮著那個老問題：萬一我年輕早死，不得不丟下我的孩子，就像我母親離開我那樣呢？從我剛得知自己懷孕的那一刻起，這個念頭就像連續播放的背景音樂般繚繞不去。

我女兒在一九九七年出生，四年之後，她妹妹也來報到。現在，我的生活充滿小女生的小玩意兒：仙女裝、公主裙、《魔髮奇緣》的拼圖、粉紅色的亮粉、蝴蝶髮夾，以及所有妳想像得到的凱蒂貓周邊商品。一週五天、一天五小時，我是作家和老師。其餘時間，我是女兒的密友、啦啦隊、裁判、廚師、私家店員和司機。想必不是什麼巧合，這兩個吵吵鬧鬧的小女生就像三十多年前的我和我妹一樣。

我曾在哪裡讀到過，擁有一個小孩就像妳的血液在體外循環。有時我覺得她們不只是我的血液，也是我的存在和我的本質。她們身上有我靈魂的碎片。因此我必須時時提醒自己：她們自成一個整體，她們是和我分開來的個體，而不僅僅是年輕版的我自己。把我自己渴望得到的疼愛加諸在她們身上，對我來講是一個揮之不去的誘惑。當一個母親自己都渴望受到母親的照拂，育兒往往也兼具育己的意味。每一天，我都必須努力把兩者區分清楚。

這個現象不像聽起來那麼麻煩。每一位新手媽媽自然而然、多多少少都會認同自己的孩子。身為成年人，她一面保持目前的成熟度，一面在心理上退回早期的嬰兒狀態。根據心理分析師南西・丘朵蘿（Nancy Chodorow），這種嬰兒狀態喚醒她最早關於母親或母職人物的記憶。當她的寶寶哭了或笑了，她憑直覺就能知道為什麼，並察覺到自己恰當的反應是什麼①。

當她把寶寶抱在懷裡、餵寶寶吃東西、養育和照顧寶寶之時，新手媽媽除了認同她的孩子，也會認同她自己的母親——或她心目中但願自己能有的母親。我們對育嬰最早的記憶銘刻在我們心裡，這些記憶成為我們擔任母職的範本。女人透過這種方式，不自覺地重現自己小時候受到的照顧，除非她在此之前體認到這些照顧行為是有害的，並刻意改採別種方式。

① Nancy Chodorow, *The Reproduction of Mothering* (Berkeley: University of California Press, 1978), 89–90.

一邊是對「自己的母親」的認同，一邊是對「兒時的自己」的認同，每個女兒都會在這兩種認同之間，形成第三個她自己為人母親的形象。失去母親的女兒所面臨的挑戰，就在於避免朝其中一個認同方向過度發展。根據精神科醫生索羅．奧丘（Sol Altschul）和海倫．拜瑟（Helen Beiser）在芝加哥巴爾－哈里斯兒童悲傷輔導中心對個案的觀察，早年喪母的女性，往往會成為對亡母和孩子認同混亂的母親，孩子的部分尤以女兒為甚②。看著孩子卻只看到自己的無母之女，將異常的認同投射到孩子身上，她可能出於修復自己的意圖而過度保護孩子，令孩子喘不過氣。若是朝另一個極端發展，強烈認同母親的無母之女則會害怕自己芳齡早逝，因而可能在情感上和她的孩子保持距離，或索性不要生孩子。

泰瑞絲．蘭道輔導女性個案，協助她們找到一個自在的平衡點。「只要適合妳在做的其他事情，並與其他妳需要扮演的角色不相衝突，認同作用可以是很健康的。」蘭道博士說。失去媽媽的女兒一旦為人母親，她可能需要和她所失去的媽媽建立新的關係。「在她心目中，她母親可能還是小時候保護她的人，但不是現在保護她的人。」蘭道博士解釋道：「這兩者聽起來可能差不多，但其實差異甚巨。身為心理師，我必須要說：『妳的母親曾經是那樣，但現在再也不是了。』我不會試圖把先前的認同拿走，或跟個案說：『妳必須放手讓她走。』而是設法找到辦法，將先前的認同融入個案的成年生活中，並重新找到她和母親之間的內在關係，這份新的關係要適合現在的她。我的寶寶出生時，護士在幾小時後把她抱來給我，我為她做的第一件事，就是唱一首我母親總是唱給我聽的歌。那是我和母親之間一個很美好的連結。現在，我也為人母親之後，我甚至覺得和我母親更親近了。」

恐懼與渴望

無母之女常常一方面擔心自己會留下孩子撒手人寰，一方面也同樣強烈渴望給孩子她自己不曾有過的童年，亦即一份有媽媽在的童年。在母親之舞中，恐懼與渴望是一對沉默的舞伴。無怪乎在我的問卷調查中，六十五位年齡介於十八歲到四十五歲沒有小孩的無母之女，最普遍的心聲是：「有朝一日我也想生小孩，但是我很害怕。」③怕得到跟她母親一樣的疾病，怕自己對生兒育女的事情知道得太少，怕自己沒辦法像過世的母親般當個好媽媽，或怕自己跟過世的母親一樣糟糕。

半數受調的無母之女都說她們怕有小孩，或曾經怕過這件事，二十七歲的寶拉就是其中一個例子。寶拉的母親在她十五歲時死於罕見的血液病變。身爲非裔美國人，寶拉剛認識她的白種人先生時，兩人會花很長的下午爲他們未來的孩子取名字。然而，兩人婚後卻決定，在目前的社會氣氛之下，他們不要生下一個跨種族的孩子。這個決定讓寶拉暗自鬆一口氣。她說她之所以避孕，眞正的原因情感所致：

---

② Sol Altschul and Helen Beiser, "The Effect of Early Parent Loss on Future Parenthood," in *Parenthood: A Psychodynamic Perspective*, ed. Rebecca S. Cohen, Bertram J. Cohler, and Sidney H. Weissman (New York: Guilford, 1984), 181.

③ 無母之女問卷調查第一題和第二十二題（參見附錄一）。

我向來總有兩個恐懼。一是我會從樓梯上倒栽蔥摔下去，摔斷我的脖子。我不知道爲什麼，但我就是很怕摔下樓梯當場死亡。二是我會難產死在手術台上，或生完不久就斷氣，留下我老公一個人帶孩子。我沒事就會擔心起這種事，心想我不願丟下他。何況他不是美國公民，我怎麼能丟下他？我老想著生完孩子之後我就不在了，或在我先生過世之前我就先走了，留下一個沒有媽媽的孩子，讓我的悲劇在孩子身上重演一遍。當我冷靜下來思考，就會覺得這份恐懼眞是沒道理。但誰又說得準呢？誰曉得會發生什麼事呢？

寶拉對於年輕早逝的焦慮，既來自她身爲無母之女的危機感，也來自她對母親的過度認同。不管是得到跟母親一樣的疾病，還是從樓梯上摔下去這麼偶然的意外，她怕老天爺會把她從孩子身邊奪走，這種恐懼盤踞了她看待母職的眼光。即使她很渴望重拾自己失去的母女關係，她還是擱置生兒育女的計畫。

相形之下，四十三歲的德玲一心想要生寶寶，爲此動了三次不成功的子宮內膜異位手術。每次想到膝下無子，她就覺得很心碎。十歲時喪母的德玲回憶道：「我覺得好絕望、好空虛。我這麼久都沒有媽媽，然後我自己也當不上媽媽。我眞的好想回饋一點東西給別人。」當她和老公領養了一個男寶寶之後，她說：「就在那一天，空虛的感覺煙消雲散。我本來以爲我這輩子休想有孩子了，但透過領養，我所有的夢想都有了著落。」

看著一份生命結束可能激起孕育另一份生命的強烈渴望，尤其當懷孕生子或領養能創造一份類似的關係，讓妳重溫失去的親情。如同心理治療師賽爾瑪．弗雷博格（Selma Fraiberg）的觀察：「在嚐過喪親之痛的男男女女當中，最多人是從『把一個孩子帶到這世上』的經驗裡重獲新生，修復自己兒時的創傷。用最白話的方式來說，我們常聽爲人父母者講一句話：『我要給我的孩子更好的生活。』比起自己擁有過的東西，她要給她的孩子更好的。」④對失去母親的女兒來說，這意味著給孩子一個有媽媽的家，媽媽一直活到孩子長大成人，讓孩子在充滿愛的穩定環境中成長。

失去媽媽的女兒常說，有了小孩以後，她們又覺得自己是完整的了。她們說，當她們從另一個角色重新進入母女關係，原先在第一段母女關係破滅時失去的親密感就又回來了。她們說，爲人母親讓她們重新和自己的母親相連，從而重拾了一小部分原先的母女關係。

米琪現年五十七歲，二十歲喪母時，她失去了母女關係中某些特定的元素。米琪將這些元素賦予到她和女兒的互動之中，藉此從母職當中得到了滿足感。

> 我對我父母的關係所知不多，也不清楚我母親對各種人事物的看法。所以，我向來很鼓勵兩個女兒有什麼問題儘管問我。如果她們想知道我對任何人事物的觀感，或她們的父親和我爲什麼分開，我認爲讓她們有個對象可以問是很重要的。我想當那個對象，因爲我自己沒

---

④ Selma Fraiberg, "Ghosts in the Nursery: A Psychoanalytic Approach to the Problems of Impaired Infant-Mother Relationships," in *Clinical Studies in Infant Mental Health* (New York: Basic, 1980), 166.

有這種管道。對我來講，沒有一個管道可以問是很挫折的一件事。我母親會讓我知道她對我的感覺，這也是母女關係中我很懷念的部分，因爲我知道自己對兩個女兒的感覺有多強烈。我是說，她們是人，她們有她們的缺點和過錯，但我非常以她們爲榮。我很樂意知道我的母親是否以我爲榮。我想，她的想法應該會幫助我更了解自己、更清楚是什麼影響了我。

母職讓米琪以成熟、有經驗之姿重新進入母女關係。她養育兩個女兒的哲學，是要讓她們比她更了解自己的母親。因爲米琪認爲，她在形成身分認同的過程中受到母親缺席所苦。所以，面對兩個女兒的成長過程，她有意識地採取幫助她們的作法。

理想上，本身失去了媽媽的母親，自己最好能保持在爲人母親的位置上——就如同米琪一般，讓她的孩子當個孩子。但如果這位母親在童年或青春期被剝奪了母愛，使得她長大成人之後對被愛有過度的需求，她可能會期望孩子給她這份愛，尤其如果她的丈夫或伴侶在情感上無法滿足她⑤。當一個女人寄望孩子填補她內心的空虛，這個「用來填補的寶寶」就沒有機會嘗試建立自己的身分認同。母親把孩子每一個嘗試個體化的舉動都視爲背叛。孩子的每一個反抗之舉都威脅到她花了九個月爲自己打造的安全基地。爲了壓下孩子剛冒出頭的自主精神，她可能會過分施以控制的手段，就怕孩子會像她母親以前一樣遺棄她⑥。於是，孩子長大後，面對母親不是焦慮、內疚、恐懼，就是滿懷怨尤⑦。

「如果一個女人在很小的時候喪母，而且不曾爲喪母哀悼過，她往往會不自覺地試圖透過孩子找回她和母親的親密。」菲莉絲・克勞斯解釋道：「在爲人母親的角色上，一旦她不自覺地朝這個極端發展，她就有可能變成一個纏著孩子不放的母親，一心要從孩子身上得到所有她不曾得到的愛與呵護。」

這段話的關鍵在於「不曾爲喪母哀悼過」。一個太早失去至親的女人，如果不曾和內心那份孤單無依或遭到遺棄的感受和解，日後就可能和她的孩子形成有問題的依戀關係。瑪莉・安斯衛斯和她在維吉尼亞大學的研究夥伴，針對三十位曾在童年或青春期喪親的母親，分析她們目前的母嬰依戀行爲，發現在哀悼量表上被評爲「未解決」（unresolved）⑧的母親，百分之百都有顯得緊張焦慮、混亂失序的孩子。這些孩子沒辦法向母親尋求安慰，反而表現得彷彿母親是壓力的來源。相形之下，十%在哀悼量表上被評爲「已解決」的母親，以及二十%對照組中雙親健在的母親，她們的孩子則沒有類似的依戀問題。研究人員從這些調查結果推論，導致母親和她的孩子之間有依戀問題

---

⑤Gordon *Parker, Parental Overprotection: A Risk Factor in Psychosocial Development* (New York: Grune & Stratton, 1983), 22.

⑥Deborah B. Jacobvitz, "The Transmission of Mother-Child Boundary Disturbances across Three Generations," *Development and Psychopathology* 3 (1991): 515.

⑦Bowlby, *A Secure Base*, 37.

⑧我個人不愛用解決不解決的說法。此項研究的研究人員，則是根據研究對象在哀悼量表的得分判定「解決」（resolved）與否，而哀悼量表根據的是約翰・鮑比對常態悲痛與病態悲痛的探討。研究人員也將母親當初喪親時的行為反應，乃至於她成年以後對早年依戀的執念納入考量。

的原因，不在於早年喪親這件事本身，而在於母親「未解決的」喪親之痛⑨。

安卓莉雅．坎貝爾十歲時喪母，父親也在她十二歲時自殺身亡。青少年時期，她從來沒有充分的安全感可以讓自己放心哀悼。她在青春期就結婚生子。「我生了一個女兒，這個女兒是我的心肝寶貝。」她回憶道：「透過自己爲人母親，透過給我女兒那份母愛，莫名地讓我覺得重新擁有我母親了。但我其實是在設法爲自己療傷，當我們不自覺地藉由另一個人來爲自己療傷，我們反而會把自己所受的傷加諸到那個人身上。所以，即使我是一個愛孩子的母親，由於我在人生最初的十年備受疼愛，讓我也能對孩子付出一樣的疼愛，但我所受的剝奪還是傷害到我的女兒了。」身爲成年人，爲喪親之痛哀悼過以後，坎貝爾博士就比較能更看見自己是怎麼把女兒當成替代品。母女倆自此同心協力，一起改變和修復她們的關係。

生男生女

「我不在乎生男生女，只要寶寶健康就好。」幾乎每一位孕婦都會這樣說。這是爲人母親正確的反應，通常也是眞實的心聲。但就連坎貝爾博士也承認，同性子女爲父母提供了異性子女不能滿足的替身作用。私底下，許多失去母親的女性都會吐露心中渴望生女兒的祕密。在爲《沒有母親的母親》❶一書接受訪問的女性中，有四分之三的受訪者都承認初次懷孕時希望自己生女兒，通常是因爲她們曾經失去母女關係，便將孕育下一代視爲重拾母女關係的機會。也有些受訪者想以母親的名字爲女兒命名，或者希望女兒長得像她，透過這些小地方，將母親的生命延續下去。

「老實告訴妳，我就是基於這個原因才想要一個女兒。」三十四歲的賽西麗雅在二十歲時喪母，目前她正在努力做人。這孩子會是她的第一胎。她說：「我是說，不管生男生女，我反正都想要個孩子，但我跟我老公說了：『我們要一直試到生出女兒爲止。』比方就算生了兩個兒子，我還是想再試著生一個女兒。當妳正在努力做人的時候，說這種話有點不吉利，但這就是我的眞心話。」

有少數失去母親的女兒說她們想生兒子，而她們之所以想生兒子，往往是因爲擔心自己在情感上缺乏養一個女兒所需的條件，或缺乏母女相處的經驗。這樣的女性人數雖少，但這是一個值得注意的現象。「我想到生女兒就怕得不得了。」四十一歲的愛黛兒坦承道。愛黛兒的整個童年階段，她母親從頭到尾都住在療養院，最後則是在愛黛兒二十歲時過世了。她說：「我不知道怎麼和女孩子打交道。我比較懂得怎麼和男生相處。而且，我們反正想要一個兒子。但當我們發現懷的是個男孩時，我眞的鬆了好大一口氣。萬一是個女兒，我不知道自己要怎麼辦。」

醫學博士莎莉·盧思金（**Shari Lusskin**）是紐約大學醫學院及朗格尼醫學中心生育心理學程的創辦人，她建議對生男生女有強烈偏好的女性做產前檢測，事先得知孩子的性別。「前幾天，我在

---

⑨ Mary D. Salter Ainsworth and Carolyn Eichberg, "Effects on Infant-Mother Attachment of Mother's Unresolved Loss of an Attachment Figure, or Other Traumatic Experience," 160–183.

❶ 本書作者另著有《沒有母親的母親》（*Motherless Mothers: How Losing a Mother Shapes the Parent You Become*）一書。

辦公室見了一名懷孕四個月的孕婦，她告訴我：『妳知道嗎？我眞的很想生個女兒，所以我不想事先知道性別，因爲如果是個男孩，我會很失望。』」盧思金回憶道：「我建議她：『請務必驗一下性別，因爲接下來我們就有五個月可以處理妳的失望。』在產房才揭曉不會比較好。」

對於覺得自己被剝奪了母愛的女性來講，女兒往往給了她重拾母女之情最直接的管道。如果按照卡爾・榮格的說法，每個女人都可以回溯到自己的母親身上，並延伸到自己的女兒身上⑩，那麼，生下一個女兒就確保了母系的延續。育嬰室裡的女寶寶也將一個女人所失去的母親帶回這個房間裡。又因爲女兒通常被社會化爲社會上的照顧者，母親便在女兒身上看到了重新享有親密無間、貼心體己的女性情誼的可能性。

母子關係再好，女兒還是比兒子更有可能成爲母親自我投射的對象。媽媽們往往將女兒視爲自己的翻版，兒子則是性別與她相反的異己。在生理上，兒子是一面不完美的鏡子，映照出母親沒有的身體部位。就性別化的自我而言，他永遠也沒辦法完全代表她的翻版。在社會上，他進入不屬於傳統女性的領域——在外面野、加入兄弟會、從軍作戰。「兒子令人驚奇之處，在於他們是我們所生，和我們密不可分，卻又如此相異。」育有一子二女的娜歐密・茹思・羅文斯基剖析道。正是基於這個原因，兒子可以給他的無母之母出乎意料、非比尋常的個人成長機會。

安妮：超越母親

在位於十一樓的辦公室中，安妮往後靠坐，雙腳搭在一旁的椅子上，雙手輕輕放在肚子上，擺好姿勢感受腹中胎兒不耐地踢著她的肚皮。這是她的第一個孩子。年屆三十七歲，她已擁有自己想要的一切：成功的事業、幸福的婚姻，以及一個即將到來的孩子。孩子的部分很重要。打從安妮的母親在她八歲時癌逝起，她就期待能再次嚐到母女之情。

現在只有一個小小的問題：安妮懷的是個兒子。

「兒子？」聽到這個消息時，這是她的第一個念頭。「我向來認定生小孩就等於生女兒，沒想過別種可能。」她說：「小傢伙居然是個男的，我太震驚了，就像肚子挨了一拳似的。眞的很意外。羊膜穿刺的結果出來以後，我很想問醫生：『什麼叫做我懷的是個男孩？你們搞錯了吧。』接下來幾天，我眞的覺得自己被耍了、被搶了。我一直以來天大的美夢破滅了。」

要知道安妮計畫了二十九年，她要重寫自己的童年，給那段歲月一個應有的圓滿結局。身爲獨生女，母親過世後，她嚐盡了孤單無依的滋味，下定決心有朝一日非生個女兒不可。她要和女兒共享她曾和母親共享的一切——一起去上畫畫課，一起聽音樂，一起讀故事書，一起從陽台看天空雷電交加——然後把她們的關係延續下去。這點盼望就是她的安慰。在安妮和她先生決定只生一個孩子之後，她的決心加倍堅定。安妮一心一意只想成爲自己想像中的理想母親。劇本已經寫好了，安妮知道自己的角色。現在，她只缺一個小女孩來扮演小時候的她。

---

⑩ C. G. Jung, *The Archetypes and the Collective Unconscious*, 2nd ed. (Princeton: Princeton University Press, 1968), 188.

安妮說，羊膜穿刺的結果摧毀了她對一次完美重逢的幻想。但得知肚子裡的是個男寶寶，卻促使她以更務實的眼光看待母職。「我的第一個反應是害怕，因為我體認到為人母親的重責大任。」她回憶道：「這件事變成現在進行式，不再是我幻想中的童話故事了。我心想：『我的老天爺，這個人會是另一個人。』我不知道自己會不會讓女兒成為跟我分開的另一個人，因為那個女孩就是我，我把女兒當成我自己。她對一切人事物的反應都要跟我一模一樣。如果她是一個討厭看書的男人婆，我不知道會有多失落。我會覺得自己被背叛了。」

安妮放棄重寫她的童年，轉而決定重寫她的母職劇本。她開始檢視自己內心關於男孩的偏見，並著手克服這些先入為主的想法，像是他們好勇鬥狠、他們無法溝通、他們是拿著棍子亂打人的小壞蛋。她跟生了兒子的媽媽聊，她們告訴她兒子有多愛媽媽。她重新考慮自己過去想和女兒同樂的活動，結果發現她大可和兒子一起做這些事，像是上畫畫課、聽音樂、讀故事書，還有到陽台看雷電交加的天空。

「我之所以想要一個女兒，真正的原因是為了創造那個我依舊很渴望的安樂窩、那個獨一無二的歸屬。」她說：「我之前沒有想到的是，兒子也可以棲身於這個安樂窩。」她和她老公最近剛幫兒子取了名字，她說這孩子讓她每天都變得更真實。「我感覺自己和這個男寶寶可以有個全新的開始。我不必一直去看自己失去的東西，錯把生女兒當成彌補人生缺憾的機會，以至於覺得自己失去了這個機會。我可以去看自己得到的東西，亦即一個為人母親的機會。」

透過為人母親，安妮一方面對她的母親產生認同，一方面也把自己和她母親分開。安妮是獨生女，因爲她母親在懷孕時發現乳房有惡性腫瘤，爲了寶寶著想，她拖到生產完才接受治療。安妮出生之後，她母親得知自己只剩六個月可活。即使她後來又活了八年，但她還是在三十四歲就過世了。安妮從這件事內化的訊息，就是懷孕等於早死。

懷孕滿三個月的喜悅不可避免地摻雜著恐懼。「但在某一天，我做了一個很清楚的決定，那就是我不要害怕。」安妮說：「我只打算懷孕一次，所以我要好好享受這個過程。爲了享受懷孕的過程，我必須放下跟我母親有關的負面聯想和依戀心理。我的孕期已經超過我母親確診的時間點了，而我什麼問題也沒有。」

「上週末，我說想去我母親的墳前看一看，我先生聽了大吃一驚。」安妮繼續說：「我想懷著這個孩子去跟她說：『我跟妳的命運不一樣。』因爲她的死亡就等於我的誕生，所以，懷孕這件事甚至比活過她的年紀更別具意義。這件事代表我超越了老天爺對她的死亡判決。」

健康的孕程和看待母職的全新眼光，幫助安妮爲自己的另一重損失哀悼。藉由放下幻想和對歷史重演的恐懼，安妮又朝接受母親已死的定局邁進了一步。「人生中第一次，我的過去眞的跟我母親不一樣了。」安妮解釋道：「她生了個女兒。我懷了個兒子。天差地別。這輩子以來第一次，我眞的覺得自己超越了我母親。我感受到莫大的自由。」

懷孕與生產

「懷第一胎期間，我很驚慌，因爲我覺得自己沒有一套支持系統。」三十六歲的布莉琪在三年前生下老大，她說：「我不喜歡我看的那位醫生，所以我就找了個接生婆。她六十多歲，很有母性，接生的工作也做得非常好。但當我的兒子一生下來，喪母的哀痛就又湧上心頭，跟新喪時一樣濃烈，彷彿我母親去年才剛過世似的。我痛苦得不得了。感覺簡直天崩地裂。」

在懷孕和生產的過程中，世代準備開始新一輪的循環，生母遂盤據這位準媽媽的意識。先生可以爲她提供情感上的支持，父親可以爲她帶來家的感覺，但生產是女人的事情。有多少男人對一位母親變動不定的生理週期有具體的概念？有多少男人知道一位母親分娩的過程，或她施打了哪一種止痛劑？這些是母親口授給女兒的智慧遺產，女兒靠母親的經驗爲她提供參照和指引。在母女關係順利維持的情況下，女兒依賴母親幫她建立自信，向母親詢問自己出生時的故事和年幼時的往事，並向母親尋求她可以勝任母職的鼓勵。

在無母之女生命中的這個空缺，婆婆、姊姊、阿姨和摯友也能幫忙塡補。但孕婦身邊若是沒有一個如生母般強大的依靠，尤其如果她不曾爲自己的母親哀悼過，她往往會有孤身一人、無依無靠的感覺。在一個女人的人生中，懷孕是其中一個令她備感孤單的高峰。這是一段自然會產生依賴心的時期，就連最獨立的女性也不一定能獨自應付身心雙方面的各種需求，準媽媽很需要安全感和旁人的支持。

「就連跟媽媽關係很糟的女性，或是對媽媽的感覺五味雜陳的女性，在寶寶出生前後，她們還是會希望自己的媽媽陪在身邊。」娜歐密．茹思．羅文斯基說：「懷孕和生產把妳整個人都打開來了，那是一次裡裡外外大改造的經驗，它讓妳碎成片片。女人在這時眞的需要有媽媽在的感覺。」

從懷孕到產後的階段，對無母之女來講可能是一段苦樂參半的時期。如今她也爲人母親，所以她感覺自己跟她的母親更靠近了。但這時她必須再次面對喪母的事實，於是她也感覺到強烈的哀傷。作爲一個女人的人生里程碑，生產（尤其是生頭胎）普遍都會引發對亡母又一輪的哀悼循環，強烈的悲痛、哀傷、憤怒或絕望再一次湧上心頭。無母之女不止爲失去了母親的建議和支持傷感，也爲她的孩子失去了外婆傷感。身爲一個準媽媽，她也透過將爲人母的眼光去看她的母親。當她把她看成一個有小孩的女人，就像她自己快要成爲的女人一樣，她更能充分體會到她母親失去了什麼。她不再只是站在女兒的立場去哀悼，她也站在母親的立場去哀悼。

對某些無母之母來說，第一個孩子的出生解開了哀悼的封印，爲她們更完全地接受喪母的事實鋪路。南西・馬奎爾（Nancy Maguire）博士研究了四十位第一次當媽的母親，其中二十位在六歲到十二歲之間喪母，她發現在蛻變爲母親的過程中，她們有許多人都感受到悲傷、憂鬱和親職壓力。「很多女性覺得這是她們去做心理諮商的好時機，因爲她們面臨到喪母和哀悼的課題。」她說：「對她們來講，爲免自己的心結影響到日後和孩子的關係，此時接受心理諮商是克服某些喪母相關問題的機會。藉著這個機會，她們覺得自己能成爲更好的父母。」⑪

當一個女人不曾在懷孕前爲喪母之痛哀悼過，她就需要在安心的情況下，釋放她在懷孕期間冒出來的感受。此時若是處於過度匱乏或脆弱的情緒狀態，她就無法安心去哀悼。貼心的配偶或伴侶

⑪ Nancy B. Maguire, "The Impact of Childhood Maternal Loss on the Transition to Motherhood" (PhD diss., California School of Professional Psychology, 1–2).

往往能爲她提供她所需要的支持。但由於孩子的爸也對爲人父親很焦慮，所以雙方都需要好好溝通內心的恐懼，以免彼此覺得負擔過重。

孕婦通常將她對依賴的需求分別放在母親和伴侶身上。在她新組成的家庭中，伴侶作爲一個家庭成員的重要性更甚以往。然而，沒有一個母親或母職人物陪在身邊的女性，往往將她絕大部分的需求都放在伴侶身上。幾乎每位孕婦多少都會擔心失去她的伴侶，落得必須自己一個人把孩子拉拔長大。而對無母之女來講，這種恐懼可能格外強烈。因爲她深知她愛的人大有可能離她而去，她記得上一個她這麼依賴的人出了什麼事。

同時，孕婦覺得對自己的身體和孕程缺乏控制的能力，這也可能讓她不知所措、難以適應，尤其如果她從小就習慣掌握自己的命運。對於懷孕這件事，社會學家蘇珊·莫莎特（Susan Maushart）在《母職的面具》（*The Mask of Motherhood*）中形容道：「生理上，懷孕的感覺就像坐在車後座。那本來是妳自己的車，現在開車的卻是別人——或別的東西？更有甚者，沿途風景時而美輪美奐，時而驚險萬分，時而陡峭難行，而且從頭到尾一景一物都很陌生……在懷孕的旅途上，有些女性是很棒的乘客。她們悠哉地坐在後座，欣賞讚歎沿途經過的陌生風景。但對某些女性來講，把方向盤交出去的焦慮，讓她們不可能懷著兜風的心情。」⑫

準媽媽對支持與照顧的需求在分娩前後達到高峰。在幾分鐘的時間內，她從一個需要協助的臨盆孕婦，變成一個嬰兒主要的照顧者，這個嬰兒完全依賴她。很少有外婆在外孫出生時到現場幫忙的，而且許多外婆距離太遙遠，不管是因爲有形的距離，還是因爲無形的距離，她們無法過來參與女兒產後的階段，儘管如此，無母之女還是會在這些時刻深深思念起她們的母親⑬。她們爲失去的建議與協助哀悼，而且常將她們母親的生產經驗美化，忘記了上一代的女性經常是在藥物誘發的半昏迷狀態下生孩子，過程中她們的伴侶在外頭走道上踱來踱去⑭。

研究界在多年前就已經知道，能有一個老練的女性照顧者在場予以協助，對臨盆孕婦和新手媽媽來講是有益處的。菲莉絲・克勞斯和醫學博士馬歇爾・克勞斯（Marshall Klaus）爲相關研究奠定了里程碑，他們研究了一千五百名孕婦，發現分娩過程中有專業女性產伴協助的產婦，比起沒有這項協助者，需要剖腹產的案例較少、需要的麻醉較少、對新生兒較爲關注，且跟寶寶有較多的互動⑮。

克勞斯夫妻檔稱這些產伴爲「doula」，在希臘文當中，doula 指的是憑藉豐富經驗協助其他女性的女人。理想上，產伴在懷孕的最後三個月與準父母見面幾次，待孕婦開始陣痛時再回來，並從陣痛到分娩全程陪在她身邊。產婦需要肢體上的慰藉時，她就把產婦抱緊、替產婦按摩背部，並協助產婦呼吸。「她絕不會丟下產婦一個人，這就是最重要的。」菲莉絲・克勞斯解釋道：「她告訴她：『我絕不會離開妳身邊一步。』光是這一重保障就給孕婦難以置信的力量。如果她已經失去母親，或如果她自己的母親無法到場，產伴就成爲像媽媽一般照顧她的人物。產伴協助臨盆的產婦放

⑫ Susan Maushart, *The Mask of Motherhood* (New York: Penguin, 1999), 49.
⑬ 無母之女問卷調查第二十四題（參見附錄一）。
⑭ Marshall H. Klaus, John H. Kennell, and Phyllis H. Klaus, *Mothering the Mother* (Reading, MA: Addison-Wesley, 1993), 34.
⑮ 出處同前。

心讓身體自行做該做的事，所以，產婦同時變得既依賴又獨立。她覺得自己既得到了照顧，也得到了力量。有些女性在事後告訴我：『在那之前，我從來不知道自己多需要這種呵護。我早已把受到呵護的需求全都按捺下來了。』也有些女性告訴她們的產伴：『妳對我的信心和妳在當下給我的支持，讓我明白在這一生當中，我想做什麼都做得到。』」

「我們注意到產婦似乎會將產伴呵護她的行爲內化。」菲莉絲．克勞斯繼續說：「分娩過程是產婦對環境因素特別敏感的一段時間，也是產婦敞開心胸去學習和成長的一段時間。當她在此時被產伴以這麼感性的方式抱緊，從中感覺自己備受呵護，她就變得更能給自己的孩子一樣的照顧。」根據克勞斯夫婦的說法，比起沒有產伴支持的孕媽咪，有產伴支持的女性在產後六週有較高的自信，且罹患產後憂鬱症的機率較低。在照顧新生兒時，有產伴的媽咪較有自信能夠勝任。產後長達一年半的時間，產伴仍會持續前來拜訪並給予建議，新手媽咪也能從中獲益。

這對無母之女而言代表什麼意義？支持、建議，以及她並不孤單的保證。不同於覺得自己的支持系統受到保障的女性，無母之女必須自創一套支持系統。而且，比起大部分的新手媽媽，無母之女更怕這套系統會瓦解。以此類推，她也怕自己身爲母親無法爲孩子提供支持。在她需要安撫孩子的恐懼時，她自己幼時對一個人被丟下、日常所需沒有著落的恐懼卻再次被喚醒。而且，這些恐懼往往並非空穴來風。當被問到：「生下老大之後，除了丈夫或配偶之外，有誰幫忙妳？」五十二％接受問卷調查的無母之母都回答：「沒人幫我。」⑯同樣的問題拿去問母親依舊健在的對照組，則只有十五％的女性說她們必須獨力應付。在對照組中，過半數的女性都說她們的母親是幫忙照顧新生兒的人⑰。

兩者的落差是因爲無母之母眞的沒人幫忙嗎？還是因爲她們已經習慣不要開口求助，或不去期待有人伸出援手？因爲在她們的母親過世之後，她們的需求常常得不到滿足，許多女性在成長過程中就抱定「沒人注意我」的想法，而這種想法又可能被內化爲「沒人在乎我」⑱。

「在她們的人生中，早年喪母的女性較有可能成爲旁人的照顧者。」南西・馬奎爾解釋道：「在她們需要支持時，這部分的人格特質會阻止她們開口求助，她們不認爲滿足自己的需求是合情合理的一件事。」

所有的新手父母都有自我懷疑的時候，但無母之母往往還多出一重憂慮——她擔心萬一眞的出了問題，沒人可以求救。她忐忑不安地狂翻斯波克醫生❷的育兒寶典。她把一一九設定爲單鍵快速撥號，而且有兩個按鍵都能直撥一一九。

「把第一個寶寶從醫院帶回家之後，妳頓時不知如何是好，整個人都當機了似的。」有兩個女

⑯ Hope Edelman, *Motherless Mothers* (New York: Harper Collins, 2006), Appendix 1, Motherless Mothers Survey, question 31.

⑰ 出處同前，Appendix 2, Control Group Survey, question 26。

⑱ Cynthia J. Pill and Judith L. Zabin, "Lifelong Legacy cf Early Maternal Loss: A Women's Group," *Clinical Social Work Journal*, Summer 1997, 189.

❷ 此指美國小兒科名醫班傑明・斯波克（Benjamin Spock, 1903-1998），斯波克生前著有多本育兒相關著作，其中《嬰幼兒保健》（*Baby and Child Care*）為美國出版史上最暢銷的書籍之一。

兒和一個外孫的艾莉絲形容道。在第一次生產過後，有一個經驗老到的女性從旁給予支持，有助於產婦找到新手媽咪需要的自信。

艾莉絲：母系的延伸

一九五七年，艾莉絲面臨雙重的考驗：一是她要在三十六歲的年紀生第一個孩子，二是她對育嬰一無所知。從小她母親就常跟她說，懷孕生子是多麼美妙的經驗，所以她沒怎麼擔心過。生產還是容易的部分。育嬰才是她的挑戰。

在她懷孕期間，斯波克醫生的建議看似夠簡單直接的了。但當她一個人在育嬰室和哭鬧不休的寶寶纏鬥時，艾莉絲被自己的生澀嚇壞了。她發覺自己很渴望她母親的建議、指點和安慰。然而，她母親已在艾莉絲就快滿二十四歲前辭世。

「以前我從來不曾跟小寶寶打過交道，這下子我什麼都擔心。」她回憶道：「我應該把她抱起來嗎？還是就讓她哭？我讀的每一本書和每一份手冊都從幫寶寶洗澡寫起，但是我每次要幫她洗澡她就哭，我不明白爲什麼。」

當她母親的大表姊宣布說要來看她時，艾莉絲不禁擔心起來。她很期待見到這位名叫艾蓮的表姨，但她也很怕自己在一個有經驗的母親眼中會顯得很笨拙、很失職。然而，她的需要凌駕於面子之上。當艾蓮登門拜訪時，艾莉絲向她吐露了內心的自我懷疑和恐懼。表姨並未指責她的無能，相反的，這位女性長輩的出現適時讓她鬆了一口氣。

「艾蓮太棒了。」艾莉絲回憶道：「寶寶哭的時候，她會抱著寶寶坐下來，一邊輕輕搖她，一邊對她說：『好啦好啦，妳贏了！』我把洗澡的困擾告訴她，她就說：『這樣啊，她也不是眞的很髒，何不暫時幫她擦擦嬰兒油就好了？』

「我向她表達我的感激，她跟我分享她照顧第一個寶寶的經驗。她說：『每個人都批評我。我忙得不可開交，家裡一團亂。每次我一坐下來，就會看到一堆雜物和家具底下一團又一團的灰塵。』後來有一天，妳外婆來了，她一點也沒有批評的意思，反倒說我做得很好。她不是站在那裡問我有什麼可以幫忙的，而是直接就拿了拖把過來。我永遠記得這件事。』」

短短三天，這位腳踏實地、溫暖窩心、經驗老到的育嬰好榜樣就幫助艾莉絲冷靜下來，不再恐懼。同樣重要的是，艾蓮到訪也幫助艾莉絲重拾和母系親屬的連結。艾蓮和艾莉絲的母親當初肩並肩一起把她們的孩子養大，而艾莉絲的外婆是她們尋求建議與安慰的對象。「有艾蓮在我家，爲我的人生重新建立起一種代代相傳的感覺。」艾莉絲解釋道：「我感覺自己重回家族的懷抱。我感覺一切都會很順利的。」

一九六二年，艾莉絲生了第二胎。這一次，她對照顧孩子有了信心，但她發覺自己又思念起她的母親來了。「我的二女兒是個很難帶的孩子。」她解釋道：「我小時候也是一個很難帶的孩子。我眞的很想聽我媽親口說我做得不錯。我也想聽她向我保證我女兒會好好長大。」如今，艾莉絲滿面笑容地說起這段往事。她的二女兒不止順利長大，沒出過什麼大事，而且在四年前也當了媽媽。艾莉絲的外孫來到這世上時，她就在產房爲她女兒加油打氣。

正如同艾莉絲的母親把懷孕生子的喜悅告訴她女兒，艾莉絲也對自己的女兒說一樣的話。在一起上拉梅茲課的同學中，艾莉絲的女兒是唯一一個說她不怕痛的孕婦。她最大的擔憂就跟她母親一樣——她怕把寶寶帶回家之後，自己一個人不知道該怎麼照顧。這次，艾莉絲完全知道該怎麼做。「我不斷告訴我女兒：『沒事的，妳可以。』」她說：「我向她保證，她一定會得到她需要的幫助。」她的確得到了幫助——來自她母親的幫助。對於能在第一時間給女兒來自母親的鼓勵、協助與建議，艾莉絲十分引以爲豪。想當初，她自己可是焦慮了幾個月，才得到這樣的幫助。

養育孩子

「我上窮碧落下黃泉，讀遍市面上的教養書。」一歲時喪母、後來生了兩個孩子的莎拉回憶道：「因爲我女兒小時候專門跟我作對，但我找不到任何探討長女或老大的教養資料。我完全沒有一個範本。但我憑著常識自己摸索，推敲出一些道理。我認爲每個人都必須爲自己負責。我相信種什麼因、得什麼果，正所謂善惡有報。而且，我不贊成體罰，因爲我自己從來沒被體罰過。以前我的小孩都說：『拜託妳就閉上嘴巴、拿起棍子好嗎？』因爲我會一直唸一直唸，跟他們講各種大道理。我想，透過自己摸索出一套養育子女的辦法，我才終於接受了我母親的死吧。」

許多無母之女都在童年和青春期看到媽媽怎麼養育弟弟妹妹，媽媽過世之後，甚至是由她們來負責養育弟弟妹妹，儘管如此，到了自己爲人母親時，她們還是覺得失去了一個活生生的角色模範。許多無母之女都說，親子教養的學問，她們是自學而來的。儘管每個人的做法各有不同，但針對無母之母的研究顯示，她們有著共同的挑戰、勝利與恐懼。

一九九〇年代初，唐納德·澤爾（Donald Zall）研究了二十八名童年或青春期喪母的中產階產母親。唐納德·澤爾本身是社工博士，也是在麻薩諸塞州康科特鎮執業的心理師。在他進行研究當時，這二十八名母親至少有一個年齡介於六個月到十五歲之間的孩子。從這些女性身上，澤爾整理出六個鮮明的教養特點：過度保護的教養風格、堅決要當一個好媽媽、相當注重及珍惜與孩子相處的時間、認爲生命很脆弱、執著於自己也會死的可能性、急於爲孩子做過早分開的準備⑲。

「媽媽過世的衝擊，使得喪母的女性背負著其他女性不必處理的焦慮，但也給了她們『盡力做到最好』的動力。」⑳他解釋道。

澤爾和其他研究者都發現，無母之母比一般母親壓力更大，更容易產生悲傷和憂鬱的情緒㉑。她們也自認比一般母親更不能勝任爲人母親的角色。她們對自己身爲母親的角色更執著，更在意自己做得好不好，而且，不出所料，更常表示她們「覺得自己和別的媽媽不一樣」㉒。

---

⑲ Donald S. Zall, "The Long-Term Effects of Childhood Bereavement: Impact on Roles as Mothers," *Omega* 29 (1994): 219–230.

⑳ 出處同前，第227頁。

㉑ 出處同前；另見：Maguire, "The Impact of Childhood Maternal Loss on the Transition to Motherhood."

㉒ Gina C. Mireault, Toni Thomas, and Kimberly Bearor, "Maternal Identity Among Motherless Mothers and Psychological Symptoms in Their Firstborn Children," *Journal of Child and Family Studies*, September 2002, 287–297.

儘管如此，許多研究都發現，養兒育女的過程加深並豐富了她們的哀悼過程，不管她們的教養技能是眞的有所缺失，還是自認有所不足㉓。把孩子拉拔大，給孩子一個愛他、關心他、陪在他身邊的媽媽，無形中爲她們化解了許多過去的傷痛。而且，她們對扮演好親職角色的注重與決心，似乎也對孩子有正面的影響。雖然無母之母對自己很懷疑、對扮演母親的角色沒把握，但她們的孩子顯得適應良好，就跟一般母親的孩子沒有兩樣。二〇〇二年撰文探討此一課題的吉娜·蜜拉特博士表示，她所訪談的女性「（身爲母親）對自己很嚴格，但她們似乎做得很好，即使她們怕自己做得不好」。

與無母之母的訪談也揭露了下述共同的教養經驗：

把已逝的母親奉爲偶像

當女兒認爲媽媽把自己照顧得很好，她往往會試著從過去的記憶中複製媽媽的教養方式。這麼做既是在認同她母親，也是在重溫及延續兒時的快樂時光。對許多女性來講，尤其是對已經爲亡母哀悼過的女性來講，這種做法既成功又能帶來滿足感。

然而，把亡母理想化的女兒，可能就會爲自己設下難以企及的教養標準，有時甚至是不可能達到的高標。當這些女兒拿自己和理想化的好媽媽相比時，她們往往將做不好的地方解讀成自己是壞媽媽的證據。但媽媽的完美只存在於我們的心目中，試圖做到跟她們一模一樣、不承認她們也有缺點，往往是女兒在喪母後向母親致敬的表現，女兒經常因此忽略了她自己身爲母親獨一無二的經驗。

布莉琪著手爲她兒子挑選幼稚園時，她設法想像她的母親會怎麼做：以有條不紊、一絲不苟的態度，再加上幼兒教育研究所學位的專業知識。布莉琪沒有考量到的是，她母親是家庭主婦，而她是職業婦女，又因爲手腕的問題，她每天都要去做物理治療。她說：「選學校這件事，我媽一定會做得很好，我做起來卻覺得很吃力。她能做到、我卻做不到，這眞的讓我很驚慌。我覺得自己沒能達到她的標準。」

基於取悅她母親的心態，布莉琪幫兒子選了一所昂貴的私立學校。但她決定得很倉促，沒有算過學費會對家裡造成的經濟壓力。六個月後，她和先生檢視了兩人的財務狀況，發現他們必須選一所學費不那麼貴、時間對雙薪父母來講較爲彈性的學校。現在，她兒子念的是一所口碑很好的日間托兒中心，布莉琪本來不考慮那裡，因爲她認爲她母親不會贊成。結果她兒子很滿意這所學校，她和她先生也對學校的時間很滿意。接下來，她要準備爲兒子挑選小學，並準備迎接她的第二個孩子，布莉琪說她打算以自己的直覺和經驗爲準，不再憑藉理想化的回憶，假想她母親會怎麼做。

另一個歲數的魔咒

就如同害怕自己來到母親過世時的年紀，成爲母親的無母之女也憂心忡忡地看著孩子的成熟。

㉓ Zall, "The Long-Term Effects of Childhood Bereavement: Impact on Roles as Mothers"; Edelman, *Motherless Mothers*.

看著孩子歷經各個成長階段，當媽媽的不禁也會想起自己在成長過程中的掙扎。她不單單只是把過去的經驗投射在孩子身上；某種程度而言，她把那些經驗又活了一次。當無母之女看著她的孩子（尤其是女兒）來到她喪母時的年紀，她不禁聯想到自己在當時的恐懼與焦慮。在喪母記憶的影響之下，她對她的媽媽和孩子產生雙重的認同作用——她一面擔心：我現在會不會死？一面也擔心：孩子沒有我要怎麼辦？

「在孩子來到她們喪母的年紀時，有許多無母之女就得了憂鬱症。」菲莉絲．克勞斯說：「我會看到個案談起她們的孩子五歲的時候，說那段日子對她們來講有多可怕。她們完全不敢去想。孩子五歲時，她們莫名其妙就生病了，或情緒上變得很憂鬱。研究過她們的生命歷程之後，我發現她們是在五歲時喪母的。她們透過孩子把『歷史會不會在我身上重演』的恐懼重新嚐了一遍。」

孩子一旦知道母親早年喪親的細節，她們往往也會對當時的她產生認同。艾莉絲在二十四歲時喪母，她說她的兩個女兒在接近二十四歲時都來找她談過。她們想跟她聊她會活多久的話題，並特別表明如果在那個年紀失去她，她們會有多難過。三十八歲的艾蜜莉則是一個更為極端的例子。她母親在她十四歲時自殺身亡。她女兒快要到青春期時，艾蜜莉就不禁恐慌起來。因為她的母親沒有活到她十四歲以後，所以她覺得一旦女兒滿十四歲，她也不知道怎麼當她的媽媽。她沒有相關的個人經驗可供參考。就在同一時間，她的大女兒也陷入恐慌。「她滿十四歲那年真的很可怕。」艾蜜莉說：「她一度自殺未遂，還有各種脫序的行為，而且堅持要我放她走，讓她去跟她父親一起住。她離開時，我覺得自己的心又死了一次。就某些方面而言，我必須對我們的母女關係死心。」儘管十四歲的年紀可能只是一個巧合，但照情況看來，艾蜜莉的女兒有可能是對她母親的經驗產生了認同作用，因而堅持趕在她母親離開她之前先行求去。看著她女兒的掙扎，艾蜜莉不禁回想起自己的十四歲，那是一段徬徨又無力的年歲。她覺得無力阻止她女兒，母女分離的戲碼又一次在十四歲的關頭上演。

獨立精神

如同前述章節探討過的，早年喪母的相關結果中，獨立是無母之女最常養成的特質。不出所料，這也是她們最想爲孩子培養的特質，尤其是爲她們的女兒。因爲無母之女必須靠自己活下去，她們就希望能爲孩子免除一樣的適應之苦。五十三歲的葛洛莉雅有兩個現年二十多歲的女兒，她解釋道：「在孩子的成長過程中，我不太替她們做一般媽媽會爲孩子代勞的家事，像是幫她們折棉被、帶便當之類的。我要訓練她們既能獨立思考，也能獨立生活，這樣如果我出了什麼事，她們靠自己也能過得很好。情感上，我不覺得自己有豐沛的『母愛』能給她們，因爲我自己就很缺乏母愛啊。在她們的青春期，有時我覺得自己表現得還比較像個爸爸。但不管怎麼樣，她們似乎也出落得挺好的。有時候，兩個女兒還會反過來像媽媽一樣照顧我，令我既驚又喜。我愛極了受她們照顧的滋味。」

雖然葛洛莉雅已經結婚了，有老公可以依靠，但她還是把女兒培養成「靠自己也能活」，就算她出了什麼事也不成問題。葛洛莉雅的母親在她十三歲時癌逝，儘管有父親和兩個姊姊在，她還是覺得很孤單。當上媽媽以後，她對自己的母親和孩子有著雙重的認同作用，所以她採取了自認有必要的防範措施，萬一她像她母親一樣年輕早逝，她要先把女兒保護好。

三十七歲的伊凡十二歲喪母。她說在對母親和女兒的雙重認同影響下，她養育兒子和女兒的方式很不一樣，儘管姊弟倆相差不到兩歲。「就我看來，我是一個很棒的媽媽。但我對女兒有一份很怪異的心情，是我對兒子沒有的。」她自陳道：「每過去一年，我都覺得又打贏了一仗。好啦！她又長大一歲，萬一我死了，她也比較成熟了。當她跨過我喪母的年齡時，我鬆了好大一口氣。現在她十六歲，個性超級獨立，我覺得我的危機幾乎解除了。我知道自己的人生觀可能影響到女兒，但我眞的就是這樣看待生老病死的。有一天，我會跟她解釋，但現在還不是時候跟她談生命的有限。」

爲孩子培養獨立精神往往是好事，但就如同伊凡所懷疑的，母親的動機和做法有可能對孩子造成長遠的影響。當母親根據自己過去「沒有」媽媽的經驗，引導孩子過早獨立，而不是根據自己目前爲人母親的經驗，引導孩子適時獨立，她就忽略了目前這份關係的動態。因爲愛孩子，因爲想幫孩子預防自己兒時所受的痛苦，她刻意淡化自己在兒女人生中的重要性，殊不知這麼做其實是在替孩子爲一件不太可能發生的事情做準備。成長過程中，孩子不自覺地預期著一個始終沒有到來的創傷。她刻意從孩子的人生中退居幕後，殊不知她所做的就是她極力要避免的事：她剝奪了孩子完整享有母愛的機會，沒給孩子一個全力參與、全心陪伴的母親。

（重新）發現母愛

當早年的母女關係戛然而止，女兒正在成形的自我感就會受到毀滅性的打擊，尤其是在母親自殺或遭到母親棄養的情況下。母親病逝的孩子亦然，即使她知道自己沒辦法阻止這種事或把媽媽治好。母親過世時年紀太小、對母愛沒有記憶的女兒，被冷冰冰的母親養大的女兒，或是被照理說應該最愛她的人虐待的女兒，自尊受到的傷害最深。她們從來沒感受到母親的重視、接納或疼愛，長大後就可能成爲貶低自身價值的女人。

落入這種處境的女人可能選擇不要生孩子。她們可能懷疑自己愛孩子和養孩子的能力，或是怕自己會複製上一代的教養風格，對下一代造成一樣的結果。但有許多確實成爲母親的女人卻發現，當她們心中第一次對孩子湧起母愛，過去的枷鎖就出乎意料地解開了。

四十歲的雪莉有兩個年幼的女兒，她自己是被一個專制的母親和袖手旁觀的父親養大。據雪莉形容，她的母親「非常專制，一點也不疼我，不給我表達自己的空間，除非我表現出她想要的樣子，否則她就不愛我」。雪莉有兩個哥哥，身爲父母期待已久的女兒，成長過程中，她總覺得自己注定要當她母親的翻版，絕對不會因爲做自己受到肯定。雪莉和母親的矛盾一直持續到她二十三歲，她母親癌逝爲止。雪莉把接下來的十年用於拚事業，前後也交過幾個男友，但她所渴望的溫情或坦誠的溝通，這些男友沒有一個能給。

三十五歲左右，她開始去見一位心理師。不久後，她就遇到後來成爲她老公的人，並在三十七歲生下他們的大女兒。剛當上新手媽媽一星期，她就有了一次感動的體驗，每每說起來還是熱淚盈眶。

「我女兒很愛哭。沒事一直哭。」她回憶道：「一開始我很鬱悶，心想『我到底做了什麼？生孩子是我這輩子最糟糕的決定。哭成這樣，太可怕了』。我永遠也忘不了——她大概一週大吧，成天哭鬧不休，而我終於到處討教了一番，結論是小貝比就是這樣，沒什麼辦法可想。她不餓，也沒有不舒服，我只需要抱抱她就好了。於是我坐了下來，就只是抱著她而已。她才一週大，很顯然我還不認識她。我對她一無所知，但我卻覺得對她有滿滿的愛。我感覺到自己多想抱著她、多想讓她好過一點。突然間，就彷彿轟地一聲，我體認到我母親也曾經是這個人，帶著一個一週大的寶寶，而她也是人。她不是心理有毛病之類的。我體認到她一定很愛我，因爲這種感覺是不由自主的感覺，不是我自己選擇要有的，這種感覺就是存在。頓時，我坐在那裡啜泣起來。我一邊搖著蘇菲一邊哭。活到三十七歲，有生以來第一次，我想著：喔，我敢說我媽一定很愛我，不可能不愛，那不是妳能選擇的。」

雪莉體認到，她母親不只是她小時候那個控制狂兼挑剔狂。她也是個女人。她只是一個用不健康的方式表達母愛的女人。在那一刻，雪莉明白到自己不是一個處處惹人嫌、做什麼都不對的小孩。她就是一個小孩而已，跟她自己的女兒一樣，值得受到母親疼愛。當她坐在搖椅上掉眼淚之時，雪莉是在爲那個不曾感受到母愛的孩子哀悼，爲那個不懂如何表達母愛的母親哀悼，爲那段她們雙方都錯過了的母女之情哀悼。

世代效應

在美國，有成千上萬的兒童都養成了沒有媽媽的孩子的人格特質，即使他們的媽媽還活著。為什麼？因爲養育他們的人是無母之女。一旦早年喪親的經歷融入到孩子正在成形的人格之中，她在當時發展出的生存技能，也會成爲日後她用來應付其他任務的技能，包括養兒育女的任務在內。因爲無母之女就像一般的女兒一樣，常會複製自己耳濡目染而來的教養方式，結果她們的孩子就可能因爲失去外婆而獲益或遭殃，即使他們從不認識這個外婆。這些孩子繼而又以一樣的方式養育他們的孩子。四十六歲的艾瑪對這種情形再熟悉不過。她說，她們家族的四代女性至今都還活在她外婆七十多年前過世後的效應底下。

艾瑪：掙脫鎖鏈

艾瑪的外婆難產過世時，艾瑪的媽媽只有三歲，或是四歲？艾瑪不太確定。她母親不太談喪母這件事，所以她不清楚細節。她知道她母親童年期間輾轉待過幾個家庭，受到不同親友的撫養，但這就是她所知的一切了。當艾瑪回想自己的童年時，浮現腦海的不是談話，而是活動。

「媽媽總是鼓勵我們去做各種事情、到處跑來跑去、達成各種目標。」她說：「表面上看來，我們姊妹似乎很活躍，成天忙得不可開交，我母親也是。她本身是老師，工作之餘還到處參加志工活動。每個人都覺得她很棒。但我從小就體認到，把自己搞得很忙只是她逃避內心感受的辦法。」

艾瑪的母親在喪母前一年失去弟弟，她父親則在喪妻不久後就不見蹤影了。「她才三歲大，家裡只剩下她。」艾瑪說：「我總覺得那就是爲什麼她那麼堅強的原因，因爲她不能不堅強。」艾瑪的母親在青春期和青年期所用的因應技能，也成爲她鼓勵孩子養成的技能。不要生病，不要哭，要堅強。」

艾瑪九歲時，他們家的房子失火燒燬。在她母親身上，她看不出有什麼難過的反應。「那是聖誕節前一星期發生的事，我們失去了一切，包括家裡養的貓狗。」艾瑪回憶道：「但什麼也沒變，我們照樣把日子過下去，彷彿沒什麼大不了似的。就某方面而言，這樣對我們也好吧。對我母親來說，只要沒人命喪火窟，或許就沒什麼大不了的。但身爲一個孩子，裝作若無其事對妳認識自己沒好處。這麼做等於是不讓妳流露出人性。妳必須像個機器人一樣。接下來，到妳長大成人之後，妳不禁自問：『既然這些都沒什麼大不了，那到底有什麼算得上一回事？』」

從童年到青春期，事無大小，艾瑪不用問，她母親總是替她做決定。身爲一個無母之女，她母親深知現實的無情、獨立的必要，也鼓勵女兒養成獨立的個性。但身爲一個過分爲孩子好的母親，她亟欲給孩子自己不曾得到的，結果她在孩子的日常生活中變成一個熱心過頭的控制狂。「妳知道那種矛盾。」艾瑪說：「她說的是一套，做的是另一套。她認爲我姊跟我一定要學會照顧自己。『學會照顧自己』成爲我們人生中的頭等大事。但我也記得自己總覺得萬一我媽死了，我不知道該怎麼辦，或該做什麼反應，因爲她向來都爲我打點一切。輕重緩急一概由她替我決定。而我知道自己也是這樣對待我孩子的，在他們有機會決定高興不高興之前，我就跟他們說：『這種事沒什麼好不高興的。』」

當艾瑪成爲育有一子一女的年輕媽媽，她幾乎完美複製了她母親的教養風格。她要孩子跟她待在家裡，他們在外面的朋友寥寥無幾。她替他們安排及執行所有的日常活動。她認爲兒子理所當然要學會獨立，但她花更多力氣鞭策女兒靠自己。而且，她在情感上總是保持冷冰冰的距離，相信他們有什麼心事自己會處理。

她自認一切都沒問題，直到幾年前的某一天，她去女兒家拜訪，看到年幼的小孫女鬧脾氣，艾瑪頓時覺得一定有哪裡出了嚴重的差錯。

「我發覺我們三個人就是不能共處一室。」她解釋道：「兩個人還不成問題。我孫女和我沒問題。我女兒和我也沒問題。但是一把我們三個人擺在一起，小女孩就不知被什麼引爆了情緒。她突然就變成一個小惡魔。場面眞是慘不忍睹。我女兒和我顯然做了什麼惹到這孩子的事情。我還是不確定究竟怎麼回事，只知道我們三人似乎都不知如何是好。總之就是有哪裡不對勁。我不禁要想，問題的源頭來自我母親，一開始，沒人教她怎麼做人，後來也沒人教她怎麼當太太、怎麼當媽媽。」

去女兒家拜訪的不久之後，艾瑪就開始接受心理諮商，檢視她和母親及女兒雙方面的關係。她花了將近三年，才打破心目中理想化的母親形象。「跟心理師晤談時，我說的第一件事就是我母親很完美。」她說：「隨著時間過去，我卻漸漸明白，她一切的所作所爲可能都是有問題的。我變得很氣她。她怎麼可以是那個樣子？我們需要的不只是一個除了堅強還是堅強、不允許孩子有半點軟弱的鐵血媽媽，爲什麼她不明白？」在心理師的協助之下，艾瑪從喪母孤女的角度重新看待她的母親。透過理解她母親的行爲，艾瑪正在學習超越責怪與憤怒的情緒。「現階段，我又可以把我母親的堅強視爲一件好事了。」她解釋道：「我也能明白她會那個樣子不是她的錯。她沒辦法給我她不曾有過的東西。但對我、我女兒或我孫女來講，明白她的苦衷並沒有讓我們少痛苦一點。」

最近，艾瑪的女兒也一起加入心理諮商的行列，母女倆同心協力修正她們的母女關係，並爲艾瑪的孫女樹立新的教養模式。艾瑪也在鼓勵她七十六歲的母親一起加入。她不期待扭轉乾坤，但她對一代代母女的未來抱有希望。橫跨三代的女人一起學習，對一個女兒來講，療傷永遠不嫌晚，重新思考過去也永遠不嫌遲。

12 浴火鳳凰：創造力、成就與成功

從十三歲一直到四十四歲，維吉尼亞・吳爾芙始終對有關她母親的回憶念念不忘。茱莉亞・斯蒂芬（Julia Stephen）在她的么女十三歲時因風濕熱病逝，隨著吳爾芙嶄露頭角成爲文學評論家及小說家，斯蒂芬以「看不見的存在」活在女兒筆下。在〈往事素描〉（A Sketch of the Past）這篇散文中，吳爾芙提到：「有一天，在塔維斯托克廣場散步時，我突然靈光一現，有了寫作《燈塔行》（*To the Lighthouse*）的想法。就如同我寫作某些書籍的衝動一樣，來得不由自主。」

一件事接著一件事炸開……這本書我寫得很快；寫完之後，我就不再對我母親念念不忘了。我不再聽到她的聲音；不再看到她的身影。

我想，我爲自己做的就是心理分析師爲病患所做的吧。我把一些長久以來深刻感受到的情緒表達出來。在表達的過程中，我爲自己解釋了這些情緒。表達完了，解釋完了，我就可以讓這些情緒安息了。但「解釋」是什麼意思呢？只因我在那本書中描述了她這個人，並勾勒了我對她的感受，爲什麼我對她的想像和感受就會變得模糊許多、微弱許多？或許有一天，我該一探箇中緣由。①

自從佛洛伊德說創作是一種彌補童年缺憾及填補匱乏心理的嘗試②，心理學家和藝術家就將早年喪親、創造力和藝術成就之間的關係理論化。「當我們談到喪親，我們談的通常是病理與痛苦。」菲莉絲·克勞斯說：「但人生中的任何一種悲劇都能成爲創作與成長的跳板，創作者可以用非常健康的方式處理發生在自己身上的悲劇。檢視幫助這些人走到這一步的原因很有趣。有時原因在於他們自身內省的能力，他們能夠覺察自己的內在世界，成爲自己眞正想要成爲的人，讓自己活得有價值，而不浪費生命。」

綜觀古今，早年喪母爲女兒日後的成功發揮了推動的作用。就如同肺結核是藝術家的招牌疾病，喪母也是作家人生早年的招牌悲劇。歷史上有眾多傑出的女性都在童年或青春期失去母親，包括瑪麗·雪萊（Mary Shelley，生下來十一天就喪母）、哈里葉特·碧丘·史托（Harriet Beecher Stowe，五歲喪母）、勃朗特（Brontë）三姊妹夏綠蒂（Charlotte，五歲喪母）、艾蜜莉（Emily，三歲喪母）和安（Anne，一歲喪母）、喬治·艾略特（George Eliot，十六歲喪母）、珍·亞當斯（Jane Addams，兩歲喪母）、居禮夫人（Marie Curie，十一歲喪母）、葛楚·史坦（Gertrude Stein，十四歲喪母）、伊蓮娜·羅斯福（Eleanor Roosevelt，八歲喪母）、桃樂絲·帕克（Dorothy Parker，五歲喪母）、瑪格麗特·米契爾（Margaret Mitchell，十九歲喪母），以及整個童年都在寄養家庭和孤兒院度過的瑪麗蓮·夢露（Marilyn Monroe）。

史書上也寫滿年幼喪母的男性，包括政治人物湯瑪斯·傑弗遜（Thomas Jefferson）和亞伯拉罕·林肯、藝術家米開朗基羅和貝多芬、思想家達爾文、黑格爾和康德，以及作家康拉德、濟慈和愛倫坡③。心理學家馬文·愛森塔德（Marvin Eisenstadt）針對五百七十三位名人做了一項歷史研究，他從古希臘詩人荷馬一路研究到美國前總統約翰·甘迺迪，發現在藝術、人文、科學和軍事等領域的「傑出人士」或「名人偉人」當中，喪母的比率較之一般大眾高出三倍，即使將古代人的死亡率納入考量亦然④。

但其他研究也顯示，在少年犯和囚犯當中，喪母的比率也一樣高⑤。一般而言，失去父母的孩子似乎會有兩種反應：他們要嘛形成宿命的態度，預期未來會發生不幸，甚至主動惹禍上身；要嘛打起精神、重振旗鼓，找到繼續前進的決心與動力。

是什麼讓某些失去母親的女孩誤入歧途？又是什麼讓某些女孩達到個人或創作上的成就？在任何一個無母之女身上，喪母的年齡、母親的死因，以及她在事後得到的支持系統，都會影響她的適應狀況。另外還有兩個看似不可或缺的條件：早日達到目標的野心，以及既有的藝術天分或聰明才智。

---

①Virginia Woolf, "A Sketch of the Past," 81.

②Sigmund Freud, "The Relation of the Poet to Daydreaming," in *Sigmund Freud: Collected Papers*, 4:173–183.

③Marvin Eisenstadt et al., *Parental Loss and Achievement* (Madison, CT: International Universities Press, 1989), 201–225.

④J. Marvin Eisenstadt, "Parental Loss and Genius," *American Psychologist*, March 1978, 217.

⑤出處同前，第218頁。

維若妮卡．丹妮絲—雷研究了早年喪親和個人生命觀之間的關係。她認為在年紀很小就面對死亡的情況下，有些孩子受到啓發，養成了偏向存在主義的人生觀，這樣的人生態度又激勵他們追求成功。「佛洛伊德說我們沒辦法正視自己的死。」丹妮絲—雷博士剖析道：「但存在主義者相信，人一定要知道自身的有限才能成功。唯有意識到生命僅存在於出生和死亡這兩個定點之間，你才能實現自己想要的目標。存在主義者明白生命不是永無止境的。父親或母親過世後，他們看看四周，問問自己：『還剩下什麼我能做的？』然後就試著去做。」

因為母親的死是女兒最接近自身死亡的一種經驗，喪母讓她深深體會到所有的生命都有盡頭，盡頭可能來得很快，有時也來得毫無預警，她自己的生命尤其如此。即使這世界在她眼中比在一般女性眼中更不受控制，但她還是為自己設下明確的目標，並決心要在她的時間用完之前達成目標。丹妮絲—雷解釋道：「這些人會說：『好，我可能只會活到五十五歲或六十歲，但我想要做這做那，所以我得快點才行。接下來，如果我活得更久，那我也要做點別的事情。』」母親可能沒有實現夢想就死了，女兒可不要讓自己落得一樣的下場。她不能控制死亡，但她可以控制自己的行動。

榮獲普立茲獎的暢銷專欄作家安娜．昆德蘭於十九歲喪母，在她母親罹患卵巢癌病逝之前，她就已經打算靠寫作維生了。但她說，喪母的經驗促使她決心要在更短的時間內達成目標。「我在十九歲就當上記者，並在二十四歲進入《紐約時報》。當我還是一名年輕的記者時，旁人會對我說：『妳急什麼？妳還有大半輩子的時間。』」她回憶道：「我心裡就會默默犯嘀咕：『什麼都不懂的傢伙，去跟海軍陸戰隊講這種話吧。我這輩子可能只剩五年、十年。』每一件事，我都覺得要加緊去辦。」

多數成功的無母之女都像昆德蘭一樣，在她們的母親過世之前就展露出聰明才智或藝術才華。喪母不會讓女兒突然擁有全新的資質，而是會發揮觸媒的作用，激發出潛在的天賦，或激起她自我鞭策的精神和意志力，推動她超越安全地帶和突破可想而知的極限。

當早年喪親成爲決定女兒身分認同的要素，這件事就可能有意識或無意識地影響著她的生涯抉擇。舉例而言，一位現年四十一歲、八歲時喪母的小說家就說，她專寫有關母女關係的故事，因爲故事讓她隔著一段安全距離去哀悼。一位現年四十九歲、十六歲時喪母的律師，現在則爲了女權而奮戰，因爲她記得她母親在一九五〇年代是如何受制於傳統的性別觀念。還有一位五十四歲的腫瘤生物學教授，她的母親於一九五三年乳癌病逝之後，當時十三歲的她就決定獻身研究這種疾病：

> 還記得有一天，瘦小、害羞、發育不良的我，呆呆地看著我母親平靜地躺在床上。她剛注射完嗎啡，昏睡過去了。我對自己發誓：「有一天，等我長大了，我要爲這件事做點什麼。」在後來的歲月中，每當碰到了人生的岔路，這個誓言不時影響著我所做的選擇。高中和大學，在生物和音樂之間，我選了生物，因爲音樂不能幫忙解決害我母親喪命的問題。研究所時，我沒選醫學院，而是選擇專攻基因遺傳學，因爲連醫生也挽回不了我母親的性命。學界必須要做更多的研究，醫界才有恰當的工具可用。如今，我是一位帶領乳癌研究計劃的大學教授，致力於找出病因，以求預防疾病的發生，好讓女人再也不必像我母親一樣，被乳

現在我們只要打開電視、翻開報紙或走進書店，就會發現即使早年喪母也很有成就的無母之女。珍．芳達（Jane Fonda）十五歲喪母，蘿瑪．道尼（Roma Downey）喪母時十歲。鄉村歌手仙妮亞．唐恩（Shania Twain）二十二歲喪母。演員瑪莉絲卡．哈吉泰（Mariska Hargitay）三歲喪母。賈桂琳．米察（Jacquelyn Mitchard）十九歲喪母。凱洛．柏奈特（Carol Burnett）由外婆養大，她的酒鬼母親生活在同一條走道上的另一戶公寓裡。茱蒂．嘉蘭（Judy Garland）服藥過量身亡時，麗莎．明妮莉（Liza Minnelli）二十三歲。打從三歲起，馬雅．安哲羅（Maya Angelou）主要都跟著祖母在阿肯色州斯坦普斯鎮生活。而美國演藝工業最具影響力的兩位女性——歐普拉和瑪丹娜——都在沒有媽媽的情況下長大。歐普拉六歲前由外婆撫養，青春期則大半由父親撫養。瑪丹娜五歲時母親就過世了。

身為常春藤盟校首位非裔美籍董事，並曾於二〇〇一年至二〇一二年擔任布朗大學的校長，露絲．西蒙斯（Ruth Simmons）十五歲失去母親。奧運田徑明星傑姬．喬伊娜—克西（Jackie Joyner Kersee）十八歲喪母。《週六夜現場》（*Saturday Night Live*）前班底莫莉．香儂（Molly Shannon）和瑪雅．魯道夫（Maya Rudolph）分別在四歲和六歲喪母。《實習醫生》（*Grey's Anatomy*）演員艾倫．龐貝歐（Ellen Pompeo）四歲喪母。靈魂歌后艾瑞莎．弗蘭克林（Aretha Franklin）十歲時，她母親以三十四歲的芳齡過世。爵士名伶艾拉．費茲潔拉（Ella Fitzgerald）十五歲喪母。奧運花式滑冰金牌得主奧克薩娜·巴尤爾（Oksana Baiul）在十三歲成爲孤兒。創作歌手雪碧琳（Shelby Lynne）十七歲時父母雙亡。喜劇演員及前脫口秀主持人蘿西·歐唐納（Rosie O'Donnell）在十歲時喪母，她從一九九二年的電影《紅粉聯盟》（*A League of Their Own*）展開演藝生涯，電影開拍的第一天，歐唐納一見到瑪丹娜，就跟她分享了這點個人背景，兩人立刻一拍即合。

無母之女成功的根源

這麼多無母之女在各自的領域成爲頂尖好手並非巧合。有許多對成功有利的條件，一般女性都必須經過努力才能獲得，但在一個無母之女的成長過程中，本來就已經存在這些條件，使得她自然成爲過人一等的創造力、造詣和成就的不二人選。

自立自強

從童年到青春期，女孩一般比男孩更順從父母，深受母親影響的女孩尤其如此。但當家裡少了母親或母職人物，父女角色顛倒、距離疏遠或父女關係名存實亡的女孩，就突然變得可以爲自己做選擇和決定。缺乏外在約束雖然會讓某些女孩無所適從，但對某些女孩來講，她們卻因此得到一個不受限制的成長環境，享有個人成長所需的自由。作家及社運家蕾堤·柯亭·波葛賓的母親在她十五歲時過世，她說在她母親過世之前，她好端端地走在「一個五〇年代乖乖牌」的路上，「十足是個端莊嫻靜、不出風頭、以男人爲尊、以嫁人爲目標、需要男人照顧的那種人」。在雙親之中，是她母親給她持續不斷的照顧與溫暖。一旦她父親再婚、從她的生活中退出之後，波葛賓就明白她必須照顧自己。她說，爲了力抗那份遭到遺棄的感受和她內心的憤怒，她重新把自己想成一個勇敢、獨立的人。大學畢業之後，班上多數女同學都嫁做人婦或搬去跟親戚住，她卻以二十歲的年紀在紐約市的出版社找了一份工作，自己一個人住在格林威治村的一戶公寓裡。

時間是一九五九年，那年頭的女人沒有一個人住的。她們住在樓下有人過濾訪客的公寓式飯店裡。一個人住的女人還顯得有點可疑呢！在我把公寓備妥搬過去之前，我在時代廣場的一間旅館住了幾個月。我父親看過我住的地方，但他似乎毫不在乎。那間旅館龍蛇雜處，各種你想像得到的人都有。儘管那裡當時沒有現在那麼亂，但以那年頭的標準來講算是很複雜。我知道如果我媽還活著，我永遠也不會淪落到那種地方。夜裡，我會躺在床上，喃喃自語說：「如果她還活著，我絕不會在這裡待上半秒鐘。」

到了那時，我眞的已經開始享受放蕩不羈的生活了。我標榜反骨、叛逆的精神。我過著村式生活❶。如果我媽還活著，我很確定自己絕不會是那個樣子。《第凡內早餐》（*Breakfast at Tiffany's*）上映時，我對這部片子有很強的認同感。以至於到了奧黛麗・赫本過世時，我難過得不得了。那部電影當中的她有點像是我的好萊塢版分身吧。我有一輛摩托車，養了一條狗、一隻鴨子和一隻兔子。我隨心所欲，做盡各種瘋狂的事情。我嗑藥。我跟各式各樣吸引我的男人出去。我的生活方式談不上自我毀滅，但確實在各方面都不受拘束。而對五〇年代晚期至六〇年代初期的猶太女孩來講，這可不是大家閨秀該有的樣子。

如果我媽沒死，我不認爲我會成爲那種反骨鬥士，那種「管你怎麼想」和「去他的萬一」型的人。我也不認爲那段時期我會過起那種標新立異的單身生活。然而，後來在結婚之後，在活躍於政壇、成爲女性主義者之後，我卻過著相當循規蹈矩的生活。所以，某方面來講其實很諷刺，我追隨我母親的腳步，過起跟她一樣的生活。我謹守一夫一妻的制度，婚姻幸福，有三個孩子。唯一的差別僅在於我母親的婚姻不幸福。但她是一個以婚姻與家庭爲重的人，所以我也成爲那種人。但我對積極參與政治有強烈的渴求，我需要以大張旗鼓的方式，公開支持及爭取我所認同的價值……若不是有獨自闖蕩的那些年，我不認爲我會有這種無所顧忌的膽識。

性別藩籬的鬆動

父親一般覺得自己較不擅長照顧女兒的情感需求，他們可能轉而把重點放在女兒的智育上。十一歲喪母的居禮夫人和五歲喪母的桃樂絲．帕克都和父親關係緊密，喪妻的父親在早年培養了她們

❶ Village life，此指格林威治村波西米亞風格的生活。一九四〇至一九六〇年代，大批藝術工作者、音樂人、騷人墨客來到租金低廉的格林威治村落腳，激進份子與反叛份子紛紛以此為家，使此區成為美國反主流文化的大本營，搖滾樂與爵士樂薈萃之地。

的興趣。居禮夫人的父親一個人帶四個孩子，他引導女兒朝課業方面發展，鼓勵她們學習物理和化學，並學習五種語言。帕克小時候暑期去度假時，透過書信往返和父親交換有趣的詩句，奠定了她日後在文學方面的功底。雙親家庭中往往存在傳統的社會和文化角色，成長背景不受這些規範束縛的女孩，長大後可能成爲拒絕承認或不接受性別藩籬的女人。著有《才女考》（*Smart Girls, Gifted Women*）一書的心理學家芭芭拉．克爾（Barbara Kerr）就指出，這是許多傑出女性共有的一個特色。

NBC電視台《法網遊龍：特案組》（*Law and Order: Special Victims Unit*）金球獎明星瑪莉絲卡．哈吉泰說，她的成功都要歸功於她的父親米奇．哈吉泰（Mickey Hargitay）。演員母親珍．曼絲菲（Jayne Mansfield）車禍身亡時，瑪莉絲卡．哈吉泰才三歲大。在後來的歲月裡，是她父親幫她建立信心與自尊。「他去看我的每一場游泳比賽。他說我可以當總統或做任何我想做的事，還說不管做什麼，我都會做得很棒。」她回憶道：「他說我必須很努力，吃飯的時候努力，喝水的時候努力，睡覺的時候努力，但只要我有心，我就可以做到最好。他自己是冠軍——參加過奧運競速滑冰，享有環球健美先生的殊榮。我真的是以他爲榜樣在我的事業上衝刺。」

走出傷痛的需求

悲痛的情緒需要出口；創作就提供了一個抒發的管道。有些精神醫學家認爲哀悼和創作是完美的結合，兩者的思考過程有著巧妙的互補。孩子既渴望承認又亟欲否認父母的死，矛盾的心理足以激盪出豐富的藝術表現。無母之女創作出來的作品，可能深受她內心的傷痛影響，並在風格、內容或宗旨上展現出個人喪親經驗的痕跡。十九歲喪母的瑪格麗特・米契爾深知郝思嘉（Scarlett O'Hara）對失去母親的感受。蘇珊・麥諾在她的第一本小說《猴群》中，之所以能把母親車禍身亡的七個兄弟姊妹寫得栩栩如生，全因她本身就是七個兄弟姊妹之一，而她的母親也在她二十一歲時車禍身亡。她的妹妹伊莉莎亦然。她們的母親過世時，伊莉莎・麥諾（Eliza Minot）八歲，她的首部小說《小傢伙》（*The Tiny One*）勾勒了八歲女孩韋亞・里弗瑞（Via Revere）人生中的一天，小韋亞剛因一場車禍失去母親。

如同維吉尼亞・吳爾芙在寫完《燈塔行》之後的發現，一輪哀悼週期的完成有可能帶來創作能量的爆發。除了寫作之外，有些女兒也靠創意活動幫助自己哀悼。幼童往往會透過創意遊戲表達痛苦的情緒。年紀大一點的女兒則可能投向文學、藝術、音樂、表演或其他自我表達形式的懷抱。即使是在藝術方面較無天分的女兒身上，心理學家也看到面對喪母的創新反應，例如展開一段新的關係、練就出感受喜悅的能力，或第一次對自己有滿意的感覺。

愛荷華桂冠詩人及愛荷華州立大學英文系特聘教授瑪莉・斯汪德（Mary Swander）說，在她二十幾歲時，她的母親病情慢慢惡化，終至癌逝。那些年多虧了研究所的寫作班，她才能保持神智正常。她和父親很疏遠，和兩位哥哥又分隔兩地。斯汪德一邊完成大學和研究所學業，一邊獨力照顧她母親。「回顧那段算月，我不禁覺得：『我在幹嘛啊？為什麼我還要努力去上課？』」她回憶道：「但另一方面，我又覺得如果不是寫作課，我早就瘋掉了。寫作給了我別的重心。再者，我也透過自己筆下的故事，處理我內心的悲痛。」母親過世之後，她繼續藉由寫詩來哀悼。她的第一本書《繼承》（*Succession*）以她母親的家族史爲題材，第二本書《運屍回家》（*Driving the Body Back*）則將五小時的運屍之旅化爲永恆，寫的是她和禮儀師及姨婆一起，開車穿過愛荷華州，將她母親的遺體運到家族墓地埋葬。

演員派翠西亞・希頓（Patricia Heaton）從一九九六年至二〇〇五年參與CBS電視台《大家都愛雷蒙》（*Everybody Loves Raymond*）的演出，目前則在ABC電視台的情境喜劇《左右不逢源》（*The Middle*）當中演出法蘭琪・赫克（Frankie Heck）一角。她記得曾有一次機緣巧合的演出經驗，剛好讓她透過表演抒發內心的悲痛。她母親在她十二歲時因顱內動脈瘤驟逝，事隔十九年後，她得到機會在一齣舞台劇中擔綱演出女主角，演的就是一名童年喪母的女子。

> 這個角色懷孕了想墮胎，她的姊姊和男友試圖勸阻她。歸根結底，問題的癥結在於她母親的死。她不想讓她的孩子落入一樣的處境。她其實是想生下那個孩子的，但她爲母親的死責怪自己。她心裡滿是各種糾結，情緒一團混亂。到了整齣劇的尾聲，她有一場精彩的獨白，談的是她母親的死，還有她對醫生和整件事的發展有多憤怒。她憶起母親種種的好，說起對母親的愛與思念，說著說著就在台上崩潰痛哭。本來是由另一位演員演那個角色的，但她最後臨陣脫逃了，因爲她實在是演得很辛苦。我默默想著：「天啊，我看得出來那位演員每天晚上有多怕演到這一幕，因爲妳得把所有情緒醞釀到位。」但對我來講，我只需要把台

詞說出來，那些台詞表達的就是我感受到的一切。

我演那個角色演了六星期，每星期演出五場。我覺得那次機會對我來講眞是一個禮物。因爲到我加入時只剩四天可以排演，演的還是女主角。讀完劇本之後，我立刻就爲結局哭出來了，演起來得心應手。那次演出幫我抒發和處理了許多有關喪母的感受。就這方面而言，我覺得當演員是很幸運的一件事。領悟力夠的話，演員眞的可以演得出神入化，最後得到觀眾的掌聲。而那次我簡直如魚得水，只要把台詞說出來，眼淚就跟著掉下來了。那次演出也幫我減輕了心裡的負荷，儘管後來我的心魔還是不時會冒出來一下。

分心之必要

家中有人過世後通常會陷入一片混亂，內省和專注的活動成爲逃離混亂的好辦法，有些女兒靠這些辦法得到很大的收穫。琳達．蕭斯塔克（Linda Shostak）是舊金山美富律師事務所的第一位女性合夥人，也是加州一位備受尊敬的庭審律師，她記得在十三歲時母親癌逝後的暑假，她讓自己沉浸在各種活動中：

我父親的應對機制就是不去處理和絕口不提。就我記憶所及，那年夏天我很不快樂，但也沒有很難適應。我母親一過世，我父親就對我說：「不管妳還差幾個榮譽勳章，妳何不就去完成該完成的事，拿到彎槓勳章？」彎槓勳章是女童軍的最高榮譽。那年夏天，我還讀了

> 《飄》（*Gone with the Wind*）、畫了很多畫。我只想把自己搞得很忙。如果天氣太熱，我們就去看電影，因爲電影院裡有冷氣。回家之後，家裡沒有媽媽可以聊剛剛看的電影，我會覺得很失落。爲了避免在無事可做的空檔掉進難過的情緒，我設法讓自己忙個不停。所以，我學會如何讓自己動起來，不要多想。萬一想起我的母親，我就會變得很難過、很難過。我學會把難過的開關全部關掉。
>
> 念完高中之後，我接著去瓦薩學院大學部就讀，畢業後又接著去念哈佛法學院。我在紐約工作了一年半左右，一九七四年從紐約搬到這裡爲美富律師事務所工作。從那之後，我就一直定居在舊金山。某方面說來，我的自傳乏善可陳。星期一那天，我在庭外取供程序❷中爲一位非常成功的保險推銷員辯護，他在交代自己的背景時，說他做過這樣那樣的事情，用玩音樂和開公車等等的經歷爲自己背書。可是我呢？我就是一路念書念到法學院，不曾偏離軌道過。

保持在衝刺的狀態幫助蕭斯塔克處理她的悲痛。母親過世十多年來，她在學業上一直保持原有的優異表現。然而，她體認到拚了又拚、只顧往前衝的做法，往往會讓女兒和哀悼保持距離。母親過世二十年後，她發現自己必須重溫那年夏天的片段，爬梳自己的感受，在她爲自己開創的新生活中騰出一塊地方，容納她母親的形象。

獨行的勇氣

成功往往牽涉到離家。一般女性或許不願冒險離開家裡，但無母之女所離開的那個家，往往是一個不再讓她覺得安全和放心的地方。她要爲自己找到一個歸屬。當她的家隨著母親的死瓦解，不管以前有過什麼安全的基礎，如今女兒都失去了曾有的依靠。她對安全與保障的追尋有賴於不斷的前進，一旦開始就沒有回頭的餘地，因爲她往往也沒有可以回去的地方。

於一九九四年至二〇〇三年演出CBS電視台《與天使有約》劇集的蘿瑪．道尼說：「妳聽過所謂的信任遊戲吧？就是妳放心向後倒下，讓後面的人接住妳。沒有人在那裡接住妳的時候，依靠別人實在不是一個選項，但好處是妳會產生莫大的動力。」蘿瑪．道尼的母親心臟衰竭過世時，她是個十歲大的小女孩，住在愛爾蘭北部的德里。「在我生長的那個社區，孩子們不會離開故鄉，我認識的每個人現在幾乎都還住在那裡。他們有了下一代。他們的下一代也住在那裡，一代又一代以此類推。所以，我居然離鄉背井，先是去了英格蘭，接著又飄洋過海到美國，實在是滿震撼的一件事。當然，對我來講，父親一過世，離鄉的動力又更強了。出於對他的愛與責任，以前我還會定期回家探望。一旦父親過世，我就沒有回去的理由了。另一方面，我也覺得若不是沒有後顧之憂，不必掛念年邁的雙親，我大概也不會移民移得那麼輕鬆。我這輩子總能從容來去。我覺得『家』是

❷ deposition，美國特有的民事訴訟程序，兩造律師透過交叉詰問搜集口供證詞，完成此一程序後始進入正式的法庭辯論。

內心的一種狀態，妳去到哪裡，家就跟到哪裡。當我在某處落腳時，我覺得興致勃勃、熱血沸騰。但當我必須打包行李繼續前進時，我也可以走得很瀟灑。」

對某些女性來講，這種動力可能不是有勇氣的表現，而是突然無所顧忌所致。當妳覺得自己沒什麼可失去時，冒險就變得比較容易。心愛的母親癌逝四年之後，作家雪兒．史翠德憑著一股衝動，在二十六歲時決定一個人去走太平洋屋脊步道，從莫哈韋沙漠走到奧勒岡州和華盛頓州的州界，儘管她從來沒有登山野營的經驗。她在暢銷回憶錄《那時候，我只剩下勇敢》（*Wild*）中寫道：

> 此刻深吸一口氣，我聞到的不是沙漠鼠尾草嗆鼻的土味，而是關於我母親的濃烈回憶。我抬頭仰望藍天，感覺到精神爲之一振，感覺到我母親的存在，想起我爲什麼自認可以來走這條步道。我用各種理由說服自己：妳可以徒步走完太平洋屋脊步道，在這段旅途中妳不該害怕。而我之所以能對自己的安全深具信心，在所有的理由當中，我母親的死是最大的理由。我心想：沒什麼壞事能發生在我身上，因爲最壞的事情已經發生了。⑥

對不朽的追尋

就如同畫家賦予靜物永恆的生命，失去媽媽的女兒也想爲自己和自己的母親做一樣的事情。女兒認爲母親的永存不朽遭到否決，而藝術、文學和音樂許給她這份永恆，也提供她一個讓母親死而復生的辦法——不管是她曾經擁有過的母親，還是她想像自己能夠擁有的母親。

夏綠蒂・勃朗特現存最早的作品顯示，她可能八歲的時候就試過這麼做。在她母親過世三年之後，夏綠蒂・勃朗特寫了一個短短的故事，說的是一個名叫安的小女孩，安的媽媽生病了。「有一次，安和她的爸爸媽媽坐船出海，一路上天氣都很好。」她寫道：「可是安的媽媽暈船得厲害，安很用心地照顧她。她餵她吃暈船藥。」⑦夏綠蒂把這個故事獻給她的妹妹安。安的出生是她母親受病痛折磨之始⑧，後來她就每況愈下。透過讓故事中的安照顧身體不適的母親，夏綠蒂爲妹妹改寫了她的人生。身爲寫作者和創造者，她也給了自己治療她母親、與死神對抗的力量。透過成爲她母親的拯救者，她也把母親重新還給自己。

喜劇演員黛安・福特（**Diane Ford**）試圖透過她編寫的戲碼達到一樣的效果。黛安・福特十三歲時，她的父母在一場車禍中雙雙喪命。現在，她時常將父母融入她的笑話之中，就彷彿他們還活著一樣。「我把我媽會說的話投射到某些橋段當中。」她解釋道：「倒不是說她真的說過那些話，

⑥Cheryl Strayed, *Wild* (New York, Alfred A. Knopf, 2012), 59.

⑦Branwen Bailey Pratt, "Charlotte Brontë's 'There Was Once a Little Girl': The Creative Process," *American Imago*, Spring 1982, 31–39.

⑧夏綠蒂寫這個故事時，正值安五歲的時候——就跟她們的母親過世時夏綠蒂的年紀一樣。根據〈夏綠蒂・勃朗特的「從前有個小女孩」：創作過程〉一文的作者布朗薇・巴利・裴瑞特（Branwen Bailey Pratt），看著五歲的安可能重新勾起了夏綠蒂對亡母的情緒反應，使得她以此為題寫下這個故事。

而是我想像她可能會這麼說，所以我就安插進去。那是一種讓我自己正常一點的辦法。失去雙親之後，我很討厭自己那麼不一樣。我想跟正常人一樣擁有爸爸媽媽。我不知道自己是不是已經克服這種心理了。此外，把爸爸媽媽寫進我的笑話之中，也是一種讓我和不曾眞正有過的過去相連的辦法。我所編織的過去，某些部分比我這輩子能擁有的任何經歷都更美妙。」

向母親致敬的渴望

當母親在生前給了女兒啓發與鼓勵，那麼到她過世之後，除了實現她的願望、達成她自己沒機會達成的目標以外，還有什麼更好的方式能向她致敬？

美國最高法院大法官露絲．貝德．金斯伯格（Ruth Bader Ginsburg）於十七歲喪母，在她的記憶中，她母親是一個「聰明絕頂的強人」，從很小的年紀就鼓勵女兒要努力奮鬥，達到自給自足。

> 她亟欲灌輸我獨立的重要。日常生活中，她總叮嚀我：「別忘了當個淑女。」這麼說的意思是不要給自己惹禍上身、自毀前程。
>
> 從我十三歲起，到她過世爲止，她反覆進出醫院。放學後，我會搭地鐵到醫院，和我父親碰面，在附近找個地方吃晚餐，吃完回家睡覺，第二天起床繼續上學。每天的例行作息支撐著我的生活。再者，她很堅持我要有一番作爲。她認爲獨立很重要，我一定要能照顧自己。我想，我父親漸漸明白到，由他來當家裡的經濟支柱、讓我母親不必工作，對她來講

其實不是好事。那年頭的人認爲讓太太外出工作的男人很沒用。只有在家中經濟逼不得已的情況下，女人才會外出工作。我想，他漸漸體認到，如果她能出去外面工作，她會覺得更充實、更快樂。

我母親教我的其中一個觀念，就是要對我所做的一切全力以赴、做到最好。當然，她自己沒有太多的機會實現她的想法，但她確實是這樣調教我的：不管是上鋼琴課，還是學什麼我想學的東西，任何一件事都要下功夫做到好。

就讀於康乃爾大學時，在我的老師鼓勵之下，我選擇去念法學院，心想我能做得很好。所以我比我先生還早去考法學院入學考試，即使他在康乃爾是高我一年級的學長。那時，只要學校放假，我都會去看我的阿姨和叔叔。他們同意我去念法學院，因爲那樣我就不用負擔學費，所以我才能去做這件瘋狂的事情。事實上，我阿姨最近剛過世，我女兒在她的遺物中找到一封信，是我大學時寫給她的。我在信中說我剛考完法學院入學考試，英文考得不錯，但數學沒考好，說不定總分會很低。萬一總分太低，我就可以斷了念法學院這個瘋狂的念頭了。有時候，我會假想如果我母親活久一點、看到了我的發展，她會給我什麼建議。我想，她一定會支持我的。

在我看來，現在的我活出了她期望的樣子，事實上，我已經遠遠超乎她對我的期待了。她對我的期待之所以沒有那麼高，不是因爲我本身的限制，而是因爲這個社會的限制。我在事務所的牆上掛了她的照片，每天下班都會經過。看到那張照片的時候，我總是不禁泛起笑意，默默在心裡說：「她會以我為榮。」

韌性與決心

挺過家庭的風暴可以激發出個人的力量，把女兒鍛鍊成一個生涯挫折絕緣體。長期擔綱演出電視連續劇《不安分的青春》和《謀殺診斷書》，兼具社運人士、作家和演員三種身分的維多莉亞．洛威爾（Victoria Rowell）說，她前後在五個寄養家庭度過的那些年，養成她禁得起拒絕的韌性，從一開始努力當上芭蕾舞者，到後來努力當上演員，換作是別的表演工作者，可能早就放棄了。

整體而言，我的寄養經驗很成功。但因為妳畢竟是一個寄人籬下的棄兒，經歷過那種處境之後，當妳日後聽到「謝謝再聯絡」的時候，妳絕對會比別人更有心理準備。妳習慣了。妳已經學會接受拒絕。隨之而來的堅強成為妳的盔甲，讓妳更有準備，也在這一行會碰到的各種狀況中對妳形成保護。我不是說被拒絕的感覺很美妙，而是說我禁得起，我不會放在心上。說來有趣，因為在這一行遭到拒絕是一回事，在個人生活中遭到拒絕又是另一回事。涉及個人的拒絕更傷人。妳永遠習慣不來。

因為對無母之女來講，個人的拒絕，感覺就類似她當初失去母親時受到的傷害，所以到了成年以後，她往往很難面對分手、離婚和死亡。然而，挺過一次沉痛的失去，她也可能養成心理學家所謂「鈍化的危機感」⑨。一些比較輕微的損失，例如等不到錄取通知的電話或沒被錄取，相較於喪親就顯得是區區小事，她應付得來，不至於陷入糾結。

對情緒的深刻體會

自我表現讓女兒將情緒和經驗化爲積極的行動，並將不幸化爲有用的素材。瑪莉絲卡．哈吉泰說，對失去的感受產生共鳴的能力，也幫助她在表演時進入劇中的情緒。

> 我還記得有一堂表演課，大家都不進入情緒。我們在做情境表演練習，你要走過一扇門，假想一個情境，把它演出來。我演起來得心應手——我假裝門外出了一起事故，我剛失去了某個人。但我記得坐在課堂上，心想其他人（在他們演的情境中）都不入戲啊。我男友那時雙親健在，他無法想像有人告訴他出事了、有人死了是什麼光景。但我已經親身經歷過這麼多深刻的情緒，學都不用學就知道怎麼揣摩。不管是什麼，我都能感同身受。我認爲這是我身爲演員很容易入戲的原因之一。我明白那種痛。我明白那種內心戲。我明白人生轉眼就會風雲變色。我認爲經歷過那一切的孩子和不曾經歷過的孩子有不同的體會。

⑨ Harris Finkelstein, "The Long-Term Effects of Early Parent Death: A Review," *Journal of Clinical Psychology* 44 (1988): 3.

安娜·昆德蘭說，她寫作的主題和她表達的方式，都深受十九歲時母親卵巢癌過世的影響。

我眞的覺得，我母親的死是一條分界線，分開過去的我和現在的我。在那個年紀，無論如何可能都會發生這種轉變，但我也說不上來在她過世之後，我究竟覺得自己有什麼不同。在那之前，我很孩子氣、很自我中心，在許多方面甚至有點輕浮。這件事帶給我的劇烈改變，我要到後來才明白過來。我在寫多份報紙同時刊出的專欄「人生三十」時，總有讀者對我說：「我想不透妳年紀輕輕怎麼會對日常生活有這些感觸。」一段時間過後，我漸漸明白自己之所以能有這些感觸，其中一個原因在於母親過世那年之後，我不可能不去細細品味生活。我母親的死讓我成爲一個更快樂也更樂觀的人。每當我這麼說，旁人總是有點難以置信。但我眞的覺得，妳可以二選一，從喪母的經驗中選擇帶走一件東西。一個選擇是妳可以告訴自己：「人生轉眼就沒了，這一切有什麼意義？」但另一個選擇是妳可以看著人生，告訴自己：「天啊，妳所擁有的每一天都是那麼珍貴、那麼重要。」一旦妳身邊有人過世，妳就會體認到：這些人的人生如果可以重來一次，他們不會想要贏得普立茲獎或登上暢銷排行榜。若是重新活一次，他們只會想要在海灘上多消磨一天，或是和他們的孩子靜靜坐在一條毯子上，再聊一次天。我認爲，我母親的死讓我更珍惜這些以前不懂得珍惜的小事，而這種特質也在我的寫作當中表露無遺。我沒興趣寫就職典禮或人質獲釋之類的題材。我感興趣的是每個人生活中的微小時刻。我認爲這些才是最燦爛也最珍貴的地方。

克服倖存者罪惡感

寫作、表演、舞蹈、學業，若是在理想的社會經濟條件下，孩子自然比較容易實現這些方面的成就。在一個問題重重的家庭中，或在左支右絀的社經條件下，就連資質一等的天才也難發揮全部的潛力。

在某些家庭中，母親的死會將女兒從種種限制底下釋放出來。舉例而言，靠社會福利養活女兒的單親媽媽過世後，女兒可能去和哥哥嫂嫂住在中產階級的社區。不准女兒離家上大學的母親過世後，女兒就有了到別州念名校的自由。童年都在照顧酗酒母親的女兒，則突然有了時間追求自己的興趣。

認為母親的死為她帶來機會的女兒，追求成功的意志甚至可能更強。她不只認為「就算媽媽不在了，我也可以成功」，而是相信「正因為媽媽不在了，我才有機會成功」。透過為自己開創成果豐碩、令人滿意的人生，她可以為她母親的死賦予意義——媽媽沒有白死。但這個女兒也可能懷有沉重的罪惡感，她認為都是因為媽媽死了，自己才能享有成功的人生。

二十八歲的席拉在兩股矛盾的心情之間掙扎了十多年，一方面覺得自己有權利、有資格，一方面又覺得很自責。度過混亂、破碎的青春期之後，她認為這世界欠她一份美滿的成年生活。然而，她同時又認定，若不是她母親在她十四歲時死了，她永遠也不會離開她所生長的勞動階層社區。母親過世，席拉才有機會去跟父親和繼母住在富裕的郊區。在那裡，她有八成的高中同學接下來都要上大學。她自己也繼續升學，拿到學士和碩士學位，但她總覺得很心虛，彷彿她占了母親過世的便宜。

念研究所的時候，我找到了自己的一片天地。我心想：「這就是我要做的，而且我做得很好。」接著，我有點受到良心的譴責，覺得如果我母親還活著，我就不會展開這份生涯，或在這個領域受到內行人的肯定。有一天，我突然意識到，儘管我最想要的是我母親回到我身邊，但我不願放棄我在她死後所得到的一切。幾年前，我終於跟我爸坦承：「我覺得如果媽咪活了下來，我就不會有今天的成就了。」我花了十一年才説出這句話，因爲我對享有這份人生滿懷愧疚。我爸跟我説：「如果媽咪活了下來，妳還是會有今天的成就，因爲妳就是妳，妳向來都是一個想做什麼就會做到的人。」我花了好久才明白我父親可能是對的。如果我母親還在，我的人生可能會不一樣，但我還是會在某個我想去的地方，做著我想做的事情。

如同席拉，有些無母之女也認爲在喪母後擁有幸福快樂、成就斐然的人生，是對母親的一種不敬。「成功」代表著脫離母親個體化的發展，她們還沒爲此做好準備。三十二歲的蘿貝塔就説：「我母親在我十六歲過世之後，出於對她的愛，我幾乎覺得有必要把我的人生搞砸，就彷彿過得亂七八糟、不去上學、活得不快樂，才能證明我愛我媽。」這是另一種向母親致敬的方式，但並不是身爲女兒的宿命。要不要賠上自己的人生取決於女兒，很少有媽媽眞心希望女兒選擇做這種犧牲。

比起母親還活著，母親的死如果讓女兒有機會去過更充實、更豐碩或更富有挑戰的人生，那麼女兒絕對有權利追求這樣的一份未來。不管妳手上握有什麼素材，用它來追求成功沒什麼可恥的。把失去化爲新生沒什麼可恥的。就如同神話中的鳳凰從毀滅的灰燼中騰空而起，每一個無母之女也有從悲劇中浴火重生、展翅高飛的潛力。

結語

我母親說，那些加州紅木長得比我們家的房子還高，樹幹粗得汽車都能從中開過去。她說：「沒錯，一條小隧道，就從樹底穿過去。」我們住的地方曾經是一片蘋果園，院子裡的每棵樹都會結果子。我無法想像一棵長得那麼高或那麼粗的大樹，但她和我父親從北加州之旅帶回的相片和明信片，證實了她對那些加州紅木的說法。在其中一張相片中，她站在一棵參天巨樹的旁邊，舉起手來揮舞，擺出逗趣的模樣。頂端的樹枝之高，甚至沒能入鏡。

但願我手邊現在有那些照片。我不知道那些照片跑哪去了。時間、搬遷，再加上疏於整理，使得我們的家庭照片四處分散，大部分都胡亂塞在一個亮面購物紙袋內，被我收在洛杉磯家中一個檔案櫃的底層抽屜。我老想找時間把它們攤開來，放在地毯上，按照時間順序收進相簿裡。但每次一動手整理，我就覺得這項任務太艱鉅了。這些照片名副其實有個數百張，甚至可能上千張。時間從我父母於一九五九年訂婚起，到她一九八一年病重的最後幾個月爲止，橫跨她整個的成年人生。翻看這些照片時，我不禁想著本來應該會有但卻沒有的照片，像是她在我們的畢業典禮上展露笑顏的照片，她抱著孫兒女的照片，還有她頂著一頭白髮笑呵呵的照片。我母親如果還活著，今年她應該是七十六歲。我無法將她生前最後的樣貌投射到那麼遠的未來，憑藉四十二歲的她想像七十六歲的她。在我心目中，我母親永遠是那麼年輕。

這些年來，我試著在我生活過的地方到處找她，但她還是捉摸不定。在田納西州，一位心理師在我面前放了一張空椅子，要我假裝跟她說話，但我們的談話是單方面的，而且氣氛緊繃。愛荷華州的一位占星師在我的星盤上找來找去，怎麼也找不到她。加州馬里布的一位薩滿則是手裡拿著水晶靈擺，臉上掛著微笑，點頭說她「在光裡」。如果要我指出我母親的所在位置，我會說她哪裡也不在，同時卻又到處都有她。她是一份我無法聚焦的模糊回憶。她是一抹淡淡的幽靈，滲透到每一個日子裡。她在我現在的生活背景裡徘徊、懸置，無形無狀，像是熟悉的空氣。

身為一個無母之女，就是生活在一種知其存在但不見其存在的狀態中。是的，我們少了什麼東西。但別忘了，這東西我們也曾擁有過。

身為一個無母之女就是充滿矛盾與衝突，妳始終懷著一份無法滿足的渴望而活，但妳也比別人更清楚生存的考驗，別人不像妳那麼年輕就有這般的成熟與眼界。身為無母之女，也是了解復活與重生的力量。「我們得到了那麼多，不管在當時我們樂意不樂意。」十五歲喪母的柯琳·羅素說：「那份力量來自於逆境與挑戰。若不是失去我母親，我不會有這份敏感。若不是失去我母親，我會把更多事都視為理所當然。而且，我對生與死有了不同的看法，這也是母親健在所不會有的眼界。」

從青春期晚期到二十出頭，我總是在心裡跟自己玩一個遊戲。我會一一盤點人生中的好事，衡量我拿這一切來換回我母親的可能性。念大學時，我很容易就能做出抉擇。我願意拿我所受的教育換回我母親嗎？樂意之至。那我男友呢？好喔，拿他去換也可以。到了二十幾歲的階段，答案不是那麼肯定了。我願意放棄我的記者生涯嗎？好吧。那我的寫作碩士學位和我在愛荷華州度過的那些年呢？嗯……好啦。我在紐約的公寓、我的第一份出書合約、我的一群至交好友？或許吧。我不知道。接著，當我來到三十出頭的年紀，我不得不結束這場遊戲了。結束遊戲那天，我看看我的先生和兩個女兒，想想我們在加州共創的人生，心下明白我再也不願拿這一切去交換了。

這代表我是一個自私的人，還是代表我儘管早年喪親，依舊找到了一份自己熱愛的生活？我相信是後者。三十一歲的黛比也同意。在少女時期，黛比的妹妹和媽媽是她最好的兩個朋友，但妹妹在黛比二十二歲時意外喪命，一年後她母親也癌症病逝。「有人問過我：『如果人生可以重來，妳想改變哪件事？』」她說：「而我必須要說，我什麼也不想改變。有些事情我很遺憾，但我不會有別種做法。喪妹和喪母與我的人生交織在一起，構成我人格的一部分，跟我的成熟密不可分。我之所以是今天的我，這兩件事占了很重的分量。而我很喜歡今天的我。這些事情發生在我身上是很討厭，但我可以決定要讓它們變成加分還是減分。」

四十四歲的溫蒂在十五歲時喪母，現在她已婚，並且是一個十六歲少女的媽媽。「有時候，我很訝異隨著時間過去，一切是如何有了新的樣貌。如果妳正視自己的悲痛，傷口最終眞的會癒合。好多以前因爲喪母而很痛苦的事，現在都變成很值得的經驗，豐富了我的人生，如果這麼說有道理的話。」

我們這些沒有媽媽的女兒，全都從喪母學到了一點東西——或許沒有一個兒童或青少年應該學會這些東西，但無論如何，我們學到的東西都很寶貴。如果別的沒學到，我們至少學到了爲自己負責。再來，更重要的一步是進階到照顧自己的情感需求——不是透過將別人拒於門外，而是透過學習信任、尊重及愛惜小時候的我們，以及身爲成熟女性的我們。二十五歲的瑪姬在七歲時喪母，正如她所言：「我想，我是一個很堅強的人，而且，我知道這都是因爲我母親過世，以及在那之後發生的一切。長大後，我不知怎麼就學會了愛自己、尊敬自己、以自己爲榮，就像當初那個學會照顧自己、靠自己活下來的小女孩。如果我母親還在世，我能不能有這份自信和自愛呢？唔，我不知道。我認爲這種自信來自於我必須要很能幹，因爲我知道除了自己以外，沒有人會照顧我。當然，在我的人生中，可能有人來來去去，也可能有人幫助我，但我大可自己照顧自己。對我來講，身爲一個女人，靠自己眞的很重要。我們被教導要以別人爲重、尋求外界的肯定，所以就這方面而言，我覺得自己很強大，因爲我從自己身上就得到很多的愛與呵護。」

四十四歲的卡菈在十二歲時喪母，後來又在十五歲時喪父，她補充道：「有時候，當人生不盡然如我所願，或當我碰到挫折時，我會想：『換作是別人，小時候有過跟妳一樣的遭遇，長大後能有妳這樣的成就嗎？』我用這種方式告訴自己：『卡菈，一路走來，妳必須面臨很多考驗，至今妳還是做得很好。』這就是我用來抵禦挫折感的屏障。人生不如意事十之八九，我心想：『儘管歷經這一切磨難，妳還是爲自己開創了一份美好的人生，這很值得肯定和自豪。』」

瑪姬和卡菈找到辦法爲自己加油打氣，即使她們一度以爲這些安慰與讚美都隨著母親而去了。經年累月下來，藉由學著鼓勵自己、讚美自己和安慰自己，她們養成了無母之女常說自己缺乏的安全感，以及一種來自內在的指引。而對無母之女來說，這就是最好的母愛替代品了。

一九九二年十一月，我這輩子第一次造訪北加州，當時我正在爲本書的第一版做研究。在某個溫暖得不像秋天的週六下午，馬歇爾．克勞斯和菲莉絲．克勞斯夫婦提議帶我去郊外遊覽一下。我們的時間只夠參觀一個主要景點，他們提議在索諾瑪山谷和穆爾紅木森林之間選一個。我記得紅木森林的相片和明信片，那裡的大樹長得比房屋還高，樹幹粗得可容汽車通過。我選了紅木森林。

除了我母親所說的尺寸巨大之外，我對加州紅木一無所知。而她說得沒錯——我從沒見過這麼高大的樹木。克勞斯夫婦和我拖著腳在蕨類植物和酸模之間穿梭，來到幾棵圍著一截焦黑木樁生長的紅木前。焦黑的木樁約有六英尺高，但圍繞它的幾棵樹很年輕、很健康。巡山員稱這些樹群爲「家庭圈」，非植物學專業的說法是母女樹。

家庭圈之所以俗稱母女樹，是因爲在紅木的生態系統中，未來會長成大樹的芽體就包在被稱爲「樹瘤」的莢果當中，也就是附著在母樹樹皮上，硬梆梆的褐色球型結構。當母樹被砍倒、吹倒或被火燒焦——換言之，也就是她死掉的時候——她所受到的創傷會刺激樹瘤的生長荷爾蒙。種子釋放出來，在她周圍落地生根，形成一圈女兒樹。即使在母樹的樹葉都掉光之後，她的根系還是完好無缺，女兒樹就從母樹的根系吸收水分和養分，並沐浴在母樹死後讓給她們的陽光下。儘管在地面上看來，女兒樹脫離母樹獨立存在，但在地底下，她們持續從她身上攝取營養。

多年來，我都在我周遭的空氣中找尋我母親，卻一直忘了要看看腳下。在我人生的前十七年，她爲我打下的基礎很扎實。若非如此，我不認爲在她過世之後我能站穩腳跟。

現在，我沒有媽媽的時間遠比我有媽媽的時間長得多；我對我女兒小時候的記憶，遠比我自己的兒時記憶鮮明得多。傷口就是這樣癒合的。歲月流逝，痛苦由濃轉淡。活生生的經驗開始取代回憶。細節變得模糊。但我們從未忘記。

不久前，我先生和我開車帶兩個女兒，從洛杉磯到南奧勒岡玩了四天。在加州洪堡縣，我們從國道一〇一號繞了一小段路出去，沿著巨樹大道穿過五萬一千英畝的紅木林。我先生載著我們行駛在綠樹成蔭的窄路上，我在後座坐在兩個女兒中間，跟她們說起我母親帶回紐約家裡的明信片，還有她說樹幹中間可容一輛車通過，而我是如何不相信她的話。我的大女兒瑪雅說她也不相信。然而，再往前開個幾英里，我們就來到聖木前，看到我母親說的是眞的。

現在，我有的是我們一家四口出遊的照片。畫面中，巨大的紅木樹幹中間裂開一條大縫，我們的白色汽車從中冒出來，我先生和瑪雅在前座狂揮手。從路邊拍下這張照片時，我試著想像我母親站在同一棵樹旁，俏皮地揮著手，就像一九七四年鏡頭捕捉到的一樣，就像我記得但再也找不著的那張照片一樣。

她可能是在說哈囉。她可能是在說再見。或者，她可能只是在說：「嘿！妳還記得我嗎？」

當然記得，永誌不忘。

二十週年紀念版後記

那是愛荷華城炎炎夏日中一個典型的星期六，陽光亮得刺眼，暑熱逼人，濕氣從四面八方湧來。我正朝三條街外的咖啡館走去，此時我的手機響了。是我的朋友吉兒。她打來看我星期二有沒有空跟她共進午餐。

「有吧。那天是幾號？」我說著把手機從耳朵上拿下來，點開日曆應用程式，滑到七月，然後又把手機靠回耳朵上。

「十二號。」吉兒說。

我在七月十二號星期二下午一點的日曆上輸入「與吉兒午餐」，接著，我頓時僵在那裡。

「七月十二？」我驚訝地說：「哇，那天是我媽的逝世紀念日欸。」

「喔……」吉兒在幾年前失去母親，她懂得像這樣的一個紀念日是怎麼回事。「多少年了？」

我很快算了一下。我母親一九八一年過世……今年是二〇一一年……所以就是……

我的老天爺。

三十年了？

我怎麼沒注意到？

曾經，就在不久之前的曾經，我母親的逝世紀念日在日曆上巍然聳立、力大無窮，每一年日子快接近時的前奏都慢得磨人、痛苦不堪。如果妳問我她過世多久了，我立刻就答得出來，完全不用停下來算一下。我很怕每年的七月十二日。我總是事先安排好可以分散注意力的事情。一週年的紀念日萬分煎熬。那年，我是夏令營的康輔員，下定決心要把那天當成普通的一天來過。五週年的紀念日，一九九一年七月十二日，我剛從大學畢業，差不多一樣煎熬。十週年的紀念日還是很難過，儘管當時我已著手在寫這本書。二十週年的紀念日，有了老公和兩個女兒，心痛的感覺比較和緩了，但還是難過不已。所以，兩天後就是我母親逝世三十週年紀念日，而我直到兩天前才發現，這實在太不像我了，簡直不可能有這種事。

但不可能的事情發生了，三十年一路走來，時光流逝，生命豐盈起來。現在，我的日曆上塡滿許多重要的日子：我的結婚週年紀念日、我父親和我公公的逝世紀念日、我先生和兩個女兒的生日、我婆婆和五個妯娌的生日，以及無數外甥、外甥女、姪子、姪女的生日。我日日想起我母親，但她的死不再像青春期晚期到二十五歲左右的階段，定義了我這個人。如果你在那時遇見我，關於我是一個什麼樣的人，「喪母」會是你首先知道的內容之一，你對我的認識大概會是：

一、我母親在我十七歲時過世。

二、我在愛荷華州念研究所。

三、我男友是ＸＸＸ（看當時跟誰交往而定）。

四、我的老家在紐約。

五、我母親在我十七歲時過世。

十年過去，二十年過去，這段期間發生了很多事，出了一本書、結婚、搬家一次、生產兩次、更多的死亡、更多的書。

如果你現在遇見我，你對我的認識大概會是：

一、我是人妻，也是兩個女兒的媽媽。

二、我是作家和老師。

三、我的老家在紐約，現居洛杉磯。

四、我和弟弟妹妹感情很好。

五、我母親在我十七歲時過世。

自從我母親一動不動地躺在病床上，而我親親自己的手指，再把手指按在她額頭上以來，時間已經過了三十三年。三十三年可是一段很長的歲月。我爲人母親的時間，很快就會超過我當她女兒的時間。這種對比當中有一種甜美的哀傷，卻也有一種甜美的勝利。我曾擔心要怎麼養育一個長到十七歲以後的女兒。如今我不再那麼擔心了。十六年夠妳了解一個孩子，而我滿清楚兩個女兒的十七歲和十八歲會是什麼樣子。如果有什麼意外，我們再一起來想辦法。就如同我母親也會和我一起想辦法，如果我們有機會的話。

舒適地帶療癒營調查了四〇八位在二十歲前喪父或喪母的成年人，其中有過半數都說，他們願意用自己一年的壽命，換取亡父或亡母多活一天。我不確定自己願不願意做這種交換；我的兩個女兒更需要我。但我雖然沒有再見到我母親，卻有了與年輕時的自己重逢的機會；那是一種不同凡響的經歷。

你手上拿的這本書，是本書的第三版。寫下第一版時，我二十八歲。修訂第二版時，我四十一歲。重讀自己二十幾歲寫下的文字和四十出頭重寫的文字，是我這輩子最接近穿越時空的經歷了。一九九二年的我歷歷在目，我可以看到自己坐在愛荷華市某間不復存在的咖啡館裡，埋首於成堆的早年喪親相關心理書籍和期刊文獻，竭力剖析我和眾多女性共有的想法與感受。我也可以看到相距十二年後的自己，趁著夜闌人靜時，在我們家廚房的中島上，就著筆電敲敲打打，卯足全力只爲再多更新一頁。眾人皆睡，唯有時鐘細微的滴答聲與我相伴。

那個夜裡在廚房寫作的女人，才剛當了幾年的媽媽，一年前剛失去父親，還在假想活過她母親過世的年紀會是什麼樣。她內心脆弱但卻意志堅定。她想不透的事情還有好多。好多東西她都不懂，而她如饑似渴地想要弄明白。她非弄明白不可。重新認識年輕時的那個我，是再次重修這本書出乎意料的一個收穫。我對她有一種保護的心情；甚至有一份母愛。「別急。」我想告訴她：「一切都會好起來的。」但她還不知道情況會有好起來的一天。她豎耳傾聽受訪女性的故事。她的嚮導是她們，不是我。

她那股尋求答案的迫切心情，是本書舉足輕重的一個部分，因爲那是很多讀者共有的心情。這就是爲什麼我讓本書繼續保有四十一歲的嗓音，即使現在的我比她年長了八歲。年輕時的我比現在的我更能說好我的故事。現在的我終於撥開重重迷霧……唔，無論如何，大致上都撥雲見日了吧。我在寫這些書的過程中長大成熟了。或許就是因爲寫這些書，因爲寫書允許我去感受，所以我才長大成熟了。我不再有那股迫切的心情，原因就在於——

七年前，我超過了我母親過世時的年紀。就如同在本書當中出現的女性所言，那年是我人生的一個分水嶺。醫學上，我沒有理由認爲自己會在四十二歲撒手人寰，儘管如此，這個念頭還是像背景音樂一般，幾個月來始終在我腦海繚繞。我心想，那年最大的關卡是春天的年度乳房攝影。我相信，只要過了這一關，我就解除危機了。

那年四月，我照完X光，坐在檢驗室等候，看放射師是否需要多拍幾張X光片。不管是那年或哪一年，X光片上出現陰影或白點或任何看起來不對勁的東西，似乎都不是那麼奇怪。我獨自在單調的白色房間裡等待，用意志力叫自己冷靜下來。所以，當醫生把頭探進檢驗室，興高采烈地宣布我可以穿上衣服回家時，我完全措手不及。

「看起來很好唷！」她豎起大拇指對我比讚說。

我望著被她拉上的門，情不自禁啜泣起來。一聲低泣接著一聲低泣，最後，我坐在檢驗室的粉紅色塑膠椅上，身上穿著藍色棉布罩袍，腳上套著襪子，抱著自己大哭。

那不是解脫的哭，而是悲痛的哭。四十二歲，乳房攝影毫無異狀，我不會像我母親一樣在四十二歲乳癌過世了。我會活到四十三歲、四十四歲、四十五歲……乃至於之後的歲數。這應該是好消息。實際上也的確是個好消息。但我也意識到，乳房攝影陰性的檢查結果，代表著我失去最後一個和我母親有相同經歷的機會了。

並不是說我想得到不好的檢查結果。絕非如此。但，可惡！失去最後這一個機會的感覺好殘酷。

我相信，是在那一刻，我終於揮別我母親了。

三十三年前，喪母之痛痛到我以爲永遠沒有不痛的一天。我想的也沒錯，那份痛楚確實沒有完全消失。但隨著時間過去，那份痛楚變得越來越能承受了。我必須自己摸索如何度過中年，但這並不像過去我以爲的那麼難，或那麼可怕。我不再受到家母對我的期望所束縛，也不再註定跟她有一樣的命運。現在，我的人生屬於我。但必須要有四十二歲那次在醫事檢驗所裡的經驗，我才終於能明白：我的人生從頭到尾一直屬於我。

我穿著藍色罩袍，緊緊抱住自己，讓自己感受那份我等待已久的解脫。二十五年來，我甚至都沒察覺自己一直在等待。一會兒過後，我穿好衣服，走出檢驗中心，迎向我接下來的人生。

荷波·艾德蔓

二〇一四年四月　寫於加州洛杉磯

附錄一：原版無母之女問卷調查

從一九九二年九月到一九九三年十月，一百五十四位沒有媽媽的女性參與了一份郵件問卷調查。以下是該調查的結果：

一、妳現年幾歲？

十八歲至二十九歲——19%
三十歲至三十九歲——30%
四十歲至四十九歲——29%
五十歲至五十九歲——12%
六十歲至六十九歲——3%
七十歲以上——7%

二、妳的職業？

在外受僱於人——78%　　家管——10%
退休——7%　　學生——5%

婚姻狀況？

已婚——49%　　單身——32%①

離婚或分居——16%　　喪偶——3%

教育程度？

國中以下——3%

高中——29%

大學及研究所——68%

居住地？

美國三十四州及哥倫比亞特區

種族（可略）？

白種人——89%　　非裔美國人——8%

拉丁裔——2%　　美洲原住民及亞裔美國人——1%

①可能包含與伴侶同居的女性。

宗教（可略）？

新教——22%　猶太教——16%

天主教——13%　無神論及不可知論——6%

神體一位論——4%　回教——1%

其他——16%　無——22%

三、妳有子女嗎？

有——55%　沒有——45%

孫子女呢？

有——18%　沒有——82%

四、令堂過世或離開時妳幾歲？

十二歲以下——32%

十三歲至十九歲——42%

二十歲以上——26%

五、如果令堂過世了，死因是什麼？

癌症——44％	心臟衰竭——10％
意外事故——10％	自殺——7％
肺炎——3％	傳染病——3％
生產、墮胎、流產——3％	腎臟衰竭——3％
腦出血——3％	酗酒——2％
藥物過量——2％	動脈瘤——2％
中風——1％	其他或不明——7％

六、如果令堂離開或不見了，當時是什麼情況？

沒有一位受訪者表示失去母親的原因是遭到母親遺棄。

七、失去母親時，妳有兄弟姊妹嗎？

有——85％　沒有——15％

他們的性別和年齡爲何？

排行最大的孩子——28％

排行中間的孩子——25%

排行老么的兒子——31%

獨生子——15%

雙胞胎——1%

八、令尊令堂當時是夫妻、離婚或分居？

夫妻——80%

離婚——11%

分居——2%

不曾與彼此結過婚——1%

母親當時已喪夫——6%

九、令尊後來有沒有再婚？

有——59%　沒有——41%

若有，令尊再婚時距離令堂過世多久？

零至二年——58%　二至五年——25%

五至十年——12%　十年以上——5%

•下列問題爲複選題，請圈出最符合妳個人感受的選項。

十、失去我母親是：

(1) 人生中最具決定性的單一事件——34%

(2) 人生中極具決定性的事件之一——56%

(3) 人生中具有決定性的事件——9%

(4) 對我的人生不具有決定性——1%

十一、續前題，如果妳給第十題的答案是1、2或3，妳是從何時開始發覺失去母親對妳的成長造成影響？

(1) 立刻——47%

(2) 失去母親後的五年之內——14%

(3) 失去母親五到十年——14%

(4) 失去母親十到二十年——12%

(5) 失去母親二十年以後——12%

(6) 這件事對我的成長沒有影響——1%

十二、妳多常去想自己什麼時候會死？

(1) 一天到晚想個沒完——9%

(2) 大多時候都在想——20%

(3) 有時會想——69%

(4) 從沒想過——2%

十三、1代表非常怕，2代表有點怕，3代表完全不怕，請寫下妳對下列事項畏懼的程度：

(a) 定期或年度健康檢查

非常怕——17%　有點怕——40%　完全不怕——43%

(b) 跟令堂罹患一樣的身體或精神疾病

非常怕——36%　有點怕——40%　完全不怕——24%

(c) 令堂每年的忌日

非常怕——20%　有點怕——34%　完全不怕——46%

(d) 來到令堂過世時的年紀

非常怕——29％　有點怕——35％　完全不怕——36％

(e) 令尊過世（如果令尊還活著）

非常怕——29％　有點怕——36％　完全不怕——35％

(f) 有小孩

非常怕——27％　有點怕——24％　完全不怕——49％

(g) 其他（請具體說明）

1. 心愛的人死亡　2. 害孩子沒有媽媽　3. 早逝

十四、如果令尊還在世，妳會怎麼形容妳目前和他的關係？

(1) 極佳——13％　(2) 良好——33％　(3) 普通——23％　(4) 不佳——31％

十五、令堂過世或離開後，妳找到一位替身媽媽了嗎？

找到了——63％　沒找到——37％

如果找到了，這個人是誰？

阿姨、姑姑或嬸嬸——33%　祖母或外祖母——33%

姊姊——13%　老師——13%

朋友——13%　鄰居——9%

繼母——7%

十六、妳會說妳爲母親哀悼的哀悼期：

(1)充分完成了——16%　(2)部分完成了——53%

(3)沒有完成——27%　(4)從未開始——4%

十七、妳對令堂的一生有多少認識？

(1)知道很多——33%　(2)知道一些——44%

(3)知道很少——26%　(4)一無所知——0%

妳從哪裡得知令堂的資料？

(1)近親——63%　(2)遠親——40%

(3)朋友——21%　(4)母親本人——30%

十八、早年喪母有爲妳帶來任何正面的結果嗎？

有——75%　沒有——25%

•下列問題爲簡答題，請用一、兩段文字來作答。

十九、簡述妳目前看待分離和／或失去的態度。

二十、在「失去母親這件事本身」和「家庭生活後續的改變」之間，何者對妳影響較多？試說明之。

二十一、如果失去母親對妳的戀愛關係有所影響，請問是什麼樣的影響？

二十二、如果妳已爲人母親，失去母親是否影響了妳的教養風格？又是什麼樣的影響？如果妳並未爲人母親，妳對生小孩有何想法？

二十三、這些年來沒有母親在身邊，妳用了哪些應對機制度過難關？

二十四、妳在什麼時候最想念妳的母親？

二十五、試述身爲無母之女的一則特殊遭遇。我們會嘗試在本書當中收錄某些相關的軼事。

附錄二

兒少推薦書單

我常收到來信詢問《沒有媽媽的女兒》是否適合青少年閱讀，以及我能不能推薦一些書給失去媽媽的小女生。這些請求分別來自死者的丈夫、姊妹、母親、朋友，有時也來自學齡女童的老師。我告訴他們，以青春期的讀者而言，《無母之女紙上談心》（*Letters from Motherless Daughters*）是比較合適的選擇。它的篇幅較短，調性較軟，並且道出了剛喪母的少女的心聲。

此外，針對這個年齡層，坊間有許多出色的故事書和繪本，專門探討喪母、死亡，乃至於廣泛的悲痛情緒。以下是可能引起學齡女童共鳴的書單，涵蓋過去三十年來上市的相關書籍，但相關書籍絕不僅止於此，如果您知道哪本應該收錄進來的遺珠，請將書名、作者及書籍簡介寄到hopeedelman@gmail.com. 給我。

青少年成長小說

諾拉・羅利・巴斯金（Nora Raleigh Baskin）著《每個女孩都知道，就我不知道》（*What Every Girl (Except Me) Knows*）（英文版於二〇〇二年出版）。一個敏感、聰慧、沒有媽媽的十二歲女孩，和爸爸及哥哥在紐約上州長大。她盡一個孩子的努力，試圖拼湊關於她母親的死亡之謎。適讀年齡：十一歲以上。

利茲·貝里（Liz Berry）著《小梅》（*Mel*）（英文版於一九九三年出版）。十七歲的梅樂蒂是一名英格蘭少女，她的母親患有精神疾病，梅樂蒂自己也幾乎被逼到要自殺。母親住進療養院之後，梅樂蒂有了重新開創人生的機會。適讀年齡：十四歲以上。

珍·柏雪（Jeanne Birdsall）著《夏天的故事》（*The Penderwicks*）（英文版於二〇〇五年出版；中文版於二〇〇六年由遠流出版社出版）。個性活潑、年幼喪母的四姊妹，年齡介於四歲到十二歲，和喪妻的植物學家父親在新英格蘭租了一棟度假木屋，一家人很快就認識了鄰近的一對母子，這對母子是一個愛冒險的男孩和他那冷冰冰的母親。試讀年齡：九歲以上。

珮特·布森（Pat Brisson）著《收藏天空的記憶》（*Sky Memories*）（英文版於一九九一年出版；中文版於二〇〇〇年由玉山社出版）。艾蜜莉十歲時，獨力扶養她的媽媽診斷出癌症。這孩子心酸地道出接下來十個月的故事，直到她母親過世爲止。適讀年齡：八歲以上。

卡琳·庫克（Karin Cook）著《女孩必學》（*What Girls Learn*）（英文版於一九九七年出版）。媽媽帶著十二歲的蒂爾登和十一歲的伊莉莎白搬到亞特蘭大，去和媽媽的男友同住。搬家不久，媽媽就得乳癌過世了。適讀年齡：十二歲以上。

莎朗·克里奇（Sharon Creech）著《印地安人的麂皮靴》（*Walk Two Moons*）（英文版於一九九四年出版，中文版於二〇〇七年由維京出版）。本書榮獲一九九五年紐伯瑞兒童文學獎（Newbery

Medal）。莎拉曼嘉十三歲時和祖父母踏上公路之旅，來到愛達荷州路易斯頓市找尋失蹤的母親。旅途中，她從美洲原住民祖先身上汲取靈感，編織出一個幫助自己面對現實的故事。適讀年齡：十一歲以上。

凱特・狄卡密歐（Kate Dicamillo）著《傻狗溫迪客》（*Because of Winn-Dixie*）（英文版於二〇〇〇年出版，中文版於二〇一四年由台灣東方出版）。歐寶現年十歲，母親在她只有三歲大時就離開了。現在，有她新認養來的小狗溫迪客陪在身邊，歐寶鼓起勇氣問她父親發生了什麼事。二〇〇五年改變成電影，由潔・丹尼爾絲（Je Daniels）和西西莉・泰森（Cicely Tyson）主演。適讀年齡：八歲以上。

南茜・法墨（Nancy Farmer）著《名叫災難的女孩》（*A Girl Named Disaster*）（英文版於一九九六年出版）。本書榮獲一九九七年紐伯瑞兒童文學獎。沒有媽媽的十一歲女孩哈摩逃出莫三比克的修納村，去辛巴威找她父親。這趟險峻的旅途花了她一年才完成，途中她被迫靠自己生存下去，連她都不知道自己原來具備這些求生技能。適讀年齡：十歲以上。

卡蘿・蓋斯納（Carole Geithner）著《如果當初》（*If Only*）（英文版於二〇一二年出版）。在八年級學期開始前，卡琳娜的母親過世了，卡琳娜覺得自己的人生也戛然而止。沒有媽媽的第一年，卡琳娜每天面對身爲青少年的掙扎，努力走出悲痛，並且學到了一些令人驚訝的事情。適讀年齡：十歲以上。

派翠西亞・赫姆斯（Patricia Hermes）著《不必說再見》（*You Shouldn't Have to Say Goodbye*）（英

文版於一九八二年出版）。十三歲的莎拉是體操選手，母親診斷出癌症那年，她本來過著平淡無奇的生活。在她們最後共度的幾個月，莎拉的母親試圖幫女兒爲她的死做準備。適讀年齡：九歲以上。

茱莉．強森（Julie Johnston）著《有殺人蜂也不怕》（*In Spite of Killer Bees*）（英文版於二〇〇二年出版）。年齡介於十四歲到二十二歲的安吉．奎德、珍妮．奎德和海倫．奎德父母雙亡，三人從素不相識的祖父那裡繼承了遺產。然而，繼承了祖父的遺產，她們就必須和古怪的姑婆一起，住在祖父留下的破房子裡，並學著解決彼此之間的衝突。適讀年齡：十二歲以上。

伊莉莎白．寇迪．金默（Elizabeth Cody Kimmel）著《巨石陣》（*In the Stone Circle*）（英文版於二〇〇一年出版）。沒有媽媽的女孩和喪偶的父親搬進威爾斯一棟十六世紀的房子裡，在那裡度過一個夏天。一個受到離婚考驗的家庭，以及需要他們幫忙的年輕神祕女鬼，雙雙加入這對父女的行列。適讀年齡：九歲以上。

克莉絲汀娜．貝克．克蘭（Christina Baker Kline）著《甜水》（*Sweet Water*）。二十五歲的藝術家凱西喪母時才三歲，她的母親死得離奇。凱西繼承了田納西州鄉下的一棟房子，房子離她母親的娘家很近。凱西的外婆知道她母親之死的詳情，故事由凱西和她外婆穿插敘述，以交錯的章節組成。適讀年齡：十三歲以上。

艾莉森．李奧納多（Alison Leonard）著《蒂娜的機會》（*Tina's Chance*）（英文版於一九八八年出版）。蒂娜的母親在她兩歲時過世了，她著手挖掘關於母親之死的眞相。從她的同性戀阿姨露易絲那裡，蒂娜得知母親死於一種遺傳疾病，她自己也有百分之五十發病的機率。適讀年齡：十三歲以上。

派翠西亞・麥克拉克蘭（Patricia MacLachlan）著《又醜又高的莎拉》（*Sarah, Plain and Tall*）（英文版於一九八七年出版，中文版於一九九九年由三之三出版社出版）。沒有媽媽的約伯和安娜生活在中西部的草原上，爸爸在新英格蘭的一份報紙上登了徵婚啓示之後，他們見到了一個可能成爲新繼母的人。一九九一年改編成電視電影，由葛倫・克蘿絲（Glenn Close）飾演莎拉。適讀年齡：八歲以上。

伊莎貝爾・馬文（Isabel Marvin）著《爸爸的郵購新娘》（*A Bride for Anna's Papa*）（英文版於一九九四年出版）。故事背景是一九〇七年的明尼蘇達州，十二歲的安娜和她九歲的弟弟馬提想爲他們的父親郵購一個新娘。適讀年齡：九歲以上。

諾瑪・福克斯・梅澤（Norma Fox Mazer）著《少女心》（*Girlhearts*）（英文版於二〇〇二年出版）。十四歲的莎拉貝絲失去了她的媽媽。在年輕、喪夫的媽媽心臟病發身亡後，莎拉貝絲就搬去與媽媽的朋友同住。不久後，莎拉貝絲踏上旅途，前往她母親的家鄉，挖掘母親過去的祕密。適讀年齡：十二歲以上。

作者同前。《不再乖巧的女孩》（*When She Was Good*）（英文版於二〇〇〇年出版）。少女艾姆失去了媽媽，姊姊有情緒障礙，姊妹倆一起逃走了。姊姊過世之後，艾姆必須面對家族裡代代相傳的虐待史。適讀年齡：十二歲以上。

喬依斯・梅納德（Joyce Maynard）著《非常規則》（*The Usual Rules*）（英文版於二〇〇三年出版）。母親在二〇〇一年九一一攻擊事件中於雙子星大樓喪生之後，十三歲的溫蒂搬到加州與父親同住，但她必須捨下心愛的繼父和同母異父的弟弟。適讀年齡：十三歲以上。

瑪莉・E・潘森（Mary E. Penson）著《孤兒茉莉》（*You're An Orphan, Mollie Brown*）（英文版於一九九三年出版）。母親過世後，父親出發去找工作，茉莉和她的孿生弟弟與親戚同住。故事背景為一八七〇年代的德州。適讀年齡：八歲以上。

蓋兒・雷德利（Gail Radley）著《世事無常》（*Nothing Stays the Same Forever*）（英文版於一九八八年出版）。十二歲的凱莉有一個打算再婚的鰥夫父親、一個剛開始交男朋友的姊姊，以及一個健康狀況不佳的長輩朋友。適讀年齡：九歲以上。

雷蒙尼・史尼奇（Lemony Snicket）著《波特萊爾大遇險》（*A Series of Unfortunate Events*）系列小說（英文版於一九九九年出版，中文版於二〇一三年由未來出版社出版）。在這套長達十一冊的系列小說中，紫兒・波特萊爾、克勞斯・波特萊爾和桑妮・波特萊爾在一場火災中失去了雙親，三人繼承了一筆遺產，一面尋覓一個安穩的家，一面躲開邪惡的歐拉夫伯爵。二〇〇四年改編成電影，由金凱瑞（Jim Carrey）和梅莉・史翠普（Meryl Streep）主演。適讀年齡：九歲以上。

桑雅・索斯（Sonya Sones）著《又一個媽媽死了的沉悶故事》（*One of Those Hideous Books Where the Mother Dies*）（英文版於二〇〇四年出版）。十五歲的茹比失去了媽媽，她被送去與父親同住。在此之前，她從未見過這位在洛杉磯的知名演員父親。故事以一系列散文詩的形式寫成。

葛羅莉亞・魏蘭（Gloria Whelan）著《沉默有時》（*A Time to Keep Silent*）（英文版於一九九三年出版）。母親過世之後，十三歲的克萊兒就不再開口說話。接著，她和一樣十三歲、一樣沒有媽媽的多莉成爲朋友。多莉一個人生活，因爲她的父親坐牢去了。適讀年齡：十一歲以上。

賈桂琳・伍德生（Jacqueline Woodson）著《其實我不想說》（*I Hadn't Meant to Tell You This*）（英文版於一九九四年出版，中文版於二〇〇九年由小魯文化出版）。兩年前，媽媽離開了非裔美籍的八年級生梅笠。梅笠在學校和一個白人女孩成爲朋友，這位新朋友向梅笠吐露心事，說是她遭到父親性侵。適讀年齡：十二歲以上。

安卓莉亞・魏曼（Andrea Wyman）著《早晨的紅色天空》（*Red Sky at Morning*）（英文版於一九九一年出版）。母親難產喪生，父親離開她們前往奧勒岡州之後，卡莉・柯曼和姊姊凱瑟琳就搬去和年邁的祖父同住。故事背景爲一九〇九年印第安納州一座貧瘠的農場。適讀年齡：九歲以上。

青少年生命教育類書籍

海倫・費茲傑羅（Helen Fitzgerald）著《悲傷青少年：給青少年及其朋友的指南書》（*The Grieving Teen: A Guide for Teenagers and Their Friends*）（英文版於二〇〇一年出版）。這本指南書全面處理了青少年喪親後的各種情緒與處境，每一章都以特定的問題與疑慮爲主軸，分章組織整理，使讀者輕易就能取得相關資訊。在〈朋友能做些什麼〉（What Friends Can Do）這一章當中，喪親青少年的朋友也會讀到絕佳的建議。

厄爾．A．格羅爾曼（Earl A. Grollman）著《與青少年談生論死：喪親怎麼辦》（*Straight Talk About Death for Teenagers: How to Cope with Losing Someone You Love*）（英文版於一九九三年出版）。本書以易讀的短文寫成，提供安慰與建議，幫助青少年認識情緒、學習因應與療癒之道，並展望未來。最後一個單元用造句練習的方式，鼓勵青少年透過書寫表達內心感受。

琳恩．B．休斯（Lynne B. Hughes）著《你不孤單：青少年談喪親後的人生》（*You Are Not Alone: Teens Talk About Life After the Loss of a Parent*）（英文版於二〇〇五年出版）。身爲一個喪親兒童及青少年非營利組織的創辦人，作者寫下她個人的心路歷程。第一章是她失去雙親的故事。後續章節包括多名青少年現身說法，談談什麼對他們有幫助、什麼沒幫助、什麼「爛透了」。

吉兒．克萊門茲（Jill Krementz）著《喪親的感覺》（*How It Feels When a Parent Dies*）（英文版於一九八八年出版）。本書爲其中一本首開先河爲喪親兒童而寫的書籍，書中克萊門茲訪談了十八位七歲到十七歲不同背景與處境的孩子，請他們談談父母的死。故事用孩子自己的話說出來，並搭配他們的黑白生活照。

伊妮德．山謬．崔絲曼（Enid Samuel Traisman）著《心裡的火，血裡的冰：青少年喪親日記》（*Fire in My Heart, Ice in my Veins: A Journal for Teenagers Experiencing a Loss*）（英文版於一九九二年出版）。一本讓青少年寫下喪親後的想法與感受的私密日記。頁面上印有引述自其他青少年的話、各種「失去」相關主題的詞句，並有大片可供書寫或畫畫的留白。

艾琳・文森特（Erin Vincent）著《悲傷女孩》（*Grief Girl*）（英文版於二〇〇八年出版）。父母在一場車禍悲劇中喪生後，十四歲的艾琳和她十八歲的姊姊、三歲的弟弟成爲孤兒。艾琳這本廣受好評的回憶錄，記述了她在接下來三年半走過喪親之痛的歷程。背景爲一九八〇年代的澳洲。

珍妮・李・惠勒（Jenny Lee Wheeler）著《怪怪的才正常》（*Weird Is Normal When Teenagers Grieve*）（英文版於二〇一〇年出版）。由一名青少年爲青少年而寫，本書分享了作者因癌症失去父親的故事、她對青少年與成年人不同哀悼方式的觀察，並提出有助於青少年平復喪親之痛的建議。

艾倫・D・沃飛爾特（Alan D. Wolfelt）著《療癒青少年悲痛之心：一百個實務巧思》（*Healing Your Grieving Heart for Teens: 100 Practical Ideas*）（英文版於二〇〇一年出版）。本書提供各種巧思與活動，幫助青少年以健康的方式表達悲痛情緒，完成哀悼的過程。

兒童繪本

伊坦・波瑞茲（Etan Boritzer）著《死是什麼？》（*What Is Death?*）（英文版於二〇〇〇年出版）。除了處理孩子們對一個人死了會發生什麼事的疑問，本書也探討「靈魂」的概念，乃至於不同文化與宗教的儀式與信念，以及保有對死者的回憶的重要性。適讀年齡：六歲以上。

多琳・卡馬拉塔（Doreen Cammarata）著《我愛的人自殺了：給兒童遺族及照顧者的故事》（*Someone I Love Died by Suicide: A Story for Child Survivors and Those Who Care for Them*）（英文

版於二〇〇九年出版）。讓自殺遺族兒童的照顧者唸給小朋友聽，透過說故事的方式幫助孩子了解自己的複雜感受。適讀年齡：六歲以上。

瑪格麗特．M．霍姆斯（Margaret M. Holmes）著《茉莉的媽媽死了》（*Molly's Mom Died*）（英文版於一九九九年出版）。以學齡童茉莉的口吻，談她母親病逝後的情緒反應。書末特別附有給照顧者的小叮嚀。適讀年齡：五歲至九歲。

作者同前。《可怕的事情發生了》（*A Terrible Thing Happened*）（英文版於二〇〇〇年出版）。浣熊薛爾曼目擊了一件可怕的事情，把牠給嚇壞了。牠想阻止自己去想這件事，但牠覺得很不舒服、睡不著覺，後來還在學校惹麻煩。隨著時間過去，牠和一隻可靠的成年熊聊牠的心事，學到釋放自己的感受有助平復心緒。本書爲目睹暴力事件或有任何創傷經驗的兒童而寫。適讀年齡：四歲至八歲。

派翠絲．卡爾斯特（Patrice Karst）著《隱形的線》（*The Invisible String*）（英文版於二〇〇〇年出版）。雙胞胎萊莎和傑若米不想和他們的媽媽分開。媽媽跟他們說，在人和人之間有一條隱形的線相連，對你來講很特別的人就算過世了，你們之間的這條線也不會斷。適讀年齡：三歲以上。

瑪丹娜（Madonna）著《英倫玫瑰》（*The English Roses*）（英文版於二〇〇三年出版，中文版於二〇〇三年由格林文化出版）。四個英格蘭小女孩很嫉妒她們那個樣樣都很完美的同學，直到她們得知她沒有媽媽，而且很缺一個朋友。適讀年齡：四歲至八歲。

貝貝．摩爾．坎貝爾（Bebe Moore Campbell）著《媽咪有時會生氣》（*Sometimes My Mommy Gets*

Angry）（英文版於二〇〇三年出版）。學齡童安妮和罹患躁鬱症的母親生活在一起，躁鬱症有時候讓媽媽「看起來很生氣」。外婆和一對蠢朋友支持安妮，給了安妮不間斷的愛與接納。適讀年齡：四歲至八歲。

蘭迪・波爾曼・伍福森（Randi Pearlman Wolfson）著《但願有書讀》（*I Wish I had a Book to Read*）（英文版於二〇〇七年出版）。當親近的人過世，本書幫助孩子認識悲痛的情緒。每一章都有留白的空間，讓孩子畫下或寫下對親人的感受與回憶。

艾咪・羅維爾（Amy Rovere）著《繁花依舊盛開：一個家庭的失去與療癒之旅》（*And Still They Bloom: A Family's Journey of Loss and Healing*）（英文版於二〇一二年出版）。母親癌逝後，十歲的艾蜜莉和七歲的阿班學著適應沒有媽媽的生活。在父親的協助之下，他們走出悲痛、學會接受，同時依舊保有對母親栩栩如生的回憶。

南西・魯本・格林非爾德（Nancy Reuben Greenfield）著《切掉ㄋㄟㄋㄟ的媽咪》（*When Mommy Had a Mastectomy*）（英文版於二〇〇五年出版）。從小朋友的眼光面對母親的乳癌。適讀年齡：四歲至八歲。

柯娜麗亞・斯佩爾曼（Cornelia Spelman）著《夏綠蒂的媽媽死了以後》（*After Charlotte's Mom Died*）（英文版於一九九六年出版）。媽媽車禍喪生之後，六歲的夏綠蒂覺得好孤單。晚上睡覺的時候，她覺得很害怕。她怕萬一爸爸死了怎麼辦。在心理師的協助之下，夏綠蒂說出她的感受，並發現自己可以重新快樂起來。書中附有作者寫給照顧者的小叮嚀。適讀年齡：五歲以上。

佩特・湯瑪斯（Pat Thomas）著《我想念你：給小朋友的第一堂生死課》（*I Miss You: A First Look at Death*）（英文版於二〇〇一年出版）。將死亡視爲生命自然的一部分，鼓勵孩子談談他們的感受。書中附有給照顧者的單元。適讀年齡：四歲以上。

茱蒂・威爾斯特（Judith Viorst）著《想念巴尼》（*The Tenth Good Thing About Barney*）（英文版於一九八三年出版，中文版於二〇〇五年由台灣東方出版）。心愛的貓咪死了，小男孩很難過。媽媽建議他想十件關於這隻貓咪的好事，但他只想得出九件。和爸爸在花園裡種花時，他想到了第十件，並開始明白生命的循環。適讀年齡：六歲至九歲。

橡樹林文化 ❖❖ 衆生系列 ❖❖ 書目

JP0154	祖先療癒：連結先人的愛與智慧，解決個人、家庭的生命困境，活出無數世代的美好富足！	丹尼爾．佛爾◎著	550 元
JP0155	母愛的傷也有痊癒力量：說出台灣女兒們的心裡話，讓母女關係可以有解！	南琦◎著	350 元
JP0156	24 節氣　供花禮佛	齊云◎著	550 元
JP0157	用瑜伽療癒創傷：以身體的動靜，拯救無聲哭泣的心	大衛．艾默森、伊麗莎白．賀伯◎著	380 元
JP0158	命案現場清潔師：跨越生與死的斷捨離．清掃死亡最前線的真實記錄	盧拉拉◎著	330 元
JP0159	我很瞎，我是小米酒：台灣第一隻全盲狗醫生的勵志犬生	杜韻如◎著	350 元
JP0160	日本神諭占卜卡：來自衆神、精靈、生命與大地的訊息	大野百合子◎著	799 元
JP0161	宇宙靈訊之神展開	王育惠、張景雯◎著繪	380 元
JP0162	哈佛醫學專家的老年慢療八階段：用三十年照顧老大人的經驗告訴你，如何以個人化的照護與支持，陪伴父母長者的晚年旅程。	丹尼斯．麥卡洛◎著	450 元
JP0163	入流亡所：聽一聽•悟、修、證《楞嚴經》	頂峰無無禪師◎著	350 元
JP0165	海奧華預言：第九級星球的九日旅程．奇幻不思議的真實見聞	米歇．戴斯馬克特◎著	400 元
JP0166	希塔療癒：世界最強的能量療法	維安娜．斯蒂博◎著	620 元
JP0167	亞尼克　味蕾的幸福：從切片蛋糕到生乳捲的二十年品牌之路	吳宗恩◎著	380 元
JP0168	老鷹的羽毛——一個文化人類學者的靈性之旅	許麗玲◎著	380 元
JP0169	光之手 2：光之顯現——個人療癒之旅．來自人體能量場的核心訊息	芭芭拉．安．布藍能◎著	1200 元
JP0170	渴望的力量：成功者的致富金鑰．《思考致富》特別金賺祕訣	拿破崙．希爾◎著	350 元
JP0171	救命新 C 望：維生素 C 是最好的藥，預防、治療與逆轉健康危機的秘密大公開！	丁陳漢蓀、阮建如◎著	450 元
JP0172	瑜伽中的能量精微體：結合古老智慧與人體解剖、深度探索全身的奧秘潛能，喚醒靈性純粹光芒！	提亞斯．里托◎著	560 元

JP0173	咫尺到淨土： 狂智喇嘛督修・林巴尋訪聖境的真實故事	湯瑪士・K・修爾◎著	540 元
JP0174	請問財富・無極瑤池金母親傳財富心法： 為你解開貧窮困頓、喚醒靈魂的富足意識！	宇色 Osel ◎著	480 元
JP0175	歡迎光臨解憂咖啡店： 大人系口味・三分鐘就讓您感到幸福的真實故事	西澤泰生◎著	320 元
JP0176	內壇見聞：天官武財神扶鸞濟世實錄	林安樂◎著	400 元
JP0177	進階希塔療癒： 加速連結萬有，徹底改變你的生命！	維安娜・斯蒂博◎著	620 元
JP0178	濟公禪緣：值得追尋的人生價值	靜觀◎著	300 元
JP0179	業力神諭占卜卡── 遇見你自己・透過占星指引未來！	蒙特・法柏◎著	990 元
JP0180	光之手 3：核心光療癒── 我的個人旅程・創造渴望生活的高階療癒觀	芭芭拉・安・布藍能◎著	799 元
JP0181	105 歲針灸大師治癒百病的祕密	金南洙◎著	450 元
JP0182	透過花精療癒生命：巴哈花精的情緒鍊金術	柳婷◎著	400 元
JP0183	巴哈花精情緒指引卡： 花仙子帶來的 38 封信──個別指引與練習	柳婷◎著	799 元
JP0184	醫經心悟記──中醫是這樣看病的	曾培傑、陳創濤◎著	480 元
JP0185	樹木教我的人生課：遇到困難時， 我總是在不知不覺間，向樹木尋找答案	禹鐘榮◎著	450 元
JP0186	療癒人與動物的直傳靈氣	朱瑞欣◎著	400 元
JP0187	愛的光源療癒── 修復轉世傷痛的水晶缽冥想法	內山美樹子 （MIKIKO UCHIYAMA）◎著	450 元
JP0188	我們都是星族人 0	王謹菱◎著	350 元
JP0189	希塔療癒──信念挖掘： 重新連接潛意識　療癒你最深層的內在	維安娜・斯蒂博◎著	450 元
JP0190	水晶寶石　光能療癒卡 （64 張水晶寶石卡＋指導手冊＋卡牌收藏袋）	AKASH 阿喀許 Rita Tseng 曾桂鈺 ◎著	1500 元
JP0191	狗狗想要說什麼──超可愛！ 汪星人肢體語言超圖解	程麗蓮（Lili Chin）◎著	400 元
JP0192	瀕死的慰藉──結合醫療與宗教的臨終照護	玉置妙憂◎著	380 元
JP0193	我們都是星族人 1	王謹菱◎著	450 元
JP0194	出走，朝聖的最初	阿光（游湧志）◎著	450 元
JP0195	我們都是星族人 2	王謹菱◎著	420 元

衆生系列 JP0197
沒有媽媽的女兒——不曾消失的母愛
Motherless Daughters: The Legacy of Loss

作　　者／荷波．艾德蔓（Hope Edelman）
譯　　者／賴許刈
責任編輯／廖于瑄
業　　務／顏宏紋

總 編 輯／張嘉芳
出　　版／橡樹林文化
城邦文化事業股份有限公司
104 台北市民生東路二段 141 號 5 樓
電話：(02)2500-7696　傳眞：(02)2500-1951
發　　行／英屬蓋曼群島商家庭傳媒股份有限公司城邦分公司
104 台北市中山區民生東路二段 141 號 2 樓
客服服務專線：(02)25007718；25001991
24 小時傳眞專線：(02)25001990；25001991
服務時間：週一至週五上午 09:30 ～ 12:00；下午 13:30 ～ 17:00
劃撥帳號：19863813　戶名：書虫股份有限公司
讀者服務信箱：service@readingclub.com.tw
香港發行所／城邦（香港）出版集團有限公司
香港灣仔駱克道 193 號東超商業中心 1 樓
電話：(852)25086231　傳眞：(852)25789337
Email: hkcite@biznetvigator.com
馬新發行所／城邦（馬新）出版集團【Cité (M) Sdn.Bhd. (458372 U)】
41, Jalan Radin Anum, Bandar Baru Sri Petaling,
57000 Kuala Lumpur, Malaysia.
電話：(603) 90578822　傳眞：(603) 90576622
Email：cite@cite.com.my

內　　文／歐陽碧智
封　　面／周家瑤
印　　刷／韋懋實業有限公司

初版一刷／ 2022 年 5 月
ISBN ／ 978-626-95939-6-5
定價／ 580 元

城邦讀書花園
www.cite.com.tw

國家圖書館出版品預行編目（CIP）資料

沒有媽媽的女兒 - 不曾消失的母愛 / 荷波 . 艾德蔓 (Hope Edelman) 著 ; 賴許刈譯 . -- 初版 . -- 臺北市 : 橡樹林文化, 城邦文化事業股份有限公司出版 : 英屬蓋曼群島商家庭傳媒股份有限公司城邦分公司發行, 2022.05
面 ； 公分 . --（衆生 ; JP0197）
譯自 : Motherless Daughters : The Legacy of Loss
ISBN 978-626-95939-6-5（平裝）

1.CST: 母愛缺失 2.CST: 親子關係 3.CST: 女性心理學

544.1　　111005519

104 台北市中山區民生東路二段 141 號 5 樓

城邦文化事業股份有限公司
橡樹林出版事業部 收

請沿虛線剪下對折裝訂寄回，謝謝！

|橡|樹|林|

書名：沒有媽媽的女兒——不曾消失的母愛
書號：JP0197

橡樹林文化

讀者回函卡

感謝您對橡樹林出版社之支持，請將您的建議提供給我們參考與改進；請別忘了給我們一些鼓勵，我們會更加努力，出版好書與您結緣。

姓名：＿＿＿＿＿＿＿＿ □女 □男 生日：西元＿＿＿＿年

Email：＿＿＿＿＿＿＿＿＿＿＿＿

●您從何處知道此書？

□書店 □書訊 □書評 □報紙 □廣播 □網路 □廣告 DM □親友介紹

□橡樹林電子報 □其他＿＿＿＿＿＿

●您以何種方式購買本書？

□誠品書店 □誠品網路書店 □金石堂書店 □金石堂網路書店

□博客來網路書店 □其他＿＿＿＿＿＿

●您希望我們未來出版哪一種主題的書？（可複選）

□佛法生活應用 □教理 □實修法門介紹 □大師開示 □大師傳記

□佛教圖解百科 □其他＿＿＿＿＿＿

●您對本書的建議：

＿＿＿＿＿＿＿＿＿＿＿＿＿＿＿＿

＿＿＿＿＿＿＿＿＿＿＿＿＿＿＿＿

＿＿＿＿＿＿＿＿＿＿＿＿＿＿＿＿

＿＿＿＿＿＿＿＿＿＿＿＿＿＿＿＿

＿＿＿＿＿＿＿＿＿＿＿＿＿＿＿＿

非常感謝您提供基本資料，基於行銷及個案管理或其他合於營業登記項目或章程所定業務需要之目的，家庭傳媒集團（即英屬蓋曼群商家庭傳媒股份有限公司城邦分公司、城邦文化事業股分有限公司、書虫股分有限公司、墨刻出版股分有限公司、城邦原創股分有限公司）於本集團之營運期間及地區內，將不定期以MAIL訊息發送方式，利用您的個人資料於提供讀者產品相關之消費與活動訊息，如您有依照個資法第三條或其他需服務之業務，得致電本公司客服。

我已經完全瞭解左述內容，並同意本人資料依上述範圍內使用。

＿＿＿＿＿＿＿＿＿＿＿＿（簽名）

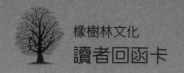